JIANCHA SHIJIAOXIA DE
WEICHENGNIANREN SIFA BAOHU

未成年人检察专业委员会秘书处 编

检察视角下的未成年人司法保护

兼论《未成年人保护法》《预防未成年人犯罪法》修改完善建议

中国检察出版社

图书在版编目（CIP）数据

检察视角下的未成年人司法保护：兼论《未成年人保护法》《预防未成年人犯罪法》修改完善建议 / 未成年人检察专业委员会秘书处编. —北京：中国检察出版社，2020.7

ISBN 978 - 7 - 5102 - 2394 - 5

Ⅰ.①检… Ⅱ.①未… Ⅲ.①未成年人保护法 - 研究 - 中国②未成年人保护法 - 预防犯罪 - 法规 - 研究 - 中国 Ⅳ.①D922.74

中国版本图书馆 CIP 数据核字（2020）第 020714 号

检察视角下的未成年人司法保护
——兼论《未成年人保护法》《预防未成年人犯罪法》修改完善建议
未成年人检察专业委员会秘书处　编

出版发行：中国检察出版社

社　　址：北京市石景山区香山南路 109 号 （100144）

网　　址：中国检察出版社（www.zgjccbs.com）

编辑电话：(010)86423704

发行电话：(010)86423726　86423727　86423728
　　　　　(010)86423730　68650016

经　　销：新华书店

印　　刷：北京宝昌彩色印刷有限公司

开　　本：710 mm ×960 mm　16 开

印　　张：19.75　插页 4

字　　数：365 千字

版　　次：2020 年 7 月第一版　2020 年 7 月第一次印刷

书　　号：ISBN 978 - 7 - 5102 - 2394 - 5

定　　价：68.00 元

目　录

"两法"修订前有关问题研究

未成年人检察制度研究

未成年人检察社会支持体系建设研究

未成年人犯罪预防问题研究

"两法"修订前有关问题研究

从法的功能和作用视角看《预防未成年人犯罪法》《未成年人保护法》修订

岳慧青[*]

[内容摘要]《预防未成年人犯罪法》《未成年人保护法》作为保护未成年人权益的专门法，在过去 30 年实施过程中时常表现出法的功能和作用发挥的局限性。"两法"的功能究竟应如何定位？笔者认为应将《未成年人保护法》定位为"未成年人福利与保护法"，将《预防未成年人犯罪法》定位为"未成年人犯罪预防与矫治法"，并在法的结构上提出，社区即代表政府，社区在保护和预防方面应承担重要角色；学校不具有行政决定和处罚权，教育行政部门应担责；六字方针应改为"教育、感化、矫治、挽救"，八字原则应改为"教育为主，分级干预"等思想，并对如何发挥法的规范作用提出建设性意见。

[关键词] 两法的功能；规范作用；修订建议

2018 年，全国人大常委会已将《预防未成年人犯罪法》和《未成年人保护法》（以下合并简称"两法"）的修订列入立法规划。"两法"经历了近 30 年的发展历程，在加强未成年人保护、预防未成年人犯罪方面发挥了积极的作用。伴随经济社会发展以及国家法治化的进程，"两法"作为与未成年人权益密切相关的专门法，在实施过程中时常表现出法的功能作用发挥的局限性，"法的稳定性与适时变化相结合，是法发展的重要特点和规律。"① 新时期主要矛盾的变化，未成年人保护和犯罪预防出现的新形势、新问题，少年司法作为保护未成年人的最后一道屏障亟待法律化、制度化设计等，都对"两法"的修订提出迫切要求。全国人大常委会顺应时代要求，适时启动"两法"修订，我们应抓住此契机，将我国的未成年人保护、犯罪预防、未成年人司法制度发

---

* 岳慧青，北京市人民检察院第九检察部主任、检察官。

① 孙国华主编：《中华法学大辞典·法理学卷》，中国检察出版社 1997 年版，第 74 页。

展完善推向一个新阶段。笔者拟从法的功能和作用视角，谈谈对"两法"修改的思考和建议。

法律有善法和恶法之分。所谓"立善法于天下，则天下治；立善法于一国，则一国治"①，一部好的法律在国家治理中的重要作用可见一斑。衡量法律好与坏的一个重要标准是：法律是否阻碍了经济发展，是否把人的尊严、人的价值放在第一位②。一部好的法律，应当具备有效发挥功能和作用的能力，应具有确定性，直观、明确，具有可操作性，具有发展后劲和动力，而不是制定完毕后将其束之高阁、在实践中无法适用，抑或法律语言空洞乏力、缺乏强制力，对他人行为无法起到引领、教育作用等。

法的功能是法律预期可以达到的目的③，是基于法的属性、内容及其要素、结构所决定的法的潜在的能力，即法的作功能力或者功用与效能，是法内在所具有的对社会有益的功用和效能。法的功能定义本身决定了其具有内在性、应然性和有益性等特点。它是法律对人的行为以及最终对社会关系所产生的影响④。法的作用是指对人与人之间所形成的社会关系所发生的一种影响，表明国家强制力的运行和国家意志的实现，一般分为规范作用和社会作用。本文所指法的作用即法的规范作用，包括指引作用、评价作用、预测作用、强制作用和教育作用⑤。

一、关于"两法"的功能定位

（一）《未成年人保护法》的功能定位

1. 属性

属性是事物不可缺少的性质。关于《未成年人保护法》的属性究竟是将其定位于"福利法"还是"保护法"，还是两者兼顾，是立法时应当首先考虑的问题。笔者认为应将其定位为"未成年人福利与保护法"⑥。

（1）儿童福利与儿童保护的关系。儿童福利是指一切针对全体儿童的，促进儿童生理、心理及社会潜能最佳发展的各种措施和服务，它强调社会公平，具有普适性。儿童保护是基于儿童在国家和社会中的弱势地位，为国家未

---

① 参见王安石《周公》。
② 参见江平在 2004 "中国新视角"搜狐年度高峰论坛上的发言。
③ ［英］布莱恩·辛普森：《法学的邀请》，范双飞译，北京大学出版社 2018 年版。
④ 张文显主编：《法理学》，法律出版社 1997 年版，第 254 页。
⑤ 卓泽渊主编：《法理学》，法律出版社 1998 年版，第 61～65 页。
⑥ 下文中对"未成年人"沿用国际惯例使用"儿童"一词。

来长远战略发展需要，以儿童利益最大化为理念，通过国家立法给有关政府、机构、组织、成年人群体设定责任和义务以实现对儿童的特殊优先保护。儿童福利与儿童保护关系紧密，是手段（保障）和目的的关系。儿童福利是实现儿童保护的基础和保障，儿童保护是设定儿童各项福利的最终目的。因此，从某种意义上来说，解决了儿童福利问题就解决了儿童保护的基本问题。将儿童福利与保护问题在同一部法律中作为一种持续稳定的制度安排并上升为国家政府责任就是对儿童根本利益的保护。笔者认为《未成年人保护法》应以立法形式规定儿童所享有权利及各项福利保障措施，对儿童负有保护义务的机关、社会团体、组织、成年人设定义务和责任，实现对儿童在家庭、学校、社区以及司法领域的全面保护。

（2）将儿童福利与儿童保护合并立法。将二者合并立法，有利于树立以儿童福利为中心的保护理念，更好地体现儿童利益最大化原则，实现对儿童的特殊优先保护；突出儿童独立的权利主体地位，以成年人为义务主体；以法律形式将各项儿童福利措施予以规制，有利于将儿童保护落到实处；从立法技术上和立法语言上，易于将儿童所享有的权利内容具体化，将成年人负有的责任内容明确化，便于操作；有利于针对我国儿童保护现状，解决儿童福利保障的紧迫性问题，避免因儿童福利单独立法迟延导致儿童福利政策落实不力的问题（有人主张儿童福利单独立法，笔者认为，法保持稳定性是立法的重要原则，法一经颁布生效，就会在一定时期内保持有效性和不变性。立法从动议、启动，到颁布实施需要一个漫长的时间过程，制定一部新法绝非易事。因此，鉴于我国尚无专门的"儿童福利法"及立法规划周期较长等现状，不如以"两法"修订为契机，一并解决）；以儿童福利为中心，强调福利与保护并重，有利于澄清部分公众所谓的无底线保护等认识误区。

（3）学习借鉴发达国家的立法经验。儿童福利包含了儿童需求的满足、儿童权利的保障及儿童保护工作等诸多层面内容。因此，世界上许多国家将儿童福利与保护合并立法，名称为《儿童福利法》。如加拿大除联邦政府有《儿童福利法》外，各省也都有自己的儿童保护法。安大略省《儿童福利法》就是集儿童福利与保护为一体的法律。世界上发达国家也有福利法与保护法分立的，如联邦德国既有《儿童保护法》也有《儿童福利法》；英国目前虽然既有《儿童福利法》也有《儿童保护法案》，但其1948年最初的《儿童法》也是将儿童保护纳入福利国家建设中，之后才逐步演变发展为分别立法。

2. 内容

从家庭、教育、社区、政府、司法五个方面，突出以儿童福利为中心的各类保护内容。

　　家庭是未成年人成长的最主要场所，解决了家庭成长环境问题就解决了儿童保护的首要问题。现实中家庭保护存在的主要问题有：贫困、缺乏家庭监护、家庭监护不力、监护人侵权等缺乏政府指导、干预和国家强制力保障等。建议《未成年人保护法》在家庭保护中突出监护人的主体责任，抚养与教育未成年子女是监护人的法定职责，当监护人对未成年人不履行职责时或者不当履责时，可以由教育、民政等部门进行指导、监督。如落实贫困家庭最低生活保障金、强制亲职教育，当监护人侵害未成年子女权益时，可以采取紧急带离、临时寄养、转交福利院或撤销监护人资格等方式保护未成年人权益。在儿童福利与保护方面，能否效仿国外一些做法，将儿童福利与父母责任挂钩，如美国儿童福利项目 TANF 规定，想获得全额补助，单亲妇女必须遵守一定的养育标准，比如妇女必须证明已为孩子注射免疫剂、孩子必须按规定入学①等。如将强制亲职教育作为儿童福利内容加以规定，设立监护人参加强制亲职教育不扣工资等保障措施，同时规定不参加将延迟发放独生子女补贴等。

　　在教育保护中，建议取消学校保护的责任，将其责任主体归为教育行政主管部门。学校的基本职能是教育，任务是培养德智体美全面发展的学生。学校不是行政机关，不具有行政决定和处罚权，所以当面对校园欺凌等诸多案事件，教师和学校在处理上往往表现出胆怯、犹豫、乏力，有的甚至引发舆情。因此应将教育权和行政处罚权分离，教育的责任主体是学校和教师，行政处罚的责任主体是教育行政部门。如强制亲职教育、强制移送专门学校、对学生的处分决定由教育行政部门作出，而不是由学校作出，避免随意性以及学生、家长与学校间的矛盾冲突。让学校集中精力办教育，敢于大胆管理学生，最后由教育行政部门来承担责任。建议将强制监护人亲职教育学习与独生子女补贴等福利发放挂钩，由教育、民政部门履行职责。

　　建议将社会保护改为社区福利与保护。社区是若干群体或社会组织聚集在某一个领域里所形成的一个生活上相互关联的大集体，是社会有机体的基本内容，是宏观社会的缩影。社区是未成年人生活的基本单位，是与未成年人生活紧密相关的场所，也是容易发现问题、监督落实保护措施的基本单位。发展社区福利，让儿童在社区中享受医疗、儿童设施、图书阅览等服务，从某种程度上说，管理好社区就管理好了儿童成长的社会环境。社区保护实质上就是政府保护，主体责任仍然是政府，因为社区的主管单位是街道办事处，街道办事处是政府的派出机构。目前《未成年人保护法》中"社会"的概念太空泛，责

---

　　①　See America and 02（RPopple，leslieleiguninger，1990）"Socialwork，SocialWelfare，and Society，Massachusettes：Allyn Bacon，P1"［Philip］．

任主体不明确,建议改为"社区"。

建议在政府职能与保护中,将民政、教育部门的责任加以明确:民政部门主要负责各项儿童福利保障措施的落实,教育部门负责义务教育阶段适龄儿童接受义务教育的保障和落实。此外,政府其他部门按照职能分工分别对娱乐场所、图书、网络、向未成年人出售烟酒等监管负有职责。在"司法保护"一节,建议将少年警务、少年检察、少年审判以法律条文加以规定,将少年司法组织体系法律化、制度化。

(二)《预防未成年人犯罪法》的功能定位

1. 属性

应将《预防未成年人犯罪法》定位为"预防和矫治法"。20世纪90年代,伴随经济社会发展,未成年人犯罪呈上升趋势,预防未成年人犯罪迫在眉睫。伴随形势发展,近年来未成年人犯罪呈下降趋势。数据显示:2016年全国未成年人犯罪人数为35743人,比2010年减少32455人,减幅达47.6%,未成年人犯罪人数占同期犯罪人数的比重为2.93%,比2010年下降3.85个百分点。① 当然这个数据也有一定的问题,2012年刑事诉讼法修改,2013年开始实施,设立未成年人刑事案件诉讼程序,附条件不起诉制度使许多犯罪未成年人审前分流转处,因此2013年相比2012年,犯罪人数的减少实际上不含附条件不起诉的人数,且这些年附条件不起诉人数逐年上升。2018年全国共对未成年犯罪嫌疑人作出附条件不起诉6959人,比附条件不起诉制度开始使用的2013年上升了一倍② 。未成年人犯罪人数下降,并不意味着未成年人犯罪形势乐观,此外还有一部分轻微违法、违法受到治安管理处罚(包括处罚不执行)的未成年人以及因收容教养"僵尸条款"导致未满刑事责任年龄未受到处罚等,这些隐藏的罪错未成年人也是犯罪的"后备军"。因此,为有效预防,建议将《预防未成年人犯罪法》定位为"预防与矫治法",实行分级干预和矫治。预防是向前延伸,面对所有未成年人,矫治是针对罪错未成年人,只不过因为涉嫌违法犯罪的严重程度不同,采取不同的矫治措施。预防是目的,矫治是措施。鉴于此,建议将"教育、感化、挽救"六字方针改为"教育、感化、矫治、挽救"八字方针,将"教育为主、惩罚为辅"原则改为"教育为主、分级干预"原则。对于严重刑事犯罪未成年人,应当适用刑法规定,

① 国家统计局于2017年10月27日发布2016年内《中国儿童发展纲要(2011—2020年)统计检测报告。

② 2019年4月11日最高检、团中央联合举办社会支持体系建设试点工作新闻发布会。

参照成年人犯罪从轻、减轻处罚，但仍应教育、感化、矫治、挽救。

2. 内容

预防和矫治的分级分类，预防重点在于厘清责任主体：家庭预防、学校预防、社区预防、政府预防、司法预防。家庭预防是预防犯罪的重要一环，应明确监护人对未成年子女的法治教育负有主要责任。因此监护人首先要树立法治意识，对自己的未成年子女进行犯罪预防和自护教育。鼓励社区和学校建立家长法治课堂，保障家长接受一定课时的法治教育，其间不扣工资。建立参加家长课堂注册登记制度，多次不参加的，由教育部门通知民政、财政部门，相关部门将独生子女补贴等福利延迟发放。学校承担对未成年人法治教育主体责任，法治教育内容进入教学大纲，列入中考、高考和学生品行评价的内容。通过考试杠杆引导监护人及学生注重法律知识的学习，从小树立法治意识。社区是未成年人生活的主要场所，在加强犯罪预防和防止遭受侵害方面至关重要。抓好社区防线就把好了生活环境关。在社区设立儿童督导员，与社区民警配合，专门负责社区流浪、乞讨、逃学旷课、无人照管、遭受虐待儿童、娱乐场所管理等危险线索发现，并应向政府有关部门报告。将诸如流浪乞讨、逃学旷课、网络、娱乐场所管理、出售烟酒等容易引发未成年人犯罪问题的发现放在社区，责任放在政府保护中，实践中更易于操作，切实可行。社区网格化管理为发现问题线索提供了便利条件。

建立分级干预制度并明确各阶段责任主体。从不良行为、严重不良行为、轻微违法、违法、触犯刑律，明确各个阶段的主体责任和矫治措施。分级干预的主体分别为学校、教育主管单位（轻微违法需要作出强制工读教育决定）、公安机关（违法）、检察机关（不起诉、附条件不起诉、收容教养）、法院（判处刑罚）、司法行政机关（刑罚执行、收容教养）。不妨借鉴发达国家一些做法，1870年美国举行的辛辛那提监狱大会上，改革者提出了监狱的目标在于对罪犯进行矫正的理念，提出了矫正理念所包含的措施，这些措施包含九个部分：矫正罪犯而非惩罚犯罪、不定期刑、分类、教育、职业培训、奖赏、自尊、假释和预防。如比利时1912年就颁布了第一部专门的少年司法法，负责处理未成年人违法或违法前未成年人有充分的证据表明处在危险中，如逃学等，规定了不同层级的较为严密的矫治措施。瑞典早在1902年就颁布了第一部推行矫正措施的法律。

二、"两法"的作用

（一）指引作用

法的指引作用是指法指导人们作出一定行为和不作一定行为的作用。通过规定人们在法律上的权利义务以及违反这种规定的法律责任，来指引人们的行为。

1. 理念指引

"两法"对我国所有公民儿童观的指引作用至关重要，应在总则中加以明确。中国封建社会 2000 多年的历史，儿童被认为是家庭或者家长的"附属品"，因此有"棍棒底下出孝子"一说，在许多人思想中，儿童在家庭和社会生活中是没有独立的权利主体地位的，因此也影响到成人社会的儿童观及关于儿童问题的各项决策和制度设计。应当通过立法加以指引，树立"儿童利益最大化""国家亲权""特殊优先保护""双向平等保护""父母是儿童的首要责任人"等理念。《联合国儿童权利公约》明确规定：缔约国应遵守本公约所载列的权利，不因儿童或其父母或法定监护人的种族、肤色、性别、语言、宗教、政治或其他见解、民族、族裔或社会出身、财产、伤残、出生或其他身份而有任何差别。美国前总统富兰克林·罗斯福曾指出"美国年轻一代的命运决定了美国的命运"。"在美国人的福利观里，儿童不仅是值得同情的无辜弱势群体，更重要的是美国人相信儿童是未来的希望，管好他们是管好社会的关键所在。"①《日本儿童宪章》规定："我们遵照日本宪法的精神，为确立对于儿童的正确观念，为所有的儿童谋幸福而制定此宪章。"儿童，作为人，受人们的尊敬，儿童作为社会的一员，为人民所重视，儿童，在良好的环境中为人们所抚育。符合时代发展进步的儿童观在"两法"总则中予以明确将起到良好的理念指引作用。

2. 行为指引

法律为人们行为提供一个标准和模式，引导人们选择合法的行为方式，也可以预测到自己在某种情况下应选择何种行为方式。"两法"是以儿童为权利主体、为保障儿童权益而制定，但法律条文需要成年人来实施。因此，建议"两法"应将更多的反映儿童意志的法律权利赋予儿童，通过规范成年人或者成人社会的各项责任的方式来保障儿童权利的实现。具体体现在对成年人行为的指引，包括对儿童负有保护义务的责任主体负有什么责任、不履行责任的法律后果；对儿童行为的指引，包括儿童享有哪些权利和福利，国家和政府如何保护儿童，儿童权利受损害时通过哪些途径寻求帮助和维权；等等。

3. 法律责任

法律责任是指违反了法定义务或契约义务，或不当行使法律权利所产生的由行为人承担的不利后果。责任方式也可以分为补偿式方式和制裁式方式。要

---

① 姚建平、朱卫东：《美国儿童福利制度简析》，载《青少年犯罪问题》2005 年第 5 期。

发挥好"两法"在实践中的功能和作用，落实法律责任至关重要，包括家庭、教育、社区（政府）、司法等各方面，需要由国家授权的机关依法追究行政或者法律责任。如果法律颁布后实施过程中出现违法行为，责任主体没有承担责任，或者不了了之，法律即丧失了权威和公信力。根据我国国家机关职能设置，对处理儿童事务负有责任的机关包括：党委综治、民政、教育、市场监督管理、文委、街道办事处、妇联、共青团、公安、检察院、法院等。建议在"两法"中将这些责任主体在处理儿童事务中的权责加以明确，以克服"谁都有权力管，谁又都不管，出了问题谁也不管"的局面。将相关部门职责厘清，所有有关儿童保护事务归口落实到一个部门，建议放到综治或者民政部门。厘清责任，有利于事后追责。需要强调的是，检察机关作为代表国家和社会公益的司法机关，对负有福利、保护、预防、矫治职责的行政执法机关、人民法院具有法律监督职责。

（二）预测作用

预测作用是指凭借法律的存在，可以预先估计到人们相互之间会如何行为。建议在修订《未成年人保护法》时，以适当条文将中国特色的少年司法制度法律化，形成少年警务、少年检察、少年审判专业化的执法司法体系。目前，有人主张尽快制定未成年人司法法，笔者认为，若能够制定这部法律当然是法治的进步，但在现有情况下，对未成年人司法法能否启动立法，不可盲目乐观。笔者建议，先在"两法"中加以明确，为未来中国特色的少年司法制度发展提供法律依据。

（三）评价作用

法律作为一种行为标准，具有判断、衡量他人行为合法与否的评判作用，应在修订"两法"时予以关注。如基于国家亲权的理念，得出任何一个关注未来的负责任国家都应当保障儿童福利的结论。又如，基于父母是未成年人的监护人的法定职责，得出违反规定不尽法定义务或者侵害未成年人权益将承担一定后果的结论。再如，通过分级干预处遇的规定，得出对于严重刑事犯罪的未成年人，在"教育、感化、矫治、挽救"原则下，也应依法作出相应的刑罚，而不是一味地宽容、纵容犯罪。

（四）强制作用

法通过制裁违法犯罪行为来强制人们遵守法律，体现了法律的权威性。笔者建议，撤销某些责任主体资格，以监督其依法履职。如撤销教师资格、社工资格、监护人资格等，通过教育、民政、公安、司法不履职所应承担的法律后果规定，将案件线索移送监察委、司法机关等规定，体现法的强制作用。如对强制专门教育及具体矫治措施的规定，保障这种强制作用的实现。强制作用重点在于如何强制，体现在措施和罚则部分，当罚则具有可操作性时，在司法实践中就容易被裁判文书所援引，"两法"应当成为判决依据。裁判文书援引规则是：如果基本法和单行法都有法律依据的，应当仅引用单行法的相关条款，但单行法的相关条款作为判决不充分的，应当一并引用基本法的相关条款。由于我国尚无独立的儿童福利法和少年刑事法，相关规定散见于其他法律条文中，目前"两法"也因各种原因而在司法实践层面几乎不被援引。建议修订"两法"时能吸取经验教训，使具体、可操作的法律条文在司法文书中被援引，从而体现法律的强制力，发挥法的强制作用。如关于幼儿教育投入，是政府的责任。鉴于我国幅员辽阔，各地区差别较大，幼儿教育资源紧缺，但能否用各地幼儿教育资金占比不低于当地财政收入百分比的形式予以固定，防止挪用和提高幼儿教育公共资源的利用与共享[①]。一旦政府不按照此要求提供保障，有关负责人将被追责，有关公益组织、公民可以提起公益诉讼。

（五）教育作用

法的教育作用是通过法的实施使法律对一般人的行为产生影响，分为警示作用和示范作用，会直接或间接影响人们的思想，进而影响人们的行为选择。笔者认为，"两法"的教育作用需要强调以下三个方面：一是对监护人的教育：教育监护人承担儿童家庭监护的首要责任，切实把好家庭保护和家庭预防的第一关。二是对相关责任主体的教育：对政府有关部门、组织、机构、成年人，通过规定责任义务和罚则及其实施起到教育作用。三是对未成年人的教育：教会未成年人知道如何预防和保护自身权益。值得一提的是，对儿童的保护和预防要紧密结合儿童的身心特点，建议学习借鉴国外有益做法，用最简洁、容易操作的方式为儿童设立帮助渠道，如儿童热线123的简单易记号码并配备人工服务；各个社区设立儿童避难所等，帮助遭受校园欺凌或者受侵害儿童第一时间就近寻求帮助。建议这种可操作的方法在"两法"修订时能有所体现。

---

① 法国幼儿教育公共资金占 GDP 的比重为 0.67%，美国和日本分别为 0.4% 和 0.08%，而我国仅为 0.05%。参见蔡迎旗：《幼儿教育财政投入与政策》，教育科学出版社 2007 年版，第 172 页。

论构建开放的未成年人罪错行为分级干预体系

——犯罪社会学视角的《预防未成年人犯罪法》之完善

吴高飞　　张德沐*

[内容摘要]　随着当前司法改革的进程，未成年人罪错行为分级干预体系逐步进入人们的视野，最高检的《2018—2022 年检察改革工作规划》也提出了与之相关的工作规划，所以对该体系的构建应当有一个较为全面和明确的认识。未成年人罪错行为分级干预体系自始至终都应是一个开放的体系，这样才能在制度设计和具体运行层面不断完善。在构建框架上既要从规范层面、人格层面等角度对该体系进行有深度、实用性的构思，又要从未成年人之外的相关因素进行相辅相成的设计。然而，这样的体系构建始终是一个任重道远的工程，自始至终要运用多学科的方法来不断丰富。通过这种分级干预体系的构建过程，为《预防未成年人犯罪法》今后的修改和完善提供犯罪社会学层面的支持。

[关键词]　未成年人；罪错行为分级干预体系；构建框架；规范层面；人格层面

2019 年 2 月，最高人民检察院出台了《2018—2022 年检察改革工作规划》，明确提出要"完善未成年人检察工作机制"，具体涉及"探索建立罪错未成年人临界预防、家庭教育、分级处遇和保护处分制度"，其中的"分级处遇"，是最高检全面推进检察改革，切实维护未成年人合法权益的一项重要措施，具有鲜明的时代特征、现实意义和社会价值。最高检《2018—2022 年检察改革工作规划》在指出"全面落实十八大、十九大部署的司法体制改革任务，深化综合配套改革举措，保持改革工作的连续性和力度的持续性"的同

---

* 吴高飞，江苏省如东县人民检察院第六检察部员额检察官；张德沐，苏州大学王健法学院刑法学硕士研究生。

时，将"完善未成年人检察工作机制"作为主要工作任务之一，是就未成年人犯罪这个命题在刑事政策学，包括犯罪学在内的社会学领域的一次重要实践，在检察之内和检察之外，都有着显著的积极意义。再联系联合国的《公民权利和政治权利国际公约》《联合国少年司法最低限度标准规则》《联合国保护被剥夺自由少年规则》《联合国预防少年犯罪准则》等，由此形成了未成年人司法保护的几大原则：全面调查原则，分案处理原则，强制措施谦抑性原则，迅速简化原则，不得已提交审判原则等，[①] 这些都为未成年人罪错行为分级干预体系的构建提供了现实而远大的决策性参考。

一、基于有限数据的透视

2015 年，我国刑事罪犯总数 1231656 人，其中，青少年刑事罪犯 236341 人，占总人数的 19.19%，其中未成年人刑事罪犯占总人数的 3.56%，占青少年罪犯数的 18.55%，数据令人触目惊心。[②]

其实，世界上诸多国家都面临着这样的难题，就美国而言，2011—2012 年，有 58805 名学生被移送司法机关；16576 名被逮捕。2013—2014 年，有 51353 名被学生移送司法机关，15800 名被逮捕，美国学校对未成年人犯罪采取过"零容忍"政策。[③] 由于美国青少年的犯罪率在二十世纪八十年代至九十年代中期的上升以及犯罪的性质越来越严重，对社会造成的危害和损失也越来越大，因此美国社会近二十年来对青少年的犯罪问题更加关注。[④] 联系笔者的办案实际，曾经参与办理过年满 16 周岁的未成年人教唆、帮助未满 14 周岁的未成年人数十次盗窃或者入户盗窃的情况，涉案金额据被害人陈述高达近百万元（由于该案罪错未成年人称其盗窃的诸多贵重首饰因为难以变卖，所以扔到河沟、厕所，加上公安机关并未查获该类物品，被害人也未能提供其他证据，导致很大一部分金银玉器最终未能鉴定其价值）。鉴于未成年人犯罪的形势，2019 年 1 月 3 日在最高检召开的新闻发布会上，最高检副检察长童建明回应未成年人司法保护的问题时指出："现在未成年人犯罪的特点逐渐呈低龄

---

① 参见张建飞：《对构建我国未成年人刑事司法保护体制的几点思考》，载《公安学刊》2007 年第 6 期。

② 参见王怡、周晓唯：《未成年人犯罪问题的经济学角度分析》，载《陕西学前师范学院学报》2018 年第 3 期。

③ 参见唐韵、汪明亮：《美国学校关于未成年人犯罪的恢复性政策》，载《青少年犯罪问题》2018 年第 4 期。

④ 参见汪天德：《美国青少年问题发展的新趋势》，载《江苏社会科学》2013 年第 5 期。

化、成年人化、暴力化的趋势，一些极端的恶性案件经常发生"，可谓一针见血。

根据以上有限的数据，笔者作出如下分析：一是正如已知的数据、资料所揭示的那样，当前的未成年人犯罪形势不容乐观。所谓的未成年人强奸、杀人，古已有之，但是诸如12岁男孩杀死亲生母亲（是为"大错"，但法律上不构罪），多名未成年人实施轮奸，自拍视频还上传网络的现象，着实令人震惊。二是对现有的未成年人犯罪的刑事政策和相关制度应作出深刻反思。除了必不可少的一系列"挽救""教育"和"轻缓化"的做法之外，更要考虑体现刑法价值的"一般预防"和"特殊预防"的辩证适用。三是未成年人罪错行为分级干预体系的建设，要有别于以往的同类制度和刑事政策，体现有效性和实用性，可以引入"新社会防卫论"和"恢复性司法"的理念、方法予以不断完善。

二、立法层面的未成年人罪错行为分级干预体系之构建框架

不管从抽象的政策学、现象学以及规范学着手，还是从身边具体的责任部门、家庭等现实因素出发，未成年人罪错行为分级干预体系的建设都涉及诸多纷繁复杂的因素，难以全面把握。笔者拟从以下几个方面对未成年人罪错行为分级干预体系进行框架性的设计构建，希望能够为《预防未成年人犯罪法》的进一步修改与完善起到抛砖引玉的作用。

（一）规范层面的体系

所谓规范层面的体系主要是指立法就未成年人罪错行为分级干预的一系列有机衔接、彼此呼应的法律法规和规章制度体系。联系当前的立法，主要有《未成年人保护法》和《预防未成年人犯罪法》两部专门性立法，除此之外还有诸多散见于刑法、民法、行政法等实体法以及刑事诉讼法、民事诉讼法等程序法中的有关未成年人的相关规定，如下图所示：

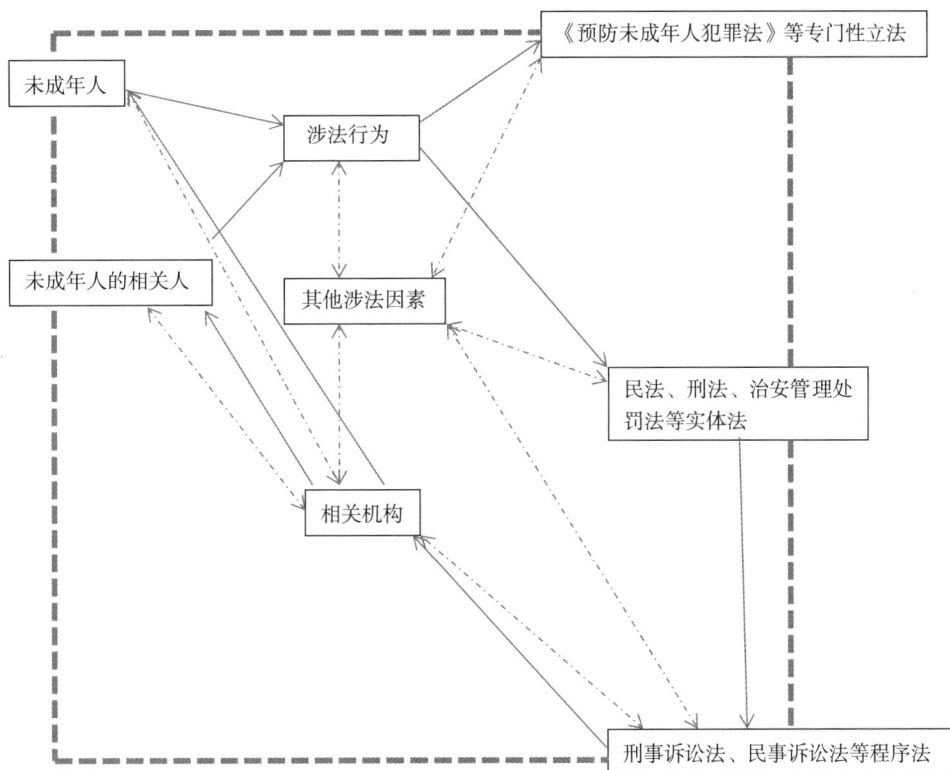

　　由上图可知，未成年人（包括某些情况下的未成年人的相关人，如法定监护人等）通过涉法行为和其他涉法因素与《预防未成年人犯罪法》《未成年人保护法》等专门性立法产生关联，在满足特定条件的情况下，也与民法、刑法等实体法产生关联，这时往往又会运用到刑事诉讼法、民事诉讼法等程序法关于未成年人的特定程序。以上法律规定如何对未成年人起作用？相关机构比如学校、村委会等社区居民组织，还有某些情况下介入的司法机关等，均起到保障法律具体实施的作用。

　　如何从以上规范层面具体构建未成年人罪错行为分级干预体系？笔者提纲挈领地提出以下几点：一是在各部门法之间要实现合理衔接。比如作为司法机关来说，就需要将以上各部门法中涉及未成年人罪错行为的部门予以专门搜集、整理和归类。在全面掌握现实立法的情况下，根据实际需要整理出一套合理的法律衔接体系。二是立足当前法律规定，根据未成年人罪错行为的严重程度，进行从轻到重的分级。这样的分级可以根据《侵权责任法》《治安管理处罚法》《刑法》等予以专门性的细化。三是在科学分级的前提下，设置相应的干预、应对体系。当然，要建立一套完整并摆脱形式主义的干预、应对体系绝非易事，但这样的干预、应对体系却是十分必要的。诚如李斯特所认为的：
"在与犯罪作斗争中，刑罚既非唯一，也非最安全的措施。对刑法的效能必须
批判地进行评估。出于这一原因，除刑罚制度外，还需要建立一套保安处分制
度。"① 李斯特的观点，提示我们凡事都要"批判地进行评估"，既不能期望
立竿见影，又不能无所作为。具体的分级干预体系如下图所示：

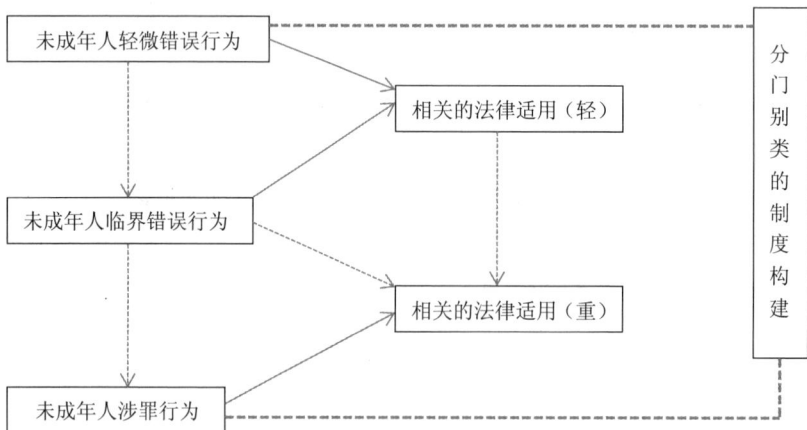

由上图可知，对于未成年人轻微错误行为（包括一般性违法、违反公德
以及所在学校的规章制度等），可能适用较为轻缓的干预措施。如果未成年人
（达到刑事责任年龄）实施了临界错误行为（即非常接近犯罪的错误行为，若
依照较为严厉的刑事政策，往往会定性为犯罪），首先要选择适用打击力度较
轻的法律，重在教育、挽救，在某些特殊情况下，才可适用刑法、行政处罚法
等打击力度较重的法律。如果未成年人（达到刑事责任年龄）实施了犯罪行
为，应当适用刑罚处罚的，也要根据具体情况和相应的量刑指导意见，在强制
措施的适用、刑罚处罚方面采取更有利于未成年人成长的做法。在此过程中，
还需要纳入未成年人的年龄因素、成长环境因素、教育环境因素和行为恶劣程
度等影响因素，折合成相应的换算比例，综合确定最终的刑罚。对此，笔者粗
略提出以下公式：未成年人最终适用的刑罚＝成年人适用的刑罚×（1－年龄
因素占比－成长环境因素占比－教育环境因素占比－行为性质占比），其中所
谓的"占比"要源于客观的采样工作和统计学依据，予以合理确定，在最终
确定的刑罚数字上还要设定上限和下限，从而实现定性和定量的结合，促进未

---

① ［德］冯·李斯特：《论犯罪、刑罚与刑事政策》，徐久生译，北京大学出版社
2016 年版，第 7 页。

成年人罪错行为分类体系价值的充分发挥。

就未成年人罪错行为的分级标准和法律适用而言，笔者认为未成年人的轻微错误行为和涉罪行为之间相对容易区分，而在对未成年人的临界错误行为的判断上，由于事物的边界是模糊的，就更要缜密思考。首先要解决的是行为性质的分级标准问题。尽管可以根据未成年人罪错行为所触犯的法律和禁止性规定的类别来对相应的行为定性和分级，但却无法显示出该"分级"制度的独立性和优越性。其次，确定相应的法律适用分级的依据判断。如果说类似违反《治安管理处罚法》的行为适用《治安管理处罚法》，而触犯《刑法》的行为就适用《刑法》，那问题又回到了原点：缺乏该制度特有的独立性和优越性，只是换个说法而已。因此，笔者拟在行为分级标准和法律适用标准方面做如下设计：

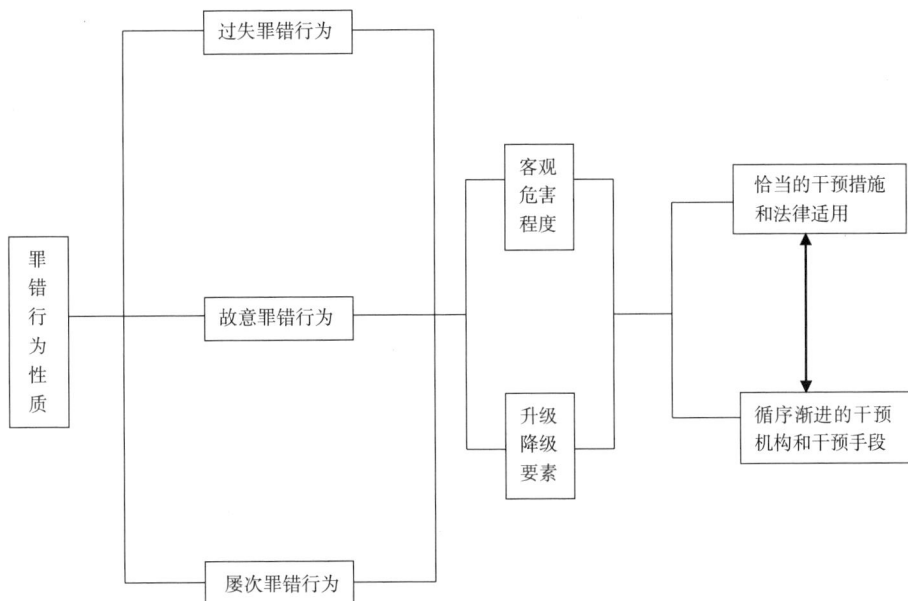

由上图可知，在未成年人罪错行为的分级标准方面，首先可以根据其主观要素分为过失罪错行为和故意罪错行为。如果由不可抗力或者意外事件等引发的未成年人"罪错"行为，本质上虽然不应当定性为罪错行为，但是也不意味着责任的绝对免除，由于篇幅所限，此处不对这种情况进行探讨。此外，由于"屡次罪错行为"意味着曾经干预手段的失败或收效甚微，有必要单列出来予以探讨，在罪错行为分级上要比初次的罪错行为加重。基于当前流行的未成年人心智成熟程度不高导致判断力、自制力受限的观点，对其"注意义务"

的要求不可严苛，所以尽管某些过失犯罪的刑罚要重于某些故意犯罪的刑罚，但未成年人过失罪错行为在分级上还是要轻于故意罪错行为。在以上分级的基础上，再结合罪错行为的具体危害程度，和其他升级、降级要素，确定恰当的干预措施和法律适用。在干预机构和干预手段的选择上要贯彻"强制措施谦抑性原则""不得已提交审判原则"等未成年人司法保护的几大原则，体现未成年人权益保护的最大化。在罪错行为量化分级方面，笔者拟提出以下基础公式：罪错行为级别＝行为性质的初始级别认定（比如可以根据行为的恶劣程度指定一套罪错行为初始分级表，结合具体罪错行为对照该表确定初始级别，类似"量刑指导意见"）×［主观过错占比＋罪错行为重复率占比＋客观危害程度占比＋其他升降级要素占比（可以是负数）］，从而认定罪错行为级别。在级别认定基础上，再选择对应的干预机构和干预方法，比如心理辅导、休学、接受特定矫治教育、适用刑罚措施等。至于所谓的"工读学校"之类的制度，就现状而言，需要进行很大的改革，限于篇幅，笔者不予细述。

（二）人格①层面的体系

"人格"这一术语指的是个体在变化的环境中总是保持相对稳定的情感特征和行为特征的复杂组合。② 就人格层面探讨未成年人罪错行为分级干预体系而言，很多人可能会联想到所谓的"人格障碍"③，但笔者认为不存在某种天生就与罪错相联系的人格，关键是我们所谓的"主流社会"如何去引导这些所谓的"非主流人格"。因为，有研究表明，大体上，青少年犯罪人比非青少年犯罪人更外向、活泼、冲动，以及自制能力差，他们更不害怕失败或者被打败，青少年犯罪人可能，或者往往与非犯罪的青少年一样具有魅力，一样被社会所接受。④ 尽管笔者认为不存在所谓的天生罪错人格，但是就笔者的经验法则来说，确实有一些黑暗、消极的人格一旦形成往往伴随终身，即使其中绝大多数人没有犯罪或者没有被发现犯罪。虽然俗语"三岁看大，六岁看老，德

---

① 这里"人格"一词，是基于心理学和犯罪学领域的定义，有别于民法等法律上的定义。

② ［美］乔治·B. 沃尔德等：《理论犯罪学》，方鹏译，中国政法大学出版社 2005 年版，第 86 页。

③ ［美］劳伦·B. 阿洛伊等：《变态心理学》（第 9 版），汤震宇等译，上海社会科学院出版社 2005 年版，第 11 章，将人格障碍分为偏执型人格障碍、反社会型人格障碍、回避型人格障碍等 10 种人格障碍。

④ 参见［美］乔治·B. 沃尔德等：《理论犯罪学》，方鹏译，中国政法大学出版社 2005 年版，第 87 页。

行定终生"不能等价于科学规律，但是从我们身边无数生动的例子可以看出，如果一个人从小没有养成健康的人格，那么这样的人格，很可能一生都难以纠正。所以，俗语"德行定终生"，其实反映了朴素的健康人格观。这启发我们在构建未成年人罪错行为分级体系时，应当将健康人格培养作为重要目标。

然而，鉴于人格分析层面的复杂性，笔者抛砖引玉，仅从人格的"塑造"和"纠正"两方面出发，拟初步提出构建如下分级干预体系：

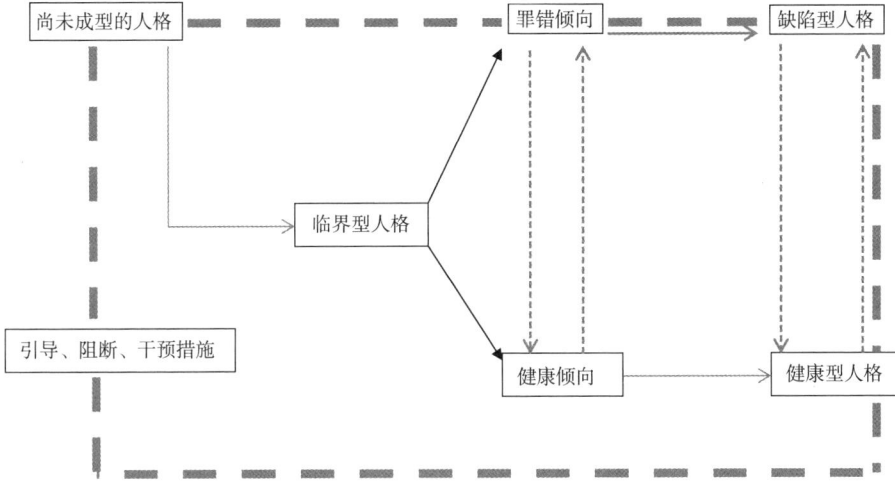

如上图可知，未成年人，尤其是未达到刑事责任年龄的未成年人绝大多数还没有形成稳定的人格（当然，也有根据生物学、遗传学层面的研究数据，某些人格的形成受遗传基因的影响很大，这种情况往往在婴幼儿时代就有苗头，而且很难改变，比如国外很早就有对同卵孪生子的长期跟踪研究，发现不管是不同家庭抚养还是同一家庭抚养，同卵孪生子的人格都有很大的相似性），随着年龄的增长和与周围环境的不断互动，未成年人逐渐形成某种人格雏形，即临界型人格。这样的临界型人格，具有不稳定性，如果引导、干预得当，会向健康型人格发展，如果引导、干预不当，会向缺陷型人格发展。当然，以上人格层面体系，还考虑到了某些特殊情况，比如在具备某些条件的情况下，罪错倾向和健康倾向，罪错型人格和健康型人格可以相互转变，这也是在人格层面的分级干预体系中要考虑到的特殊情况。

在以上人格层面的体系中，尤其要注重一个重要的因素，就是未成年人的年龄。就个人经历来说，笔者曾接触过多位老教师（均有数十年的教学经历，现均已退休），有一位于姓教师，先教幼儿园，后教小学；有一位吴姓教师，先教初中，后教小学；另一位吴姓教师，先教小学，后教幼儿园。综合他们的切身体会，发现幼儿园的学龄前儿童，绝大多数情况下很容易听老师的话，所谓的"主见"几乎不存在，尽管存在具有攻击或"偷盗"行为的儿童，但远没有形成固定的行为惯性，而且绝大多数可以很容易改正。小学一、二年级（7—8岁）学生差不多也是如此，等到了小学三、四年级（9—10岁），所谓的"乱班"开始形成，班上开始出现较为固定的"不安定"学生，这时候如果班主任等任课教师缺乏有效的应对措施，班级就会形成"从众"趋势，所谓的"乱班"就会越来越成型，到了五、六年级（11—12岁），对于这样的"乱班"，少有教师愿接，因为难以管理，每届难题均"同中有异""异中有同"。等到了初中（13—15岁），绝大多数小学就形成不良习惯的学生很难改正，如果某个班上这样的学生多一点（至少三个以上），对整个班风甚至整个年级都有很大影响。其实，根据很早以前的资料，苏联的教育家早就发现了年龄在青少年教育、引导中的重要性，没有把握好某个年龄段，消极人格一旦形成，非常难纠正。

鉴于此，笔者就以上人格层面的分级干预体系，再拟初步构建有关未成年人年龄的干预子体系，如下图所示：

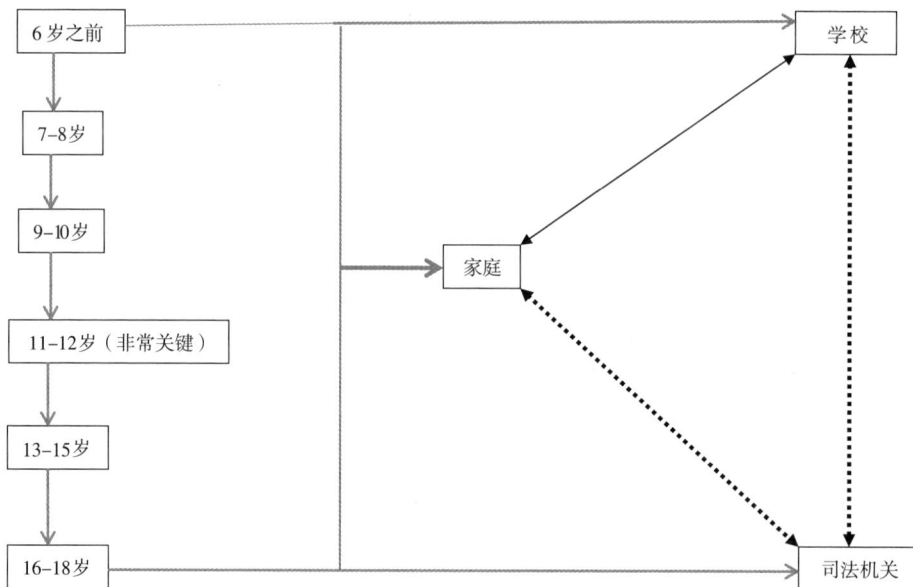

由上图可知，在以上未成年人各年龄段中，家庭始终起到不可替代的作用，家庭、学校与司法机关等国家机关之间就未成年人包括罪错行为在内的一切行为，要保持必要的沟通、联系，在不同的年龄段，要采取最合适的方法，

比如司法机关可以与学校一起开展相关的教育工作，及时纠偏。对于关键年龄段，一般是 11—12 岁的小学中年级阶段，尤其要注重打下良好人格的教育基础，发现不良苗头，要及时有效纠正。上图虽然看似十分简单，但实际操作的内容和涉及的各方面因素非常丰富，所付出的社会成本也十分可观，对于方法的选择，也会非常专业，而所经历的时间跨度也非常长（至少要经历一个人从出生到成年的时间）。如果做好，将会给未成年人的相关立法提供翔实的实证数据支持。

（三）未成年人之外的相关因素分级干预体系

目前能看到的未成年人罪错行为分级干预体系往往着眼于未成年人的年龄、罪错行为的恶劣程度以及应对措施的种种分级适用等，这固然是十分必要和理由充分的，因为类似的倡议早就存在，比如 1958 年 8 月 25 日至 30 日，在瑞典首都斯德哥尔摩举行了第五届国际社会防卫大会，讨论了对儿童和社会适应不良的青少年进行行政干预和法庭干预的问题。具体问题有：社会适应不良青少年的发展阶段；建立保护少年的社会机构；选择适用于少年标准的手段和标准。[1] 但是，随着近年来网络曝光的中小学教师性侵学生的一起起事件（其实这在以前也存在，只是受当时的传媒手段所限，无法做到类似互联网时代的广泛传播而已）呈现在世人面前，让人不由得对学校，甚至任何之前被视为未成年人"呵护者""引导者"的机构、行业产生必要的合理怀疑。这对未成年人罪错行为分级干预体系的构建具有一定的启发意义，不难想象一个类似某网络曝光事件的不称职的教师或家长，会对未成年人的成长产生什么样的影响？所以中国历史上的孟母三迁，目的何在？就是为了给孩童时代的孟轲营造一个好的环境，就是为了避免孟轲受到消极影响。

为了进一步完善未成年人罪错行为分级干预体系，避免落入惯性思维的窠臼，笔者拟初步从未成年人之外的相关因素构建相应的分级干预体系，如下图所示：

---

[1] 吴宗宪：《西方犯罪学史》（第四卷）（第二版），中国人民公安大学出版社 2010 年版，第 1392 页。

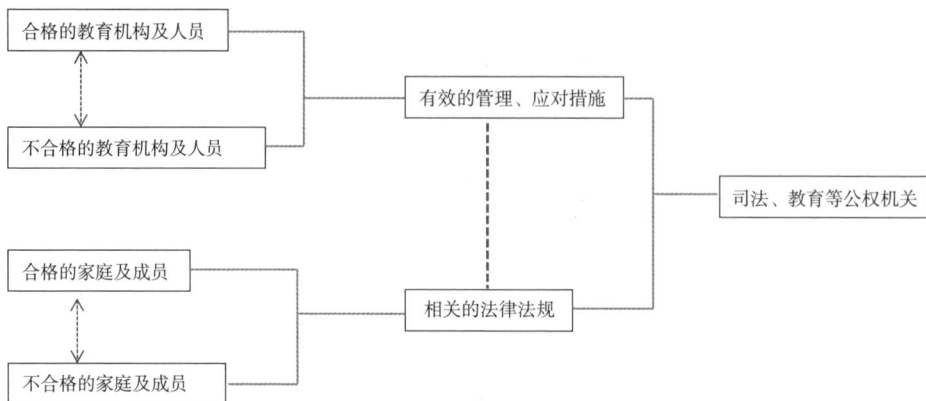

为了方便表述，笔者仅列出几个有限的元素组成以上简图，进行概括性的阐释。由上图可知，合格的教育机构及人员与不合格的教育机构及人员之间在满足一定条件的前提下可以互相转化，合格的家庭及成员与不合格的家庭及成员也是如此。国家司法机关、教育机关等公权机关要遵循相应的法律法规，制定有效的管理、应对措施。在此过程中，必然要涉及合格或不合格的教育机构，合格或不合格的家庭及成员的判断和分类，而从事未成年人罪错行为干涉、纠正的国家工作人员（包括司法人员）应设立必要的职业门槛。因此，笔者拟提出以下构想：（1）对于教育机构及人员是否合格的分级干预，可以从学校、家庭联系紧密程度、校内秩序、校内人际关系等制定较为详细的定量判断因素，而后再进行相应的应对。对于教职员工，同样也要进行心理测试、人格分析，有针对性地进行分级干预，以期纠正不良倾向，对于不合格的教职员工，要考虑转岗。这将运用到诸如统计学、心理学、社会学等学科的方法。① 此外，还可以参考域外经验，比如在美国社区教育80多年的发展历程中，存在休闲娱乐与救治犯罪、社区学校与社区教育、社区教育与社区发展、社会资助与政府资助、工作网络与研究网络、理论发展与人才培育等六个方面的关系和问题②，这些我们都可以批判地借鉴。（2）对于家庭及成员是否合格的分级干预，可以从家庭基本情况、父母基本情况、父母教养方式等方面进行定量和定性分析，而后再进行相应的应对。这也存在一定难度，首先家庭在很大程度上可以定性为私人空间，作为外人，往往只能看到表面现象。如果要做

---

① 参见赵军：《未成年人犯罪相关因素定量研究》，人民日报出版社2017年版，第51~97页。

② 张永：《美国社区教育发展的六个议题》，载《终身教育研究》2017年第1期。

到深入、全面地形成有价值的材料，必定遇到很大的阻力。因为即使从不带任何不良企图的社会调查等科研目的出发，绝大多数家庭也不会做到对调查、采样人员完全透明，因为这既涉及伦理道德，又涉及法律上的隐私权保护，还涉及诸多意想不到的因素，所谓的"清官难断家务事"就是这个原因。

此外，还有一点不能忽视，就是司法人员的素养。笔者将司法人员的素养大致分为两方面：一是专业素养，二是道德素养。就未成年人罪错行为分级干预体系而言，司法人员任何一种素养的缺失都会导致该体系的实际价值大打折扣。

三、结语：构建未成年人罪错行为分级干预体系任重道远

未成年人罪错行为分级干预体系的构建，涉及面非常广，相关的专业性非常强，本文只是一个初步的探讨。未成年人罪错行为分级干预体系是开放的体系，就司法机关而言，虽然要更多地考虑到法律因素、犯罪学因素，但其视角永远是放眼全社会的，只是各家着眼点和侧重点不同，形成的见解也会有所差异。

再试举一例，比如 2014 年至今，J 省 R 基层检察院办理的未成年人犯罪案件情况如下图所示：

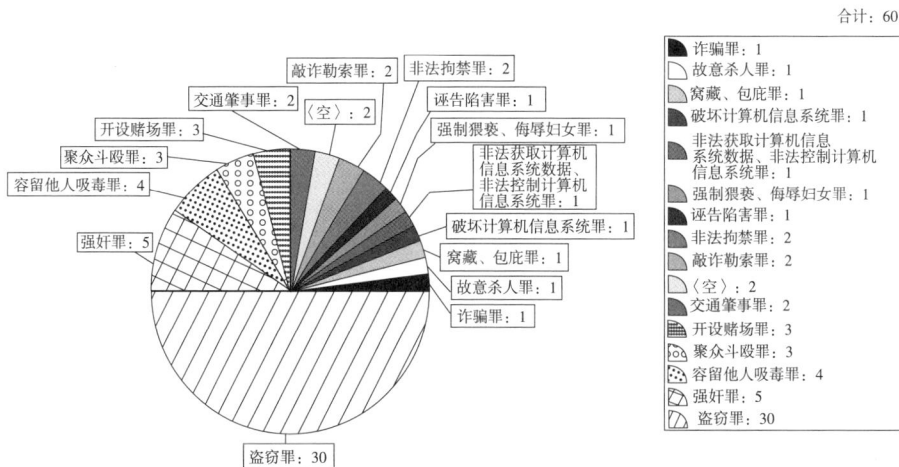

审结案由图（单位：人）

由以上罪名、人数的具体构成，既可以从犯罪的"机会"出发，又可以从所谓的"被害人"角度出发，构思相应的分级干预体系等，同时还要建立一套检测具体实际效果的标准。但无论如何，都不是为了惩戒，而是要贯彻社会防卫论和恢复性司法的理念。所以，在体系的构建之初，应当留有余地，争取以后更大的发展、完善空间，体现相应的立法价值。

网络直播及网络短视频领域
未成年人保护立法体系研究

付芳琳 *

[内容摘要] 网络直播及网络短视频领域作为一个新兴社交领域受到各个年龄层次的喜爱，但因其缺乏有力监管、信息复杂且缺少对未成年人的保护及规制而引发了一系列侵害未成年人合法权益的社会问题。如何通过立法手段尤其是《未成年人保护法》和《预防未成年人犯罪法》来保护未成年人的合法权益值得研究。本文以现行立法对网络直播及短视频领域未成年人合法权益的法律规定为依托，分析了目前网络直播及短视频领域未成年人合法权益受侵害及规制现状，整理出现行立法在网络直播及短视频领域未成年人法律保护存在的立法问题，围绕未成年人这一主体的特殊性、网络直播及短视频领域存在对未成年人权益的侵害性以及《未成年人保护法》和《预防未成年人犯罪法》的现行规定及缺失提出相应对策和立法建议。

[关键词] 网络直播；网络短视频；未成年人保护法；预防未成年人犯罪法

一、网络直播和网络短视频领域未成年人立法保护概述

随着互联网的发展，网络直播、网络短视频似乎已成为现代人获取信息、娱乐消遣的主要方式，甚至成为少部分人的全部信息接收来源。在网络文化普及率如此高的背景下，未成年人不可避免地接触、使用、共享网络信息，调查显示，我国网民成分年轻化趋势显著，截至 2018 年 6 月，10—39 岁群体占总体网民比例高达 70.8%。其中 20—29 岁年龄段的网民占比最高，达 27.9%；

---

* 付芳琳，黑龙江省哈尔滨市人民检察院第五检察部副主任科员。

10—19 岁、30—39 岁群体占比分别为 18.2%、24.7%。①

随之而来也出现了一系列的问题，如未成年人观看不良网络信息心理健康受损，未成年人私自网络打赏，未成年人成为网络主播并利用网络直播、网络短视频平台发布信息人格权受侵害，发布直播和短视频传播未成年人怀孕、私奔等不良交友方式现象。在当今网络领域专门立法相对不健全的背景下，未成年人在网络直播、网络短视频领域受到的诸多侵害严峻且亟须解决。

（一）网络直播和网络短视频的基本概念和现行规范

1. 网络直播的概念和现行规范

提及网络直播，大多数人甚是熟悉。网络直播以互联网技术为依托，以移动终端设备为承载媒介，以"实时""共享"的娱乐特点迅速被大众所认可和追捧。《互联网直播服务管理规定》将网络直播界定为是基于互联网，以视频、音频、图文等形式向公众持续发布实时信息的一类活动。网络直播按直播类型大体上可以分为新闻直播、秀场直播、泛生活直播、游戏直播、比赛直播、演唱会直播等几种类型，其中受众较多且影响较大的是秀场直播、游戏直播和近期吸引眼球的泛生活直播，恰恰这类直播受青少年喜爱关注度极高。

从笔者查阅的资料看，网络直播领域的专门立法主要是行政规章、部门规章及规范性文件，如国务院 2011 年修订的《互联网信息服务管理办法》，原文化部 2017 年 12 月 15 日修订的《互联网文化管理暂行规定》、2016 年 7 月 1 日颁布的《文化部关于加强网络表演管理工作的通知》，国家互联网信息办公室 2016 年 11 月 4 日颁布并于 2016 年 12 月 1 日实施的《互联网直播服务管理规定》等。其中，《互联网直播服务管理规定》是对网络直播领域的主要规制文件。

2. 网络短视频的概念和现行规范

随着移动客户端的兴起，移动端短视频的营销时机逐渐成熟，从网络直播到移动端直播及短视频的转变是直播行业为了适应全民直播的需求、改善获取信息方式而进行的自我革新，网络短视频通过降低用户门槛的方式吸引了更多的网络用户。

与直播模式不同，网络短视频虽不具有实时性和连续性，但以记录一段动态视频的形式改变了传统的文字、图片、动态图片、语音的传播模式，将"流行、共享、参与"的社交理念融入传播媒体，形成了一种新型传播格局。网络短视频以互联网为媒介，通过网络移动客户端向公众发布一定长度的视

---

① 参见中国互联网络信息中心，http://www.cnnic.cn/hlwfzyj/hlwxzbg/hlwtjbg/201808/P020180820630889299840.pdf。

频、音频。根据平台规定，网络短视频的长度一般不超过 10 秒，但大多数平台都以"涨粉""点击量"等作为突破时长限制的特别标准，对粉丝过万或者点击量达到一定标准的短视频发布者提供更宽松的录制视频时长限制，鼓励和培养"网红""热门""明星"效应。网络短视频将碎片化信息的传播方式发挥到了极致，其特点是立体化、更新快、实时性强，以获得注意力模式为主导方式快速获取经济效益，同时着眼于"网红""明星"效应，因此也备受青少年追捧，往往一段新奇的短视频内容会引来数以万计的转发和翻拍。目前规制网络短视频的主要专业性规范是 2019 年 1 月中国网络视听节目服务协会在官网发布的行业规范《网络短视频平台管理规范》和《网络短视频内容审核标准细则》。

（二）网络直播和网络短视频领域未成年人立法保护现状

1. 网络直播和网络短视频领域立法的相关规定

作为现行规范网络直播领域和网络短视频领域的主要规制文件，《互联网直播服务管理规定》第 3 条提到了"提供互联网直播服务，应当遵守法律法规，坚持正确导向，大力弘扬社会主义核心价值观，培育积极健康、向上向善的网络文化，维护良好网络生态，维护国家利益和公共利益，为广大网民特别是青少年成长营造风清气正的网络空间。"《网络短视频平台管理规范》在第四点"技术管理规范"第 3 条规定："网络短视频平台应当建立未成年人保护机制，采用技术手段对未成年人在线时间予以限制，设立未成年人家长监护系统，有效防止未成年人沉迷短视频。"

2. 《未成年人保护法》的相关规定

网络直播和网络短视频作为互联网产业催生的网络产业，其出现时间比较晚，因此《未成年人保护法》未明文规定此领域内容。从现行规定看，《未成年人保护法》第 33 条设定了预防条款预防未成年人沉迷网络、第 39 条规定了未成年人的隐私权保护，并在第六章规定了法律责任，这些规定原则性较强，具有广泛的指导性，但同时也暴露出立法滞后的问题，无法直接规制当前存在的网络直播及短视频领域的侵犯未成年人权益现实境遇。

3. 我国《预防未成年人犯罪法》及各地预青法规规定

《预防未成年人犯罪法》第三章规定了对未成年人不良行为的预防，第七章规定了法律责任。其中，第三章第 14 条采取列举式的方式为未成年人划定了九类行为禁区，虽未明确规定未成年人参与网络直播及网络短视频活动的界限和方式，但第（九）项规定"其他严重违背社会公德的不良行为"作为兜底条款；第 20 条则明确规定了未成年人父母的监护义务。在第七章第 53 条规定了利用通讯、计算机网络等方式向未成年人提供暴力、色情等危害未成年人身心健康的内容和信息，没收相关电子出版物和违法所得，处以罚款，并对直接负责的主管人员和其他责任人员处以罚款；情节严重的，责令停业整顿或者由工商行政部门吊销营业执照。

尽管立法涉及该领域对未成年人的保护，但力度不大、篇幅过短，存在一些问题：一是网络直播和网络短视频信息庞杂、内容低俗现象严重，缺乏监管。这些低俗的网络文化传播错误地引导青少年盲目跟风，不利于青少年树立正确的人生观、世界观和价值观。二是规定笼统，可执行性差。对于未成年人接受网络直播和短视频的内容缺乏明确规定，没有实行区别于成年人的信息筛选推送。而且在大数据搜索的推荐下，往往会根据点击内容推送相关内容，更增添了低俗内容的传播力度。三是缺乏严厉追责机制。违规成本低使得大部分平台对规范视而不理，消极应对，无视立法的相关规定。四是缺少高位阶立法。地方性立法约束力度差，震慑性小，立法质量与《未成年人保护法》和《预防未成年人犯罪法》也有相当大的差距。

（三）网络直播和网络短视频领域未成年人保护和预防未成年人犯罪立法的必要性

1. 网络直播和网络短视频领域自身价值导向的缺失

网络直播和网络短视频均属于娱乐性较强的综合社交软件，多以盈利为目的，以吸引观众眼球直播或录制新奇、刺激内容为卖点，具有广泛且快速的传播度，这些特点无疑都对未成年人构成了强大的吸引力。良好盈利模式吸引了资本力量的强大推动，直播和短视频行业迅速发展。以网络直播行业为例，2018年网络直播的市场规模约为317亿，网络直播平台用户数量已高达3.97亿。具体可见下表一中网络直播和短视频相关数据。[①]

表一

年份（年）	网络直播市场规模	网络直播用户数量（亿）	短视频用户规模（亿）	短视频市场规模（亿）
2015	90（亿）	2	0.88	53.8
2016	150（亿）	3.44	1.53	113.3
2017	119.5（亿）	4.22	2.42	210
2018	317（亿）	3.97	3.53	357.4

① 数据参考中商产业研究院发布的《2019—2024年中国网络直播行业市场前景及投资机会研究报告》和中商产业研究院发布的《2018—2023年中国短视频市场前景及投资机会研究报告》。

从盈利模式看，直播平台的主要盈利方式有打赏分成、游戏联运、广告及会员增值服务，从已上市的直播平台公布的数据来看，目前打赏分成是直播平台主要盈利模式，这种盈利模式驱使下网络直播平台为了创收会降低用户门槛、放宽对主播直播内容的管限权、强化中心揽权，而平台的这些行为都是造成网络直播领域内容低劣，涉黄、涉暴力、涉价值扭曲直播事件频发的重要原因，不利于未成年人的身心健康；同时直播平台缺乏管限，存在未成年人利用父母账号进行不良或商业性过强的直播而未被管制的现象。与网络直播相似，网络短视频也是一种新型的娱乐导向媒体并迅速成为移动端流量风口，且网络短视频的受众多为青少年，这种以捕捉受众注意力模式为手段的营销方式本身导致了其必然存在片面追求效应，忽视内容质量、缺乏精品的负面社会效益。

2. 未成年人缺乏自我保护意识和能力

对未成年人而言，以少年和儿童为典型，他们缺少社交能力、自我保护意识和分辨良好价值观的能力，其价值观的形成是家长、学校、社会共同的作用力。而当前网络直播和网络短视频平台领域首先存在家长主动带子女"出镜"以获得更多关注的现象，也存在网络平台缺乏监管导致未成年人利用父母账号浏览使用平台现象，网络平台自身又内容庞杂、优劣并存，缺乏管限的问题，在三方的共同作用下，未成年人的网络环境频频亮红灯，在此情况下，未成年人网络环境的立法保护迫在眉睫。

3. 《未成年人保护法》和《预防未成年人犯罪法》自身立法价值需要

第一，网络直播领域和网络短视频领域的未成年人保护和预防未成年人犯罪是与未成年人立法本意与动因相符的。从未成年人保护的立法体系来看，它是未成年人权益保护法律体系的重要组成部分，其对涉未成年人领域的保护规定是详细的，且兼具与多部门立法的关联性和体系内容的综合性；从《未成年人保护法》的立法结构来看，家庭保护、学校保护、社会保护、司法保护四大保护与现今网络领域未成年人保护缺失几大原因一一呼应。换言之，在立法保护环节的立法条文细化、明确化对解决问题至关重要。

第二，预防未成年人犯罪的立法目的是保障未成年人权益，有效预防未成年人犯罪，在《预防未成年人犯罪法》的"总则"中也明确了"立足于教育和保护"。从目前我国《预防未成年人犯罪法》的体例来看，第三章对未成年人不良行为的预防及第七章法律责任的设定均能对网络领域未成年人活动进行有效管制，在网络领域未成年人权益及涉嫌犯罪的保护方面，《预防未成年人犯罪法》的规制最为直接有力。

二、网络直播和网络短视频领域未成年人法律保护的现实困境

（一）网络直播及短视频领域未成年人专门法律保护规定缺失

1. 网络直播和网络短视频领域未成年人身权利立法保护缺失

网络直播和网络短视频平台作为新型的文化传播形式，负有传播正确价值观、引领文明娱乐风尚、保护公民人格权利的社会义务。近年来，随着经济社会的发展，人格权利也受到更高重视。可近年来，网络直播和网络短视频领域迅速崛起，网络平台缺少规制，网络直播和网络短视频乱象丛生，其中青少年受侵害更为严重，侵害方式多样，涉及健康权侵害、名誉权侵害、隐私权侵害、监护权侵害、肖像权侵害等，未成年人的人格信息权屡受侵犯。

2. 案例分析

2018 年频繁曝出某些直播和短视频平台出现未成年人直播低俗、色情、暴力内容等一系列乱象，更为惊人的是，这些平台内还隐藏着一个混乱的未成年人儿童交友圈。如在某网站上，"14 岁早恋后生下儿子""产后 4 个月全网最小二胎妈妈"都有三四十万的播放量。① 在强大的播放量和流量面前，许多平台坐视不理甚至默许开设这类直播间，造成一时的不良直播热潮，在微博等大型媒体平台的推送中也时常可见。这些以少年恋爱私奔、混乱交友、怀孕生子等现实生活的禁忌为题材的内容极大满足了在成长叛逆期缺少辨别是非能力、追求刺激的青少年的内心，禁忌被轻易触碰，腐蚀了青少年的纯洁心灵，也歪曲了正确的社会价值导向。一般该类主播都是 12—16 周岁且大多生活条件不好缺少家庭监管的困境少年，缺少教育和权利维护意识，直播可以带来丰厚的收入还可以提升获得关注感，这些都是他们决定放弃尊严和隐私的原因。从影响受众来看，大多是和主播有着类似生活环境的青少年人，也正因此，才能引发受众共鸣迅速走红。除此之外，还存在"违规动漫视频、儿童直播秀、短视频随手拍、儿童吃播短视频"现象。

3. 保护困境

立法规制缺失，违规成本低。仅以上例可见，网络直播和短视频领域的乱象比较严重，在利益驱使下以未成年人作为博眼球工具的行为，不仅侵害了未成年人主播的人格尊严、肖像权、隐私权，同时也侵害了作为受众的未成年人的身心健康。针对这类现象主流媒体点名通报，中国网信办在第一时间进行约

---

① 《评论：直播平台热捧早孕，必须严厉遏制》，载 http://xw.qq.com/cmsid/2018040 02A0YPI2。

谈并责令整改、原文化部也在 2018 年 1 月针对封禁违规账号 1079 个、下线违规游戏 771 款。但令人担忧的是，到目前为止这类侵害未成年人人格权益类的直播乱象依然存在，只是直播方式更加隐秘、直播侧重点有所改变。另外，未成年人保护法、网络安全法以及网络直播、短视频领域的规范性文件还未专门规定，这也是造成净网行动屡净不清、不良视频屡禁不止的一个原因。

（二）网络直播和网络短视频领域专门立法缺失

1. 现有专门立法层次低

当前的网络直播和短视频专门立法主要是行政法规、规章、规范性文件，立法主体权限低、规制效果差、处罚力度小，立法刚性不足、震慑力不够，这也直接造成了直播和短视频平台违法成本低。直播平台往往在巨额利润的诱使下铤而走险。

2. 主体责任缺失

首先，从现行法规和规范性文件的规制对象看，其大多针对网络平台提供者进行许可准入设置、强调直播和短视频服务提供者的主体责任，缺少对直播、短视频发布者的准入许可直接规制和主体责任的规定。同时，对主体资质的授予程序和授予资质审核部门规定不明确且所涉部门较多。其次，从规制内容看，主要着眼于问题最为突出的方面进行规定、具有应急性隐患，从未成年人法律保护的角度看，缺少针对特殊主体进行网络直播、发布短视频等行为是否合法、行为限度、行为效力、保护及追责机制等规定。最后，从监督主体看，单靠部门监督的力量不足以在海量发布信息中有效快速完成审查监督工作，缺乏举报反馈机制。

3. 法律责任规定缺失

在网络领域无专门立法的前提下，对网络领域侵害未成年人合法权益现象的法律归责大部分仍停留在行政层面。一是缺少家长保护失职的法律责任，二是缺少网络平台的刑事责任规定，导致违法成本过低。

三、完善网络直播和网络短视频领域未成年人法律保护的理性方案

网络直播发展的迅速性以及网络的辐射范围的广阔性使得现有法律法规未能监管到直播和短视频领域，因此梳理现有立法、联系相关立法，研究制定专门立法是完善网络直播和网络短视频领域未成年人法律保护体系的理性选择。

（一）《未成年人保护法》对网络空间保护的立法完善

1. 解决责任稀释困境

《未成年人保护法》对有关组织和个人保护未成年人的职责提出了明确要求，该法第6条确定了国家机关、武装力量、政党、社会团体、企业事业组织、城乡基层群众性自治组织、未成年人的监护人和其他成年公民的共同责任原则。同时，该法第7条也确定了中央和地方各级国家机关未成年人保护工作职责。然而，《未成年人保护法》颁布二十余年来，一个长期困扰的问题是由保护未成年人的共同责任原则所带来的"责任稀释困境"——谁都有保护未成年人的职责，但谁都没有将保护未成年人的职责列为专门的职责和业务范围，其结果是保护未成年人"说起来重要，做起来次要，忙起来不要，出了问题找不到"。破解责任稀释困境，需要构建更加完善的未成年人保护职责体系，明确未成年人保护的首要执法责任主体。① 明确网络领域的网络主体责任，同时还要明确家长监管责任、政府监督责任，重新梳理网络保护中家长责任与政府责任的分担，在家长责任中明确网络监管义务，做好与网络平台责任的划分和对接。

2. 树立国家监护的理念

未成年人保护机制的完善需要有顶层设计的思维，而不能拘泥于对热点事件疲于回应式的零敲碎补。② 应当树立国家监护的理念，按照政府是未成年人的最终监护人与未成年人最大利益原则设计与完善我国的未成年人保护机制。例如，国家应当建立对监护人监护资质的评估与干预机制，对于在网络领域不作为或非法作为的父母要及时调查干预评估，将未成年人从这些不适格的父母"魔爪"下拯救出来，并建立完善儿童福利制度以确保这些未成年人可以获得更好的生存与成长环境。

3. 赋予检察机关监护人监督职能

我国立法没有规定监护人报告义务、没有赋予监护监督人查阅文件权利，更没有规定谁来对国家监护人进行监督。日本民法典规定了虐待和恶意遗弃未成年人的情况下，子女、未成年人监护人、未成年人监护监督人、检察官有权向家庭裁判所提出申请，停止父母亲权。对此有学者提出赋予检察机关对未成年人国家监护的监督职能，并认为在当前行政检察改革和民事、行政公益诉讼

① 姚建龙：《未成年人法的困境与出路——论〈未成年人保护法〉与〈预防未成年人犯罪法〉的修改》，载《青年研究》2019年第1期。

② 姚建龙：《未成年人保护应具顶层设计思维》，载《上海法治报》2014年2月19日。

入法的背景下，赋予检察机关对未成年人国家监护的监督职能具有可行性。①目前，按照中央全面深化改革重大决策部署，检察机关内设机构改革基本完成，改革后检察机关更加突出专业化建设，除实行捕诉一体外，还在民事、行政、公益诉讼职能上强化了专业化队伍建设。因此不论是刑事检察中发现的案件线索抑或公益诉讼中发现的案件线索均可以成为检察机关履行监督职能的前提，具有一定的可行性。

4. 增加"网络保护"内容

建议在《未成年人保护法》第四章"社会保护"中增加互联网平台、网络提供方、网络服务方的主体责任，并划定未成年人浏览区域，强调网络平台的保护责任。明确网络直播、网络短视频领域的行为主体责任，明确网络管理平台、国家互联网信息办公室的执法监督责任。

同时，还应制定未成年人网络浏览内容等级标准。早在 2011 年 1 月，德国《青少年媒介保护国家条约》就指出，提供网络内容需对其内容进行年龄等级划分并且作出标记，而后父母针对软件再进行筛选。网络内容分级制度的制定部门是德国媒体行业协会，其将网络内容划分为三个年龄级别（可浏览）：大于 6 岁、大于 12 岁、16 岁或 18 岁，这对包括我国在内的世界各国控制网络环境下的侵犯儿童人格利益行为的罪责提供了启示。网络内容等级制度的确立有利于家长为未成年人设置浏览网络直播的内容，达到较好的家长监管效果，在未来修订预防未成年人犯罪法时可以进行等级制度确定，并在具体网络直播、网络短视频领域立法中予以细化规定。

（二）预防未成年人犯罪立法之完善

1. 协调机构的办事机构的具体职责

《云南省预防未成年人犯罪条例》首次在法规中明确了办事机构的具体职责，其第 7 条指出："预防未成年人犯罪工作协调机构的办事机构设在共产主义青年团，负责日常工作。"建议在将来修订《预防未成年人犯罪法》时对此予以吸收。明确一个办事机构对未成年人人格权利和预防未成年人犯罪的主体监管责任有利于达到监管效果。

2. 网络监督员

诚然，我国各地区预防未成年人犯罪的立法之中，已经将网络净化的相关

---

① 梁春程：《公法视角下未成年人国家监护制度研究》，载《理论月刊》2019 年第 3 期。

内容作为重点予以规制，也取得了一定的成效与收获。① 但网络舆论的疏导与纠正，网络市场准入机制的审查和监管，网络生态特别是"微领域"的过滤与整治，网络游戏产品的强制标准与实时监管，网络音乐、网络文学等网络文化产品的引导与管理，沉迷网络未成年人的教育与矫治等问题均需要进行深入的研究与探索。互联网环境的净化需要家长、学校及社会力量的共同参与与监督。云南首次尝试由政府机构聘请专门的网络监督员，《云南省预防未成年人犯罪条例》第 22 条第 5 款指出："关心下一代工作委员会聘请的监督员，可以对互联网上网服务等营业场所进行监督，发现违法行为应当及时向有关部门报告。"

3. 强化网络领域监管不力的法律责任

从目前我国《预防未成年人犯罪法》的立法体例看，第七章专门规定了"法律责任"，可增设一条网络主体监管法律责任，提高其违法成本。第一，责任主体扩大到网络直播信息发布者。建立细化市场准入制度、实名登记制、黑名单制和事后追责制度。在网络直播和网络短视频中出现的危害未成年人合法权益、未履行网络保护行为现象的，既要追责网络服务提供者，又要追责具体信息发布者。第二，构建与网络内容等级制度相应的配套规定。针对不同年龄等级的未成年人主体进行网络直播、发布短视频等行为是否合法、行为限度、行为效力、保护及追责机制等进行细化规定。如第三等级 16—18 岁具备相应民事行为能力，在等级内容范围内可成为网络视频主播和网络短视频发布者，而 8 岁以下儿童则不宜成为直播主播和短视频发布者。第三，拓展多方式、多角度监督模式，建立举报反馈机制。打破部门监督势单力薄的局面，借用网络媒体、网络用户的力量借力打力，建立适用于未成年人权益侵害行为的举报反馈机制不仅能够作为监督机制的补充力量增加监督力度，也有利于形成良好的网络风气，促进行业自律。第四，细化处置方式、加大处罚力度。根据侵害未成年人权益情节细化处置方式，增强法律可适用性。同时，加大处罚力度，增加违规成本，建立情节严重、多次违规的行业禁止和行业罚金制度。

（三）确立合理有效的衔接制度

1. 明确《未成年人保护法》与《网络安全法》的立法衔接

《未成年人保护法》作为维护未成年人权益的主要法律应当具有全面性、概括性及前瞻性，故在未成年人保护法中兼顾每个特定领域是不具有现实性也

---

① 孙鉴：《我国预防未成年人犯罪地方立法的现状与比较》，载《预防青少年犯罪研究》2018 年第 5 期。

不符合立法指导意义的，因此对应未成年人网络安全保护领域的立法应当做好与《网络安全法》及相关专门领域的立法衔接。这样不仅便于未成年人网络安全领域治理工作的有效开展，也能为立法适用搭好实践的桥梁，更能从立法角度避免出现监管交叉、多头监管的问题，彻底改变"多头监管演变成无人监管"的局面。就目前我国《网络安全法》的立法现况看，其第13条明令规定了国家支持研发开发网络产品和提供网络服务要有利于未成年人健康成长，并规定了要依法惩治利用网络从事危害未成年人身心健康的活动，达到为未成年人提供安全、健康的网络环境的效果。因此，建议将来修订《未成年人保护法》应明确网络环境下未成年人保护的网络主体责任及未成年人网络安全环境的主要立法索引，同时要建立《未成年人保护法》与《网络安全法》就未成年人网络安全保护问题的法条之间的有效衔接，做到未成年人保护立法的全面性和网络安全保护立法中对未成年人保护的专门性二者之间的兼容。

2. 确立《未成年人保护法》与《预防未成年人犯罪法》的有效衔接

《未成年人保护法》注重"保护"并明确保护职责，《预防未成年人犯罪法》则侧重预防和法律责任。这样有利于对保护主体的监管与督促。

未成年人成长发育的每个时期都至关重要，《未成年人保护法》和《预防未成年人犯罪法》是保护未成年人合法权益、预防未成年人犯罪的两大重要法律武器，将来两法修订时，在网络直播和短视频领域要做好有效衔接。

未成年人保护公益诉讼立法问题研究

——以《未成年人保护法》修改为契机

耿凯丽*

[内容摘要] 未成年人保护公益诉讼作为未成年人保护工作的重要组成部分之一，因法律规定不明确而在当前未成年人权益保护工作中发挥的作用十分有限。为更好、更全面地保护未成年人合法权益，应积极推动未成年人保护公益诉讼制度建设，并就未成年人保护公益诉讼的诉讼主体、受案范围、制度设计等进行规定，以实现未成年人保护公益诉讼规范化、常态化发展。

[关键词] 未成年人保护法；权益保护；公益诉讼

2019年2月18日，广东省消委会就未成年人优惠票问题向广州市中级人民法院提起民事公益诉讼①，成为我国首宗未成年人消费权益保护公益诉讼，对今后未成年人保护公益诉讼工作的全面有序开展具有很好的导向作用。未成年人保护公益诉讼对维护未成年人权益特别是未成年人群体权益具有重要意义，但综观我国未成年人保护公益诉讼发展情况可知，其在当前未成年人权益保护工作中发挥的作用还十分有限。因此，从确保我国未成年人保护公益诉讼在未成年人权益保护工作中切实发挥作用，推动我国未成年人保护公益诉讼长远有效发展的角度出发，应积极借助此次《未成年人保护法》的修改契机，推动未成年人保护公益诉讼健康发展，应对包括诉讼主体、受案范围、线索发现、诉前及诉讼程序等在内的未成年人保护公益诉讼制度进行探讨，致力于构建特定诉讼制度功能定位统摄下逻辑一致且密切衔接的未成年人权益保护体系。

---

* 耿凯丽，黑龙江省哈尔滨市人民检察院检察委员会办公室检察官助理。
① 《广东消委会就未成年人优惠票标准问题起诉长隆》，载中国网 http://travel. china. com. cn/txt/2019 - 02/18/content_ 74476487. htm。

一、未成年人保护现状

（一）未成年人保护公益诉讼入法的必要性分析

1. 当前我国未成年人成长发展环境不容乐观。近年来，社会中对未成年人合法权益的侵害不再简单地局限于个体权益，像前文所提及的未成年人消费权益保护问题这种对不特定未成年人合法权益进行侵害的行为日益突出，逐步发展成为影响未成年人身心健康发展的主要因素之一，如早期以三鹿奶粉、长春疫苗等为代表的涉未成年食药品领域安全问题，后有网络上热议的涉嫌家庭监护侵权的"童模"事件[①]以及长期存在的校园欺凌、校园暴力等校园安全问题等，均对未成年人身心健康发展造成诸多不良影响。面对上述侵权行为，未成年人自身常常因其弱势群体的社会属性而陷入维权困境，监护人也受自身知识水平、取证能力、经济实力、诉讼成本等因素限制而在未成年人维权诉讼中承担着较大的败诉风险，甚至在部分侵害未成年人合法权益的案件中监护人本人就是直接侵权人，在这种情况下也就很难寄希望于监护人会提起针对自己的侵权之诉。为有效解决未成年人维权难题，更好促进未成年人健康成长，确有必要将未成年人保护公益诉讼作为保护未成年人合法权益的重要方式之一。

2. 当前有关未成年人保护公益诉讼的立法仍不明确。自 2015 年检察机关提起公益诉讼试点工作开展以来，"两高"先后出台多部公益诉讼实施办法及相关司法解释，发布多个公益诉讼指导案例，并联合多部门出台一系列协同工作机制对公益诉讼开展过程中可能涉及的诸多问题进行规定，为公益诉讼工作顺利开展提供了制度支持与操作指引。2017 年，随着公益诉讼作为一种新型诉讼制度被正式写入民事诉讼法与行政诉讼法，我国公益诉讼工作进入常态化运行状态。但梳理我国公益诉讼制度立法的演进历程可知，无论是民事公益诉讼还是行政公益诉讼，其受案范围均未明确将未成年人保护公益诉讼纳入其中。虽然目前我国学术界及司法实务界大部分意见均倾向于可对现有"公益诉讼"受案范围中兜底性条款中的"等"字作"等外解释"，最高检也已据此开展了部分针对公益诉讼受案范围的"等外"探索，但未成年人保护公益诉讼终因缺乏明确具体的法律规定而易使各诉讼主体对其理解存在差异并进而就其适用问题产生争议，也就导致司法实践中各个诉讼主体为规避此种争议而选择放弃提起未成年人保护公益诉讼，最终也就难以发挥未成年人保护公益诉讼在维护未成年人权益方面的积极作用，因此应在法律中对未成年人保护公益诉

---

① 《人民日报评"踢踹童模"事件：留住童年才能健康生长》，载中国日报网 http：//cnews.chinadaily.com.cn/a/201904/24/WS5cbfae3fa310e7f8b1578931.html。

讼制度进行明确。笔者建议,为防止"等"字虚化,避免相关主体诉权、检察权等因公益诉讼受案范围的无序扩张而对社会秩序安定性造成损害,司法实践中应秉持谨慎克制态度通过特别法形式逐步释放"等"字含义。

(二)于《未成年人保护法》中增设"未成年人保护公益诉讼"具有可行性

1. 《未成年人保护法》具有倾向儿童福利法的基本定位。我国《未成年人保护法》制定于1991年,其立法初衷虽为治理青少年违法犯罪,但受立法之时有关未成年人权利观念发育尚不成熟、"预防"思维表现突出以及犯罪源于教育与保护缺失这一立法观念等因素的影响,我国《未成年人保护法》在制定时既未采纳司法型"少年法"的立法思路,也未将其定位为"福利法",而是模糊认定其为"保护法"。此后虽历经多次修订,但有关该法的基本定位、立法重心、基础理念等问题却始终未予以明确,也就使得我国现有《未成年人保护法》在面对社会全面转型中出现的新情况、新问题时往往无所适从。由此可见,对《未成年人保护法》的修改特别是对其立法重心与基本定位的明确已刻不容缓。而从我国目前有关儿童福利发展战略定位、经济社会发展的基本国情以及未成年人保护的现实需要等方面考虑,现行《未成年人保护法》应重点关注"困境儿童"及未成年人的受保护权并倾向于"必要福利化"的基本定位①。习近平总书记曾反复强调做好关心下一代工作,关系中华民族伟大复兴。作为国家发展重要后备力量的未成年人,承载着中华民族的希望,而且伴随着科学、医学、教育、社会工作等方面的进步,人们也逐渐认识到未成年人不应简单地被定位为被保护对象,其应享受同成年人一样的权利,特别是在当前未成年人法律体系中已有针对违法犯罪未成年人处理的《预防未成年人犯罪法》这一专门立法的情况下,《未成年人保护法》在立法重心上应更倾向于未成年人的"受保护权",侧重于对困境未成年人给予适度普惠型福利保护,这也是同我国目前儿童发展战略目标及儿童福利体系建设方向相一致的。未成年人保护公益诉讼以保护不特定未成年人合法权益为最终价值取向,其在本质上便具有鲜明的"儿童福利保障"色彩,也应属未成年人权益保护的重要组成部分,理应纳入此次未成年人保护法修订范围之内。

2. 现行《未成年人保护法》外部监督与追责措施缺失。我国《未成年人保护法》除基本定位模糊、立法重心不明的问题外,"监督难"与"追责难"

---

① 姚建龙:《未成年人法的困境与出路——论〈未成年人保护法〉与〈预防未成年人犯罪法〉的修改》,载《青年研究》2019年第1期。

也是其被学术界与实务界所广为诟病的症结之一①。现行《未成年人保护法》对负有未成年人权益保护义务的个人、组织履职情况的督查追责问题多规定于"法律责任"一章中，从现有法律条文来看，监督追责主体主要是相关义务主体的所在单位、上级机关或主管部门，这种典型的内部监督方式不仅易导致对未依法履行保护未成年人权益义务主体的追责流于形式，也存在当内部监督主体疏于履行监督职责时无人对其进行追责的制度漏洞。因此，为督促相关部门及时履职尽责，确保未成年人合法权益得到全面妥善葆有，应于《未成年人保护法》中引入必要的外部监督追责机制，而检察机关提起公益诉讼制度便是一项不错的选择。

检察机关作为我国宪法意义上的法律监督机关，依法享有法律监督权，但检察机关所具备的法律监督权于本质上是一项程序性权力，其"有效行使是不能脱离开具体的诉讼职能的"②，诉讼是检察机关法律监督权得以实现的重要载体与手段，换言之，检察机关作为国家法律监督机关的宪法定位决定了其所享有的全部职权均以履行法律监督职能为根本目的，公益诉讼当然也不例外。在社会深化转型、改革攻坚克难的背景下，笔者建议在将来未成年人保护法修订时引入检察机关提起未成年人保护公益诉讼制度，不仅可以填补传统诉讼模式中因缺乏适格起诉主体而出现的未成年人群体权益保护空白，而且其在扩展未成年人保护公益诉讼二元化监督模式、补强未成年人权益保护体系中现有法律监督机制漏洞、提高公权力运行的法治化程度等方面均具有重要意义。

二、未成年人保护公益诉讼概述

（一）未成年人保护公益诉讼的受案范围

就当前社会发展环境中可能影响未成年人健康成长的情况进行分析，其大体可以分为以下几种类型：一是对不特定未成年人合法权益的侵害，其大多集中于商业活动之中。如部分商家违法向未成年人兜售烟酒的行为，因网络安全监管不到位而使得不特定未成年网民可能面临网络内容危险、接触危险及商业危险的网络运营行为③，以非法获利为目的而从事的侵犯未成年人合法权益的涉未成年人食药品安全领域的经营行为以及其他可能侵害未成年人合法权益的

---

① 肖建国：《我国未成年人保护的法治创新》，载《青少年犯罪问题》2017 年第 6 期。

② 沈丙友：《公诉职能与法律监督职能关系之检讨》，载《人民检察》2000 年第 2 期。

③ 王平：《国外未成年人互联网安全利用研究：进展与启示》，载《情报资料工作》2018 年第 1 期。

商业行为等。二是对困境未成年人合法权益的侵害①，此处的"困境未成年人"指的是年龄在18周岁以下，因社会、家庭或自身疾病等原因而陷入特别困难境况，应当给予救助的未成年人，具体包括孤残未成年人、留守未成年人、流动未成年人以及受特殊疾病影响的未成年人等。这部分困境未成年人往往在上学、就医、就业等方面或多或少都遭受过歧视或不公正待遇，总体上呈现生活状况差、受教育程度低、身体健康受到威胁以及心理状况令人担忧等特点。三是对特定未成年人合法权益的侵害，此类侵害行为以家庭监护侵害最为突出。近几年频频爆出的"贵州父母虐童案""南京饿死幼女案"等，均是监护人怠于履行监护职责甚至主动侵害未成年人合法权益的事件。同时受我国传统思想文化影响以及国家监护体系尚不健全等因素限制，遭受家庭监护侵害的未成年人合法权益极易长期处于被侵害状态，极大阻碍了未成年人身心健康发展。

梳理总结当前侵害未成年人合法权益行为的多发领域，可将未成年人保护公益诉讼的受案范围概括为以下七个方面：涉及未成年人权益的食品药品安全领域；涉及未成年人权益的生态环境与资源保护领域，包括校园设施安全、校园秩序管理等在内的校园安全领域；互联网信息安全领域；文化娱乐场所管理领域；困境未成年人权益保护领域；家庭监护侵权领域等。

（二）未成年人保护公益诉讼的诉讼类型

未成年人健康成长对于一个国家和民族的长远发展具有重要意义，需要给予其不同于成年人权益保护方式的特殊保护。同理，未成年人保护公益诉讼作为一种保护未成年人合法权益的新型诉讼制度，也应在未成年人保护专门立法中给予特殊规定以强调其在公益诉讼工作中的特殊性与重要性。但这并不意味着未成年人保护公益诉讼因此就具有超出一般公益诉讼的内涵，未成年人保护公益诉讼在本质上仍从属于公益诉讼范畴，具有公益诉讼所包含的一般性特征，并可以根据其维护法律规范性质不同、被诉对象不同以及提起诉讼主体不同等划分为未成年人保护民事公益诉讼和未成年人保护行政公益诉讼。

未成年人保护民事公益诉讼主要指的是法律规定有权提起未成年人保护公益诉讼的机关、组织或社会团体针对未成年人保护公益诉讼受案范围内侵害未成年人合法权益的行为依照民事诉讼法规定程序向侵权组织或个人提起的公益诉讼。其诉讼主体不仅包括检察机关，也包括法律规定的其他有权提起未成年人保护公益诉讼的组织或社会团体，且以后者起诉作为启动检察机关提起未成

---

① 滕洪昌、姚建龙：《困境儿童概念辨析》，载《社会福利》2017年第11期。

年人保护公益诉讼的前置程序，其被诉对象为民事主体，且诉讼程序适用民事诉讼法的有关规定。未成年人保护行政公益诉讼则指的是检察机关在履行职责过程中发现未成年人保护公益诉讼受案范围内负有监管职责的行政机关未依法履职，致使国家利益、社会公共利益或未成年人合法权益受到侵害，依法向其提出检察建议后，该行政机关仍未依法履职的，由检察机关向人民法院提起的公益诉讼。其中，有权提起该公益诉讼的主体只能是检察机关，被诉对象为未依法履职的行政机关且诉讼程序适用行政诉讼法的相关规定。

三、在未成年人保护法中引入未成年人保护公益诉讼的立法体例构思

我国有关未成年人保护专门立法工作一直有意识地将未成年人保护工作纳入国家经济社会发展的大局之中，致力于为未成年人提供全方位法律保护，因此其在立法时总会尽可能多地将涉及未成年人权益保护的各个方面都纳入其中，使得我国有关未成年人保护专门立法在内容上具有极其广泛性①。未成年人保护法作为我国未成年人保护法律体系中的一部专门性法律，在立法之时也沿袭了我国未成年人保护立法的"大保护"立法格局及"求实效"的立法导向，在内容上总体呈现"大而全"的特点，使其不仅与其他未成年人保护法律法规存在密切关联，甚至与现阶段成人法律体系也存在诸多这样或那样的联系。

虽然我国学术界与司法实务界对未成年人保护法中法律规范操作性不强、法律条文多呈虚空、共同责任导致责任稀释等问题存在颇多争议，但不可否认的是，《未成年人保护法》于立法之初所确立的涵盖家庭、学校、社会及司法保护在内的综合保护工作模式②，在充分调动全社会力量积极参与未成年人保护工作，推动未成年人保护整体效能发挥等方面具有积极意义与重要价值的。为更好地对未成年进行保护、笔者拟提出将来修改未成年人保护法时增加具体条文规范未成年人保护公益诉讼制度。具体构思如下：

（一）在"总则"中明确未成年人保护公益诉讼制度

"总则"作为一部法律的总纲，是对该部法律立法目的、适用范围、基本原则等基础内容纲领性、概括性的阐述，贯穿于法律的始终并在整部法律中发

---

① 肖建国：《我国未成年人专门立法的发展思考》，载《预防青少年犯罪研究》2017年第3期。

② 王建敏、于文健、李颖：《新时代我国青少年权益保护法律体系的完善》，载《青年发展论坛》2018年第3期。

挥统领与指导作用。未成年人保护公益诉讼作为一种新型诉讼制度，是对传统诉讼模式中未成年人群体权益保护空白的有效补充，是对新时代未成年人保护工作中面临的新情况、新问题的及时回应，在未成年人保护法的"总则"中规定未成年人保护公益诉讼制度，既充分体现了未成年人保护公益诉讼在我国未成年人权益保护工作中的重要地位，框定了整部法律中有关未成年人保护公益诉讼的基调，同时也对分则各章中有关未成年人保护公益诉讼制度的具体设计起到统领与导引作用，从而确保未成年人保护法中有关未成年人保护公益诉讼的规定结构严谨、各个部分之间规范合理、内容协调一致。

"总则"还具有"处置此一典则与彼一典则关系"① 的价值，在未成年人保护法中规定未成年人保护公益诉讼制度，有利于妥善处理未成年人保护法、民事诉讼法及行政诉讼法之间关于公益诉讼法律规范适用选择的问题。因此，建议在未成年人保护法的"总则"中增设一条关于未成年人保护公益诉讼制度的专门规定，具体为："对在涉及未成年人权益食品药品安全、涉及未成年人权益生态环境与资源保护、校园安全管理、互联网信息安全、文化娱乐场所管理等领域侵害未成年人群体权益的行为及在困境未成年人权益保护与家庭监护侵权领域等侵害特定未成年人合法权益的行为，法律规定的机关和有关组织可以向人民法院提起诉讼。"② "人民检察院在履行职责中发现上述损害未成年人合法权益的行为，在没有前款规定的机关、组织或前款规定的机关、组织不提起诉讼的情况下，可以向人民法院提起诉讼。前款规定的机关或组织提起诉讼的，人民检察院可以支持起诉。"③ "人民检察院在履行职责中发现本条第一款所规定的案件范围内负有监督管理职责的行政机关违法行使职权或不作为，致使国家利益、社会公共利益或未成年人合法权益受到侵害的，应当向行政机关提出检察建议，督促其依法履行职责。行政机关不依法履行职责的，人民检察院依法向人民法院提起诉讼。"④

（二）在未成年人保护法篇章结构中增设"政府保护"专章

目前，我国未成年人保护法对家庭、学校、社会、司法在未成年人保护工作中应担负的具体职责均以专章形式进行了明确，却唯独没有对未成年人保护

---

① 关保英：《行政法典总则的法理学分析》，载《法学评论》2018 年第 1 期。

② 参见《民事诉讼法》第 55 条第 1 款。

③ 参见《民事诉讼法》第 55 条第 2 款。

④ 参见《行政诉讼法》第 25 条第 2 款。

可以发挥最为直接、切实、有效作用的"政府保护"进行专章规定①，而是将其隐藏在"社会保护"一章中呈"犹抱琵琶"的姿态，这也是近几年来侵害未成年人权益恶性事件频发的重要原因之一。而在司法实践中，我国对未成年人权益保护负有监管职责的职能部门或社会团体主要包括民政部门及其设立的未成年人救助保护机构、共青团、妇联、关工委、学校及居民委员会、村民委员会等，不仅数量冗多，而且各个主体之间职能交叉庞杂。但应该看到的是，未成年人保护行政公益诉讼以负有未成年人保护义务的行政机关为监督对象，检察机关能否提起未成年人保护行政公益诉讼的首要前提之一便是负有未成年人保护职责的行政机关有无依法履行职责，而当前未成年人保护法中有关"政府保护"具体职责范围划分规定不明的问题，不仅易导致未成年人保护工作陷入责任稀释困境，也使得检察机关在提起未成年人保护行政公益诉讼时因法律规定不明而无法准确判定被诉对象进而使得该公益诉讼诉讼结果与监督效果大打折扣，不利于未成年人权益的充分保障。

因此，为切实保障未成年人保护公益诉讼有效开展，首要任务是明确政府各职能部门关于未成年人保护职责的范围界限。因而笔者建议，在未成年人保护法的篇章结构中增设"政府保护"专章，在贯彻国家亲权理论基础上，对政府各有关职能部门保护未成年人的基本职责进行具体划分与规定，明确未成年人保护的首要执法责任主体，破解未成年人责任稀释困境，切实发挥未成年人保护公益诉讼在维护未成年人合法权益、监督行政主体依法履行职责方面的重要作用。

（三）在"司法保护"一章增设检察机关提起未成年人保护公益诉讼具体制度

综观我国近年来有关公益诉讼改革工作的实践情况可知，检察机关已成为我国提起公益诉讼的主力军。究其原因，主要有以下几点：一是检察机关相较其他公益诉讼适格主体所具有的更为丰富的司法实践经验与更为有效的调查取证手段，使其在提起公益诉讼时具有独特优势；二是有权提起公益诉讼的机关或组织受自身取证能力、经济实力、诉讼成本、厌诉传统等因素影响，对提起公益诉讼工作的主动性不强、热情度不高；三是国家对检察机关提起公益诉讼工作的大力支持，公益诉讼设立之初便是以"探索建立检察机关提起公益诉讼制度"为出发点的，此后国家又先后修改多部法律法规并出台系列相关司

① 姚建龙：《我国未成年人法律保护的进步与发展建议——在6月13日刘延东副总理主持召开的国务院儿童健康发展座谈会上的发言》，载《预防青少年犯罪研究》2017年第3期。

法解释与规范性文件等，为检察机关提起公益诉讼工作的开展提供政策支持与保障。正因如此，我国目前公益诉讼工作开展基本呈现以检察机关主导、其他机关或组织辅助的诉讼运行模式，未成年人保护公益诉讼作为公益诉讼的具体类型之一，其深入开展也势必会在较大程度上依托检察机关。此外，检察机关提起未成年人保护公益诉讼并不是简单地保护未成年人合法权益的制度，其在本质上是检察机关基于其宪法定位履行法律监督权的一种方式，对检察机关提起未成年人保护公益诉讼具体制度进行规范，不仅有利于保护未成年人合法权益，其也可以在较大程度上弥补现行未成年人保护法中存在的制度漏洞。

我国公益诉讼工作经过两年试点及将近两年时间的推广，取得了较好成效，有关公益诉讼的基本制度已经成型。虽然未成年人保护公益诉讼因未成年人自身的特殊性与其他类型公益诉讼存在一定差异，但二者在基本运行机制上存在相通之处，因此对于在现有法律法规及相关司法解释中已规定的较为成熟的、具有普遍适用性的有关公益诉讼的程序设计，可不再在未成年人保护法中进行重复规定，而只需对具有未成年人保护公益诉讼独特性的制度程序进行明确。

1. 案件线索发现与排查。我国未成年人保护法颁布以来，未成年人权益保护信息发现难与报告难一直是其存在的"亟待克服的症结性问题"[1]，若无法得到及时妥善解决，必将发展成为制约我国未成年人保护公益诉讼长远发展的瓶颈。因此，从及时、全面发现案件线索以更好地保护未成年人合法权益的角度出发，积极发挥主观能动性，创新未成年人保护公益诉讼案件线索发现与排查机制建设尤为重要。对此，笔者建议在未成年人保护法的"司法保护"一章中引入"未成年人权益保护检察监督平台"[2]，以党委为主导、由检察机关牵头，由负有未成年人保护职责的各职能部门参与，面向社会公众开放，广泛征集未成年人权益保护信息并由专业人员进行管理，依托网络信息技术，对相关信息进行分流，并对各职能部门工作落实情况进行动态监督与后续跟踪。同时，将该监督结果纳入该职能部门的综合考核评价体系之中，通过拓宽案件线索来源，最大限度发掘未成年人保护信息以实现对未成年人权益的全方位保护。

---

① 姚建龙、滕洪昌：《未成年人保护综合反应平台的构建与设想》，载《青年探索》2017 年第 6 期。

② 该平台建设主要借鉴山东省德州市武城县未成年人保护平台机制，武城模式中对未成年人保护公益诉讼的相关规定主要是针对涉及起诉困难或多数群体利益的，由检察机关支持起诉、进行公益诉讼。

2. 未成年人保护公益诉讼中的心理干预程序设计。受未成年人特殊心理、生理因素影响，我国未成年人保护公益诉讼程序中应包括针对未成年人心理干预的程序设计①，该程序贯穿未成年人保护公益诉讼的各个阶段，对未成年人保护公益诉讼的庭审工作及受侵害未成年人心理创伤修复均具有重要意义。

首先，就未成年人保护公益诉讼诉前心理干预程序而言，其主要分为以下三个阶段：一是心理初诊阶段，其主要发生在检察机关首次接触受侵害未成年人并对其进行询问时；二是心理测评阶段，其主要是由心理咨询师通过一系列的心理学方法和手段对受侵害未成年人的心理状况进行测量评估；三是诉前心理矫治，主要是由检察机关根据前期测量结果，联同心理咨询师在提起诉讼前就受侵害未成年人的心理创伤修复工作进行心理矫治，可根据未成年人的具体情况，综合运用三项疗法，促进受侵害未成年人创伤修复，培养健康心理，引导其树立正常人格。其次，在未成年人保护公益诉讼过程中，可能需要受侵害未成年人出庭作证，从保护受侵害未成年人身心健康发展的角度出发，在申请受侵害未成年人出庭作证前，应及时同诉前负责该未成年人心理评估与干预的专门机构或心理咨询师取得联系，由其对受侵害未成年人的心理承受能力是否适合出庭作证进行专业测评，并征询该未成年人意愿最终决定是否出庭、出庭方式及出庭时间等。受侵害未成年人可以履行出庭作证义务的，应联系确定一名专门的心理咨询师陪同受侵害未成年人全程参与庭审以防止出现突发状况。在庭审时，心理咨询师也可以在经法院同意后以第三方身份出席法庭，宣读、解释受侵害未成年人心理评估报告，并就此报告接受检察人员、辩护人、审判人员等的询问以向法庭客观、全面地展示受侵害未成年人心理受损害程度。最后，在未成年人保护公益诉讼结束后，应根据前期心理干预工作情况为受侵害未成年人建档立册并移送专业的未成年人心理机构，由具有专业技能的工作人员对受侵害未成年人的心理状况进行全程跟踪，定期进行心理干预和行为矫治，实时跟踪记录未成年人生理、心理恢复情况，并形成书面报告定期向检察机关予以通报，从而促进受侵害的未成年人生理、心理及社会潜能向着最佳方向发展。

3. 与监察部门之间的工作衔接机制设计。检察机关提起未成年人保护行政公益诉讼主要是对未依法履行保护未成年人合法权益职责的行政机关进行监督，其无权对作出该违法行政行为的具体工作人员进行相应处理，监督刚性略显不足。因此，建议在未成年人保护法修改时增设检察机关与监察机关之间的

① 宋赟：《检察机关在未成年人刑事案件中的心理干预程序设计》，载《社会科学战线》2017 年第 4 期。

衔接配合机制，即检察机关应及时将其在办理未成年人保护公益诉讼案件过程中发现的相关责任人可能涉嫌职务犯罪的线索移交同级监察机关，由监察机关对相应责任人进行调查追责并将调查结果及时抄送检察机关，以最大程度上保护未成年人合法权益。

四、结语

未成年人保护法作为未成年人权益保护的专门法典，其在我国未成年人法律体系中的地位类似于基本法，对未成年人法律体系中其他有关未成年人法律规范的制定具有导引作用，且鉴于其调整范围的广泛性，不宜在该部法律中使用过多篇幅对未成年人保护公益诉讼制度的具体设计及运行程序进行详细规范，可以通过制定专门的未成年人保护公益诉讼法或制定公益诉讼法时增设"未成年人保护公益诉讼"专章的形式对包括特殊案件管辖、受案范围交叉处理、心理干预程序设计等在内的未成年人保护公益诉讼具体制度进行规范，以推动未成年人保护公益诉讼有序化、常态化发展。

论监护人被剥夺人身自由儿童的妥善安置权

——兼论对《未成年人保护法》的部分修改建议

史立梅　邢进生*

[**内容摘要**] 在实践中，一些成年人违法犯罪后被即时采取拘留、强戒等剥夺自由措施的，可能对其未成年子女造成一些影响，甚至影响未成年子女的生存健康权。然而在我国法律规定中，没有对监护人被剥夺自由情况下，其未成年子女的妥善安置权进行规定，造成一些极端恶性事件的发生。规定监护人被剥夺自由儿童的妥善安置权是践行儿童利益最大化、国家亲权原则的具体体现，在具体操作中可以通过完善惩罚与保护的有效衔接机制、构建政府补充监护制度、明确临时监护制度，重点加强对 8 周岁以下未成年人的保护等措施落实监护人被剥夺自由儿童的妥善安置权。

[**关键词**] 妥善安置权；国家亲权；临时监护

根据针对美国明尼苏达州州立监狱的 2242 名成年人的一项简要调查，有超过 2/3 的人报告有未成年孩子，女性有未成年孩子的比率比男性要高，有半数以上的人在被捕前和他们的孩子生活在一起。① 美国有研究分析了 165 名被监禁的父母及其 2—6 岁的孩子的相关数据，分析表明，在监禁一年前父母住房不稳定、无家可归会导致其经常犯罪，因父母被监禁，将会增加儿童内在和

---

* 史立梅，北京师范大学刑事法律科学研究院教授，博士生导师；邢进生，河南省南阳市人民检察院法律政策研究室副主任科员。

① Shlafer, R., Duwe, G., & Hindt, L. (March 01, 2019). Parents in Prison and Their Minor Children: Comparisons Between State and National Estimates. The Prison Journal.

外在不良行为。① 同样，我国大部分被剥夺人身自由的成年人也都有被监护对象，监护人被剥夺人身自由的经历也会对未成年人的成长造成极大不良影响。

2003 年 6 月，在四川成都发生了"李思怡事件"，一名三岁半幼童李思怡被母亲锁在家中，因母亲外出盗窃被抓，验出有吸毒史，被即时强戒，在民警知情的情况下，没有对李思怡进行妥善安置，最终造成李思怡渴饿致死，17天后因尸体腐臭才被发现。无独有偶，2013 年，在江苏南京又发生了"6·21"南京女童饿死事件，两名女童父亲因涉嫌犯罪被关押，其母亲有长期虐待孩子的习惯，相关部门知情，却没有对两名幼女进行妥善安置，其母亲将两名孩子锁在家中，独自出走，两名幼女被活活饿死。综观两个案例，一是都存在监护人没有尽到相应的监护义务的情况，两个案例都是母亲将孩子锁在房间内，但是对其死亡结果的主观心态有所不同，第一个案例中母亲的主观心态是过失，第二个案例中则是故意。二是两个案例都存在孩子的监护人被剥夺人身自由的情况，第一个案例是母亲被剥夺自由，第二个案例是父亲被剥夺自由。三是两个案例中的惨剧本可以避免，孩子所在的社区、辖区派出所、周围邻居等对孩子的家庭情况和遭遇都比较了解，却没有做到有效干预，也暴露出我国在监护人被剥夺人身自由情况下，对其未成年子女妥善安置方面还存在一些不完善的地方。

一、监护人被剥夺人身自由儿童的保护之我国现状

总的来说，监护人被剥夺人身自由儿童在类别归属上属于"困境儿童"中的一类。要准确界定监护人被剥夺人身自由儿童，首先需要对"困境儿童"的概念和范围进行分析。

（一）"困境儿童"的概念

"困境儿童"作为一个专门概念，源于国际儿童保护相关条约。1959 年联合国《儿童权利公约》指出，世界各国都有生活在极端困难情况下的儿童。1990 年 9 月 30 日，世界儿童问题首脑会议在美国纽约召开，缔结了联合国《儿童生存、保护和发展世界宣言》，其第 11 条规定："应当给予残疾儿童和处境非常困难的儿童更多的关心、照顾和支持。"第 20 条第（7）项规定："我们将努力改善千百万生活在特殊困难环境中的儿童的命运……"此外，在

---

① Muentner, L., Holder, N., Burnson, C., Runion, H., Weymouth, L., & Poehlmann‐Tynan, J. (February 01, 2019). Jailed Parents and their Young Children: Residential Instability, Homelessness, and Behavior Problems. Journal of Child and Family Studies.

联合国《执行九十年代〈儿童生存、保护和发展世界宣言〉行动计划》中，也提到要保护"处于特别困难环境的儿童"。①

我国最早出现"困境儿童"一词的规范性文件是国务院在 2001 年发布的《中国儿童发展纲要（2001—2010 年）》，其中两次出现"困境儿童"一词。第一次是在"总目标"中提出要"优化儿童成长环境，使困境儿童受到特殊保护"；第二次是在"社会保障与服务"中提出要"完善社会保障机制，促进困境儿童的生存和发展"。② 民政部在 2013 年 5 月 6 日印发的《关于开展未成年人社会保护试点工作的通知》中，对"困境儿童"的范围进行了规定，"受经济贫困、监护缺失、家庭暴力、教育失当等影响，一些未成年人遇到了生存困难、监护困境和成长障碍，迫切需要建立新型社会保护制度"。这样，就将"困境儿童"确定为"流浪失学、失学辍学、留守流动、监护缺失"等几类。2013 年 6 月十八届三中全会通过的《中共中央关于全面深化改革若干重大问题的决定》明确要求"健全困境儿童分类保障制度"，要重点保障父母双方不能完全履行抚养和监护责任的事实无人抚养"困境儿童"以及困难家庭的重度残疾、患重病和罕见病儿童。还具体规定了"事实无人抚养儿童"的类别，包括：（1）父母双方均失踪（失踪两年以上）、服刑（服刑 1 年以上，含强制戒毒等）、重残（一、二级残疾）或长期患重病（患重病 1 年以上）；（2）父母一方死亡，另一方失踪、服刑、重残或长期患重病，以及再婚等情形无法实际履行抚养义务和监护职责；（3）父母一方失踪，另一方服刑、重残或长期患重病；（4）父母一方服刑，另一方重残或长期患病等。通过对该文件的解读可以发现，此处是将"困境儿童"与孤儿并列的。③ 因为有些儿童的父母并非其监护人，将"困境儿童"的范围仅仅局限于父母的处境则不完全符合实际情况，另外，儿童的困境是自监护人出现上述情形后即时产生的，不是要经过 1 年或者一定的时间后才产生的，时间性规定不利于对"困境儿童"的保护。

2016 年 6 月，国务院发布的《关于加强困境儿童保障工作的意见》指出，"困境儿童"是指因家庭贫困导致生活、就医、就学等困难的儿童，因自身残疾导致康复、照料、护理和社会融入等困难的儿童，以及因家庭监护缺失或监护不当遭受虐待、遗弃、意外伤害、不法侵害等导致人身安全受到威胁或侵害

---

① 高丽茹、彭华民：《中国困境儿童研究轨迹：概念、政策和主题》，载《江海学刊》2015 年第 4 期。

② 姚建龙：《困境儿童保障研究》，中国政法大学出版社 2018 年版，第 19 页。

③ 姚建龙：《困境儿童保障研究》，中国政法大学出版社 2018 年版，第 20 页。

的儿童。至此，"困境儿童"的概念有了权威的界定，这一概念摒弃了之前单纯局限于"父母"的范畴和时间性规定，重点在定性上进行界定，监护人被剥夺人身自由儿童则属于第三类因家庭监护缺失而遭受困境的儿童。从定量上分析，监护人被剥夺人身自由儿童则特指监护人有拘留、逮捕、服刑、强制戒毒、收容教育等情形的未成年人。

（二）妥善安置权释义

妥善安置权作为一种权利，属于经济社会权利的范畴，目前我国对于妥善安置权的规定更多的是集中于下岗职工、拆迁户、专业军人、孤儿、困境儿童等特殊权益主体。我国《未成年人保护法》第3条规定，未成年人享有生存权、发展权、受保护权、参与权等权利。对于监护人被剥夺人身自由儿童的妥善安置就是对其上述权利的保障。目前我国对于监护人被剥夺人身自由儿童的妥善安置方面的具体规定主要集中在2016年国务院的《关于加强困境儿童保障工作的意见》中，具体规定内容为：对于决定执行行政拘留的被处罚人或采取刑事拘留等限制人身自由刑事强制措施的犯罪嫌疑人，公安机关应当询问其是否有未成年子女需要委托亲属、其他成年人或民政部门设立的儿童福利机构、救助保护机构监护，并协助其联系有关人员或民政部门予以安排。对于服刑人员、强制隔离戒毒人员的缺少监护人的未成年子女，执行机关应当为其委托亲属、其他成年人或民政部门设立的儿童福利机构、救助保护机构监护提供帮助。

二、监护人被剥夺人身自由儿童的保护之域外规定

在国际视野下，对监护人被剥夺人身自由儿童的保护主要集中在《儿童权利宣言》和《儿童权利公约》两部国际公约中二者都规定了儿童最大利益、平等保护、父母首要责任、国家亲权等一系列原则。

《儿童权利宣言》中原则六规定："儿童为了全面而协调地发展其个性，需要得到慈爱和了解，应当尽可能地在其父母的照料和负责下，无论如何要在慈爱和精神上与物质上有保障的气氛下成长。尚在幼年的儿童除非情况特殊，不应与其母亲分离。社会和公众事务当局应有责任对无家可归和难以维生的儿童给予特殊照顾。采取国家支付或其他援助的办法使家庭人口众多的儿童得以维持生活乃是恰当的。"

《儿童权利公约》第9条规定："缔约国应确保不违背儿童父母的意愿使儿童和父母分离，除非主管当局按照适用的法律和程序，经法院的审查，判定这样的分离符合儿童的最大利益而确有必要。在诸如由于父母的虐待或忽视、或父母分居而必须确定儿童居住地点的特殊情况下，这种裁决可能有必要……

如果这种分离是因缔约国对父母一方或双方或对儿童所采取的任何行动，诸如拘留、监禁、流放、驱逐或死亡（包括该人在该国拘禁中因任何原因而死亡所致，该缔约国应按请求将该等家庭成员下落的基本情况告知父母、儿童或适当时告知另一家庭成员，除非提供这类情况会有损儿童的福祉。缔约国还应确保有关人员不致因提出这种请求而承受不利后果。"

在国际实践中，具有难民身份的监护人被剥夺人身自由儿童的妥善安置问题较为突出。当子女的父母被入境拘留时，该怎么办？在一些国家，幼儿与母亲一起被转移到福利庇护所，而较大的儿童（尤其是男童）与父亲一起被关押在移民拘留所。"儿童的最大利益"原则支持的首选做法是，留在福利庇护所，而非拘留。一般情况下，各国都有与《儿童权利公约》有关的某种形式的儿童保护法，该法并非移民法但应适用于移民儿童，以便在不受歧视的情况下给予最大限度的保护。对于需要被拘留的儿童，必须进行外部监督，以鼓励良好做法并防止虐待。在这方面，各国的国家人权机构，如国家人权委员会或监察员的介入是必要的，应予以加强。法院需要介入以提供临时补救措施，例如儿童保护令、在有担保或者保证金的情况下释放，以及长期的补救措施，包括心理护理，以确保儿童在国际人权标准的基础上受到尊重和保护。① 具体到每个国家，则对本国监护人被剥夺人身自由儿童的处理方式各具特色。

（一）英美法系国家

英国 1989 年的《儿童法》为世界树立了一个典范——不管采取什么样的措施来保护儿童的合法权利都不为过。② 其明确规定："如果因为下列原因，辖区内的儿童要求地方政府为其提供食宿的，当局应当为其提供食宿：（1）无人对其承担父母责任；（2）其为失踪儿童或被遗弃儿童；（3）其监护人不能（不管是否永久性，不论何种原因）为其提供合适的食宿或照顾。"可以看出，英国政府负有对监护人被剥夺人身自由儿童进行妥善安置的义务，应保证这些儿童的基本食宿。

美国在儿童监护方面有一套非常完善的机制，一旦出现怠于监护或者无力监护迹象的时候，在第一时间内，儿童就被儿童福利署的官员带走。③ 在监护

① Muntarbhorn, V. (January 30, 2019). The Global Compacts and the Dilemma of Children in Immigration Detention. International Journal of Refugee Law.

② 刘苏荣：《论英国的儿童社会救助政策及其对我国的启示》，载《经济研究导刊》2015 年第 16 期。

③ 最高人民检察院未成年人检察工作办公室：《未成年检察》，中国检察出版社 2016 年版，第 131 页。

人被剥夺人身自由的情况下，儿童福利署则直接介入，对儿童进行妥善安置。美国一些学者认为母亲被监禁的儿童经常经历多次混乱的安置，父母被监禁可能是虐待和忽视儿童的危险因素，儿童福利机构和刑事司法系统一直在探索在一定的条件下让儿童跟着父母服刑的制度。①

（二）大陆法系国家

德国修订后的《联邦儿童保护法》于 2012 年 1 月生效，规定德国青少年局有义务加强对"风险家庭"的监督，若发现儿童受侵害的线索，青少年局必须定期进行家访，但如果家访可能对儿童造成二次伤害则不应进行。监护人被监禁，则很可能就会被剥夺监护权，被监护人就会被政府部门强行送至儿童院，或者经过严格审核的寄养家庭。②

法国对被剥夺人身自由监护人儿童的妥善安置主要有行政手段和司法手段两种方式。在行政方面，儿童救助管理局是法国负责对该类儿童救助进行管理与协调的主要行政机构，在 2004 年 1 月下设危险儿童观察台。在司法方面，对未成年人保护的干预措施主要体现在对亲权的限制上，主要包括育成扶助制度、亲权委让制度和亲权撤销制度。③

日本对被剥夺人身自由监护人儿童的妥善安置主要体现在《儿童补贴法》和《生活保障法》中，分别规定该补贴不仅仅适用于失去父亲的单亲母子家庭，同时包括父亲有严重的身体残疾或者父亲生死不明的家庭。母亲或者母亲以外的人监护可以接受该补贴的补助。④《生活保障法》还规定，针对被剥夺人身自由监护人儿童提交记载收入和财产的文件，并说明无法抚养的理由后就可以申请最低生活保障。⑤

俄罗斯《联邦刑事诉讼法典》规定，在法庭作出刑事判决时，如果被剥夺自由的人有未成年子女、受其供养人以及需要照料的年迈父母，法庭应在作出有罪判决的同时作出裁定或者裁决，将上述人送交其近亲属、亲属或者他人

---

① Creasie Hairston.（September 4, 2017）. Children with Parents in Prison - Child Welfare Policy, Program, and Practice Issues. Routledge press.

② 《儿童保护，看看其他国家怎么做》，http://www.360doc.com/content/17/0531/18/11492064_658791137.shtml，访问时间：2019 年 5 月 6 日。

③ 《法国未成年人保护的干预措施》，http://www.360doc.com/content/17/1003/10/30121792_691934990.shtml，访问时间：2019 年 5 月 6 日。

④ 冯博：《日本儿童福利发展及启示》，载《经济师》2015 年第 1 期。

⑤ 共同社：《日本新〈生活保护法〉将从 7 月起实施》，http://www.wokou.net.cn/shehui/2014/0629/ribenxin_shenghuobaohufa_jiangcong7yueqishishi_171676.html，访问时间：2019 年 5 月 7 日。

照料，或者安置到儿童教养机构或社会保障机构。①

三、我国在监护人被剥夺自由儿童的保护中存在的问题

目前我国在监护人被剥夺人身自由儿童保护方面的理念和手段都与国际和外国先进经验做法还有一段距离，主要存在国家亲权理念贯彻不到位、惩罚与保护措施衔接不到位、一人监护现象未引起重视、监护权转移程序缺失等一系列问题。

（一）国家亲权理念贯彻不到位

国家亲权是以国家公权力干预失职的父母亲或法定监护人，进而扮演父母的角色以保护儿童。国家亲权（Parens Patriae）来自于拉丁语，其字面上的含义即"国家家长"（Parent of the Country），传统的含义则是指国家居于无法律能力者（如未成年人或者精神病人）的君主和监护人的地位。国家亲权是从父母亲权中逐步脱胎而来的，中世纪时期，英国大法官法庭首先开始运用国家亲权理论作为干预未成年人的合理化根据。大法官法庭奉行的一个重要理论是，认为未成年人和其他无行为能力人都处于国王的保护之下，国家亲权理论便由此而来。后国家亲权成为英美法系少年司法基础，"当生父母无力承担教育子女的义务时，应用国家亲权代替并以孩子的福利为本位"。

我国在国家亲权理念贯彻上落后于国际与其他国家的规定。就《未成年人保护法》而言，存在责任稀释和国家监护缺失的问题。我国《未成年人保护法》规定，保护未成年人是国家机关、武装力量、政党、社会团体、企业事业组织、城乡基层群众性自治组织、未成年人的监护人和其他成年公民的共同责任。这样造成的结果就是谁都有责任保护未成年人，但是在实践中谁都没有将该职责列为专门职责，造成保护中的责任稀释问题。另外，《未成年人保护法》规定有家庭保护、学校保护、社会保护、司法保护，缺少"政府保护"的专门规定，尽管在之前时有学者提出过增加"政府保护"的建议，但是鉴于当时我国国力有限，采取的是补缺型儿童福利政策，相关建议没有被采纳。② 父母在被剥夺人身自由，导致其未成年子女陷入困境时，政府该采取何种立场，《未成年人保护法》以及其他相关法律并没有作出明确规定。

---

① 宋英辉、孙长永、朴宗根：《外国刑事诉讼法》，北京大学出版社 2011 年版，第402 页。

② 姚建龙：《未成年人法的困境与出路——论〈未成年人保护法〉与〈预防未成年人犯罪法〉的修改》，载《青年研究》2019 年第 1 期。

（二）惩罚与保护措施衔接不到位

在剥夺犯罪嫌疑人人身自由的时候，对犯罪嫌疑人来说，更多的是一种惩罚。国家公权力在惩罚犯罪的时候，应该更多地保障人权，这里的人权不仅包括犯罪嫌疑人的人权，更包括受其抚养儿童的人权。

在"李思怡"事件中，公安机关在对李思怡唯一抚养人进行强戒的时候，明知有一个三岁幼女被锁在家中，仅仅通过电话交代其辖区所在地公安机关就认为已经妥善安置了；在南京女童饿死事件中，在两名女童父亲被关押之后，辖区虽然一个月拿出800元指派片警每周或十天去女童家中了解一次情况，但是还不能避免惨剧的发生。在《关于加强困境儿童保障工作的意见》中，虽然规定了在限制犯罪嫌疑人人身自由之前，应询问犯罪嫌疑人是否有未成年子女，并要对其进行妥善安置。但对没有询问，或者询问了却没有妥善安置，需承担怎样的责任也没有明确规定。实践中，也只有在因为没有妥善安置儿童出现重大安全事故时才对相关责任人员追责。这些都表明我国在惩罚犯罪的时候，部分执法者疏忽或者安置不力，未能有效保护犯罪嫌疑人的未成年子女。另外，《关于加强困境儿童保障工作的意见》仅对监护人被剥夺人身自由儿童的妥善安置进行了笼统规定，没有按照年龄规定具体的分层保护举措，无法体现各个阶段保护的重点，如对学龄前儿童应重点加强对其生存权的保障。

（三）一人监护现象未引起重视

父母是子女的天然监护人，一个正常家庭的儿童监护人一般有父母两人，在一些特殊家庭中，只有一人监护。监护人在被剥夺人身自由的时候是无法有效行使监护权的，在这种情况下，其监护权在事实上是不存在的，监护人被剥夺人身自由就直接导致了一人监护或者无人监护。如"李思怡事件"中只有母亲一个监护人，被强戒后，孩子实际上是无人监护。南京两名女童父亲服刑，只有母亲一人监护，且其母亲在之前就有虐待子女的行为，但未引起相关部门的足够重视。

诚然，在现实社会中，单亲母亲、单亲父亲家庭有一定基数，存在大量一人监护现象，就我国目前国力而言，不能完全有效兼顾，但是对于有效保障一人监护儿童的生存权而言，还是能够承担的。另外，从因果理论上分析，国家剥夺了犯罪嫌疑人的人身自由，致使其无法有效行使监护权，那么国家是否应当代位行使其监护权？虽然犯罪应受处罚，但是其未成年子女是无辜的，不应当被忽视或者遭受非人道待遇。

（四）监护权转移程序缺失

在我国法律体系内，监护人在被剥夺人身自由情况下，依然享有名义上的监护权，但在事实上已经不能有效行使该权利了。只有在监护人因侵害被监护人而被剥夺人身自由的情况下，才有可能被剥夺监护权。我国未成年人保护法规定，监护人侵害被监护人的权益屡教不改，经有关单位和个人申请，可以由人民法院依法剥夺监护权，另行指定监护人。但这一条款，几乎从来没有被适用过，属于看上去很美的"僵尸条款"。①

四、完善监护人被剥夺自由儿童的保护之建议

笔者认为，保护监护人被剥夺人身自由儿童，可以从践行国家亲权理念、完善惩罚与保护的有效衔接机制、构建政府补充监护制度、明确临时监护制度等方面予以修改。

（一）践行国家亲权理念

监护人被剥夺人身自由儿童的妥善安置权作为一项儿童权利，并不是成年人、法律或者国家赋予的，而是天生固有的一项基本人权，是每个儿童都应当平等享有的权利。② 英国学者米尔恩认为，关照儿童是从社会大众道德领域要求出发，应当普遍遵守的原则。在他主张的七类人权中，儿童的受照顾权是最低限度人权，这一权利不可剥夺、不可放弃、不可克减。③

笔者建议，在未成年人保护法中应增加国家亲权方面的规定，明确规定执行机关在剥夺犯罪嫌疑人、被告人人身自由的时候，应当妥善安置其所监护的未成年人。同时，应当整合未成年人保护各责任主体，从中央到地方设立未成年人保护局，隶属于民政部，在最基层的村委会和居委会应指派专人负责未成年人保护工作，破解责任稀释困境。

（二）完善惩罚与保护的有效衔接机制

在剥夺犯罪嫌疑人人身自由的同时，对其所监护的未成年人进行妥善安置的衔接过程容易出现问题，易出现对未成年人妥善安置权的忽视和无效安置。"李思怡"事件就是一个典型的例子，案件执行机关和李思怡户籍所在地公安机关相互推诿是导致事件发生的重要原因。这就要求明确妥善安置的主体，规定未成年人保护局是妥善安置监护人被剥夺人身自由未成年人的主要责任机

---

① 姚建龙：《未成年人法的困境与出路——论〈未成年人保护法〉与〈预防未成年人犯罪法〉的修改》，载《青年研究》2019 年第 1 期。

② 郝银钟、盛长富：《未成年人司法的国家亲权悖论与修正》，载《法律适用》2012 年第 3 期。

③ ［英］A. J. M. 米尔恩：《人的权利与人的多样性》，夏勇、张志铭译，中国大百科全书出版社 1995 年版，第 170～173 页。

关，执行机关只是协助机关，共同做好衔接工作。因为执行机关通常任务繁杂，有些未成年人需要跨市、跨省安置，加之安置未成年人的工作专业性较强，特别是一些需要紧急安置的重大案件，执行机关往往难以胜任安置工作，将之赋予未成年人保护局，根据属地原则进行安置，则可以更好地解决上述问题。

对于无人照料的未成年人，执行机关应当在作出剥夺其监护人人身自由决定时立即将需要被妥善安置的未成年人的详细信息告知未成年人保护局，未成年人保护局应当在接到通知后立即会见无人照料的未成年人，进行妥善安置，并回复执行机关。特殊情形下，执行机关也可以直接会见无人照料的未成年人。对于没有会见或者会见不到的，执行机关可暂缓执行对监护人剥夺人身自由的措施。

（三）构建政府补充监护制度

笔者建议在未成年人保护法中应增加"未成年人保护机关在监护人不能、不宜、无力或者怠于监护的条件下，应当承担补充监护职责"的内容。从未成年人是否有父母监护人这一角度出发，未成年人监护可以分为双亲（有父有母）监护、单亲（父母只有一方）监护、孤儿监护。政府补充监护主要是针对单亲监护而言的，建议规定：对于单亲未成年人，未成年人保护组织应当承担其缺失一方的监护职责。对于由他人承担监护职责，但是未形成收养关系的散养孤儿，也应当由政府承担补充监护职责。政府主要通过对其承担补充监护职责的人员进行登记、定期回访、根据需要予以帮助等方式履行补充监护职责，特别是针对 8 岁以下儿童，应加大会见回访力度，每周至少会见回访一次。对于监护人不宜、无力、怠于监护而未被剥夺监护权的 8 岁以下儿童，未成年人保护局至少每三天会见回访一次。其中，尤其应加大对学龄（小学）前儿童的保护力度，应予高度重视。对于未成年人保护局送至儿童福利机构的学龄（小学）前儿童，儿童福利机构不得拒绝。

（四）明确临时监护制度

监护人被剥夺人身自由意味着监护人已经不能进行有效监护了，就需要有其他监护弥补这一空白。类似于单亲监护，未成年人保护局应当暂时承担未成年人父母单方或者双方的监护职责。如果未成年人的其他亲属没有不能担任监护人的情形，并愿意承担监护职责的，应当允许。在这种情况下，应确保有两名成年亲属担任未成年人的监护人或者临时监护人，未成年人保护局要对其进行监督。在两名监护人或者临时监护人对处理未成年人事宜存在较大分歧时，未成年人保护局可以作出最终决定。对侵害未成年人合法权益，情节严重的，可以剥夺其监护或者临时监护资格。临时监护自被剥夺人身自由监护人恢复人身自由之日起自动失效。

同时，可借鉴俄罗斯的经验，在法院刑事判决中应有剥夺监护人人身自由后对被监护人安排临时监护的事项规定。并应扩大适用范围，不仅在法院判决中，还应在拘留、逮捕、强戒、收容教育等剥夺人身自由决定书中，均应在征求未成年人保护局意见后，对其被监护人安排合理的临时监护。

在此基础上，还可以将临时监护制度扩大适用到所有的单亲监护和散养孤儿监护。对单亲监护和散养孤儿监护未成年人，未成年人保护局要及时确定合适的临时监护人，并登记在册，确保每一位未成年人的监护人数量不少于两人，临时监护自正式监护成立之日起自动失效。

五、结语

儿童是祖国的未来、民族的希望，监护人被剥夺人身自由儿童本身就容易被歧视、被侵犯，属于弱势群体中的弱者。很多时候，监护人被剥夺人身自由猝不及防，来不及对其未成年子女进行妥善安置，而执法机关对妥善安置此类未成年人并没有引起足够的重视，法律的规定也不太完善，在衔接过程出现过很多惨痛的教训。如果立法方面有所弥补，在执法、司法方面能够有效遵守，那么对于我国监护人被剥夺人身自由儿童来说，无疑是莫大的福音。

未成年人检察制度研究

看守所对未成年在押人员的监管问题研究

——以 J 市 P 区为数据样本

杜春阳*

[内容摘要] 实践中，看守所在对未成年在押人员监管过程中存在一些问题。本文通过实地调研，获取主客观羁押情况，分析归纳出六个主要问题：与成年在押人员分别关押、分别管理、分别教育未能完全实现；未成年在押人员之间的差异化管理不够科学；未能开展系统化、科学化文化教育工作；开展有效心理疏导未引起足够重视；亲属会见范围受局限；对未成年在押人员监管重"硬"失"软"。在此基础上，总结出四点主要原因：相关监管政策转化为规范性文件后条文少、效力低；上级管理部门工作属性影响监管职能独立性；客观羁押情况苛刻；监管人员的监管素养有待提高。对此，提出六点建议：制定行政法规以上效力位阶的具有可操作性的规范性文件；通过工作机制改革强化监管工作独立性；集中羁押未成年在押人员；建立新的工作评价体系；为监管队伍提供专业化培训；加强法律监督和纪检监察。

[关键词] 看守所；未成年在押人员；监管；羁押；分别关押

一、研究背景与意义

基于我国《刑法》《刑事诉讼法》和《看守所条例》的规定，在我国当前阶段，看守所是未成年在押人员的重要羁押场所，对未成年在押人员履行着重要的监管职责。

《公民权利和政治权利国际公约》对于被剥夺自由的少年也给予了特别

---

* 杜春阳，北京市昌平区人民检察院第三检察部检察官助理。

的关注，如应与成年人分隔开，尽速判决，等等。① 我国于1998年签署了该公约，当前阶段我国对未成年在押人员的羁押规定也与该公约的精神相一致。

目前，我国看守所对于未成年在押人员的监管主要存在以下三类问题：第一，监管现状与规范要求尚存在差距。比如，实践中单一看守所未成年在押人员总量一般较小，使"分别关押、分别管理、分别教育"未得到充分落实。受属地管辖和级别管辖原则的限制，未成年在押人员零星分布在各个看守所，而不是像未成年犯管教所或监狱那样相对集中分布。一方面，将人数较少的未成年在押人员单独关押容易增大羁押风险，另一方面，对其分别管理、分别教育也考验着监管水平和政策落地。第二，权利未得到充分保护。比如，对于未完成义务教育的未成年人，即使其被羁押，也仍应当对其进行义务教育，并且在解除羁押状态后，复学、升学、就业都不可受到歧视对待。② 而实践中，看守所内未完成义务教育的适龄未成年在押人员比重并不小，却因客观因素所限无法全部保障其接受义务教育的权利。第三，对出所后与社会的衔接重视不够。未成年在押人员出所原因主要有：无罪释放、变更强制措施、刑满释放、交付执行刑罚，有时可能还涉及暂予监外执行、假释。在前三种情况下，都是出所后直接回归社会。实践中，一些地方检察机关和审判机关都针对未成年人案件成立了专门的办案机构，但办案机关只能偶尔提讯，而看守所的监管则是不间断的，这就决定了看守所才是担负未成年在押人员与社会衔接重要职责的第一主体。这种衔接至少应当包括知识技能、情感支持、继续学业、就业服务与指导等几个方面，而实际状况并不乐观。

上述问题与特殊条件下监管难度大是分不开的。第一，监管难度不能以办案难度简单类比。看守所并非办案机关，而是典型的监管机关，更多关注在押人员羁押期间的生活状况，如吃什么、穿什么、学什么、做什么这些生活问题，而非罪与非罪、此罪与彼罪的问题，第二，看守所的监管难度不能以监狱

① 《公民权利和政治权利国际公约》第10条规定："一、所有被剥夺自由的人应给予人道及尊重其固有的人格尊严的待遇。二、（甲）除特殊情况外，被控告的人应与被判罪的人隔离开，并应给予适合于未判罪者身份的分别待遇；（乙）被控告的少年应与成年人分隔开，并应尽速予以判决。三、监狱制度应包括以争取囚犯改造和社会复员为基本目的的待遇。少年罪犯应与成年人隔离开，并应给予适合其年龄及法律地位的待遇。"

② 《未成年人保护法》第57条规定："对羁押、服刑的未成年人，应当与成年人分别关押。羁押、服刑的未成年人没有完成义务教育的，应当对其进行义务教育。解除羁押、服刑期满的未成年人的复学、升学、就业不受歧视。"

的监管难度简单类比。如看守所中在押人员大多处于不同的诉讼阶段，人员分类复杂，流动性大，而且多数案件尚处于办理过程中，其监管过程既要符合办案要求（如同案犯罪嫌疑人不能同时羁押于同一监室等），又要满足监管场所的一般要求（如人权保障等）。第三，未成年在押人员的监管难度更加突出。在押人员的年龄分布使对未成年在押人员的监管客观上成为了看守所监管难上加难的问题。

二、研究设计

（一）资料来源

J 市位于华北地区，规模较大，城市化水平较高，P 区为 J 市外来人口较多的区，产业结构较为综合，犯罪分布以传统型为主，涉金融、知识产权等领域较少，能够较完整地覆盖未成年人犯罪的罪名。

J 市 P 区看守所为基层公安机关管辖的看守所，本研究基于所内未成年在押人员的羁押情况，进行资料采集。

1. 数据资料

研究统计了该所内未成年在押人员的相关情况：（1）统计时间跨度为 2015 年 1 月 1 日—2017 年 12 月 31 日；（2）入所、出所时间均需在上述时间跨度内，以控制单次羁押经历的封闭性和确定性；（3）出所时需仍为未成年人，排除入所后成长为成年人的样本（在单次羁押经历中被适用两种不同的监管措施），减小对信度、效度的影响。筛选后，一共获取 96 个（人次）符合条件的样本。通过实地调研，进行了信息化、数据化处理，得到了需要分析的数据资料。

2. 访谈资料

具体包括所内若干未成年在押人员和 1 名派驻检察人员（本文整理简化后涉及访谈内容较少，参见后文论述，不单独另作介绍。）

（二）建立分析维度

具体来讲，所建立的分析维度可见表 1：

表 1　分析维度

A. 基本情况	A1. 自然情况	A11. 性别
		A12. 出身年月
		A13. 户籍所在地
		A14. 居住地

		A15. 文化程度
A. 基本情况	A1. 自然情况	A16. 首次体检情况
		A17. 二次体检情况
		A18. 三次体检情况
		A19. 重大疾病情况
	A2. 诉讼情况（职权主体为办案机关）	A21. 是否为共同犯罪
		A22. 涉嫌罪名
		A23. 最终处置结果（刑期）（月）
		A24. 刑期截止日期
		A25. 经历诉讼环节个数
	A3. 出入所情况	A31. 入所时间
		A32. 入所原因
		A33. 出所时间
		A34. 出所原因
		A35. 羁押时长
		A36. 18 岁生日—入所日期
		A37. 18 岁生日—出所日期
B. 监管过程中的需求	B1. 基本需求	B11. 是否与成年人伙食相同（共性）
		B12. 是否与成年人购物标准相同（共性）
		B13. 存款存物次数
		B14. 其中存款次数
		B15. 其中存物次数
		B16. 体检次数
		B17. 所内医疗次数
		B18. 所外医疗次数
	B2. 精神需求	B21. 是否能够接受学历教育（共性）
		B22. 是否能够接受职业教育（共性）中的需求
		B23. 是否有机会参与文娱活动（共性）
		B24. 教育谈话次数
		B25. 其中涉及家庭情况谈话次数
		B26. 其中涉及诉讼进程谈话次数
		B27. 其中涉及监室管理谈话次数
		B28. 其中涉及心理疏导谈话次数
		B29. 亲属会见次数
		B210. 律师会见次数

B. 监管过程中的需求	B2. 精神需求	B211. 寄信次数 B212. 收信次数
C. 监管活动	C1. 监室情况	C11. 是否入所即进入未成年人监室 C12. 监室调整次数（不含入所） C13. 其中调出未成年人监室次数 C14. 调出未成年人监室原因 C15. 其中调入未成年人监室次数 C16. 调入未成年人监室原因 C17. 未成年人监室内是否有成年人（共性）
	C2. 生活监管情况	C21. 违反监规被加戴械具次数 C22. 是否与成年人一同值班（共性） C23. 是否与成年人一同作息（共性） C24. 是否采取识别服或识别区域等措施使能够在监控视频中快速定位未成年人（共性）
	C3. 风险评估	C31. 风险评估次数 C32. 其中入所收押评估次数 C33. 其中过渡管理评估次数 C34. 其中日常动态评估次数 C35. 其中评估等级为一般安全风险次数 C36. 其中评估等级为重大安全风险次数 C37. 是否存在除健康之外的风险因素
D. 监管保障	D1. 人力保障	D11. 未成年人监室是否专人管理（共性） D12. 未成年人监室管教人员是否具有相关经验（共性）
	D2. 物质保障	D21. 未成年人监室数量（共性） D22. 是否有女性未成年人监室（共性） D23. 未成年人监室是否为专门设计结构（共性）

由表 1 可知，除基本情况不受监管活动影响，其余均直接与监管活动相关，64 个子项目中，14 个为明显共性项目，即通常情况下，不同样本中结果相同。

（三）分析方法

第一，关注明显的差异。如自然情况的差异是正常的，但相似样本中的其他子项目如果差异较大，则说明可能存在问题，需要具体判断。

第二，关注明显的共性。如普遍特征不一定是正常、合理或合法的特征，一旦成为问题，反而说明长期存在且得不到解决，反映出顽固性。

第三，关注集体监管的差异化管理。差异化管理的效用之一即让每一个未成年在押人员在出所时都远离刑事犯罪，回归正途。

三、数据分析（看守所存在的主要监管问题及原因分析）

（一）看守所存在的主要监管问题分析

1. 与成年在押人员分别关押、分别管理、分别教育未能完全实现

对未成年在押人员与成年在押人员的监管在居住、购物、安全、作息、教育、预防犯罪等方面应有所不同。根据法律相关规定，对未成年在押人员与成年在押人员分别关押、分别管理、分别教育。实践中存在的问题主要表现为：

（1）居住。仅有 1 间固定的男性未成年人监室。该监室内有部分成年在押人员，而部分未成年在押人员则于某段时期内或一直未被羁押于该监室。经统计，76 名男性样本中，有 53 人曾在该监室羁押过，有 51 人入所时即进入该监室，有 23 人从未羁押于该监室，有 25 人调整过监室，12 人调出过该监室，人均调出 1.83 次，11 人调入过该监室，人均调入 1.64 次，调整原因均为安全需要。

（2）购物。96 名样本全部与成年人购物标准相同，日常购物并无对未成年人予以特别对待，价格、种类与成年人完全一致。

（3）安全。未成年人监室无专门设计结构，硬件安全等级与普通监室无差别。该监室内无特殊区域专供未成年人使用，未设计未成年人识别服。较难从监控中快速定位未成年在押人员，一旦发生危险，不容易第一时间观察到并及时隔离。相比之下，一般监室内重大风险人员则会被要求穿上特殊颜色的识别服，方便重点监控和快速定位，从而多了一道安全保障。

（4）作息。96 名样本全部与成年在押人员一同值班（混合排班、轮次相同、共同值班、分工平等）、作息（共同吃饭、休息、活动、学习监规）。

（5）教育。未成年人监室由专人管理，管教人员具有来源于工作经历的相关经验。该监室的集体学习与普通监室相比，未见明显差别。

（6）预防犯罪。分别对 2 名样本进行了询问。A 和 B 先后因盗窃电动车入所，均被羁押于未成年人监室，此前并不相识。A 与 B 原本各掌握一门盗窃"技术"，羁押期间经过交流"经验"，实现犯罪方法共享，二次污染"免疫"被打折扣。在缺少配套管理措施的情况下，设立未成年人监室的作用很难有效发挥。

目前分别关押、分别管理、分别教育落实难是一个共性问题，也是解决其他问题的前提，设立未成年人监室并不等于实现了"分别"，还需要其他软件、硬件条件的多重保障。

2. 未成年在押人员之间的差异化管理不够科学

（1）以存款存物为例，96 名样本中近一半没有过亲属为其存款存物的经历，即使有也大多不超过 5 次，具体详见如图 1。存物主要以内衣、袜子为主，且存物次数明显多于存款。物质差异对生活和心理可能造成的影响不容忽视，但实践中不易找到相应的监管措施。

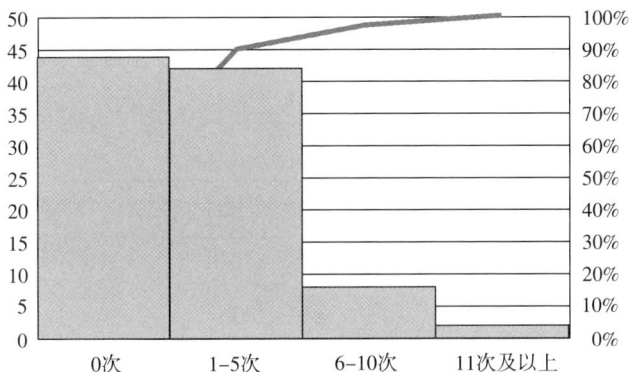

图 1　存款存物次数分布

（2）以体检为例，96 名样本中全部在入所时进行过体检，此后进行过二次体检的不足 20 人，三次体检的不足 5 人（羁押时长均超过 1 年，经历完整诉讼环节，因交付执行而出所），体检次数与羁押时长或经历的诉讼环节个数明显相关，与健康状况无明显相关性。由此可推知体检目的具有较强的监管意义。

（3）以是否羁押于未成年人监室为例，76 名男性样本中有 23 人从未羁押于未成年人监室，并没有发现确定性的选择标准，只能用偶然性勉强解释。

（4）以收、寄信次数为例，绝大多数样本没有通过信件与亲属建立联系。而与亲属的联系可以缓解未成年在押人员的焦虑情绪，有利于其改造。在部分教育谈话中，管教人员告知未成年在押人员可以邮寄信件，但尚不足为差异化管理。

未成年在押人员的监管无序性反映了看守所未能实现充分的、科学的差异化管理，这与看守所对未成年在押人员的管理教育缺乏针对性的结论相一致。

3. 未能开展系统化、科学化文化教育工作

96 名样本均未能在所内接受文化教育，尤其是义务教育。96 名样本中，

文化程度为小学和初中的超过 70%（如图 2），入所时不满 16 周岁的不超过 10%（如图 3），而通常 16 周岁正是已经或即将完成义务教育的年龄。由图 2 反映出样本学习经历普遍较短，未完成义务教育比重较大，但适龄义务教育比重却很小。另外，除义务教育外，其他形式的教育也显示为空白，这种现状对未成年在押人员回归社会极其不利。

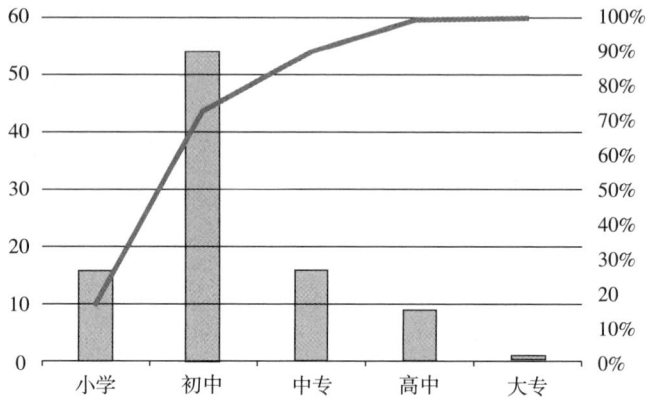

图 2　文化程度分布

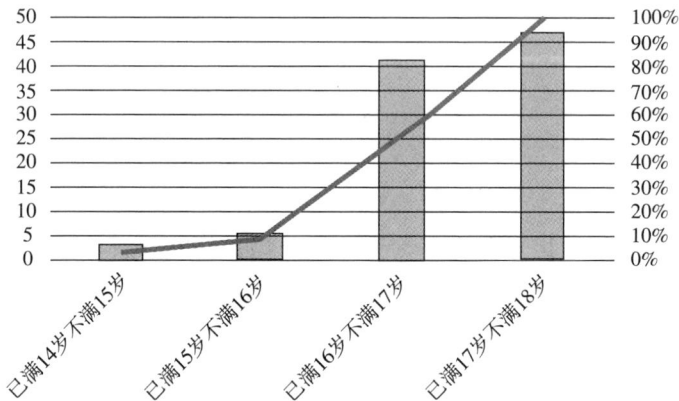

图 3　入所年龄分布

4. 开展有效心理疏导未引起足够重视

将谈话教育涉及的内容分为家庭情况、诉讼进程、监室管理、心理疏导四类。96 名样本全部接受过管教人员的谈话教育，最少 1 次，最多 33 次。逐一统计样本接受谈话教育的情况，详见图 4。图 4 中四个不同颜色的散点从上至下依次表示涉及四类内容的谈话次数，趋势线所表示的含义与相同颜色的散点一致，在主图中，每一个散点表示一名样本在一项谈话教育内容上的分类情况，而相同横坐标上四个不同颜色的散点即表示一名样本接受谈话教育的完整内容分类情况，趋势线由 Excel 2016 软件自动计算并画出，相应公式均为一元二次多项式。①

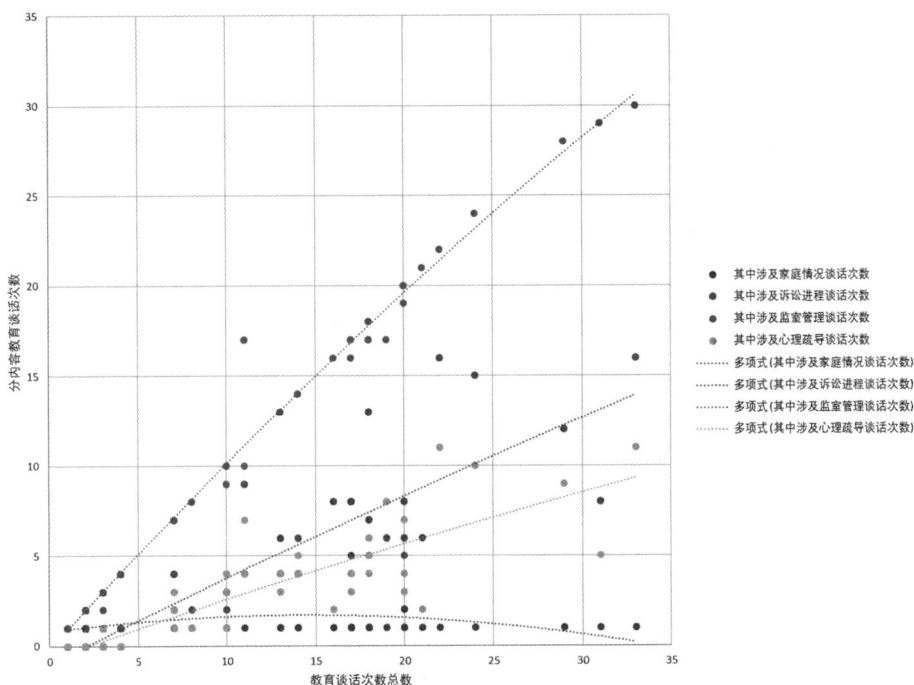

图 4　教育谈话次数分布（96 个样本）

由图 4 可以看出，涉及监室管理谈话次数与教育谈话总次数呈正相关关系，表示监室管理几乎是必谈内容，其次分别是诉讼进程和心理疏导，而家庭情况往往只涉及 1 次。而国内多地调研均表明未成年在押人员的心理健康问题比较凸显，可见看守所在监管过程中对此并没有很好地呼应。

通过计算可以获取人均教育谈话分类情况（如图 5），结果与图 4 的趋势线相一致，涉及心理疏导人均谈话次数占人均教育谈话总次数的 21.78% 左右。

---

① 趋势线仅为方便观察和表述，目的并不在于进行回归分析，为避免误会，故隐去相关公式。此外，因图中散点数据均为整数，部分散点存在重合的问题，故而视觉上的散点总数较散点实际数量略少。

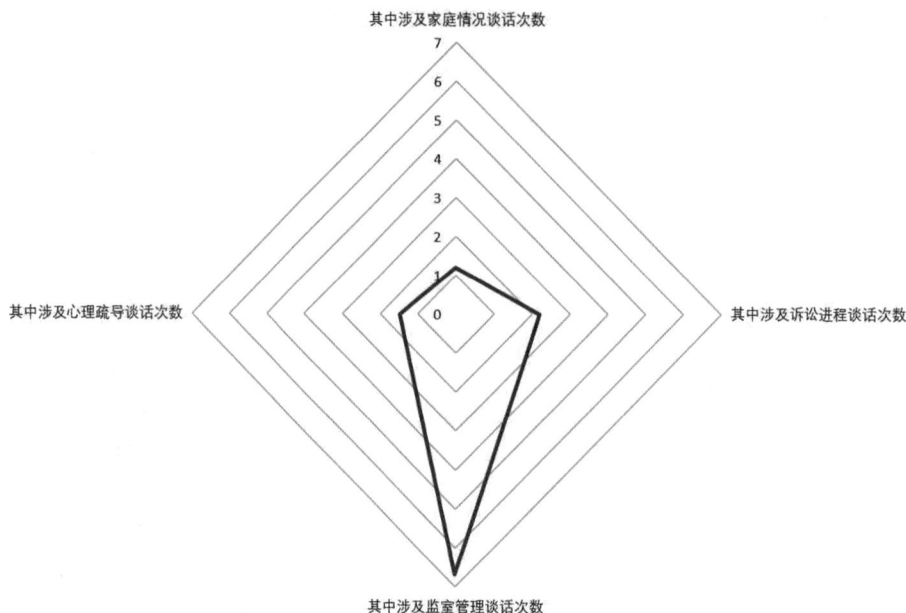

图5 人均谈话教育（96 个样本）

　　未成年在押人员出所后可能直接回归社会，也可能被转移至其他监管场所继续羁押，如图6。96 名样本中有74 人是直接从看守所出所后回归社会的，这部分样本对于心理疏导的需求更大，对其教育谈话情况更值得探讨。计算后发现，涉及心理疏导人均谈话次数在74 个样本中的比重更低，只占人均教育谈话总次数的13.46% 左右。即便缺少有效测量手段，仍然可以认为这样的教育谈话难以起到有效心理疏导的作用。

　　5. 亲属会见①范围受到局限

　　亲属会见情况可从以下三个方面的数据反映：

　　（1）有过亲属会见经历的只占11.46% 左右。

　　（2）全部是已决后会见。96 名样本中有21 人于在羁押期间判决生效（如图7），所有进行过亲属会见的样本会见时均已处于已决阶段，未决阶段的全部未进行过亲属会见。

---

　　① 此处是指监管会见，而非办案会见。

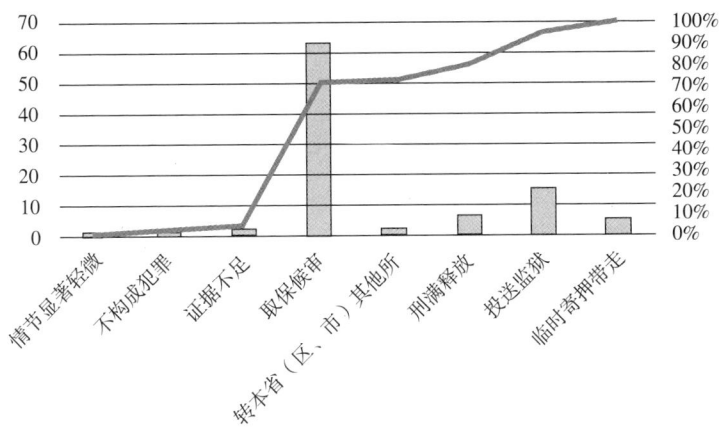

图 6　出所原因分布

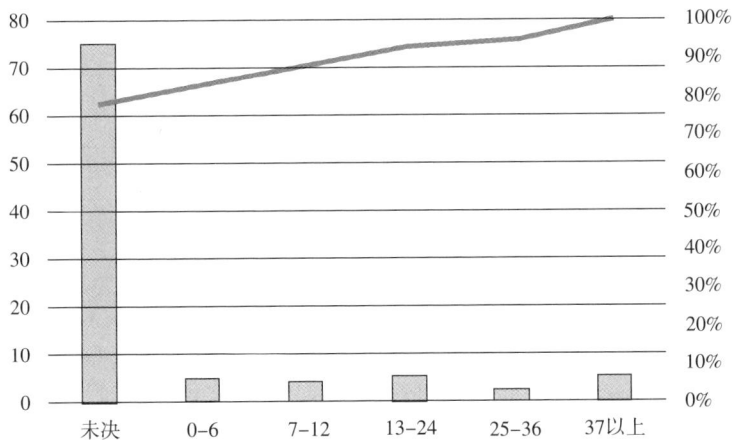

图 7　最终处置结果（刑期）分布

（3）有过亲属会见经历的会见次数均为 1 次。

需要注意的是，即便 21 人之外的 75 人都是未决阶段的样本，仍然存在不同。从出所原因的分布（如图 6）可知，情节显著轻微、不构成犯罪、证据不足的三类未成年在押人员在出所时即被认定为无罪，而取保候审、转本省（区、市）其他所、临时寄押带走的三类未成年在押人员在出所后仍然需要等待案件的进一步办理，其身份仍然是犯罪嫌疑人、被告人。对于即将被认定为无罪的样本，也完全落在了未进行过亲属会见的范围之内，占 96 名样本的 5.21% 左右，占全部未决阶段样本的 6.67% 左右，占进行过亲属会见的样本的 45.45% 左右。

尚无任何材料证明存在不批准未决阶段未成年在押人员与亲属会见的制度或惯例，但可以认识到从看守所层面扩宽未成年在押人员亲属会见的范围有很大难度。对此，可以与国内其他地区监管情况进行比较。首先，亲属会见范围小、集中在已决阶段，是各地看守所的共性问题。其次，一些地方正在探索的视频会见，但目前还没有被大范围推广，会见形式仍然是以玻璃为隔断的传统面对面会见为主。最后，对于与除亲属之外的包括志愿者在内的社会人士进行会见，目前还处于设想阶段。

6. 对未成年在押人员监管重"硬"失"软"

看守所比较重视对未成年在押人员的风险评估工作，对潜在的风险对象，从入所收押、过渡管理、日常动态等三个阶段进行风险评估，评估内容既包括自身健康情况，也包括情绪是否稳定、是否有自伤自残自杀倾向、是否容易与其他在押人员发生冲突等。在 96 名样本中，虽有部分曾被列为重大安全风险，但其中大部分在随后的监管过程中被重新评估为一般安全风险，没有样本将风险变为现实的情况。

实践中，看守所对未成年在押人员的监管，重视来自上级机关的"硬"要求，而轻视能够发挥主观能动性的"软"要求，而"硬"和"软"的区分不在法律法规是否明文规定，而在于上级机关是否追责的问题上，这在一定程度上给了监管安全相应保障，但同时也阻碍了解决监管问题。

（二）原因分析

1. 相关监管政策转化为规范性文件后条文少、效力低

第一，《刑事诉讼法》第五编"特别程序"中第一章"未成年人刑事案件诉讼程序"共 11 个条文，但多是从司法办案的角度对如何保护未成年人的刑事诉讼相关权利进行规定，而对于与羁押期间生活相关的权利，则只在第 280 条第 2 款进行了规定，且内容明显较其他条文要简单得多，过于笼统。

第二，目前的《看守所条例》具有两个明显的不相适应：一是条例出台时远在 1990 年，彼时人权理念与现在国内情况及国际共识有不小差距，其规定已经不能适应当前发展水平，比如将法律上未被认定有罪的"犯罪嫌疑人""被告人"统一称为"人犯"，足见其时代局限。二是条例效力位阶较低，属于行政法规，在《立法法》出台后，《看守所条例》所规定的内容与其效力位阶明显不相适应①，而国内呼吁尽早出台《看守所法》的声音早已不绝于耳，

① 《立法法》第 9 条规定："本法第八条规定的事项尚未制定法律的，全国人民代表大会及其常务委员会有权作出决定，授权国务院可以根据实际需要，对其中的部分事项先制定行政法规，但是有关犯罪和刑罚、对公民政治权利的剥夺和限制人身自由的强制措施和处罚、司法制度等事项除外。"《立法法》第 88 条第 1 款规定："法律的效力高于行政法规、地方性法规、规章。"

《监狱法》虽具有一定借鉴意义，但仍不能直接比照适用于看守所。

第三，《未成年人保护法》第五章"司法保护"共 10 个条文，但与刑事诉讼法的侧重点类似，《未成年人保护法》除第 57 条这一个条文关注未成年在押人员羁押期间生活相关的权利之外，其余各条文均围绕对诉讼权利的保护和未成年人帮教等内容展开。具体到义务教育这个问题，虽然我国《未成年人保护法》和《教育法》《义务教育法》均有所规定，但均是原则性规定应当进行义务教育，而对具体如何实施义务教育却没有详细规定。

2. 上级管理部门工作属性影响监管职能独立性

看守所作为监管机关和羁押场所，在行政关系上是由作为办案机关的公安机关管辖，这决定了监管必然服务司法办案，尤其是刑事侦查。[①] 而从我国刑事诉讼法的内容比重也可明显看出，重视与司法办案直接相关的诉讼程序，忽视与在押人员生活直接相关的羁押监管。

3. 复杂的羁押情况制约对未成年在押人员监管规范化

与国内研究情况类似，[②] 客观上复杂的羁押情况更为直接地导致分别关押、分别管理、分别教育难度大等监管问题。

第一，未成年在押人员数量少。分别关押是分别管理、分别教育的前提。对于"分别关押"，可以从三个层次进行解读：一是从宽理解，指未成年在押人员集中羁押于某一（几）个监室，不能被羁押于其他监室，但部分成年在押人员可以羁押于未成年人监室；二是从严理解，指两类人员的羁押场所互不相同（允许为同一看守所的不同监室或监区）；三是从更严理解，指两类人员的羁押场所相互隔离（不允许为同一看守所，或同一看守所绝对无接触可能的不同监区）。

目前问题的关键不在于设立专门的未成年人监室，而是对"分别关押"的理解，看守所普遍选择从宽理解，明显与立法精神和目的相悖。但如果从严理解，则会导致未成年人监室内人员明显较少，恐生监管安全风险。

第二，同案在押人员数量多。在调研的 96 名样本中，共同犯罪明显比单独犯罪数量多出 40% 左右。同案犯罪嫌疑人、被告人不能被同时关押于同一监室，考虑到未成年在押人员的同案犯罪嫌疑人、被告人往往也是未成年人，

---

① 《看守所条例》第 3 条规定："看守所的任务是依据国家法律对被羁押的人犯实行武装警戒看守，保障安全；对人犯进行教育；管理人犯的生活和卫生；保障侦查、起诉和审判工作的顺利进行。"

② 参见韩哲、边志伟，《看守所未成年犯分管分押制度的改进》，载《预防青少年犯罪研究》2012 年第 10 期。

这将使单一未成年人监室中人数更少，而对于只有 1 间未成年人监室的看守所，如果需要将两名同案未成年在押人员分别关押于不同监室，则必然至少其中一人不能被关押于未成年人监室。

第三，在押人员类型多。看守所内未成年在押人员最多可能经历 6 个不同的诉讼阶段（如图 8）。而比照成年在押人员的监管规定和惯例，不同诉讼阶段的在押人员通常羁押于不同监区或监室，这不仅是为了方便监管，也是为了保障在押人员的监管安全，防止出现牢头狱霸和监管事故。而对于未成年在押人员，因未成年人监室数量极为有限，客观上就很难在调整监室和分别关押之间实现两全。

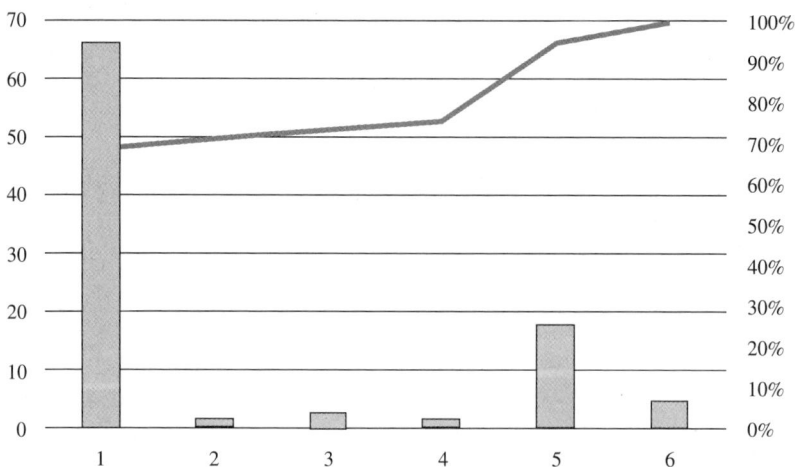

图 8　经历诉讼环节个数分布

4. 监管人员的监管素养有待提高

管教人员是与未成年在押人员接触最多的人，也是直接负责对其监管的人。因此，管教人员等看守所工作人员的监管素养对于整体监管水平及规范化至关重要。一是监管责任素养，如是否有意识主动发现未成年在押人员思想波动，是否愿意倾听未成年在押人员声音，是否能够为保护未成年在押人员合法权益而向案件承办人等可能存在的侵权主体提出质疑及交涉等。二是监管能力（经验）素养，如是否接受过专门的教育培训，是否具有足够长时间的相关从业经历，是否具有与思想教育和心理疏导相称的谈话技巧，是否具有善于发现体罚、虐待、精神压迫等不法行为的敏锐洞察力等。这两类素养对于监管岗位而言，其一解决的是要不要、敢不敢的问题，其二解决的是能不能、会不会的问题，是从主、客观两个层面对监管素养的要求。

四、结论及建议

（一）制定行政法规以上效力位阶的具有可操作性的规范性文件

以未成年在押人员亲属会见为例，根据《看守所条例》第 28 条的规定，看守所内的在押人员可以与亲属通信、会见，但要受两个限制：（1）需要经过办案机关和公安机关批准（前文已论述）；（2）范围限定在近亲属。而根据《刑事诉讼法》第 108 条的规定，该法中"近亲属"是指夫、妻、父、母、子、女、同胞兄弟姊妹。但《看守所条例》于 1990 年制定，目前的刑事诉讼法关于"近亲属"的解释是否能适用于《看守所条例》，需要明确。

此外，我国《看守所条例》并没有限制可以会见近亲属的在押人员必须为已决罪犯。这是目前我国效力最高的明确规定了在押人员会见亲属的规范性文件。而除此之外的法律和行政法规，几乎都未涉及该问题，而普遍在会见辩护律师的问题上规定较为详细，并且后者中的主次关系是辩护律师会见在押人员，而非在押人员会见辩护律师。

虽然部分司法解释对未成年在押人员会见近亲属作了规定，但一是效力限定在检察机关或审判机关自身司法行为，二是诉讼阶段限定在本机关负责的某个诉讼阶段，三是基于办案角度而非监管角度进行规定，故而参考意义有限。

因此，应当建议抓紧制定并颁布正式的《看守所法》，从法律层面确定权利、义务、职责。

（二）通过工作机制改革强化监管工作独立性

可以通过工作机制改革，强化监管责任制建设，树立"谁在岗谁监管，谁监管谁负责"的责任意识，同时以弱化行政命令、行政审批为突破口，弱化现行行政隶属关系对监管活动的不利影响，强化监管工作独立性，从而推动监管规范化。

（三）建立未成年在押人员集中关押制度

集中关押可以是同级看守所集中关押，也可以是下级看守所到上级看守所集中关押。那种认为集中关押是突破了属地管辖和级别管辖原则的认识是错误的，理由有二：一是两个原则的出发点之一即是保障诉讼当事人的合法权益，而在特殊情况下，对未成年在押人员集中关押恰恰是保障其合法权益的作法，其目的与两个原则相契合。二是两个原则针对的对象主要是办案机关，而非监管机关，即使集中关押，仍可由原办案机关办理案件，而且实践中异地羁押的案例并不罕见。

（四）通过建立新的工作评价体系让"软"要求"硬"起来

相较于监管安全的"硬"要求，需要发挥更多主观能动性的"软"要求并非全无规范性文件作为依据，之所以落实得不好，是因为在问责层面不够硬。因此，可尝试建立新的工作评价体系，纳入更多指标，用以评价落实"软"要求的工作，如对未成年在押人员的差异化管理等。评价结果将作为奖惩依据，尤其是问责依据，从而倒逼落实"软"要求。

（五）为监管队伍提供专业化培训

目前，管教人员等看守所监管民警都是人民警察身份，而看守所又归公安机关管辖，实践中管教岗位与公安机关其他岗位往往可以互相流动，不利于专业化监管队伍的培养。近年来消防队伍专业化、职业化建设的道理与之相通。从公务人员招录机制看，公安机关招录人民警察的特殊要求主要为体能要求，对监管素养要求不够。建议加强监管队伍专业化建设，如增加专门的教育培训，尤其是实战型培训，在实战中体会未成年在押人员的真实处境，提高监管能力；又如针对监管岗位增加专门考试科目，配置专业教材，通过加分项目鼓励选考；条件允许后，还要继续探索监管队伍向职业化转型的空间。

（六）加强法律监督和纪检监察

看守所对未成年在押人员的监管问题，从根本上说是法律实施的问题，既包括实施得好不好、到位不到位，也包括有没有实施，甚至是有没有阻止实施，这就必然需要检察机关从外部对监管行为进行法律监督，需要纪检监察机关从外部对监管主体进行纪检监察，从而对监管规范化形成一道外部约束和底线保障。

未成年犯认罪认罚从宽具结制度的完善

余　丽*

[**内容摘要**] 认罪认罚具结书是一种单方声明，兼具供述、悔过、协商、保证、承诺等属性。未成年犯①认罪认罚时，司法机关应当征求未成年犯法定代理人及辩护人意见，未成年犯认罪认罚的应当签署具结书，法定代理人、辩护人同意适用的也应在具结书上具名。法定代理人、辩护人对未成年犯认罪认罚有异议的，不需要签署具结书，但不必然排除认罪认罚从宽程序的适用。法定代理人、辩护人异议权的行使应遵循未成年人利益最大化原则、充分沟通协商原则，沟通协商结果对司法机关具有约束力。未成年犯、法定代理人、辩护人各方无法达成统一意见的，由司法机关综合案情视具体情况作出处理。

[**关键词**] 未成年犯；认罪认罚具结；法定代理人；辩护人；异议权

认罪认罚从宽制度是刑事诉讼的一项重大改革举措，具有简化诉讼程序、适时分流部分刑事案件、提高司法效率等程序价值，为各界所关注和认可。②2016 年 9 月 3 日全国人大常委会发布《关于授权最高人民法院、最高人民检察院在部分地区开展刑事案件认罪认罚从宽制度试点工作的决定》，授权 18 个地区开展刑事案件认罪认罚从宽制度试点，同年 11 月 11 日，"两高"会同公安部、国家安全部、司法部印发《关于在部分地区开展刑事案件认罪认罚从宽制度试点工作的办法》（以下简称《认罪认罚试点办法》）。历经两年多试

---

* 余丽，北京市丰台区人民检察院检察官助理。

① 因诉讼阶段不同有未成年犯罪嫌疑人、未成年被告人等称谓，为表述方便，本文所提及未成年犯是未成年犯罪嫌疑人和被告人的合称，在文中具体的称谓依据文中所表述的诉讼阶段而定。

② 王瑞君：《"认罪从宽"实体法视角的解读及司法适用研究》，载《政治与法律》2016 年第 5 期。

点，2018 年刑事诉讼法修正案确立认罪认罚从宽制度，将试点中形成的可供复制、传播的经验在全国各地普遍推开。新刑事诉讼法"总则"中第 15 条规定了认罪认罚从宽处罚，自此认罪认罚从宽已经成为我国刑事诉讼的一项基本制度。①

一、对认罪认罚具结书的探讨

《刑事诉讼法》第 174 条第 1 款规定，"犯罪嫌疑人自愿认罪，同意量刑建议和程序适用的，应当在辩护人或者值班律师在场的情况下签署认罪认罚具结书。"这是关于认罪认罚从宽适用条件的规定，具体而言包括自愿认罪、同意量刑建议和程序适用、签署具结书。可见，具结书的签署是适用认罪认罚从宽制度的重要条件。

（一）具结书的性质

查阅词典可知，"具结"有两层含义，一是指旧时对官署提出表示负责的文件，二是以文字的形式作出的保证。② 所以，具结书是对官署提出表示负责的文件和以文字的形式作出保证的文书，显然，具结书是承载具结的文书。具结制度作为一项传统制度在我国司法实践中长期存在，虽然我国现行法律尚无"具结书"概念的规定，③ 但多部法律条文涉及"具结悔过"规定，自 2014年"两高两部"《关于在部分地区开展刑事案件速裁程序试点工作的办法》使用"具结书"一词后，④"具结书"在司法文件和司法实务中被大量使用，但对于具结书的法律属性、形式和内容尚无明确的具体规定。

学界普遍认为签署具结书是适用认罪认罚从宽制度的一个重要条件，但有关具结书的性质尚无统一结论。有观点认为具结书是犯罪嫌疑人、被告人对所实施犯罪行为的自认，在法律性质上不能与供述、书证、和解协议混同，认为

---

① 樊崇义：《理性认识"认罪认罚从宽"》，载《检察日报》2019 年 2 月 16 日第 3 版。

② 中国社会科学院语言研究所词典编辑室编：《现代汉语词典》（第 7 版），商务印书馆 2016 年版，第 707 页。

③ 参见《刑法》第 37 条、《刑事诉讼法》第 71 条第 3 款、《行政诉讼法》第 59 条第 1 款、《民法通则》第 134 条第 3 款、《最高人民法院关于适用〈中华人民共和国民事诉讼法〉的解释》第 182 条。

④ 最高人民法院、最高人民检察院、公安部和司法部联合发布的《关于在部分地区开展刑事案件速裁程序试点工作的办法》第 8 条规定："……决定起诉并建议人民法院适用速裁程序的，应当在起诉书中提出量刑建议，并提供犯罪嫌疑人的具结书等材料……"

具结书具有保证功能、悔过功能、程序功能、证明功能;[1] 有观点主张认罪认罚具结书具备犯罪嫌疑人、被告人供述,书证,辩诉协议、承诺书的法律属性,是认罪认罚从宽程序适用依据、从宽处理依据;[2] 还有观点认为具结书是被追诉人的单方声明书,是认可控方指控犯罪事实、罪名、建议刑罚和适用审理程序的声明。[3] 笔者认为,认罪认罚具结书是一种单方声明,兼具供述、悔过、协商、保证、承诺等属性。

1. 认罪认罚具结书是一种单方声明

认罪认罚从宽制度通过调动犯罪嫌疑人、被告人主动认罪认罚的积极性使其获得宽大处理的司法判决后果,既体现对犯罪嫌疑人、被告人权益的充分尊重,也有利于探索形成非对抗的诉讼格局,完善繁简分流机制,实现司法资源的优化配置。[4] 可见,设立认罪认罚从宽制度不仅是出于对认罪从宽、认罚从宽的刑罚原理和刑事政策层面的考虑,更是对刑事诉讼程序价值和程序设计的完善,所以认罪认罚从宽制度也可称为认罪认罚从宽程序。

根据《刑事诉讼法》第 174 条第 1 款规定,自愿认罪、同意量刑建议和程序适用、具结书签署是启动认罪认罚从宽制度的重要条件,显然,这三个条件是具有逻辑关系的,被追诉人只有先行自愿认罪认罚、同意适用程序才会进行到签署具结书的步骤,没有自愿认罪认罚环节就没有签署具结书的必要。所以,认罪认罚从宽程序大致包括"被追诉人认罪认罚意思表示—检察机关出具从宽的量刑建议—被追诉人签署具结书—被追诉人获得从宽处罚"几个步骤,所以自愿认罪、同意量刑建议和程序适用是适用认罪认罚从宽制度的实质要件,签署具结书是形式要件,具结书依托认罪认罚实质要件的存在而存在。从具结书的内容来看,一般由犯罪嫌疑人基本信息、权利知悉、认罪认罚内容和自愿声明及签字盖章等几部分组成,以最高检认罪认罚具结书模板为例,可以看出,具结书所载内容是被追诉人表示自愿认罪认罚、同意量刑建议和适用程序的声明和认可,并不呈现认罪认罚具体过程和详细内容。

笔者认为,认罪认罚具结书作为适用认罪认罚从宽制度的形式要件,程序保障和程序价值更为重要,具结书的性质应当是一种单方声明,是被追诉人自

① 毋郁东、刘方权:《认罪认罚从宽案件中的"具结"问题研究》,载《海峡法学》2017 年第 3 期。

② 陈烽:《论认罪认罚从宽制度中的"具结书"》,载《嘉兴学院学报》2017 年第 2 期。

③ 胡云腾主编:《认罪认罚从宽制度的理解与适用》,人民法院出版社 2018 年版,第 97 页。

④ 陈卫东:《认罪认罚从宽制度研究》,《中国法学》2016 年第 2 期。

愿认罪认罚的声明，是被追诉人选择认罪认罚从宽程序的声明，是启动认罪认罚从宽制度的证明，是控辩协商合意的证明。

2. 认罪认罚具结书的属性

认罪认罚具结书作为单方声明，证明被追诉人自愿认罪认罚并选择适用认罪认罚从宽程序，除证明外，笔者认为具结书还兼具供述、悔过、协商、保证、承诺等属性。具体如下：（1）具结书具有供述的属性。具结书是被追诉人认罪认罚换取从宽处罚的意思表示，是在如实供述罪行的前提下签署的，虽不详细供述罪行但仍是被追诉人概括供述的表现。（2）具结书具有悔过的属性。具结与悔过时常捆绑出现，以"具结悔过"出现在法律条文中，表示具结人自我忏悔、自我谴责，被追诉人自愿认罪，接受处罚或积极赔偿等都是悔过的表现。（3）具结书具有协商的属性。传统控辩关系多为紧张、对立状态，认罪认罚从宽程序历经被追诉人认罪认罚、检察机关提出从宽处罚建议、被追诉人签署具结书、具结书附随案卷移送法院、法院一般依照量刑建议裁判等多个环节，且各环节表现出合作、互动特点，体现控辩协商意义。（4）具结书具有承诺、保证属性。被追诉人认罪即承认罪行，认罚即同意检察机关量刑建议，被追诉人签署具结书即是对认罪认罚和后果的保证和承诺，保证认罪认罚，承诺放弃部分诉讼权利以获取从宽处罚。

（二）具结书的约束主体

具结书是被追诉人自愿认罪认罚的单方声明，具有保证、悔过、协商、承诺等多重属性，是被追诉人自愿认罪认罚自由意志的体现，被追诉人一旦签署具结书，具结书显然对其具有约束力，被追诉人一旦反悔就不再享有从宽待遇。那么，具结书对检察机关具有约束力吗？具结书签署后，检察机关可以修改量刑建议吗？

笔者认为，具结书不仅是被追诉人的单方声明，也是控辩双方合意的结果，是控辩双方互动的体现，体现了控辩协商意义，不论从诚信原则还是司法公信力考虑，具结书对检察机关也具有约束力。检察机关综合犯罪事实、犯罪性质、犯罪情节、认罪认罚态度等各方面因素所提出的量刑建议，对检察机关具有约束力，被追诉人签署具结书后，对被追诉人拥有信赖利益，检察机关应当将由具结书确认过的量刑建议提交法院，除《刑事诉讼法》第 201 条第 2 款①规定的情形外，检察机关不得随意变更量刑建议。

---

① 《刑事诉讼法》第 201 条第 2 款规定："人民法院认为量刑建议明显不当，或者被告人、辩护人对量刑建议提出异议的，人民检察院可以调整量刑建议。人民检察院不调整量刑建议或者调整量刑建议后仍然明显不当的，人民法院应当依法作出判决。"

（三）不需要签署具结书的效力

签署具结书与自愿认罪、同意量刑与程序适用都是适用认罪认罚从宽制度的重要条件，保障认罪认罚从宽制度的运转。具结书是被追诉人认罪认罚的具结文书，原则上只要被追诉人自愿认罪认罚并同意适用程序的，就应当签署具结书，但《刑事诉讼法》第 174 条第 2 款规定了不需要签署具结书的三类例外情形。①

1. 从《认罪认罚试点办法》到新《刑事诉讼法》的立场转变

《认罪认罚试点办法》第 2 条规定："具有下列情形之一的，不适用认罪认罚从宽制度：（一）犯罪嫌疑人、被告人是尚未完全丧失辨认或者控制自己行为能力的精神病人……"② 新《刑事诉讼法》第 174 条第 2 款规定，"犯罪嫌疑人认罪认罚，有下列情形之一的，不需要签署认罪认罚具结书：（一）犯罪嫌疑人是盲、聋、哑人，或者是尚未完全丧失辨认或者控制自己行为能力的精神病人的……"③ 据条文内容可见，《认罪认罚试点办法》与刑事诉讼法的规定差异很大，《认罪认罚试点办法》对部分精神病人犯罪案件、未成年人犯罪案件等 4 种情形明确规定了"不适用认罪认罚"的鲜明立场，即《认罪认罚试点办法》中的 4 种情形排除不认罪认罚从宽制度的适用，也有学者将此称为认罪认罚从宽制度的否决权，④ 但《刑事诉讼法》第 174 条第 2 款对几类情形规定的是"不需要签署认罪认罚具结书"。

新刑事诉讼法将《认罪认罚试点办法》中的不适用情形规定为不需要签署具结书，笔者认为刑事诉讼法这一立场转变值得肯定。主要理由有：一是落

---

① 《刑事诉讼法》第 174 条第 2 款规定："犯罪嫌疑人认罪认罚，有下列情形之一的，不需要签署认罪认罚具结书：（一）犯罪嫌疑人是盲、聋、哑人，或者是尚未完全丧失辨认或者控制自己行为能力的精神病人的；（二）未成年犯罪嫌疑人的法定代理人、辩护人对未成年人认罪认罚有异议的；（三）其他不需要签署认罪认罚具结书的情形。"

② 《认罪认罚试点办法》第 2 条规定："具有下列情形之一的，不适用认罪认罚从宽制度：（一）犯罪嫌疑人、被告人是尚未完全丧失辨认或者控制自己行为能力的精神病人的；（二）未成年犯罪嫌疑人、被告人的法定代理人、辩护人对未成年人认罪认罚有异议的；（三）犯罪嫌疑人、被告人行为不构成犯罪的；（四）其他不宜适用的情形。"

③ 《刑事诉讼法》第 174 条第 2 款规定："犯罪嫌疑人认罪认罚，有下列情形之一的，不需要签署认罪认罚具结书：（一）犯罪嫌疑人是盲、聋、哑人，或者是尚未完全丧失辨认或者控制自己行为能力的精神病人的；（二）未成年犯罪嫌疑人的法定代理人、辩护人对未成年人认罪认罚有异议的；（三）其他不需要签署认罪认罚具结书的情形。"

④ 秦宗文：《认罪认罚从宽制度实施疑难问题研究》，载《中国刑事法杂志》2017 年第 3 期。

实现认罪认罚从宽制度的需要。认罪认罚从宽制度已被规定在刑事诉讼法"总则"中作为一项基本制度，被追诉人自愿认罪认罚的应当适用该制度。二是贯彻平等适用原则的要求。《认罪认罚试点办法》将生理上或精神上有缺陷的被告人或未成年犯的法定代理人、辩护人有异议等情形排除适用有违平等适用原则，影响实体上和程序上从宽处理，刑事诉讼法对此进行修改是平等适用原则的贯彻。① 三是保障被追诉人权益的要求。被追诉人自愿认罪认罚放弃部分诉讼权利以获取从宽处罚，适用认罪认罚从宽程序有利于探索新型诉讼格局，优化配置司法资源，可以说，认罪认罚从宽制度是于司法机关和被追诉人一项"双赢"的制度。如果将生理上或精神上有缺陷的被告人或未成年犯的法定代理人、辩护人有异议等情形排除适用，对此类案件通过认罪认罚简化程序、提高诉讼效率的目的可能难以实现。

2. 不需要签署具结书的意义

刑事诉讼法将不适用情形修改为不需要签署具结书，一定程度上扩大了认罪认罚从宽制度的适用范围。但值得进一步思考的是，不需要签署具结书的意义和效力何在？结合《认罪认罚试点办法》与刑事诉讼法的规定，不需要签署具结书的意义在于是否影响认罪认罚从宽制度的适用，即不需要签署具结书与不适用之间的关系。"不需要签署具结书"与"不适用"的关系可以表现为以下三种：一是不需要签署具结书等同于不适用，即出现不需要签署具结书情形时，排除认罪认罚从宽制度的适用；二是不需要签署具结书仅指不必履行签署具结书程序，但仍然适用认罪认罚从宽制度；三是不需要签署具结书不必然导致适用或不适用结果，最终是否适用应视具体情况而定。

笔者认为宜采第三种观点。具结书是被追诉人认罪认罚的具结性文书，如前所述，具结书将被追诉人认罪认罚过程固定化、形式化，将协商、承诺、保证等内容书面化，签署具结书更多体现了形式和程序意义，被追诉人不自愿认罪认罚或不同意量刑建议的，显然不能适用认罪认罚从宽制度，但如果被追诉人自愿认罪认罚、同意量刑建议，但因某种缘由未签署具结书时就一律排除适用，显然与设置具结书的目的不符，所以不需要签署具结书情形并不直接排除认罪认罚从宽制度的适用，而是需要结合《刑事诉讼法》第174条第2款所规定的三种具体情形具体判断。

第一种情形是犯罪嫌疑人是盲、聋、哑人，或者是尚未完全丧失辨认或者控制自己行为能力的精神病人。上述两类主体是生理上或精神上有缺陷的人，

---

① 胡云腾主编：《认罪认罚从宽制度的理解与适用》，人民法院出版社2018年版，第96页。

从平等适用原则考虑，对生理上或精神上有缺陷的被追诉人不应排除认罪认罚从宽制度的适用，规定此类主体不需要签署具结书是出于为生理、精神状况特殊的犯罪主体提供更为完善的程序保障的目的，此种类型虽不需要签署具结书但不影响认罪认罚从宽制度的适用。

第二种情形是未成年犯罪嫌疑人的法定代理人、辩护人对未成年人认罪认罚有异议的。与第一种情形不同的是，此种情形不仅涉及未成年犯诉讼利益，也涉及其法定代理人、辩护人的诉讼利益，未成年犯认罪认罚，其法定代理人、辩护人无异议时对未成年犯同等适用认罪认罚从宽制度是平等适用原则的体现，但当其法定代理人、辩护人有异议时，若对此类情形一律继续适用认罪认罚从宽制度则是无视未成年人的法定代理人、辩护人异议的表现，其法定代理人、辩护人的异议权无从保障，该条文便有虚置之嫌。为此，笔者认为对于法定代理人、辩护人异议下的未成年人认罪认罚如何适用的问题有单独讨论的必要，下文做具体分析。

第三种"其他"情形是兜底规定，具体情形参照上面认定，本文先不做探讨。

综上所述，笔者主张，对《刑事诉讼法》第 174 条第 2 款规定的不需要签署具结书情形，并不必然导致认罪认罚从宽制度适用或不适用的结果，最终是否适用应视具体情形而定。

二、法定代理人、辩护人异议下的未成年犯认罪认罚

为给未成年人认罪认罚提供更完善的程序保障，刑事诉讼法规定未成年犯的法定代理人、辩护人对未成年人认罪认罚有异议的，不需要签署具结书，赋予了法定代理人、辩护人对未成年人认罪认罚的异议权，从某种意义上，"不需要签署具结书"是其法定代理人、辩护人异议的结果和表现，法定代理人、辩护人的异议权直接关乎未成年犯认罪认罚具结书的签署。

（一）法定代理人、辩护人异议权的产生根据

1. 少年司法理念

未成年人身心发育不成熟，认知和判断能力不足决定了未成年犯对适用认罪认罚从宽制度理解与适用上的不对称劣势，未成年犯具有未成年人的共性，有超越同龄人的人身危险性但又不同于成年犯的惩处矫治特殊性，未成年犯与成年犯是两类不同主体，对未成年犯需要给予特别关注。可以说，任何一项制度与未成年人"相遇"时，都需要我们投来"别样"目光，认罪认罚从宽制度是我国司法改革的一项重大决策，作为刑事诉讼程序法新近确立的一项基本制度，在实体和程序上对犯罪嫌疑人、被告人都有实质性影响，为充分保障未

成年犯的诉讼利益，保障未成年人适用认罪认罚的自愿性和合法性，需要增设保障性规定以辅助增强未成年人的认知和判断能力，正因如此刑事诉讼法赋予了法定代理人、辩护人对未成年人认罪认罚的异议权。

2. 法定代理人和辩护人的诉讼地位

未成年人身心发育不成熟，法律设定未成年责任能力欠缺，确立未成年人在法律上的天然弱势地位。为弥补此种天然弱势，法律为未成年犯强制设定了由法定代理人和辩护人辅助未成年人行使有关诉讼权利，在认罪认罚等相关诉讼事项上替未成年犯"把关"。

法定代理人是根据法律规定有资格在诉讼上行使代理权的人，其代理权源自法律直接规定，是为解决无行为能力人和限制行为能力人的诉讼问题而设立的特别代理诉讼制度。[1] 我国刑事诉讼法赋予法定代理人辅助未成年人参与诉讼的多项权利，涉及多个诉讼阶段，如申请回避权（第29条、第31条）、附带民事诉讼中委托诉讼代理人权（第46条）、申请变更强制措施权（第97条）、上诉权（第227条）、申诉权（第253条）、附条件不起诉异议权（第282条）等。可见，法定代理人代为行使的诉讼权利并不限于程序性事项的权利，也包括直接影响诉讼进程的实体权利，如附条件不起诉异议权、上诉权、申诉权等。法定代理人行使上述权利一般不需要征得未成年人的许可或同意，即法定代理人在刑事诉讼过程中与未成年人一样享有独立的诉讼权利，一般认为，法定代理人几乎享有与未成年被告人相当的诉讼权利。

与法定代理人不同的是，辩护人的代理权来源于委托或司法机关的决定或批准，我国刑事诉讼法同样也赋予辩护人诉讼权利，如辩护权，代理申诉、控告，申请变更强制措施权，调查取证，经同意的上诉权等，但辩护人代为行使的多为程序性事项，牵涉被委托人实体性权利时往往需要获得被委托人的同意，辩护人可谓是法律指定给未成年人的法律专业方面的帮助者。虽然法定代理人、辩护人都是未成年人合法权益的捍卫者，但两者诉讼地位以及所享有的诉讼权利差异很大，法定代理人是未成年人权益的坚定捍卫者，而辩护人的诉讼地位则更具"中立性"。

3. 未成年犯与其法定代理人、辩护人意见分歧的可能性

为弥补未成年人因年龄产生的不对称劣势，法定代理人制度、指定辩护制度应运而生，虽然法定代理人、辩护人是未成年人诉讼利益的维护者，但他们并非未成年犯本人，并非认罪认罚结果的直接承担者，纵然认罪认罚一般会获

---

[1]　张受信：《法定代理人在刑事诉讼中的地位和作用》，载《现代法学》1987年第3期。

得"双赢"局面，但从认知判断、诉讼地位及责任承担角度，出于各种原因考虑，未成年犯、法定代理人、辩护人对是否适用认罪认罚存在分歧具有一定的可能，具体包括以下几种情况：

一是未成年犯认罪认罚，法定代理人、辩护人提出异议的。如法定代理人、辩护人认为未成年犯非自愿认罪认罚或认为未成年犯认罪认罚但未得到满意从宽处理而提出异议的；未成年人因对行为性质或认罪认罚结果认知、权衡和判断能力不足认罪认罚，法定代理人、辩护人提出异议的；未成年犯因轻信、无知、好面子、讲义气等心理轻易揽下罪责认罪认罚，法定代理人、辩护人提出异议的等。二是未成年犯、法定代理人同意适用，辩护人提出异议的。如未成年犯和法定代理人可能因不愿受诉讼之累等原因欲认罪认罚，而辩护人基于专业判断认为宜作无罪辩护而提出异议的。三是未成年犯和辩护人同意适用认罪认罚，法定代理人提出异议的。如法定代理人不愿未成年犯被判处刑罚或因无力承担赔偿责任等原因提出异议的，再如法定代理人希望检察机关对未成年犯作附条件不起诉处理，以期通过后期帮教矫治措施帮助未成年犯，并获最终的不起诉决定，希望案件在检察机关终结而不愿移送法院审判而提出异议等。

（二）法定代理人、辩护人异议权的意义

法定代理人和辩护人辅助未成年人履行诉讼权利和义务，可解决未成年人诉讼行为能力不足的问题，有效对抗国家公权力，保护弱势地位的未成年人合法权益。假定未成年犯认知和判断能力不足这一前提，为保障未成年犯罪嫌疑人、被告人认罪认罚的自愿性、合法性，需要加强对未成年犯认罪认罚的程序保障，但无论是辩护人还是法定代理人均不承担认罪认罚的最终法律后果，因而为防止因赋予法定代理人或辩护人独立的否决权被任意行使，导致未成年犯排除适用认罪认罚违背平等适用原则，刑事诉讼法规定法定代理人、辩护人有异议时不需要签署具结书，而非排除未成年犯适用认罪认罚从宽程序，前文已述"不需要签署具结书"与"不适用"之间的关系。那么，法定代理人、辩护人异议权的意义何在？法定代理人、辩护人有异议时，司法机关应如何处理才能加强对未成年犯认罪认罚的程序保障？

笔者认为，法院代理人、辩护人异议权的意义有：第一，未成年犯认罪认罚的，司法机关应当主动征求未成年犯的法定代理人及辩护人意见，并且无权阻止法定代理人、辩护人对未成年人认罪认罚提出异议。第二，因认罪认罚产生分歧的未成年犯、法定代理人、辩护人几方主体需要充分沟通协商时，如果未成年犯被羁押的，司法机关应当为几方主体的沟通协商提供便利。第三，几方主体沟通协商的结果对司法机关具有约束力。未成年犯、法定代理人、辩护人沟通协商后达成一致意见同意未成年犯认罪认罚的，司法机关应当采纳适用意见，要求未成年犯在具结书上签字明确表达真实意愿，并要求法定代理人、辩护人也同时具名，表示同意未成年犯认罪认罚；如果经协商，一致不同意适用的，司法机关也应当依照协商结果排除适用；如果三方无法达成统一意见的，司法机关应如实记载在案，并在充分听取各方意见基础上，结合具体情况作出最终是否适用的决定。

综上所述，未成年犯的法定代理人、辩护人对未成年人认罪认罚有异议权，异议权直接影响具结书签署与否，但该种异议权并非否决权，不必然排除认罪认罚程序的适用。异议权制造了沟通协商机会，沟通协商结果对司法机关具有约束力，司法机关根据协商结果作出最终处理。

三、未成年犯认罪认罚具结的完善路径

刑事诉讼法赋予法定代理人、辩护人对未成年犯罪认罚异议权，以弥补未成年犯因年龄在认知能力和判断能力的不对称劣势，完善未成年人认罪认罚的程序保障。法定代理人、辩护人对未成年人认罪认罚有异议的不需要签署具结书，此规定将未成年犯的法定代理人、辩护人的异议权与具结书的签署两者直接关联，异议权的行使会产生"不需要签署具结书"的效力。可见，法定代理人、辩护人异议权的行使对未成年犯认罪认罚具结具有重要意义。为保障未成年犯适用认罪认罚从宽程序，正确发挥法定代理人、辩护人的异议权，有必要厘清法定代理人、辩护人异议权行使的具体规则，以进一步完善未成年犯认罪认罚具结制度。

（一）法定代理人、辩护人异议权行使的前提条件

未成年犯是认罪认罚后果的直接承受者，未成年人认罪认罚是法定代理人、辩护人对未成年人认罪认罚异议权的前提，反之，未成年人不认罪认罚时直接排除认罪认罚从宽程序的适用，其法定代理人、辩护人也不具有异议权，换言之，未成年犯具有认罪认罚适用的否决权。

（二）法定代理人、辩护人异议权行使的原则

1. 遵循未成年人利益最大化原则

未成年人利益最大化原则是当今世界上未成年人立法和司法的基本原则，纵使对象是罪错未成年人，也应贯彻未成年人利益最大化原则，保护未成年人合法权益仍是基本立场。除提高诉讼效率、节约司法资源外，认罪认罚从宽制度同样注重犯罪嫌疑人、被告人认罪认罚的自愿性、合法性及认罪认罚过程中的权益保障。未成年犯认罪认罚时，法定代理人、辩护人应当立足未成年犯权

益，决定是否同意适用或对适用提出异议。司法机关在办案过程中同样需要遵循未成年人利益最大化原则，当未成年犯、法定代理人、辩护人不能达成统一意见时，司法机关应当以未成年人权益为根本立足点，综合案情作出最有利于未成年人的决定。

2. 遵循充分沟通协商原则

法定代理人、辩护人对未成年犯认罪认罚有异议的，法定代理人、辩护人应当与未成年犯充分沟通协商，从未成年犯权益出发，结合三方意见最终决定是否适用。未成年犯认罪认罚时，法定代理人、辩护人有异议的，司法机关应当建议未成年犯与法定代理人、辩护人充分沟通，并且为沟通交流提供便利。

3. 法定代理人意见优先辩护人意见规则

当未成年犯、法定代理人、辩护人充分沟通协商后，未成年犯与法定代理人达成一致意见但辩护人提出相反意见时，显然，未成年犯意见优先辩护人意见，但是，法定代理人和辩护人意见分歧时，何者优先？笔者认为，基于法定代理人和辩护人两方诉讼地位和诉讼利益的差距，法定代理人意见优先，司法机关应优先采纳未成年犯、法定代理人意见，辩护人也应尊重未成年犯、法定代理人的意见，并在法律范围内为未成年犯提供辩护、法律帮助。

（三）法定代理人与未成年犯意见分歧的处理规则

未成年犯、法定代理人、辩护人充分沟通协商后，基于法定代理人诉讼地位的特殊性，法定代理人意见与未成年犯意见分歧时，何者优先？司法机关应当采取哪方意见？

基于两方诉讼地位、社会经历、认知判断和责任承担能力，笔者认为可以参照下列规则：

1. 未成年犯认罪认罚，法定代理人对认罪认罚本身没有异议，仅是对认罪认罚后从宽的量刑建议不认可而有异议的，检察机关可以在充分听取法定代理人意见的前提下，对量刑建议进行合理调整再行告知、询问未成年犯或法定代理人意见，然后由其重新协商确定最终意见。

2. 未成年犯认罪认罚，法定代理人对适用认罪认罚从宽程序本身有异议，经充分沟通协商后双方仍不能达成统一意见时，需要司法机关采纳其中一方意见作为最终处理依据。笔者建议，司法机关可以参照下列具体情况作不同处理：（1）诉讼时未成年犯尚未满18周岁的，因其认知和判断水平有限，法定代理人作为未成年犯的监护人，对未成年犯的保护教养职责更重，赔偿的替代责任也更大，此时未成年犯与法定代理人意见分歧的，应侧重考虑法定代理人的意见。（2）诉讼时未成年犯已满18周岁的，为尊重未成年犯的主体地位，其意见与法定代理人分歧的，建议以未成年犯的意见为主。当然，司法机关在办案中应当充分听取双方意见，本着有利于教育、挽救未成年犯的目的，结合案情参照上述规则作出最终决定。

性侵未成年人刑事案件办理及预防机制研究

郑淑珺[*]

郑淑珺[*]

[内容摘要] 近年来，随着各项意见、建议的出台，社会对性侵未成年人案件的关注度与日俱增，法检机关也加大了对相关刑事案件的打击力度。但在充分分析我国近年来性侵未成年人案件的有关数据之后发现，我国办理与预防性侵未成年人案件的主要问题在于：易忽视潜在性侵害行为；证明困难，放纵了罪犯；处罚较轻、手段单一，预防效果不理想。对此，可以考虑以加强预防性侵教育、管制周边行为、实践强制报告，以预防潜在性侵行为；通过改变证据标准、扩大"奸淫幼女"行为范围严密刑事法网；增设信息公开、从业禁止、心理矫治、电子监控等处遇手段，积极预防再犯发生。

[关键词] 性侵未成年人；事前预警；强制报告；特别处遇

一、我国性侵未成年人案件现状[①]

自我国女童保护基金 2014 年发布《2013 年儿童安全教育及相关性侵案件情况报告》开始，已连续六年发布相关的案件情况调查。根据《2018 年性侵儿童案例统计及儿童防性侵教育调查报告》和过往几年相关数据比较分析发现，我国性侵未成年人案件的主要特征如下：

（一）案件数量逐年减少，个案受害人数增加

由于性侵未成年人案件涉及未成年人的隐私保护，因此难以被全部公开。女童保护所统计的仅仅是当年已被公开报道案件，虽受技术限制和其他客观因

---

* 郑淑珺，北京师范大学法学院博士研究生。

① 该部分所有数据来自 2014 年至 2018 年女童保护机构所出的《性侵儿童案例统计及儿童预防性侵调查报告》，部分数据直接引用，部分数据为根据报告中原始数据计算所得。

素影响，难以展开全面可靠的数据调查，但其内容具有一定的参考价值。截至2018 年近五年的统计数据显示，性侵未成年人案件数量分别为 503 件、340 件、433 件、378 件、317 件，总体呈下降趋势，这与近年来我国各地法检机关高度重视此类案件、频繁发布指导性案例等一系列积极举措具有紧密联系。值得警惕的是，虽然案件数量逐年减少，但详细分析具体数据发现，个案受害人数量正在逐年增加。根据女童保护统计，2018 年性侵未成年人的平均个案受害人数量为 2.37 人，较之 2017 年的 1.6 人具有大幅提升，而 2017 年之前的个案受害人数基本在 1.6 人上下浮动。从 2014—2018 年，一人性侵多人案件在全体案件总和数中的占比逐年增多，从 2014 年的 15.51% 增至 2018 年的27.44%，另有表述不详案件占比 9.78%。在 2018 年的 317 起案件中，个案受害人超过 1 人的为 84 起，占比 26.5%；5 人及以上的 22 起，占比 6.94%；10人及以上的 12 起，占比 32.14%。①

在案件总数减少的情况下，一人性侵多人的案件数量却在进一步增加，可见我国当前的性侵未成年人犯罪惩治措施在一般预防层面起到了一定成效，有效减少了性侵未成年人案件的产生频率，但单个案件受害人数的增加也体现了我国此类案件处理模式"严而不密"的现实情况。在 2018 年最高检发布的第十一批指导案例中，检察院支持从重处罚性侵未成年人的被告人，量刑的加重一定程度上抑制了一般人产生犯意的可能性，代表了"严而不密"处理模式中的"严"。我国不仅未成年人性教育落后、防性侵能力较差，成年人对性侵未成年人事件的应对能力也存在不足。从 2018 年的相关数据统计得出，仅有42.05% 的家长可以从未成年人的日常行为举止中判断其是否受到性侵，而且大部分家长对于如何有效防止性侵损害进一步恶化并没有具体认识，有些措施甚至会影响证据收集或毁坏证据，更有部分家长出于守旧观念或担心邻里舆论而选择隐瞒事实。这些行为都会导致性侵行为人的违法行为难以被追诉，放纵犯罪分子，是"严而不密"处理模式中"不密"的产生原因之一。

（二）熟人作案占比居高不下，反复犯罪情况严重

从 2014 年熟人作案占比 81.87% 开始，历年的熟人性侵未成年人比例一直较高，在 66% 上下波动。2018 年之前的熟人作案内部结构分析图中，主要分为亲朋、师源、邻居、家庭成员、生活接触以及其他。其中，师源性性侵是熟人作案的主要组成部分，这一点也得到了有关部门的高度重视。目前，我国多省市采取从业禁止、公开犯罪人个人信息等办法治理师源性性侵，取得了一

---

① 参见《2018 年性侵儿童案例统计及儿童防性侵教育调查报告》。

定的效果，打破了师源性性侵比例自 2015 年以来的连续大幅增长，在 2018 年略有下降。邻里性侵和亲朋、家庭成员性侵比例在 2018 年之前也呈逐年增长态势，2017 年家庭成员性侵占比 15.31% 为历年最高。2018 年，由于网友性侵的异军突起，其他类型性侵案件的占比均有部分下降，影响最大的是邻里性侵，较 2017 年下降十个百分点。根据目前搜集的数据，明确显示个人反复作案的案件数量，2014 年为 26.84%，2015 年未知，2016 年为 62.2%，2017 年为 31.75%，2018 年为 39.11%。

熟人作案比例较高一直是我国办理与预防性侵未成年人案件中的常见问题，其内部生成原因主要包含两方面。一是我国儿童面对熟人的自我保护意识较弱，顺从意识较强，难以积极反抗和有效保护。二是家长对熟人的警戒心理较弱，不仅无法及时发现侵害行为，甚至无意中会成为"帮凶"，阻断孩子的自救行为。师源性性侵占比较大，是由于受中国传统尊师重道观念的影响，以及成年教师对未成年学生所具有的身份上的支配性，致使多数学生对老师言听计从。也由于教师职业传道授业的特殊性质，使得未成年受害人在自身缺乏认识的情况下习惯性听从老师指挥。不过，由于近年来信息技术的发展，使得师源性性侵的曝光可能性急剧升高，一定程度上遏制了其发生概率。邻里性侵在 2018 年之前的占比一直仅次于师源性性侵，其形成原因较之师源性性侵相差不大，也是利用相互信任，但其手段并非利用身份支配，而多是利用食物、金钱诱骗。邻里性侵的主要问题在于，行为人为逃避责任可能会大肆散播不实言论，污蔑受害人品行不端，极易造成严重的二次伤害，而且在部分个案中行为人为就近居住的多人，为保护多数人利益他们可能会恶意针对、孤立、迫害被害家庭。亲朋与家庭成员性侵属于最难被发现的案件类型，亲朋与受害人家庭关系较好，熟知受害者家庭内部各成员性格特点，甚至可以轻易离间受害者与家人之间的信赖关系，这使得家长不仅难以发现性侵事实，还会因为误解受害人而使其受到更多伤害。另一方面，亲朋之间关系复杂，发生类似案件时家庭内部成员很可能对是否报案难以抉择，最终选择隐瞒真相、息事宁人。家庭内部成员的性侵就更难以察觉了，原本肩负照顾、保护受害人职责的监护人成为了加害者，使得针对性侵的内部防护荡然无存，只能依靠社会外力来发现和治理。然而社会的力量毕竟难以介入家庭内部，与受害者之间的信赖关系又不可能在短时间内超越亲人，因此，家庭内部的侵害案件还是要靠家庭内部成员揭开幕布。

性侵未成年人反复犯罪情况严重，说明我国的刑法治理措施，在特殊预防层面起到的作用还有待加强。性侵未成年人类型案件可能涉及的罪名包括：强奸罪；强制猥亵、侮辱罪；猥亵儿童罪；组织卖淫罪；强迫卖淫罪；引诱、容留、介绍卖淫罪；引诱幼女卖淫罪等。其中，可能判处的最重刑罚为 10 年以上有期徒刑、无期徒刑或死刑，这是对强奸罪的结果加重犯的处罚标准。但对一般强奸罪，其刑罚为 3 年以上 10 年以下有期徒刑，猥亵行为更是只有 5 年以下的刑罚。这两类最为普遍的性侵未成年人犯罪的刑罚处罚并不严厉，且我国未成年人自我保护意识较弱，性侵未成年人较之普通性侵犯罪既容易得手又极难被发现，如此的低风险、高收益自然使众多行为人不断铤而走险，反复犯案。另外，性侵未成年人的犯罪人与一般性侵犯罪人在精神需求层面并不一致，大多具有特殊性癖或一定的变态心理，仅靠几年的监禁惩罚而不辅以其他措施，难以矫正其特殊心理，极易再犯。

（三）低龄受害者占比较大，男童受害情况未有好转

女童保护在 2013—2017 年的调查报告中，主要对象为 14 岁以下受侵害未成年人，2018 年将范围扩大至 18 岁以下未成年人。根据 2018 年的统计数据显示，在明确提及具体年龄的 678 名受害人中，只有 78 人为 14（含）岁至 18（不含）岁未成年人，其余受害人皆为 14 岁以下低龄儿童。下图为 14 岁以下范围内的受害人年龄分布图。

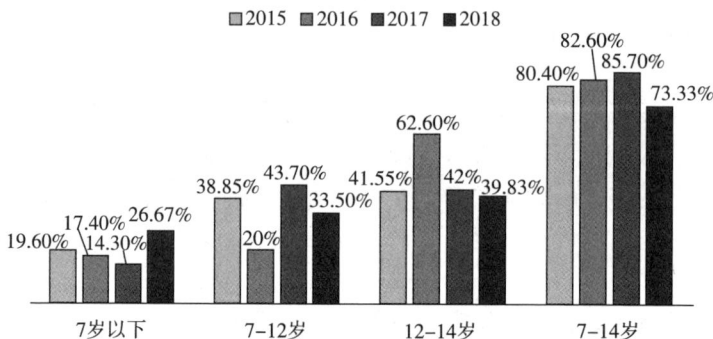

受害者年龄占比图

由图可知，这四年中 7—14 岁未成年人受侵害比例最高，基本占总数的八成。2018 年 7 岁以下受害人比例较之往年有大幅升高，但其是否代表受害人低龄化趋势愈加严重尚不能确定。

性侵案件受害人中女性占绝大多数，但男童性侵同样应当引起关注。2014 年至 2018 年男性未成年人受侵害比例分别为 2%、6%、7.58%、9.57%、4.26%，虽然 2018 年较前几年明显减少，但整体依然呈现上升趋势。男性受害人较之女性受害人自我保护意识更差，特别是在同性性侵案件中基本没有防范意识，应当高度重视。

性侵未成年案件中低龄受害者较多，主要是因为7—14岁儿童正处于中小学阶段，相较更小的未成年人，这一阶段的受害人与外界接触更为频繁，正在逐步走出父母的保护区，父母的鞭长莫及和自身的懵懂无知使得他们成为幕后黑手的最佳选择。7—12岁阶段，由于受害人还未理解具体行为性质，自身性格发展还未完全，对成年人的依附性较大，犯罪分子通过威逼、利诱、恐吓等手段可以轻易实施侵害行为。12—14岁阶段，受害人身体发育陆续开始，极易吸引犯罪分子，但处于这一阶段的未成年人已经具有一定的判断能力和认识能力，在正常情况下犯罪分子并不易于下手。在此阶段受害比例却依然居高不下的原因主要是我国儿童性教育成果并不显著，已进入发育期的未成年人依然如幼年一般无知，甚至会因为半懂不懂、怀有好奇而更易被引诱、侵害。男童受害情况未有好转，与我国刑法整体层面对男性性自由权利的忽视有关。我国并未规定男性对男性的强奸行为，男性强奸同性成年人只能以强制猥亵、侮辱罪定罪处罚，男性性侵同性未成年人只能以猥亵儿童罪定罪处罚，两罪基本刑只有5年以下有期徒刑或拘役。刑罚过轻，既无法抚慰受害人身心创伤，也无法有效抑制再犯。特殊预防与一般预防都不显著，自然无法有效治理性侵男童案件。

二、我国办理和预防性侵未成年人案件存在的主要问题

（一）关注面较窄，未能制止潜在性侵害行为

1. 缺乏预先识别能力

由于我国性教育的缺失，无论是成年人还是未成年人，都不具有对潜在性侵害完善的识别能力。大部分女性未成年人对性器官有正确认识，但对于亲密动作的实际界限并不充分了解。男性未成年人对敏感部位保护意识就更薄弱，这与我国不注重婴幼儿隐私保护，有很大关系。事实上，在日常的人际交往中，某些过于亲密的身体接触，或特定的标志性行为，往往是性侵案件的预警。恶意灌酒、带进偏僻场所、触摸敏感部位、过分亲密的亲吻搂抱等行为都可能进一步发展为侵害行为，预先识别这些行为，积极采取正确的应对措施可以有效减少性侵未成年人案件的发生。以网友性侵为例，由于网络交友具有虚拟性、距离性，因此只要做好预防措施，基本可以避免性侵害行为。网络性侵主要分为线上作案、线下作案两部分，针对线下作案只要避免与网友单独见面、约见于偏僻地点基本可以有效防止性侵害的发生。线上作案主要在社交平台发生，不法分子通过哄骗、引诱等手段，让未成年人发送裸照、裸体视频、进行裸聊或一系列猥亵活动，针对这些行为如果预先由平台以技术手段识别，或未成年人及时向父母寻求帮助预先识别，都可以减少实际侵害的发生。

2. 缺乏事前预警机制

我国办理性侵未成年人案件，只对实际侵害行为规定了相应罪名，并未对相关周边行为或预备行为进行规制。因此，我国司法机关无法在行为人可能产生犯意时积极介入，打消犯意进一步发展的可能性。这对于自我保护意识较强的成年人影响并不大，但对未成年人来说，周边行为的管控不仅可以减少一部分潜在的性侵行为人，更可以通过其打击行为教育未成年人对相关边缘行为提高警惕，增加防性侵能力。美国对周边行为的打击最为严厉，连家中藏有儿童色情图片都会受到刑法制裁。① 在美国 1988 年的《保护儿童不受性侵犯法令》中规定，以邮件等洲际或国际传送方式传递儿童色情材料，或以实施非法性行为为目的而传播特定个人信息，或故意向 16 周岁以下未成年人散布淫秽物品的都要以刑法处罚。② 日本的特别刑法《关于规制跟踪行为等法律》中涉及对性侵害部分预备行为的治理，日本的诸多防止骚扰条例是对轻度猥亵行为的规制，与我国《治安管理法》第 44 条的作用基本一致，只是条文内容更加具体、明确，主要规制"痴汉"和"色情偷拍"行为。③ 以上是日本对所有性犯罪周边行为的治理条文，对于性侵未成年人案件，日本还有特别刑法加以规定。《买春儿童、儿童色情处罚法》第 2 条详细定义了"儿童色情"，第 7 条处罚提供儿童色情类行为，第 8 条处罚以买春儿童或制造儿童色情物品为目的的买卖、抢夺、诱拐等一系列性侵儿童犯罪的上游行为。④ 据日本政府对 1993—2012 年强奸与猥亵案件的统计数据可知，日本近十年的性犯罪数量呈整体下降趋势，但违反《关于规制跟踪行为等法律》的案件数量则呈上升趋势，说明日本的性侵预警机制起到了较好的成果，将大量可能转化的性侵行为遏制在了预备阶段。可见，对性侵未成年人周边微罪行为进行分别管理，可以构建有效的案前预警机制，不仅有利于教育犯罪人和受害人双方，更能够在实际性侵行为发生时提供办案方向。

3. 缺乏强制报告机制

我国在 2013 年施行《关于依法惩治性侵害未成年人犯罪的意见》之前，

---

① 惩治与预防性侵害未成年人犯罪机制研究课题组：《域外惩治与预防性侵未成年人犯罪制度及其对我国的启示》，载《中国检察官》2016 年第 9 期。

② 孙秀艳：《美国联邦反儿童性侵害犯罪立法沿革及评介》，载《青少年犯罪问题》2009 年第 3 期。

③ 刘建利：《日本性侵未成年人犯罪的法律规制及其对我国的启示》，载《青少年犯罪问题》2014 年第 1 期。

④ 刘建利：《日本性侵未成年人犯罪的法律规制及其对我国的启示》，载《青少年犯罪问题》2014 年第 1 期。

对性侵未成年人案件之外的其他人并未规定报告义务。该意见第 9 条规定："对未成年人负有监护、教育、训练、救助、看护、医疗等特殊职责的人员（以下简称负有特殊职责的人员）以及其他公民和单位，发现未成年人受到性侵害的，有权利也有义务向公安机关、人民检察院、人民法院报案或者举报。"但该条规定的是一种自愿的报告制度，并不具有强制性。我国首次建立儿童保护的强制报告制度是在 2015 年，《反家庭暴力法》第 14 条、第 35 条规定了相关责任人的强制报告义务，并规定未履行义务将依法给予处分。但我国对性侵未成年人案件只有自愿报告制度，未履行义务也没有有力的处罚措施，因此自 2013 年施行以来效果并不显著。性侵未成年人案件由于发生形式隐蔽，未成年人又具有较强的人身依附性，难以独立告发，因此，外在报告机制的存在至关重要。而强制性的报告制度不仅可以加强对性侵未成年人的社会监督，给行为人施加压力，迫使其放弃犯罪行为或防止侵害结果进一步恶化。也可以在社会群体中树立一种保护儿童的普遍意识，使每一个人都能自觉自发关注儿童保护。美国拥有一套全面的儿童保护强制报告制度，在虐待、伤害、遗弃等行为上都对特别职责人群规定了强制报告义务，对一般人规定了自愿报告义务。亚利桑那州规定，未报告严重的儿童性侵害案件如乱伦、儿童卖淫、制作儿童色情影视等，对报告责任人以重罪处罚；多数州将违反报告职责的行为规定为轻罪；科罗拉多州则对未履行报告义务的责任人处以一定数额的民事赔偿。[①] 以法律方式强制要求特殊人群在儿童可能面临性侵害时承担报告责任，是对忽视儿童权益受损行为的否定性评价，有助于将外在社会行为内化为自身责任心理，提高整个社会对儿童保护和性侵未成年人案件的重视，强化潜在犯罪行为人的道德枷锁。[②]

（二）发现困难、证明困难，易放纵犯罪

由于性侵未成年人案件具有受害人年龄较小、行为人多为熟人、案件多发生在无人的隐蔽场所等特点，不仅难以发现，在实际办理中也面临诸多的取证困难。其一，性侵案件通常只有行为人与受害人在场，没有目击证人，也就没有强力的证人证言，无法补全受害人陈述因生理特点而缺乏的证明力。其二，我国性教育成果不佳，受害人或受害人家属法律意识淡薄，无法及时意识到性侵行为的发生，难以有效保全证据，极易导致证据的损毁、灭失。其三，被害

---

① 杨志超：《美国儿童保护强制报告制度及其对我国的启示》，载《重庆社会科学》2014 年第 7 期。

② 杨志超：《比较法视角下儿童保护强制报告制度特征探析》，载《法律科学（西北政法大学学报）》2017 年第 1 期。

人年龄较小，认知与表达能力尚不健全，出具的被害人陈述会因各种因素影响而缺乏证明力。其四，中国目前尚处于"熟人社会"，性侵未成年人的行为人多为熟人，多数家庭考虑到亲属关系、个人名誉、二次伤害而故意隐瞒，也有部分家庭由于受到加害人威逼利诱或居住地舆论的诽谤迫害而被迫推翻原有陈述，放弃配合取证。① 取证困难意味着难以对性侵未成年人行为进行刑法制裁，这也是一人侵犯数人案件、再犯案件较多的直接原因。不仅有损我国刑法威信，也对司法机关的社会形象带来不良影响，更使犯罪分子未受到应有惩罚而有恃无恐。

（三）处罚偏轻、形式单一，预防意义不大

美国的《杰西卡法案》规定，猥亵12岁以下儿童即为重罪，判处25年以上监禁，而我国性侵害类犯罪最重的基础刑罚也不过是强奸罪中的3年以上10年以下有期徒刑。实践中，甚至还有部分造成严重后果的性侵害行为连强奸条件都无法符合。我国传统观点对强奸罪的定义是，违背妇女自由意志而强制实行的婚外不法性交。"性交"则指男性生殖器插入女性生殖器的行为。② 传统观点是基于传统生殖观念而存在的具有时代烙印的特有理论，也是我国刑事司法实践与刑法理论界的分歧所在。依据传统观点，必然导致大部分与性交具有同等恶性的性侵未成年人行为难以以强奸罪进行规制，只能判处较轻的刑罚。一般强奸罪侵害的客体是女性拥有的性自由权利，而奸淫幼女的犯罪客体则应该是幼女的身心健康，而非单纯的性权利。③ 因为与成年人相比，幼女无论是生理发育还是心理发育都存在极大欠缺，即使是非暴力的性交行为都可能导致幼女的生殖系统受到严重损害，人格塑造产生极大偏差。虽然我国对奸淫幼女的既遂标准采用较为严格的"接触说"，但依然失之过宽。对幼女来说，以性器官、身体其他部位或器物插入阴道与肛门的伤害程度不相上下，都会造成严重的身心损害。④ 以实际危害程度来说，性器官直接插入肛门比性器官接触给幼女造成的损害结果更严重，所获刑期却并不一定比单纯接触要高，这无疑意味着鼓励行为人以其他方式玩弄幼女，在满足私欲的同时又可逃避较重的

---

① 王慧、贾密：《惩治性侵害未成年人犯罪的现实困境与制度转型》，载《法律适用》2014年第8期。
② 梁根林：《刑法适用解释的难题——以最高人民法院对奸淫幼女的"批复"为视角》，载《吉林大学社会科学学报》2001年第1期。
③ 周折：《奸淫幼女犯罪客体及其既遂标准问题辨析》，载《法学》2008年第1期。
④ 陈洪兵：《人身犯罪解释论与判例研究》，中国政法大学出版社2012年版，第261页。

处罚。

我国对性侵未成年人罪犯与性侵成年人罪犯处以同种性质的刑罚,并未关注性侵未成年人行为人的心理特点。中国自古就有尊老爱幼的传统美德,道德伦理一直是约束多数人行为方式的重要准则。选择侵害未成年人,选择侵害与自己有亲近关系甚至血缘关系的幼童,这一行为本身就体现了实施者自身道德观念的扭曲,或者说是心理变态。我国性侵类犯罪的基础刑期都不算高,对于此类心理上存在某种成瘾性癖好的人来说,几年的监禁并不能实现预期的特殊预防效果,反而可能在刑期结束后变本加厉,这也是再犯情况严重的原因之一。美国《杰西卡法案》中规定,猥亵 12 岁以下儿童的罪犯,在刑满出狱之后将被强制佩戴电子监视器,受到终身电子监控。① 除了终身监控,美国对犯罪登记、社区通知、住处限制和强制性背景审查等多方面都进行了具体规定,对罪犯的身体、心理自由施加限制,以降低再犯意识,强化道德意识。

三、我国性侵未成年人案件办理和预防机制的完善建议

（一）持续推进并全面防性侵教育

我国目前的防性侵教育主要针对未成年人,且正在逐步走上正轨,但防止性侵未成年人是一种社会性的群体权利和义务,应当加强对社会所有群体的相关内容教育。针对未成年人,除了教育其如何识别性侵、自我保护,还应告知其如何寻求帮助,如何保存证据,如何正确理解受害行为,防止自我厌弃心理产生的同时,还要建立对待性侵受害人的同理心、认同感。为案件发生后及时矫治受害人心理争取时间,防止相关校园欺凌和类似事件的发生。此类教育主要通过校园教育开展,但应当由有关部门统一强制规定,在规范教育内容的同时也可以提高整个社会对性教育的重视程度。针对家长和负有特定职责的人,应当强化教育如何识别性侵,如何从未成年人的特殊行为中判断侵害是否发生,如何摆正心理不对性侵受害人污名化,如何在侵害发生时采取正确的处理手段。家长与特定职责人员的相关教育可以以职前强制教育、家长座谈等方式展开,与强制报告制度配合,使相关责任人能够更好地履行义务。针对一般社会群众,可以通过社会宣传、特定案例的相关报道、纪实类电视节目的正确引导、相关调查研究的公开报导等,帮助其了解性侵未成年人案件,摆正心态正确对待性侵受害人,积极主动防止对被害人二次伤害。全面推进防性侵教育是

---

① 于珍、董新良:《汇聚多种力量:美国预防性侵儿童犯罪的举措及启示》,载《比较教育研究》2015 年第 3 期。

将未成年人的自我保护转化为社会保护，不仅有利于悯幼观念的强化，也给潜在行为人造成巨大的精神压力，具有较好的预防效果。

（二）加强管制周边行为

我国的犯罪概念同时具有定性、定量双重因素，有别于其他国家刑法仅有的定性因素。因此，为了确保我国刑法的谦抑性原则，大部分轻微违法行为无法以刑法治理。为了有效抑制性侵未成年人案件的发生，减少侵害行为造成的损害后果，可以考虑将部分重要微罪行为纳入刑法，以治安管理处罚法或民法规制其他周边行为。首先，可以考虑将制造、传播儿童淫秽物品罪从一般的传播淫秽物品罪中分离，提高儿童淫秽物品认定标准，对相关人员从重处罚，以此强化法律对此类行为的否定性评价，提高刑法的一般预防功能。其次，可以将跟踪、尾随未成年人的行为加入治安管理处罚法的规制范围。若直接参考日本，以特别刑法形式规范跟踪、尾随行为，则不免有滥用刑法权能之嫌，但若完全弃之不顾，则又会使许多已经表现出迹象本可避免的性侵未成年人行为进一步发展。因此，将此类轻微违法行为纳入治安管理处罚法，再对治安管理处罚法中原有的轻微猥亵行为的行为方式作出具体规定，不仅有利于截断犯罪链，迫使犯罪嫌疑人主动停止犯罪，更有利于社会公众将具体条文转变为社会习惯，为充分实现社会监督创造有利条件。最后，对私自散播未成年受害人信息，导致受害人受到二次伤害的个人、媒体，可以考虑单独规定一定数额的民事赔偿责任，既可以对受害人进行经济救济，又可以使一般民众深刻了解语言的伤害能力，谨言慎行、克己复礼。

（三）制定完善的强制报告制度

我国目前对虐待未成年人采取强制报告制度，但却未明确表示性侵未成年人行为是否属于被报告范围，也未对特定人员、机构的报告义务规定明确的处罚标准，导致这一制度基本处于停滞状态。美国明尼苏达州对认定为重罪的案件，未能履行报告义务的将承担 2 年以下有期徒刑或 4000 美元以下罚金。[1]南非 2007 年出台的《性侵害及相关事项法案》规定，南非境内所有居住并享有权利的人员，均有义务在发现性侵害儿童事件时向警方报告，违反者将承担刑事责任。[2] 此外，还有一些国家也将所有人都列为强制报告义务人，以此强

---

[1]　杨志超：《美国儿童保护强制报告制度及其对我国的启示》，载《重庆社会科学》2014 年第 7 期。

[2]　杨志超：《比较法视角下儿童保护强制报告制度特征探析》，载《法律科学（西北政法大学学报）》2017 年第 1 期。

调儿童利益保护的最优地位。我国的强制报告制度刚刚起步，直接以所有人作为责任主体并规定刑事责任并不现实，极易引起社会动荡和民众情绪的反弹。因此，可以考虑初步建立特定人员强制与一般人员自愿相结合的多元报告机制，在严格要求特定人员的同时也可对一般人员强化儿童保护观念，促进法律规定尽早内化为行为习惯，培育全新的道德标准。考虑到可能产生的泛刑法化问题，现阶段可仅要求相关失职人员承担行政与民事责任。我国《反家庭暴力法》对特定人员未履行报告义务仅规定上级主管部门或本单位可依法给予处分，这一标准与国际普遍标准相比明显过轻。规定一定的行政处罚与民事赔偿义务，不仅有利于向国际标准靠拢，真正实现报告制度的存在意义，也能为性侵受害人提供部分救助资金，切实保护儿童利益。

（四）构建以未成年受害人陈述为核心的证据标准

由于作案方式的特殊性，未成年受害人陈述通常是性侵未成年人案件的主要证据。但未成年人心理发育欠缺，认知能力与识别能力都不完全，极易受到外界影响而作出错误陈述，因此未成年受害人的陈述极难获得司法机关采信。我国目前为减少二次伤害，提高未成年受害人陈述的证明力度，在多个地区都采取了"一站式"询问模式，从询问时机、询问主体、询问方式、辅助工具、周边环境等多角度出发，这在一定程度上提高了受害人陈述的证明力问题，但还未能解决所有问题。笔者建议，应当考虑适当改变证据标准，降低对直接证据的采集要求，以被害人陈述为中心，以其他证据补强其证明力，构建完整证据链。只要发、破案过程自然、正常，使法官形成内心确认，被害人陈述又可与其他证据相互印证，被告人辩解或翻供理由有违常理，即可达到确实充分、排除合理怀疑的证明标准。

（五）扩大"奸淫幼女"处罚范围

前文中已经论述了由于"奸淫幼女"行为范式单一所导致的处罚不公、放纵犯罪的现实问题。因此从维护我国司法权威的角度来看，有必要将"奸淫幼女"的行为进行扩大解释。从迎合现代国际潮流的角度来说，肛交、口交与特殊器具的使用，已经为大多数人所熟知，许多国家的刑法也随着人民性观念的改变而发生变化。英国在1976年的《性犯罪（修正）法》中仅将插入阴道行为定为犯罪，1994年扩大解释为插入阴道与插入肛门，2003年又新加入了口交。[1] 我国台湾地区在1999年修订刑法时不仅纳入了口交、肛交，还

---

① 杜江：《中英刑法上强奸罪之比较》，载《现代法学》2007年第3期。

将器物与身体其他部位的插入也解释进"性交"。① 由于我国大陆性观念较之西方发达国家还比较传统,而我国台湾地区却深受西方开放观念的影响,甚至走的更远。因此直接照搬可能会在条文适应性上产生问题,所以我国大陆目前可以考虑先将较为熟悉的肛交解释进"奸淫幼女",以此平衡刑罚适用上的偏差。

(六) 增设针对性侵未成年人犯罪的特别处遇手段

美国在 1996 年通过的《梅根法案》中要求性犯罪者必须登记个人信息,并进行社区通告,我国对此也进行了多次探索。早在 2016 年 6 月浙江省慈溪市检察院就出台了《性侵害未成年人犯罪人员信息公开实施办法(试行)》,2017 年 12 月江苏省淮阴区则结合信息公开与从业禁止两项处遇,发布了《关于性侵未成年人犯罪人员从业禁止及信息公开》的文件。这一系列探索行为引起了全社会对于犯罪人员及其家人的隐私与人格尊严和儿童权利保护之间孰轻孰重的争议。事实上,从当代国际社会对儿童权利保护的共识来说,对犯罪人员的信息公开和从业禁止是必然结果,区别只在于能否在保护儿童权益的同时,最大限度减少对犯罪人员及其家人的不必要损害。可以考虑对性侵未成年犯罪人采取有限的信息公开,仅公检法系统有权查询;从事与儿童相关职业的人员必须提供有关机关出具的无性犯罪记录证明;法检系统应当定期向犯罪人所在社区通报其身份信息,由社区对犯罪人附近未成年人家庭进行分别通知,并教育指导这些家庭如何正确对待犯罪人及其家庭成员。

由于性侵未成年人犯罪人大多具有特殊性癖或另类心理,因此可以考虑在实行监禁的同时对其进行心理评估和心理矫治,以减少其再犯可能性。对于监禁刑期已满而心理评估不合格或案情严重、拒不悔改的犯罪人,可以参考美国《杰西卡法》的电子监控和韩国的《新电子镣铐法》,佩戴电子定位装置监控即时行踪,直至其心理评估合格或确无再犯可能,方可停止心理矫治和电子监控。

---

① 林山田:《刑法各罪论》(上册)(修订第 5 版),北京大学出版社 2012 年版,第 149 页。

六盘水地区性侵女童犯罪调查报告

——以 2015—2018 年的案件为视角

赵 杉 赵 艳*

近年来，六盘水地区性侵女童犯罪呈高发态势，严重影响女童身心健康，本文从六盘水市检察机关 2015—2018 年办案数据入手，深入分析性侵女童案件的特点、原因及办案中存在的难点问题，并提出相应的对策建议，以期更好地预防和打击此类犯罪。

一、2015—2018 年全市检察机关办理性侵女童案件的基本情况

（一）性侵案件的基本情况

据统计，2015—2018 年四年期间，全市检察机关共受理性侵案件 360 件 398 人。其中 2015 年受理性侵害案件 100 件 108 人；2016 年受理性侵案件 95 件 100 人；2017 年受理性侵案件 78 件 80 人；2018 年受理性侵案件 87 件 110 人。

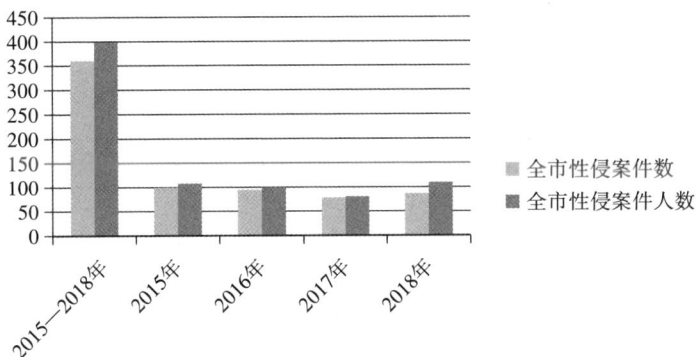

图 1：六盘水市检察机关 2015—2018 年办理性侵案件基本情况

---

* 赵杉，贵州省六盘水市人民检察院党组成员、副检察长；赵艳，贵州省六盘水市人民检察院检察委员会专职委员。

— 99 —

（二）性侵女童案件数及判决情况

2015—2018 年四年期间，性侵女童案件 114 件 122 人，被害女童达 137 人。其中：2015 年受理性侵女童案件 14 件 14 人，被害女童 17 人，该年受理的性侵女童案均起诉至法院，受到的判决均为有罪判决。2016 年受理性侵女童案件 29 件 30 人，其中被害女童 37 人，该年受理的性侵女童案除公安机关撤回 1 件 2 人，1 件 1 人作绝对不起诉外，起诉至法院的 29 件 30 人，受到的判决均为有罪判决。2017 年受理性侵女童案件 34 件 35 人，被害女童 40 人，该年受理的性侵女童案除 1 件 1 人刑事和解不起诉外，其余 33 件 34 人均起诉至法院，受到的判决均为有罪判决。2018 年受理性侵女童案件 37 件 43 人，被害女童 43 人，该年受理的性侵女童案件除 1 件 1 人起诉至法院，未开庭审理外，其余 36 件 42 人均起诉至法院，受到的判决均为有罪判决。

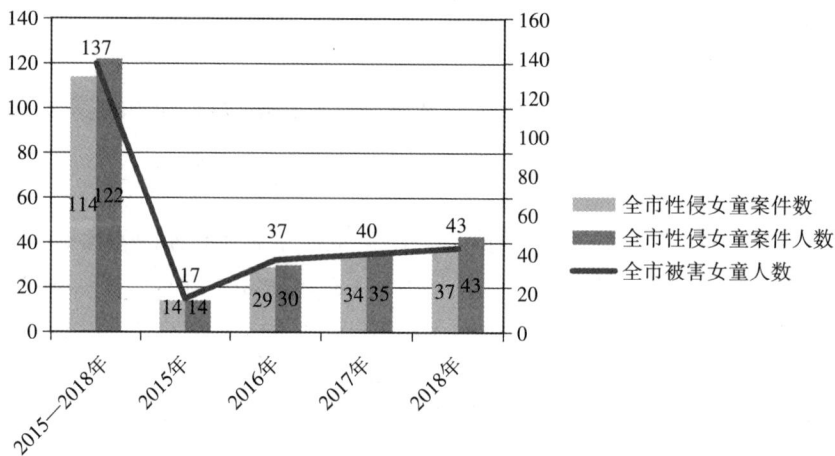

图 2：六盘水市检察机关 2015—2018 年办理性侵女童案件基本情况

（三）涉及主要罪名分布比例

全市受理的性侵女童案件占性侵害类案件的 31.6%。在受理的 114 件性侵女童案件中，涉及的罪名有强奸罪、猥亵儿童罪、强迫卖淫罪。其中强奸案件 78 件，占所受理的性侵女童案件的 68.4%；猥亵儿童案件 31 件，占受理的性侵女童案件的 27.2%；强迫卖淫案件 5 件，占受理性侵女童案件的 4.4%。

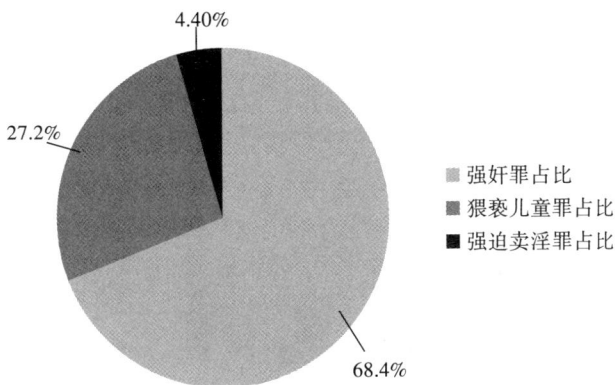

图 3：2015—2017 年性侵女童案件类型（单位：件）

（四）判决的性侵女童案涉及的地区分布情况

六枝特区性侵女童案件 32 件 33 人；盘县（现称盘州市）性侵女童案 26 件 26 人；水城县性侵女童案 14 件 15 人；钟山区性侵女童案 42 件 48 人。

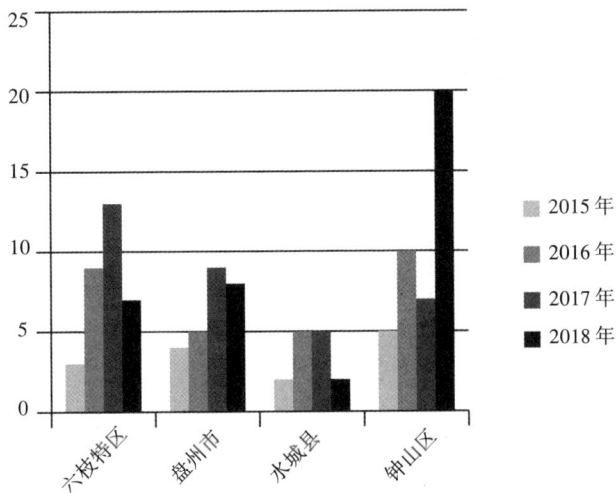

图 4：2015—2018 年判决的性侵女童案涉及的地区分布情况（案件数）

（五）性侵女童案件的量刑情况

2015—2018 年，对性侵女童的罪犯判处 3 年以下有期徒刑的有 57 人，3—10 年有期徒刑的 76 人，10 年以上有期徒刑的 14 人。

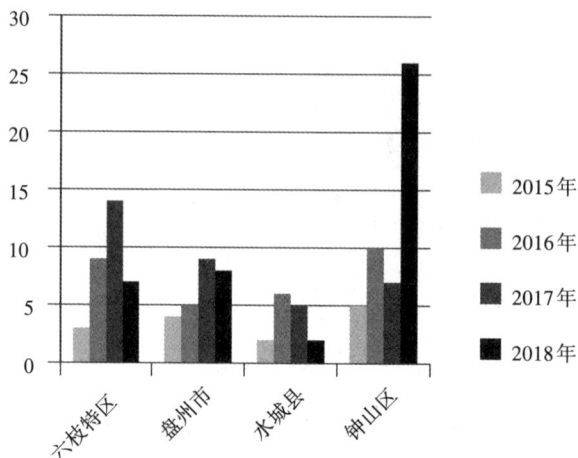

图 5：2015—2018 年判决的性侵女童案涉及的地区分布情况（人数）

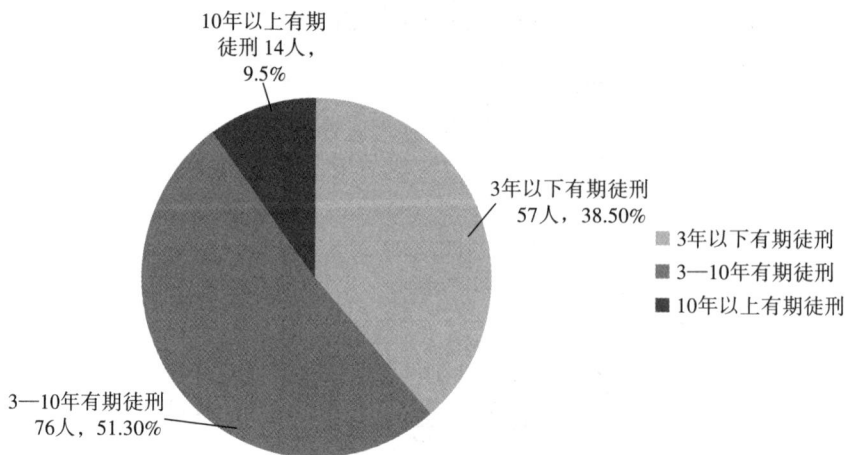

图 6：2015—2018 年全市性侵女童案件的量刑情况

二、性侵女童案件的特点

（一）低龄女童监管缺位时无自我保护能力，常常成为犯罪嫌疑人临时起意的性侵对象

全市检察机关受理的女童遭受性侵害案件中，14 周岁以下的被害女童 137 人，其中 5 岁以下有 11 人，6—12 岁有 78 人，13 岁有 48 人，年龄最小者仅 3 岁。从统计的案例来看，5 岁以下的女童无自我保护能力，极易成为犯罪分子

临时起意性侵的对象。如盘县院办理的杜某某强奸案，杜某某酒后看见同村的杜某甲（3岁）在路边玩，便将杜某甲抱回家中实施奸淫。又如六枝院办理的吴某某强奸案，吴某某趁被害人王某某（6岁）的外祖父、处祖母在外赶集期间两次对被害人王某某进行性侵；再如六枝院办理的张某某猥亵儿童案，被告人张某某酒后逛到邻寨李某某家，发现只有两个六七岁的小孩在家看电视，张某某遂将7岁的女孩李某某抱到自己的腿上，脱下李某某的裤子，对孩子进行猥亵。再如盘县院办理的包某某强奸案，被告人包某某在被害人包某甲（时年4周岁）家附近割草，被害人包某甲请包某某帮忙接电话，包某某接完电话后将包某甲抱到床上实施奸淫。

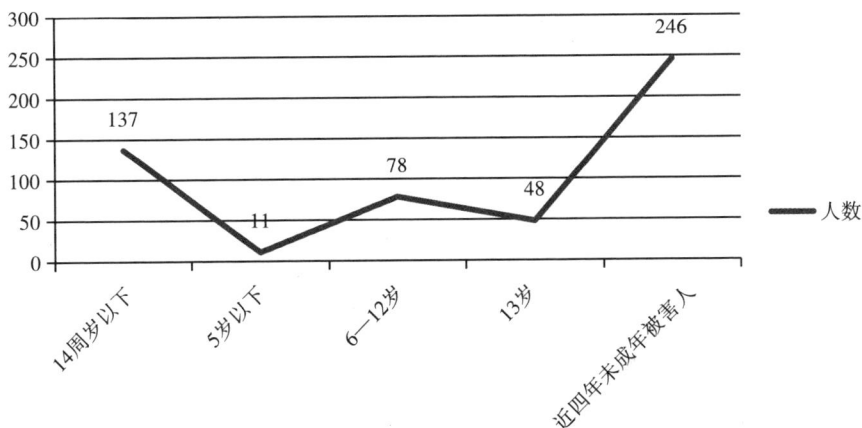

图表7：2015—2018年受到性侵害的女童年龄阶段分布表（单位：人）

（二）犯罪人文化程度普遍偏低，没有道德底线

性侵女童的122名罪犯，小学文化及初中文化程度的占到94.3%，如水城县办理的刘某某强奸、拐骗儿童案，2004年一字不识的刘某某因怀疑其所饲养的牛被其三哥刘某甲下药毒死，即心生报复。在其三哥及其家人不知道的情况下，以外出务工为由将其三哥11岁的女儿刘某秀诱骗至安顺，并将其强奸。后刘某某给刘某秀改名为张某某，以"夫妻"之名在一起生活11年。在此期间，被告人对被害人先是关押，后威胁被害人如报案或离开，就要杀死被害人父母。被害人在其淫威下，不敢将被告人的乱伦行为告诉他人，还多次被迫与被告人发生性行为，为其生育三个小孩。2015年，被告人将被害人带回家，被害人不敢告诉父母发生的一切，但不愿与被告人再次外出"打工"，被告人恼羞成怒，对被害人大打出手，并威胁杀死被害人父母，被害人终于鼓起勇气向公安机关报案。

（三）案件多为"熟人"作案，多具有"软暴力"特征，致隐蔽性较强、发现难度大

在性侵女童案件中，以普通朋友身份作案的23人，同村人或邻居作案的38人，陌生人作案的24人，以"恋人"身份作案的8人，亲属或亲戚身份作案的25人（其中亲生父亲作案1人，舅舅作案3人，姨父作案3人，叔叔作案2人，姐夫作案1人，母亲同居男友作案1人，继父作案2人，继外公作案1人，其他亲戚身份作案11人），校园内作案4人（小学门卫作案2人，老师作案2人）。

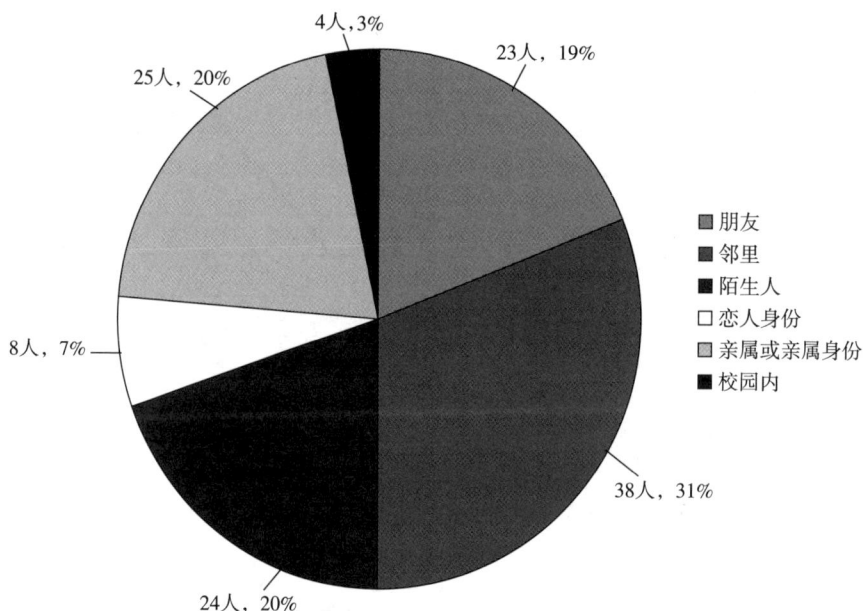

图8：2015—2018年性侵女童案件中犯罪嫌疑人与被害人的关系

如钟山院办理的蒋某某强奸案，被告人蒋某某作为被害人王某某的继外公，在王某某10岁左右时就对其实施性侵害，并采用威胁等方式致被害人不敢将蒋某某的行为告诉母亲，至案发时被告人对王某某的性侵行为已长达四年之久。被告人的行为造成孩子性格极度孤僻，不愿与同学交往，放学后害怕回家，还经常在上课时发生昏厥。又如钟山院办理的赵某某强奸案，赵某某在其家中和邻居吴某某家中多次对吴某某年仅13岁的女童吴某进行强奸，最后一次是在吴某某家卧室实施强奸吴某时被吴某的爷爷撞见才导致案发。

（四）特殊身份的犯罪嫌疑人对女童的性侵害给女童身心造成严重创伤

如六枝院办理的李某某猥亵儿童案，被告人李某某在其亲生女儿读小学三

年级时开始对其性侵，在长达 3 年的时间里，面对亲生父亲的性侵害，小女孩因为耻辱不敢对外人言，孩子一人默默抗争，但抗争一次就被其父殴打一次。终于有一天，可怜的孩子在再次遭受性侵后，因家中琐事与李某某发生口角和撕打，愤怒的孩子用嘴咬李某某的手并持剪刀刺伤李某某，并趁李某某不在时打电话给其表姐，将被李某某多次性侵之事告知表姐和姑父，被告人李某某之兽行才被发现。

（五）发生在校园内的性侵女童案件成为法治进程中的一道"刺眼伤疤"

如盘州市人民检察院办理的张某某猥亵儿童案，被告人张某某在盘州市某小学任教期间，先后利用教师的身份，在学校办公室对 5 名女学生采用搂抱、抚摸的方式进行猥亵，5 名被害人均系未满 12 周岁的幼女，其行为严重侵害了儿童的身心健康。又如盘州市院办理的章某某猥亵儿童案，章某某身为小学教师，其利用学生到其宿舍接打电话和处理其他事宜之机，以满足性欲为目的，多次在其宿舍对不满 14 周岁的多名幼女学生进行猥亵，且被性侵的女童均为留守女童，章某某的行为导致被害女童怕上学、怕老师、不愿与同龄同学交往，给女童的人生蒙上阴影。又如水城县院办理的欧某某强奸案，某小学生顾某某（女，13 岁）放学吃完晚饭后，到学校门卫室看电视，学校门卫欧某某以给顾某某揉肚子为由，将顾某某骗至门卫室的里间，将其强奸。类似案例还有一起。

（六）农村、乡镇是性侵女童的多发地，哄骗成为性侵农村女童的主要手段

由于地域偏僻、法治建设滞后等问题，发生在农村的性侵女童案占到95%左右，农村、乡镇是性侵女童案件的多发地区，且多以哄骗、诱骗等非暴力手段实施性侵。如六枝院办理的田某某强奸案，60 多岁的田某某以给 6 岁的女童林某某拿瓜子为由，将年幼的孩子哄骗至其临时住处将其强奸。又如六枝院办理的刘某某强奸案，刘某某在六枝打工期间，以零食哄骗放学途经其做工工地的 13 岁女童左某某，带左某某到其工棚，后一直将该女童带在身边并对左某某多次实施强奸。再如六枝院办理的胡某某猥亵儿童案，被告人胡某某利用在街上摆摊卖刮刮奖的身份，多次对 3 名未满 12 周岁的女童进行猥亵。

（七）智障女童成为犯罪嫌疑人性侵害的重点目标

如六枝院办理的祝某某强奸案，祝某某在六枝某村为一农户喷涂外墙时，看见 13 岁的被害人谭某，便与其交谈，在交谈时发现谭某智力低下，遂将谭某带至房屋后面的牛圈里，强行与谭某发生性关系。经云南鼎丰司法鉴定中心

鉴定，被害人谭某患中度神经发育迟滞，无性防卫能力。又如盘县院办理的汪某某强奸案，被告人汪某某到被害人王某某（10 岁，精神残疾二级）家，发现正在卧室换裤子的王某某，遂强行与王某某发生性关系；盘县院办理的严某强奸案，严某对 12 岁的留守儿童严某某（智商低）以钱和手机为诱饵，对被害人进行性侵。再如钟山区院办理的一起强奸案，被害人年仅 11 周岁且智力明显存在缺陷，犯罪嫌疑人遂利用该被害人心智不成熟、防范意识不足等弱点，诱哄其吃东西后将其带回自己的租住屋内，与其发生性关系。

（八）"QQ""快手"等聊天软件成为犯罪嫌疑人诱奸、骗奸 13 岁左右女童的最便捷途径

从统计的案例来看，13 岁对于女童是一个非常危险的年龄，涉世未深、情窦初开的她们对世界的认识并没有一颗玲珑心，多数被害女童是因在"QQ""快手"上聊天时被不法之徒哄骗外出并遭性侵。如被告人陈某某强奸案，被害人蒋某（13 岁）与陈某某等人外出到 KTV 唱歌喝酒到次日凌晨 2 时许，陈某某在送蒋某回家的小路上对其实施强行奸污。又如水城县办理的杨某某强奸案，杨某某在未满 18 岁时就曾因盗窃罪被判处有期徒刑 6 个月，出狱后经朋友介绍与 13 岁的张某认识，二人通过 QQ 聊天保持联系，并多次出来见面，被告人明知张某只有 13 岁且系在校学生，却多次将张某从学校或家中约出与其发生性关系，甚至还冒充张某的家长给张某的老师打电话。从二人的 QQ 聊天记录看，被告人先是扮演一个温情爱人，后则是恶语威胁。

（九）部分未成年犯罪嫌疑人以暴力非法控制女童，以强迫女童从事性服务作为生财之道

如钟山院办理的代某、汪某某、张某某等人强奸、强迫卖淫案，代某通过"QQ"聊天认识被害人张某甲（13 岁）后，将其带至小旅馆强奸，并伙同汪某某、张某某等人对张某甲实施殴打和持刀威胁，对张某甲的人身进行非法控制，强迫其外出提供有偿性服务，为代某等人挣钱。又如张某协助组织卖淫案，张某负责开车接送由李某某（15 岁）、彭某某（15 岁）非法暴力控制的女童黄某（13 岁）、汤某（13 岁）及另 2 名女童（一个 11 岁，一个 12 岁）往返火车站、客车站附近的小旅馆及出租屋，从事有偿性服务，将被害女童作为挣钱工具。又如赵某某强迫卖淫案。赵某某伙同范某（作案时不满 16 周岁）在六盘水市钟山区以到红果玩为借口，将 13 岁的张某与 14 岁的邓某及 14 岁的王某等人带到红果某招待所，其间赵某某、范某采用威胁手段强迫张某及王某外出提供有偿性服务。

三、女童遭受性侵的发案原因探析

（一）监护人对亲属、邻居身份的犯罪嫌疑人毫无防备意识，疏于对未成年人的保护

在农村，许多村寨主要是以亲属关系为纽带建立的聚居点，许多家长对乡亲邻里间保持着最朴素的信任关系，缺乏必要防范意识。家长每日困于家务和农活，没有更多的精力对年幼孩子予以管教，大多数家长任孩子在家周围四处玩耍，采取"放养"方式。正是由于家长的毫无防备意识以及采取的"放养"方式，为犯罪分子提供了可趁之机。

（二）对未成年人的性教育严重缺失，导致孩子自我保护意识和自我保护能力较差

一是家庭性教育的缺失。受封建思想和封建传统观念的制约，中国的大多数父母往往谈性色变，当孩子问到此方面的问题时，往往搪塞敷衍，疏于对子女进行性的教育。二是学校性教育严重不足。在中国的学校，如何将性安全和性知识纳入课堂教育，仍困扰着诸多教育者。

正是由于性教育的严重缺位，孩子无法从正常途径了解必要的社会知识和生理常识，导致自我保护意识和自我保护能力较差，甚至很多孩子根本分不清什么是性侵害，什么是异性间的亲密行为，当孩子遇到性侵害时，年幼的孩子不知道这是犯罪行为，还主动为犯罪嫌疑人"保守秘密"，导致事后收集证据难、控告难。

（三）犯罪嫌疑人文化生活匮乏、法治观念淡薄，容易受社会不良文化影响

从统计数据可以看出，农村已成为女童受侵害的"重灾区"。由于整个社会的剧烈变化，农村已改变了曾经"日出而作，日落而息"的生活方式，温饱问题已经基本解决，但文化生活还比较滞后。在不良文化和社会不良风气的引导下，年幼无知、自我保护能力弱的女童容易成为犯罪分子性侵的首选对象。

（四）城市流动人口集散地的周边治安管控不到位，成为性侵女童案件多发地

如六盘水市火车站、客车站及周边的小旅馆、民房出租屋等地，长期有社会闲杂人员汇聚，且社会治安管控不到位，入驻小旅馆不需要身份证，流动人口租住民房也未有报告登记等制度，派出所偶尔发现问题也多以罚款解决，违法犯罪成本小，导致这些地方成为性侵女童案件和强迫女童卖淫案件的密集地。

（五）家庭、学校、社会对13岁女童的引导、教育、管理没有引起足够重视，导致13岁女童成为最容易被性侵的群体

13岁是女孩子开始做梦的年龄，但父母、学校老师都没有针对这个关键的年龄为她们的人生上这关键的一课，也没有在平时的生活、学习中尽到时时提醒义务。而智能手机的普及和运用，使自媒体时代的不良视频及信息传播难以监控，很多女童就根据自己的个人喜好取舍手机上的各类信息。同时，早熟的女孩子13岁时生理上会有明显变化，随着个子长高一头，人也变得越来越漂亮，这个时候，很多女童喜欢玩自拍，并将自己的个人信息全部晒到聊天软件上，对于陌生人请求加好友，也会毫不犹豫地接受。于是犯罪嫌疑人便以交朋友、约见面、外出游玩、吃喝及赠送小礼品等方式示好，由于没有接受过有关性防卫教育，很多女童管不住自己的嘴和贪小便宜心理，有的则因早熟而想尝试恋爱的滋味，便会轻易答应从网络聊天时认识的陌生人的邀约，其人生的悲剧也便随之而至。

（六）被告人因对法律的无知，以"恋爱"为名对女童实施性侵

如六枝院办理的李某某强奸案，17岁的李某某以"恋爱"为名，明知王某是幼女，仍与12岁的王某多次发生性关系，致王某在13岁时怀孕到医院人工流产。又如六枝院办理的韩某强奸案，25岁的韩某在某小学门口跑摩托车时认识13岁的被害人刘某某，韩某与刘某某以"恋人"身份相处，并在明知刘某某不满14周岁的情况下多次与刘某某发生性关系。又如水城县办理的陈某强奸案，被告人通过"QQ"聊天认识13岁的被害人王某某，双方确定恋爱关系，后将被害人带回家中两次与被害人发生性关系。

四、性侵女童案件办理中的难点和问题

（一）案件未被及时发现和报案，导致公安机关取证难

一是由于多数女童身心发育尚不成熟，不具备保护自己免受侵害的能力，亦不懂得在遭受侵害后留取证据维护自身权益。二是多数性侵女童案件均为熟人作案，在被熟人"软暴力"性侵的情况下，部分女童会出于害怕和羞耻心理，不敢寻求家长及司法机关的帮助。三是部分家长长期外出打工，家庭监护方式缺失，导致女童被性侵后不能被及时发现，不少性侵女童案件都是在案发一段时间后才被发现，有的甚至长达几年，此时客观上的生物物证基本已经灭失，导致调查取证难度大。

（二）取证过程中，稍有不慎又会对被害人造成二次伤害

由于性侵案件取证难的问题，公安机关对于后期掌握的一些细节，有时需

要对被害人进行二次甚至多次询问，另外，案件办理过程中听取被害人意见时若采取的方法不当，也极有可能对被害人造成二次伤害。

（三）部分案件因证据不足不捕，部分案件的犯罪嫌疑人在逃，取证不及时导致量刑畸轻

很多性侵女童案件的证据只有犯罪嫌疑人供述和辩解及被害人陈述，由于被害女童年龄较小，不能准确表达案件发生的时间、地点，又因发生性侵的地点较隐秘，导致供述与陈述不相符合，无法证实发生性侵的事实，最终只能以证据不足不捕。如水城县院办理的一起叔叔涉嫌强奸亲侄女案，就因证据不能相互印证而不捕。另外，嫌疑人作案后在逃的案件，证据的收集固定不到位也导致最终不能罚当其罪。如盘县院办理的蒋某某强奸案，被告人蒋某某酒后将在其家中馆子玩耍的 3 岁女童强奸，致女童下体大出血。犯罪嫌疑人作案后外逃，公安机关没有注意将该案被害女童的相关诊断病历及时有效收集在案。时隔 4 年后才将外逃的犯罪嫌疑人抓获归案。犯罪嫌疑人归案后，被害人亲属已将诊断病历遗失，且不愿告知相关医院，致本案给被害人造成的伤害后果无证据支撑，最终法院采纳辩护人的辩护意见，对被告人从轻判处有期徒刑 7 年。

五、预防性侵女童的对策建议

（一）切实加强宣传，增强家庭及社会层面对女童保护的意识

一是从家庭层面开展性保护启蒙教育。针对目前偏远的农村及城乡接合部大多数家长由于自身文化有限，对女童没有较强的保护意识现状，积极发挥检察官法治副校长的作用，让幼儿园及中小学教育部门以周末家长会的形式，举办一些家长大课堂，让学生家长重视防止儿童被性侵的宣传和教育，在孩子 2—3 岁时要逐步开始性知识安全启蒙教育，明确告知孩子哪些部位是隐私部位，不管是熟悉的人还是不熟悉的人都不可以随便让其看到或抚摸自己的隐私部位，也不可以随便看或摸别人的隐私部位，如果受到伤害一定要及时告知父母。

二是从学校角度尽早开始性防御教育。幼儿园作为早期教育载体，老师应科学正确地告知小朋友身体部位的名称，明确告知哪些部位是不可以外露的，并在平时哼唱的儿歌、玩乐的游戏中，适量加入提高小朋友警惕性的元素，让他们在玩乐中学会最基础的性安全知识。在小学、中学阶段，老师应根据不同年龄段讲授相适应的性知识和抵御性侵害的方法，特别是对 13 岁左右的女童，应作为一个重点，让她们在思想上从小树牢自尊自爱的性道德观。检察官担任法治副校长的，可以将性安全课程和法治教育相结合，讲授刑法中关于性侵害相关罪名的处罚并配合案例，讲授刑事诉讼法中关于证据的保全、收集、采用

以及立案程序等，让孩子懂得利用法律手段保护自己。

三是从社会层面加强性安全法治教育。媒体应宣传、制作健康科学的电视节目，在少儿、教育、法制频道播放，增加孩子正确了解性安全知识的渠道。全市未检部门应联合妇联、关工委等部门加强对女童保护的宣传力度，可根据地域发展特点，利用通俗易懂的方式，如发放绘画宣传手册、利用村社宣传栏宣讲典型案例，制作公益广告、漫画等方式，加强全社会对女童的性保护意识，构建家庭、学校、社会一体的性教育体系。政府职能部门要加强对大众传媒管理，加大打击黄色、淫秽音像制品、书刊等违法活动，严禁未成年人进入网吧。同时要加强对学校及女童住所周边的熟人的法治宣传教育工作，并加强对流动人口的有效管理。

（二）加强社会治安综合治理，对有性犯罪前科的人员加强监控和管理

一是加强对人口密集区域的社会治安综合治理。及时依法取缔无证经营的小旅馆，被取缔后暗地开展经营的，一经查实，除给予治安处罚外，参与组织、强迫、引诱、容留、介绍、协助卖淫等犯罪的，依法追究刑事责任；对有证经营的酒店、宾馆不定期开展排查，并要求经营者签具承诺书，凡是发现参与组织、强迫、引诱、容留、介绍、协助卖淫等犯罪，构成犯罪的，依法追究刑事责任；对出租屋加强管理，无业人员长期租赁房屋的，房主要向片区派出所报告，租赁人员要持有效身份证件到片区派出所进行登记，基层组织要加强联防联动工作，确保犯罪分子无处藏身；发现国家机关工作人员给参与组织、强迫、引诱、容留、介绍、协助卖淫等犯罪分子充当"保护伞"的，依法从严惩处。

二是从严管控有性侵女童前科的犯罪人。公安机关应对性犯罪者予以严密监控，禁止此类犯罪者从事与未成年人有关的工作，对性侵女童或有多次性侵犯罪史的罪犯即使刑满释放时可要求佩戴电子脚环接受监控。有性犯罪前科的罪犯出狱后，可要求其每半年向户籍所在地的派出所报告一次活动情况。

（三）建立全市性侵案件信息库和入职查询制度

可在全市公安系统建立性侵案件信息库，将性侵案件的犯罪人信息全部纳入信息库管理，在幼儿老师、小学教师、中学教师、医师、学校门卫录用时先要入库查询，凡是有性侵案底的均不得录用。

六、改进办案方式，确保最大限度保护被性侵女童的各项权利

（一）加强对性侵女童案件的提前介入工作，最大限度保护被害人

一是通过提前介入，引导公安机关依照法定程序，及时、全面收集固定证

据，及时对性侵害犯罪现场进行勘查，及时对犯罪嫌疑人、被侵害女童进行人身检查、提取体液、毛发、指甲残留物等生物样本，指纹、足迹、鞋印等痕迹，衣物、纽扣等物品。在城乡接合部或城市里诱奸女童的案件要及时提取天网视频及住宿登记等相关视听资料及书证，确保定罪量刑的关键证据被及时、科学、有效地收集在案。

二是通过提前介入，及时对被害女童开展心理疏导，将侵害行为对女童造成的心理创伤减到最小，避免因心理疏导不及时使被害女童产生严重心理问题，影响其今后的成长及生活。对于 10 岁以上的女童，应由心理专家配合介入，开展心理疏导，力求心理救助专业到位，有效缓解被害女童心理压力。

三是通过提前介入，及时对有需要的被害女童提供经济救助、临时监护等措施。如针对亲生母亲去世或外出打工，被害女童由其亲生父亲或继父等人监护，但监护者本身就是对其实施性侵者，这就不仅需要为被害女童提供经济救助，更重要的是为其提供临时监护，避免因救助不及时、监护不到位而让被害女童陷入无处栖身的困境。

（二）在具体办理性侵女童案件时，要做到人员机构专业化、办案场所专门化、办案方式特别化、权益保障联动化

一是人员机构专业化。从选好配强未检办案力量入手，优先选择办案经验丰富、熟悉女童身心特点、具备心理学知识的女检察官担任承办人。

二是办案场所专门化。设立未成年人专用询问室，室内装饰拟如家居环境，公安机关的询问室应配备录音录像设备及法医鉴定场所，最大限度地控制被害人隐私的扩散，减轻其内心的不安与紧张，使其在法定代理人或合适成年人的陪同下能客观连贯地陈述案件过程，接受身体检查。

三是办案方式特别化。第一次询问被害女童时，应对与性侵害犯罪有关的事实进行全面询问，并作好同步录音录像，询问以一次询问为原则，尽可能避免反复询问。对外公开的文书，不得批露被害女童的身份信息，对性侵害的事实注意以适当的方式叙述，树立对女童予以特殊、优先保护的司法理念。公安机关发现可能有女童被性侵或者接到相关线索的，无论案件是否属于本单位管辖，都应当及时采取制止违法犯罪行为、保护被害人、保护现场等紧急措施，必要时应当通报有关部门对被害人予以临时安置、救助，并通知检察机关对相关取证工作介入指导。办案人员到被害女童的亲属所在单位、女童所在学校、居住地调查取证的，应当避免采取驾驶警车、穿着制服等情况，避免影响被害人名誉、隐私。

四是权益保障联动化。进一步加强与公安机关、人民法院、教育部门、民政机关、医疗机构、心理康复机构、妇女儿童保护组织等单位的通力协作，为

被性侵的女童提供全方位"一站式"保护。对于家庭中监护人侵害或监护缺失，导致未成年人处于危险状态的，建议、督促、支持有关机构、组织和人员向人民法院申请撤销、变更监护人资格和提起人身、精神损害赔偿，协调有关部门做好未成年人安置和司法救助工作，提供包括争取赔偿、介绍心理咨询和辅导、帮助脱离侵害环境等综合帮助。

对近年来性侵害未成年人犯罪的实证分析

——对某省检察机关五年来办理案件的调研

周新萍*

近年来，性侵害未成年人犯罪案件多发、频发，引发社会各界广泛关注。为全面掌握全省性侵害未成年人犯罪整体情况，减少性侵害未成年人犯罪，提高未成年人保护实效，笔者对全省 2013 年 1 月至 2017 年 12 月检察机关办理的性侵害未成年人犯罪案件进行了专项调研分析。

一、性侵害未成年人犯罪特点分析

五年来，全省共受理审查逮捕性侵害未成年人犯罪嫌疑人 3939 人[①]，受理移送审查起诉 3613 人，作出生效判决 3345 人，其中判处管制、单处罚金、免刑 45 人，3 年以下[②]有期徒刑、拘役 1344 人，3 年至 10 年有期徒刑 1732 人，10 年以上有期徒刑 210 人，无期徒刑 7 人，死刑 6 人，无罪 1 人。经分析，全省性侵害未成年人犯罪案件主要呈现以下六个方面的特点：

（一）数量逐年上升

2013—2017 年受理移送审查起诉案件数呈逐年上升趋势，从 400 人至 1000 人，该类案件占全部侵害未成年人案件的比例也在逐年增加，占全部刑事案件的比例总体也呈上升态势。

（二）罪名相对集中

受理移送审查起诉的犯罪嫌疑人中，强奸、猥亵两类犯罪占到 86.27%，且所占比例整体呈逐年上升趋势。

（三）被害人呈现"两个偏低、两个突出"的特点

大多被害人年龄偏低、学历偏低，14 岁以下被害人超过 60%，初中以下

---

* 周新萍，河南省人民检察院副检察长。

学历超过 90%；农村户籍人员和在校生受侵害突出，比例分别达到 76.49% 和 63.35%。

（四）涉罪人员呈现"四个居多、两个集中"的特点

涉罪人员中，农村人员、无业人员、低学历人员、熟人作案居多，前三类人员比例均为 80% 左右，熟人作案比例达到 66.01%。同时，作案人员集中为男性和本地人员，比例分别为 95.87% 和 82.39%。

（五）犯罪事实呈现"两个为主、两个明显、两个接近"的特点

该类犯罪作案形式以个人作案为主，比例为 72.33%；作案手段以暴力、胁迫为主，比例为 56.19%；作案地点校外明显多于校内、室内明显多于室外，校内、校外比例约为 9∶1，室内、室外比例为 3∶1；案发时间分布白天、夜晚相对接近，夜晚作案略多；案发地区分布城市、农村相对接近，农村稍多。

（六）凸显四个重点问题

一是被害人受侵害后大多没有报警，报警比例仅为 22.59%；二是年幼无知受侵害的占相当比例，约为 37.78%；三是未成年人犯罪日益突出，占 29.17%，尤其是共同犯罪中未成年人比例高达近 80%；四是性侵害犯罪后果严重，约 37.25% 的案件造成了未成年被害人轻伤、怀孕、感染性病或重伤、死亡、严重精神或心理创伤等各种后果，治疗、疏导、救助和保护等工作任务艰巨。

二、性侵害未成年人犯罪原因分析

（一）个体原因

一方面，未成年被害人自我防范意识不足，缺乏自我保护能力。调研显示，66.01% 的性侵害案件为熟人实施；被害人受侵害后不敢、不愿告发，易遭受多次、长期侵害；缺乏生理知识及自我保护技能，面对性侵害行为时无法迅速求助与自救。另一方面，涉罪人员大多法律意识淡薄，文化水平偏低，约 80% 为初中以下学历，对自己行为是否构成犯罪没有清晰认知。

（二）家庭原因

一方面，未成年被害人家庭教育、监护不到位，尤其是农村留守儿童监护缺失。调研显示，未成年被害人中缺少有效监护的占 38.83%，农村留守儿童占 28.11%。另一方面，涉罪人员家庭问题突出。一些涉罪未成年人由于家庭重组、父母一方死亡、服刑等原因，原生家庭被破坏，受到心理伤害，产生情

绪障碍，易出现悲观、嫉妒、不满、反社会等心理从而实施犯罪。

（三）学校原因

一方面，学校教育失衡。部分学校特别是乡村学校，在教学安排中基本都不安排性教育课程，学生无法接受正确的性教育。另一方面，学校管理疏漏。对老师监督管理和对学生监护不到位，使孩子出现脱管状态。调研显示，在校生被性侵害的有 2039 人，占 63.35%。

（四）社会原因

一是基层社区综治工作不到位，治安条件较差的地方监控有盲点，地下游戏厅、网吧、宾馆等公共娱乐场所的违规经营极易滋生犯罪；二是不良文化制品泛滥，各种含有暴力、色情淫秽内容的图书和音像制品，充斥在文化市场；三是网络文化良莠不齐，不良网络文化飞速传播，对网络不良信息缺少有效地审核、过滤、监管机制；四是重点人员监控力度不足，涉罪人员中 1.05% 有强奸、猥亵犯罪等前科。

三、办理性侵害未成年人犯罪案件存在的困难和问题

（一）证据审查方面

"性侵未成年人犯罪案件由于其本身具有特殊性：犯罪地点比较隐蔽，不易被人发现或者察觉；取证有时效性，若报案不及时，现场往往容易被破坏，失去勘验、检验、鉴定的机会；证据较为单一，证人少、物证少；供证矛盾等，导致司法实践中对此类案件的事实难以辨明。"①

1. 言词证据复杂多变。一是未成年被害人陈述具有不确定性。部分智力存在障碍或者年幼的被害人无法清楚地描述自己受侵害的事实；一些被害人的细节性证据难以获取；有些被害幼女的法定代理人出于各种原因，指使幼女改变陈述。二是犯罪嫌疑人零口供或者翻供情况较多。在案件缺乏证人或其他有力证据情况下，犯罪嫌疑人往往避重就轻，百般抵赖；公安机关通过突破犯罪嫌疑人心理防线取得的口供稳定性不强，后期翻供情形多发。三是同步录音录像制作不到位。部分案件只有犯罪嫌疑人的部分同步讯问视频，大多缺少被害人和关键证人的同步询问视频。

2. 客观证据严重缺失。一是因报案时间迟滞导致物证灭失。调研显示，受性侵害后，33.83% 的未成年被害人不敢言说，只有 43.58% 的会选择告诉

---

① 李婷、王仁高：《性侵未成年人犯罪案件中的证据审查》，载《人民司法》2015 年第 24 期。

家长或老师的，仅有 22.59% 能及时报警。报案不及时必然导致身体或衣物上的关键客观证据无法及时调取。二是人身检查不全面。往往忽略对未成年被害人、犯罪嫌疑人体液、毛发、被害人和犯罪嫌疑人指甲内的残留物等生物样本，指纹、足迹、鞋印等痕迹，衣物、纽扣等物品以及现场及周边监控录像等视听资料的提取和固定。三是鉴定材料的提取、流转不规范。如提取 DNA 样本的相关笔录不完善，保管、流转过程不清晰、不连贯，有的没有提取笔录等。

3. 证据体系单薄。一些案件中直接证据仅有犯罪嫌疑人供述、被害人陈述，没有目击证人。如王某强奸案中，王某拒不供认，根据 8 岁被害人的陈述，无法确定王某是否具有作案时间，鉴定意见无法确定被害人去过王某家或受到王某侵害，被害人在家人的帮助下指认出被害人证明效力较低，最终检察机关作出事实不清、证据不足的认定。

（二）办案程序方面

未建立专门机制，未成年人警务机制缺失，未检队伍和少年审判队伍稳定性不强，公、检、法三机关办案衔接不顺畅；办案程序不规范，侦查取证过程中对合法性重视不够，检察环节过于重视事实、证据的审查判断，审判环节忽视未成年被害人的法律帮助权、法定代理人到场权等；特别程序落实不到位，尤其对未成年被害人的援助、救助开展不到位，未能有效贯彻"一次询问"原则，从而造成二次伤害。

（三）法律适用方面

主观认识对"明知"被害人为幼女的事实认定存在困难；对"其他严重后果"界定不清，对于多次强奸同一幼女，强奸致被害人自杀、怀孕、精神失常等能否认定为"其他严重后果"存在分歧；犯罪形态及犯罪情节认定存在分歧，如介绍、帮助等行为是否构成共犯，轮奸是否存在中止形态等，实践中公、检、法三机关认定存在较大分歧；心理专家等辅助人员诉讼身份没有明确法律依据。

（四）网络舆情应对方面

未成年人案件中，热点敏感案件多，社会关注度高，更易引发网络舆情，媒体导向和舆论压力易对案件处理产生不利影响。

四、实践中的探索与创新

（一）立足保护，建立特殊办案机制

一是建立专业化办理机制。目前全省 185 个检察院均已设立未检专门机构，组建了专业办案组，由女性办案人员专门办理性侵害案件。二是建立"一站式"调查取证制度。与公安机关紧密配合，提前介入侦查活动，引导侦查机关一次性询问到位，特别是对性侵案件受害人，做到由女性工作人员询问，除非必要，不作二次询问，避免造成二次伤害；案件起诉后，未成年被害人一般不出庭，由法定代理人或援助律师代为出庭行使权利。部分院已分别牵头与公安、法院等相关单位会签了"一体化"取证的规范性文件，推动公安机关建立"一站式"取证场所。某市院还探索制订了性侵害案件未成年被害人询问笔录参考模板，规范相关询问工作。三是建立指定代理制度。与省司法厅会签文件，对愿意接受法律援助的未成年被害人提供常态法律援助。有些基层院对于遭受性侵害的女性未成年被害人，做到由女性律师提供法律援助，充分保障被害人诉讼权益。

（二）综合施策，开展全方位保护救助

一是开展心理救助。办案中加强与专业心理咨询机构合作，在无偿、自愿、保密和尊重的前提下，对未成年被害人进行心理疏导和矫治。部分地区的检察机关已成立了"未成年人心理辅导矫正中心""小荷青少年维权中心"等组织。2013 年以来，全省检察机关共对未成年被害人开展心理测试 3245 人次，心理疏导 8824 人次，帮助他们重返学校和社会。二是开展医疗救助。部分地区的检察机关依托当地医院组建未成年被害人医疗救助小组，签订保密协议，开辟绿色通道，建立了可以在 24 小时内对未成年被害人进行身体检查的专业法医师队伍。三是开展监护救助。对遭受监护人侵害的未成年被害人，积极建议、督促、支持有关机构、组织和人员向法院申请撤销监护人资格和提起人身、精神损害赔偿等。如在办理一件父亲性侵亲生女儿的案件中，被告人因强奸罪、猥亵儿童罪被判处有期徒刑 12 年，检察机关协调民政等相关部门为被害人家庭修缮房屋，办理低保，并出庭支持被害人撤销其父监护权，获得法院支持。四是开展学业救助。针对失学、辍学的未成年被害人，协调教育部门和学校，帮助解决就学问题。五是开展社会公益救助。推动建立以学校、企业、社区为依托的"三位一体"帮教帮扶体系，为未成年被害人提供工作机会。

（三）源头防范，深化性侵害犯罪预防工作

一方面，强化特殊预防。试行性侵害未成年人犯罪人员信息公开制度，对符合特定条件的性侵害未成年人犯罪人员信息予以公开，预防未成年人遭受潜在性侵害。另一方面，深化普通预防。常态化开展"法治进校园"活动，对学生开展自护和犯罪预防教育；开设家长课堂，强化监护意识；依托互联网，建立帮教观护平台，智能、高效地开展帮教预防工作。

（四）探索实践，创新社会化防范侵害措施

一是加强部门联合，推动健全社会化保护救助机制。主动加强与综治、民政、教育、卫生、共青团、社工组织等的联系配合，形成保护未成年人合法权益和救助被侵害未成年人的工作合力。二是拓展法律监督职责，积极参与社会治理。针对办案中发现的未成年人教育、管理等方面存在的问题，及时发出检察建议，提出纠正措施，促进相关部门规范管理文化娱乐场所，整治校园周边环境，加强对留守、闲散、流动、刑释解教、服刑在教人员子女等特殊未成年人群体的保护，为未成年人健康成长营造良好环境。如针对办案中发现民办中小学校招收聘用人员资格审查不严的问题，检察机关向某县教体局发出检察建议，帮助堵塞对民办中小学监管机制漏洞。三是探索建立与未成年人密切接触行业工作人员从业限制机制。将因实施强奸、猥亵儿童、虐待被监护人或看护人等侵害未成年人身心健康的犯罪受到刑事处罚、治安管理处罚的人员，纳入从业限制范围。如某县院与县政府、法院等单位共同会签了《关于与未成年人密切接触行业工作人员从业限制实施意见（试行）》，在办理教师王某猥亵案中，提出从业禁止的检察建议。

五、加强性侵害未成年被害人保护的思考和建议

（一）完善法网，实现对未成年人性权利的全面保护

1. 健全法律法规，精准打击性侵害未成年人犯罪。明确男性可作为强奸罪的被害人，司法实践中强奸未成年女性的可按强奸罪判处 10 年以上有期徒刑甚至死刑，但强奸未成年人男性的案件几乎都只能按照强制猥亵罪进行处理，从定性和量刑上都存在不准确、不均衡的现象。此外，"从人类的生理需要看，女性和男性同样具有生理欲望；从现实的生活中来看，男性未成年人成为被侵害的对象越来越多。但是，在现行刑法中除了猥亵儿童罪、强制猥亵罪、聚众淫乱罪和引诱未成年人聚众淫乱罪的对象包括男子外，其他罪名中都存在性别限制，不利于对男性未成年人性权利的保护"[①]。因此，建议将男性（包括未成年男性）列入强奸罪的保护范围。在立法层面重新界定性行为的内涵和外延，目前，我国立法对性行为的界定狭窄，建议在立法层面重新界定性行为内容，违背未成年人意愿与之进行所有类型的性行为都应认定为强奸而非

---

① 陈伟、金晓杰：《性侵未成年人案现状、原因与对策一体化研究》，载《青少年犯罪问题》2016 年第 4 期。

猥亵。

2. 建立特殊职责人员严格准入及强制报告制度。"特殊职责人员是指因业务关系，可以密切接触未成年人的监护、教育、训练、救助、看护、医疗等人员。"① 此类人员因职业的特殊性，其实施的侵害不易暴露，且存在反复、长时间侵害的可能。因此，建议从立法层面上建立特殊职责人员严格准入制度，特殊岗位人员入职时必须同时审查其前科情况、日常表现、社会评价、婚姻状况、性格心理等。同时，建立特殊职责人员强制报告制度，负有特殊职责的人员发现未成年人受到包括性侵害在内的不法伤害，必须第一时间向主管部门或司法机关进行报告，防止因报告不及时导致违法犯罪事实难以查清、难以打击的情形出现。

3. 建立性侵害犯罪人员信息公开制度。调研显示，实施性侵害的犯罪嫌疑人中，有强奸、猥亵犯罪前科劣迹的有 38 人，对性侵害犯罪者重复作案的现象应予以重视。此外，1959 年《儿童权利宣言》确立的"儿童最大利益原则"，应当是处理性侵未成年人案件的首要原则。② "在儿童最大利益原则面前，性侵儿童罪犯的隐私应当受到一定程度的限制。"③ 因此，建议建立性犯罪者信息公开制度，设立专门的性犯罪者信息公开网站进行登记，在校园内、社区、村庄等范围内进行公开。同时在立法上对信息公开的内容和区域作出限制，避免过度侵犯性犯罪者的隐私。

4. 建议将精神损害赔偿纳入附带民事诉讼赔偿范围。根据现行法规定，不管是刑事附带民事诉讼或是刑事案件结束后单独提起民事诉讼，都不支持精神损害赔偿。"在立法上，该规定与《侵权责任法》及最高人民法院《关于确定民事侵权案件精神损害赔偿责任若干问题的解释》立法精神相悖。在实践上，性权利是集物质性和精神性于一体的人格权。"④ 因此，在我国刑事附带民事诉讼整体架构不做调整的前提下，建议将精神损害赔偿纳入附带民事诉讼的赔偿范围，最大限度抚慰未成年被害人及其家人受到的精神伤害。

---

① 赵国玲、徐然：《北京市性侵未成年人案件的实证特点与刑事政策建构》，载《法学杂志》2016 年第 2 期。

② 《儿童权利公约》第 3 条第 1 款规定："关于儿童的一切行为，不论是公私社会福利机构、法院、行政当局或立法机构执行，均应以儿童的最大利益为一种首要考虑。"

③ 姚建龙、刘昊：《"梅根法案"的中国实践：争议与法理——以慈溪市〈性侵害未成年人犯罪人员信息公开实施办法〉为分析视角》，载《青少年犯罪问题》2017 年第 2 期。

④ 温慧卿：《未成年人性权利法律保护的诉求与体系构建》，载《中国青年社会科学》2018 年第 4 期。

（二）推动司法机关建立统一的认定标准

1. 召开联席会议。通过充分沟通交流，就取证程序、证据标准、案件审理、量刑幅度等实体及程序问题形成统一标准，指导本辖区内的案件认定和规范，厘清司法机关之间在认识上的差异。

2. 统一证据规则。建议联合出台办理性侵害未成年人案件的统一标准，制定具有规范性和指导性的办案手册。明确围绕起诉指控所需对取证、补证、固证提出侦查方向，包括立案后第一时间全面、充分地对客观证据、视听资料的提取、固定、送检，全面、规范收集言词证据，对于直接证据欠缺情况下的间接证据如何收集、运用，犯罪嫌疑人翻供、证人翻证的情况下如何认定初始证据，被害人陈述真实性的采信标准及犯罪嫌疑人品格证据的应用等，以减少分歧，达成共识。

3. 统一定罪量刑标准。建议最高人民法院、最高人民检察院通过颁布"案例指导"的形式统一此类案件的定罪量刑标准，指导司法人员准确理解和正确把握性侵害未成年人案件的办理。

（三）推动形成专门惩戒力量和机制

1. 严格落实专业人员、专门机构的专办机制。目前，检察机关、审判机关对于未成年人案件已经实现了专门机构或专业力量办理。建议公安机关尽快成立专门机构，完善专办机制，建立性侵害案件专办模式。

2. 推动建立"一站式"取证场所，建立规范全面的证据收集机制。推动公安在有条件的医院或基层办案场所建立"一站式"取证专用场所，在对未成年被害人取证的第一线模拟家居环境，营造安全亲切的氛围，对未成年被害人的人身进行全面、专业检查，第一时间提取、固定痕迹物证；配备全程同步录音录像设备，全面规范询问，避免反复询问；设置监控室，由熟悉未成年人心理的专业人员全程掌握未成年被害人心理状况，给予必要疏导和帮助。

3. 形成打击性侵害犯罪的司法合力。建议公、检、法三机关建立畅通的协商沟通机制，就取证标准、提前介入、量刑均衡等事项达成共识。对于疑难复杂性侵案件，"强化侦诉关系，强化性侵未成年人犯罪案件的诉前指导、审前过滤，是解决此类案件认定难和保障案件质量的重要途径"[①]。因此，侦查机关在侦查初期即应当及时通报检察机关未检部门，充分发挥检察机关诉前指导、审前过滤功能。

---

① 郑蕾、施倩：《解析性侵未成年人犯罪案件证据审查——以浙江省杭州市172起案件为样本》，载《人民检察》2017年第8期。

（四）建立全面充分的性侵害被害人救助体系

1. 健全法律援助。法律援助中心应针对未成年被害人心理特点安排专业力量，为未成年被害人提供及时、全程、专业的法律咨询和法律帮助，维护其合法权益。"结合我国律师行业不断壮大的现状，我们可以充分利用律师资源，根据具体情况为未成年被害人提供律师服务，在解决未成年被害人家庭经济压力的同时，也能在最大限度内保护未成年被害人的相关权利。"①

2. 健全心理帮护。通过购买服务，充分发挥心理咨询、医疗救助专家成员库的作用，对未成年被害人及其家长进行专业的伤害评估，对于需要接受心理医治的未成年被害人，为其提供专业的心理医师进行心理康复治疗，并长期跟踪回访。

3. 健全司法救助。完善检察机关内部办案部门与救助部门的衔接机制，简化司法救助申请流程，共同实现对被害人的及时救助；政府应设立专门的未成年人司法救助基金，并将其纳入财政预算，保证救助工作持续有效开展。对不符合司法救助条件，或者经救助后仍有困难的被害人家庭，会同教育、民政、妇联、团委、社会团体、企业等给予帮助，提升救助效果。

4. 探索开展社会救助。对于因受性侵害遭受严重伤害的未成年人，建议建立由政府主导开展全程医疗协作救助机制；根据需要，由教育部门在其求学的过程中给予特殊帮助，对于符合条件的未成年被害人，教育部门可通过绿色通道为其提供转学等帮助措施；民政部门通过低保及其他临时性保障资金的发放，保证其获得稳定的生活来源；在保护未成年被害人隐私的前提下，鼓励社会力量参与，对其提供职业教育、就业机会等多方面帮扶。

（五）构建多元参与、层次清晰的社会化预防体系

1. 畅通信息，建立多渠道的线索发现机制。推动建立健全性侵害未成年人犯罪案件线索发现机制，形成依托社会力量，通过各类维权平台，以及学校、社区、医院等有关部门的强制报告机制，建立严密的线索收集体系，将未成年被害人遭受性侵害的事实第一时间向公安机关或其他司法机关进行报告。

2. 整合力量，建立完整的未成年人性侵害介入机制。建立由政府为主导，司法力量、共青团、妇联以及家长、教师积极参与，联合社工组织、爱心志愿组织等未成年人保护力量共同参与、协同配合的体系，实现预防、惩罚、救济三位一体的保护效果。

---

① 肖姗姗：《我国未成年人被害救助机制的合理构建》，载《时代法学》2019年第1期。

3. 深入宣传，构筑全方位犯罪预防体系。司法机关可以通过法治讲座、法治漫画宣传册、"两微一端"等宣传方式，提高未成年人安全防范意识；针对办案中发现的社会管理漏洞和缺陷，向相关部门及时提出检察建议，减少导致性侵害未成年人犯罪的外部因素；通过现有的"教育网""校信通"等平台，定期向家长推送预防知识，培养家长防范性侵害案件的警觉意识；开展延伸帮教，推动建立社会观护基地、警示教育基地、开展心理疏导、组织社区服务等，矫正行为的同时，帮助涉罪人员尤其是涉罪未成年人顺利回归社会。

（六）推动社会治理体系的完善

1. 建设统一的未成年人保护平台。发挥政府部门协调统一各方优势，整合各方力量，成立集发现、转介、处置为一体的未成年人保护专门机构。如教育部门、公检法司等机关在工作及执行公务中、各类医疗机构对在日常工作中发现的侵害未成年人的相关线索，及时通报平台，由平台根据需要统一调配救助力量进行有效帮扶，并及时在平台上进行反馈。

2. 加强文化监管，净化外部环境。积极运用政策、法律等手段，加大对损害青少年身心健康的暴力、黄色、恐怖传媒行为的控制力度，依法予以查处和打击；通过学校教育主阵地，推动将未成年人性教育和自我保护教育纳入教学计划，并发挥新媒体传播引导及医疗机构专业力量，正面引导未成年人性意识的培养；持之以恒地加强校园周边环境的净化和安全防范。

3. 完善监护制度，实行有效监护管理。建立监护监督机制，由政府相关部门对监护人履行监护职责的情况实行有效监督，对于失去监护能力、怠于履行监护职责或侵犯被监护人权利的，督促并监督监护权的变更、撤销，或者直接确定监护人，情节严重的移交司法机关处理，确保未成年人处于有效监管和保护之下，减少监护缺失及由此带来的失管人员犯罪现象；设立国家监护制度，对于流浪乞讨、留守失管等没有适格监护人以及监护缺失的未成年人，必要时由国家担任监护人，民政部门以及福利机构或村委会、居委会承担具体监护义务；提升家庭监护教育能力，加强父母作为监护人的责任和义务，试行网格化、全程化监督，加强对问题家庭的监护干预，通过教育、监督，全面提升父母的监护意识和监护能力。

浅析侵害未成年人犯罪记录制度构建

张　涛　赵一飞*

[**内容摘要**]　结合我国当前侵害未成年人案事件多发上升态势，从保护未成年人健康成长和完善犯罪记录制度角度着眼，推进建立全国性一体化的犯罪记录制度，应当先行构建侵害未成年人犯罪记录制度。其基础是有效采集犯罪信息数据，建立统一管理的侵害未成年人犯罪信息数据库；并通过分级管理、登记核查、权利限制、资格限制、有限公开等规则以法治化的路径来构建侵害未成年人犯罪记录制度，继而规范制度的运行，减少制度风险，最大限度地保护未成年人不受伤害。

[**关键词**]　未成年人保护；犯罪记录制度；信息公开；再犯预防

近年来，媒体曝光了多起侵害未成年人尤其是幼童权益的案事件，无一不触目惊心、令人震惊。上述案事件绝非个例，据官方通报数据显示："2017年以来，全国检察机关共依法批准逮捕发生在幼儿园的侵害儿童犯罪181人，起诉231人；批准逮捕发生在中小学校园的侵犯未成年人犯罪案件3081人、起诉3923人……侵害未成年人犯罪呈现上升趋势，其中性侵害和伤害案件占据较大比例。"① 面对如此现状，既应对侵害未成年人的罪犯予以严厉打击、决不手软，更要尽最大可能防范各类不法侵害在未成年人身上发生。

2012年5月10日，最高人民法院、最高人民检察院、公安部、国家安全部、司法部印发《关于建立犯罪人员犯罪记录制度的意见》（法发〔2012〕10

---

* 张涛，江苏省江阴市人民检察院第六检察部副主任；赵一飞，中国社会科学院研究生。

① 参见《最高检通报依法惩治侵害未成年人犯罪情况未成年人网络安全问题出现新趋势》，载 http：//www.spp.gov.cn/spp/zdgz/201805/t20180530_ 380200.shtml，2018 年 4 月 21 日访问。

号）（以下简称《犯罪记录意见》），标志着我国开始着手建立犯罪记录制度。犯罪记录制度对于有效防控犯罪，维护社会秩序，保障有犯罪记录人员的合法权利、帮助其顺利回归社会都将发挥重要作用。令人遗憾的是，《犯罪记录意见》出台至今，"有关工作"似乎仍处于起步阶段，严峻的犯罪现实却容不得制度的迟滞，由此，在推进全面的犯罪记录制度建立工作中，可以先行建立完备的侵害未成年人犯罪记录制度，再逐步扩张至涵盖全部犯罪类型的犯罪记录制度。

本文拟从构建侵害未成年人犯罪记录制度的应然逻辑、制度基石、规则要素等方面展开论述，以期为我国未成年人保护工作和犯罪记录制度研究作出贡献。

一、应然逻辑：应当先行构建侵害未成年人犯罪记录制度

（一）分重点、分步骤建成犯罪记录制度具有合理性

犯罪记录制度是指国家将依法被宣告有罪或判处刑罚的犯罪人员情况予以登记、管理、使用等的法律制度。在域外，其最早可以追溯至 1869 年英国的《惯犯法》，以及 20 世纪 30 年代美国各城市的《犯罪人登记法》。[①] 当时，欧美国家将被定罪的犯罪人登记在册，以便警方监管、预防和侦查犯罪，犯罪记录成为一种全新而有效的控制犯罪方法。如今，犯罪记录制度作为现代社会治理的一项重要内容，具有公共利益维护和犯罪人权益保障的双层功能。[②]

我国目前尚未建立起完备的犯罪记录制度，《犯罪记录意见》的出台，标志着正式进入实际操作层面。但一方面由于《犯罪记录意见》作用有限，在法律规范层面也未能解决犯罪记录查询主体不全面、查询规则不完善、责任承担方式不明确等问题；另一方面有关犯罪人员记录制度建立工作进展缓慢，难以取得突破性成果。因此在一定程度上可以说，犯罪记录制度所承载的维护公共利益与保障犯罪人权益的功能还未充分发挥。

犯罪记录制度的建立与完善不可能一蹴而就。从系统论的角度，系统是由部分组成的，犯罪记录制度可以细分为多个组成部分，细化部分的建构顺序则需要综合考量多方面因素。法律发展的重心不在于立法、法学，也不在司法裁

---

① 参见刘军：《性犯罪记录制度的体系性构建——兼论危险评估与危险治理》，知识产权出版社 2016 年版，第 170~174 页。

② 参见于志刚：《关于建立国家犯罪记录数据库和查询制度的建议》，载《预防青少年犯罪研究》2016 年第 3 期。

决，在于社会本身。① 正如有学者曾指出，"有组织应对犯罪策略的选择，应当基于特定时期该地域范围相应犯罪态势的轻重与缓急。"② 犯罪记录制度作为预防再犯的策略，倘若无法在短期内建成、实现一体化，那么根据当前犯罪态势轻重作出调整则是比较妥当的做法。

笔者建议先针对重点、特殊犯罪类型建立犯罪记录制度，再逐步扩张至全部犯罪类型的犯罪记录制度；先行建立针对重点、特殊犯罪类型的信息库，待全国统一的犯罪信息库建成后再将数据导入。如此，既有助于实现对当前重点、特殊犯罪的特殊预防，也将为建立全面的犯罪记录制度提供借鉴。此外，就投入成本和效益而言，这一路径也不失其经济性和高效性。

（二）优先保护未成年人具有现实迫切性

侵害未成年人案件不时见诸报端，不断挑战着国人的情感底线，除犯罪率逐年持续攀升外，还存在犯罪人矫治难、再犯率高的现实问题。众多犯罪学研究证实性犯罪人的重犯率比较高，国外学者跟踪的 236 名性犯罪人 7 年后累计重犯率达到 28%，③ 且针对儿童进行性犯罪的 25%—40% 的犯罪人可以认定有恋童癖的特征。④ 对此，上至官方的工作报告、代表委员的议案提案，⑤ 下至普通民众，都不乏保护未成年人的声音。加大惩治侵害未成年人犯罪的力度只是起到事后预防的"亡羊补牢"之举，而严惩是否能够起到预防再犯的特殊预防作用还需打上问号。为遏制侵害未成年人犯罪的高发态势，防患于未然，扎紧保护未成年人制度的篱笆，通过制度隔断侵害未成年人的隐患才是应对举措。对于制度建设，挖掘完善已有制度是当务之急，探索完善新制度是应有之义。依托已有的犯罪记录制度框架，将侵害未成年人犯罪作为其中的一大分类加以构建、完善，实现特殊预防目的的同时，形成持续的震慑。

---

① 李海娟、李霞：《我国互联网金融消费者权益保护的法治化路径探微》，载《法制博览》2018 年第 4 期。

② 姚建龙、刘昊：《"梅根法案"的中国实践：争议和法理——以慈溪市〈性侵害未成年人犯罪人员信息公开实施办法〉为分析视角》，载《青少年犯罪问题》2017 年第 2 期。

③ 参见刘旭刚、迟希新、徐杏元：《国外性犯罪人重新犯罪的风险因素及其评估工具》，载《中国性科学》2011 年第 10 期。

④ ［英］马吉尔：《解读心理学与犯罪——透视理论与实践》，张广宇译，中国人民公安大学出版社 2009 年版，第 37 页。

⑤ 详见《保护未成年人，两会在发力》，载 http：//t. m. youth. cn/transfer/index/url/news. youth. cn/2018qglhyc/201803/t20180315 - 11508010. htm，2019 年 3 月 13 日访问。

（三）优先保护未成年人具有理论正当性

根据《未成年人保护法》第 3 条的规定，未成年人享有生存权、受保护权，国家保障未成年人的合法权益不受侵害。未成年人属于尚不能独立表达意愿、作出判断并主动为自己争取权利的群体。对于生存权、受保护权，未成年人应当只享有权利，监护人、国家、成人社会应当履行义务，不能让未成年人自己去解决生存问题，自己去保护自己。从与未成年人的远近距离角度，从权利的位阶而言，家庭及监护人应当履行保护未成年人的主要责任（监护人责任），国家履行兜底责任（国家亲权责任）。这种兜底责任要求监护人可以有途径从国家了解未成年人周边存有的隐患，对于未成年人周边存有的重大风险源点，国家应当主动告知、提示，对于隐患可能从危险演变为伤害时，国家应当及时制止。此外，基于社会防卫理论，社会和自然人一样有维护自身生存的权利，犯罪是对社会生存条件的侵犯，作为社会管理者的国家有防止犯罪发生的权力与义务，国家有运用刑罚保护社会以预防犯罪侵害社会秩序的权力。[1] 侵犯未成年人犯罪具有高度的再犯风险，避免未成年人受到犯罪侵害，应当注重特殊预防，施以特殊的社会防卫手段。因此，在上述原则、理念、权利使然的背景下，构建侵害未成年人犯罪记录制度成为必然之路。

（四）部分地方试点提供制度经验

不少地方从"小处"着手——针对频发的侵害未成年人犯罪，尤其是针对再犯率高、矫治难的性侵犯罪，从性侵害未成年人犯罪人员犯罪记录方面进行了探索。如浙江慈溪市检察院联合相关部门出台了《性侵害未成年人犯罪人员信息公开实施办法（试行）》，建立了信息登记数据库，并通过互联网公告性侵害未成年人犯罪人员的信息；[2] 上海闵行区检察院与区综治办、公安、法院、教育、民政等部门共同制定了《关于限制涉性侵害违法犯罪人员从业办法（试行）》，将该区从事未成年人服务的教育单位、培训机构、医疗机构、救助机构、游乐场所、体育场馆、图书馆等纳入应当加强入职人员审查的领域；[3] 江苏淮安淮阴区检察院、法院、公安局等共同制定了《关于性侵害未成

---

① 邱兴隆：《个别预防的四大立论》，载《甘肃政法学院学报》2000 年第 2 期。

② 参见青少年犯罪问题编辑部：《中国版"梅根法"应平衡隐私权利与儿童权利》，载《青少年犯罪问题》2016 年第 5 期。

③ 参见《上海闵行限制性犯罪者从业》，载 http://xw.qq.com/news/20170829004854/new2017082900485400，2019 年 4 月 11 日访问。

年人犯罪人员从业禁止及信息公开制度》;① 等等。

值得一提的是,上述实践也引发了是否侵犯隐私权、面临的价值冲突、防范效果等问题的探讨,② 这反映了成人本位与未成年人本位理念的冲突。从发展规律的角度,一项好的制度不仅需要单纯的逻辑演绎,更需要做好顶层设计走法治化路径,兼顾价值选择、机制运行、制度发展、保障人权与保护未成年人权益。

二、制度基石:侵害未成年人犯罪信息数据库

为了避免由于犯罪记录信息的统计片面化而造成数据"失真""失实",以及基于该数据而制定的刑事政策、法律"失效",侵害未成年人犯罪记录机制应以有效采集的犯罪信息数据为基础,并建立统一管理的全国性的侵害未成年人犯罪信息数据库。

（一）明确信息数据范围

纳入信息数据库的信息数据应遵循下列几个原则:

1. 以犯罪人员信息为主,其他犯罪信息为辅。建立侵害未成年人犯罪记录制度的目的之一在于尽可能让未成年人远离遭侵害的风险,而该风险主要源于人的因素。因此,要尽可能全面采集犯罪人的身份信息与犯罪信息,包括姓名（曾用名、化名、别名）、身份证号码、年龄、现居住地址或将来住址、工作单位、最近照片、指纹、掌纹、DNA 信息、所犯罪行、前科劣迹、宣告刑期等。从跟踪观察、救助保护、分析研判的角度,可以采集被害人的基础信息,但必须加强对被害人信息的管理,防止外泄。此外,从风险研判、精准预防的角度,可以采集犯罪地、犯罪时段等信息,以增强预防工作的针对性。

2. 合乎比例原则,尊重与保障人权。建立侵害未成年人犯罪记录制度后,被纳入信息库的犯罪人将在身份曝光、活动范围、入职就业、定期核查等方面遭受超出普通犯罪刑满释放人员更多的限制。为了实现此种限制,势必需要国家投入大量的人力、物力、财力,如果将有未成年被害人的犯罪信息全都纳入信息库,不加以类别区分、合理排除,势必导致无须受到限制的犯罪人也受到限制,不仅浪费了司法资源,也违反了比例原则,侵害了这些犯罪人的基本权利,不利于其复归社会。

---

① 参见《江苏淮安将公开性侵未成年人罪犯信息,你怎么看》,载 http://js. people. com. cn/n2/2017/1204/c358232 - 30993823. html,2019 年 4 月 11 日访问。

② 参见浙江省未成年人刑事司法研究会:《性侵害未成年人犯罪人员信息公开制度研讨会综述》,载《青少年犯罪问题》2016 年第 6 期。

3. 设置最低标准，允许"溯及既往"。信息库的数据采集应当遵循最低标准的限制，即必须采集的对象的数据。各省、较大的市可立足各自区域实际，制定更为严格的标准。本文界定的"最低标准对象"，是指严重侵害未成年人的人身权利、民主权利，侵害未成年人的精神风尚，具有一定再犯可能性的犯罪人。具体包括以下几类：一是故意伤害、杀害、性侵害未成年人的犯罪人；二是专门以未成年被害人为对象实施抢劫等暴力犯罪的犯罪人；三是具有监护、临时监护职责但实施虐待、伤害等侵害行为的犯罪人；四是违背未成年人服务领域敏感性的犯罪人，如《刑法》第 133 条之一规定的违法驾驶校车的犯罪人；五是组织、教唆、利用、纵容、强迫未成年人实施违法活动、向未成年人传授犯罪方法的犯罪人；六是向未成年人宣扬恐怖主义、极端主义、煽动未成年人分裂国家、破坏国家统一、实施恐怖活动的犯罪人。对于偶发、过失侵害未成年人合法权益的犯罪人信息，视情况采集入库。这种溯及既往式的采集，是为制定刑事政策提供判断信息，并不是对犯罪人进行刑法评价，与罪刑法定原则禁止溯及既往的要求并不矛盾。

4. 相对排除未成年人犯罪信息。刑事诉讼法确立了未成年人犯罪记录封存制度，规定了犯罪记录封存的后果是不得向任何单位和个人提供，但司法机关为办案需要或者有关单位根据国家规定进行查询的除外。被纳入侵害未成年人犯罪记录制度信息数据库的犯罪人会受到权利、资格、社会处遇的限制，这种限制是与对未成年人特别保护、避免标签效应的原则相违背的。因此，对于被犯罪记录封存的未成年犯罪人员不应纳入信息数据库，但被判处 5 年有期徒刑以上刑罚的未成年犯罪人应当纳入信息数据库。

（二）依托专门平台统一管理

信息数据库是侵害未成年人犯罪记录制度的载体，需要有专门的平台来衔接制度与信息数据。鉴于该制度涉及各政法部门，倘若由各部门分头建设，势必导致重复建设，甚至政出多门、九龙治水、责任稀释的混乱格局。可以由政法委成立专门工作领导小组，领导小组设立办公室，待各职能部门将信息数据汇总后，由领导小组办公室承担履行制度之职责。本文认为，领导小组办公室放在检察院为宜，理由如下：

1. 检察院在收集数据方面具有天然优势。公安、检察、法院、司法行政机关均有侵害未成年人的犯罪记录信息，且多数信息是重复的。在公诉案件中，法院是对检察院提起公诉的案件进行审判。在刑罚执行阶段，公安机关、司法行政部门执行法院作出的有罪判决。检察院除了有对公诉案件提起公诉的权力外，还有不起诉、对未成年人附条件不起诉、向法院提出强制医疗申请的权力，能将部分刑事案件分流而不进入审判程序。因此，检察院掌握数据更全面。检察院审查公安机关移送审查起诉的案件，能够过滤掉无须追究刑事责任的案件，在这种意义上，检察院收集的数据比公安机关更为准确。

2. 检察院的法律监督属性有助于完善制度。检察院的法律监督属性，既可以通过对案件监督完善信息数据库，又可以通过对制度运行监督来规范制度运行。加强对公安机关在办理侵害未成年人犯罪案件的监督，通过受理申请立案监督、对公安机关不立案决定进行监督、对公安机关作出的行政处罚决定监督，甚至对于公安机关立案后未成案的案件进行监督，尽可能地扩充纳入信息数据库。加强对侵害未成年人犯罪记录制度的监督，发现制度设计存在的缺陷，发现职能部门履职中存在的疏漏，发现刑事政策需要调整的部分，通过监督推进制度的完善。

3. 检察院内部有专门部门可以具体承担该职能。当前自上而下四级检察机关的未成年人检察部门、专门办案组织建设发展成体系、有规模，并且根据《未成年人刑事检察工作指引（试行）》① 第 5 条的规定，侵犯未成年人人身权利的案件由未检部门、专门办案组织办理。因此，信息数据库可以由未检部门、专门办案组织来负责管理、维护，并由未检部门、专门办案组织为抓手推进侵害未成年人犯罪记录制度的施行。2006 年起检察系统推进行贿犯罪档案查询工作，在类似犯罪记录制度的建设如数据采集、信息发布、对外查询等方面已有成熟经验，可以为侵害未成年人犯罪信息数据库建设提供有益经验。

三、制度构成：侵害未成年人犯罪记录制度基本规则要素

制度是由规则组成的，而规则蕴含着机制。② 修正机制，完善规则，发展制度，这是法治化路径的使然，其首要之义在于确立基本的规则要素。本文认为，侵害未成年人犯罪记录制度的基本规则要素应当包括如下内容：

（一）分级管理规则

分级管理即对被划分为不同类别的犯罪人进行针对性、区别化管理，旨在实现精准预防，体现对轻罪人员从轻管理、对重罪人员从重严控的"轻轻重重"原则。实行分级管理的重要依据是犯罪人的人身危险性。所谓的"人身危险性"，是指犯罪人存在对社会构成的威胁，即再犯罪的可能性。③ 人身危险性可以依刑罚要素、品格要素、悔过要素进行综合评价。

---

① 高检发未检字〔2017〕1 号，2017 年 3 月 2 日印发。
② 胡建淼：《〈犯罪人的启示〉——相信人不如相信制度》，载《人民法治》2016 年第 12 期。
③ 邱兴隆、许章润：《刑罚学》，中国政法大学出版社 1999 年版，第 241 页。

刑罚要素即以法定宣告刑为基础,相较于法定刑,宣告刑一方面避免了法定刑幅度宽泛、不精确,另一方面也能够最直接反映犯罪人的行为对受保护的社会关系的侵害程度。可以以有期徒刑 6 个月、3 年、10 年作为分级的标准确立档次:被判处有期徒刑 6 个月以下刑罚的、被相对不起诉的、被行政处罚的为第一档次;被判处有期徒刑 6 个月以上不满 3 年的为第二档次;被判处 3 年有期徒刑以上不满 10 年有期徒刑的为第三档次;被判 10 年有期徒刑以上的为第四档次。

品格要素即考察犯罪人有无类似违法行为,对于第一、二、三档次的犯罪人,如果存有侵害未成年人合法权益的劣迹,视劣迹情节予以上升一档;如果存有侵害未成年人合法权益的前科,则应当上升一档;如果存有两次以上前科,则视情节可以累加升档。

悔过要素即考察犯罪人在受限制期间内是否真心悔过,有无再犯。对于第一、二、三档次的犯罪人,在规定期限内再次侵犯未成年人合法权益,如果该违法行为构成劣迹,则视劣迹情况、此次违法情节予以上升一档;如果该行为构成犯罪,则应当予以上升一档;如果有多次再犯情节的,则视情节累加升档。

此外,对于被强制医疗的犯罪人,由于其所实施的是严重侵害未成年人的罪行,应当被认定为第四档次。

(二)登记核查规则

1. 在政法专用网络下设立专门子系统

在加强政法工作信息化的部署下,各地加强政法大数据建设,如 2018 年 1 月 10 日江苏省政法专用网络和共享服务平台正式开通,初步实现了刑事案件网上流转办理、数据共享应用。[①] 因此,可以借用当前政法专用网络与共享服务平台发展的契机,在专用网络下设立子系统,由公安、检察、法院、司法行政机关将各自工作中处理的侵害未成年人合法权益的案件信息及时输入子系统,由检察院对输入的信息数据进行筛选、核查,以保证信息数据的真实性。

考虑到由各部门录入信息数据会存在认识不一的情况,从而造成多录、少录或者不录的问题,可以要求各部门将所有侵犯未成年人合法权益的案件信息录入系统,由检察院在规定时限内决定哪些信息数据需要被纳入系统,以保证信息数据的稳定性。

---

① 参见苏政法:《全省政法专网和共享服务平台正式开通启用》,载《江苏法制报》2018 年 1 月 12 日第 1 版。

2. 犯罪人的登记与申报

要求侵害未成年人的犯罪人主动定期登记和申报，旨在及时更新犯罪人信息，准确定位犯罪人群体，以助于实现更有针对性的监管和预防。具体规则设置如下：

（1）犯罪人前去就近公安机关派出所登记与申报。派出所覆盖全国乡镇，公安机关承担户籍管理职能的同时还参与重点人口的管理，在开展监管方面有着天然优势。

（2）要求所有侵害未成年人的犯罪人主动登记。要求侵害未成年人的犯罪人，自被检察院决定相对不起诉、缓刑判决生效、刑满释放、假释、暂予监外执行、被解除强制医疗 10 日内，前去居住地就近派出所登记。如果该犯罪人信息在信息数据库内，则向其宣布应当遵守的规定；如果该犯罪人信息不在信息数据库内，虽无须对其作出限制性规定，但应当加强日常监管。

（3）登记内容。犯罪人除了登记姓名等身份资料、前科劣迹、所犯罪行、刑罚执行情况外，还应主动申报生活、工作情况，重点包括是否与未成年人共同居住、工作中是否会接触未成年人。派出所除了核实上述信息外，还应采集犯罪人的最新照片、指纹、DNA 等生物检材。

（4）定期申报结合不定期核查。要求信息入库的犯罪人定期前去居住地派出所申报，期限则以被确定的档次为标准，即对于第一档次的犯罪人每年申报 1 次，第二档次的犯罪人每九个月申报 1 次，第三档次的犯罪每六个月申报 1 次，第四档次的犯罪人每三个月申报 1 次。要求信息入库的犯罪人如发生登记申报信息重大变化时，则应在 3 日内前去居住地派出所进行登记。派出所工作人员对于辖区内的信息入库的犯罪人进行不定期核查，检察院对公安机关的核实情况予以监督，确保数据实时更新。

（5）怠于申报登记的不利后果。拒绝主动申报登记、虚假申报登记、经教育不按时申报登记的，需要承担不利后果。可以参考社区矫正人员违反监督管理规定或者人民法院禁止令应予治安管理处罚的规定，赋予公安机关对该类人员的处罚权，并将上述犯罪人纳入失信人员名单，必要时，公开信息。

3. 登记期间

为了避免犯罪人权利和资格终身受到前科规范的限制和剥夺，侵害未成年人犯罪登记申报制度应当设有期间限制规定，即经过一定期间无须再登记和申报。结合我国刑法对于追溯时效的规定，从行为矫治、约束警戒、预防再犯、人权保障等方面进行期限必要性分析，可以依照前文分级管理的规定，对不同等级的犯罪人设置不同期间。对于第一档次为 10 年，第二档次为 15 年，第三档次为 20 年，第四档次为终身。期限从刑罚执行完毕之日起计算，缓刑、假释、暂予监外执行等期间当然受制度约束。

犯罪人在登记期间内继续实施侵害未成年人合法权益的行为，违反《治安管理处罚法》，第一次视情况予以上升一级，两次以上则应当上升一级；构成犯罪的，应当上升一级。

（三）权利限制规则

前科的存在会导致社会及国家对犯罪人的评价降低，并对其进行各方面权利的限制。[1] 对于侵害未成年人的犯罪人的权利限制，是对犯罪人原有法律赋予的特定权益的削减。如 2013 年《关于依法惩治性侵害未成年人犯罪的意见》（以下简称《性侵意见》）中规定，可以对性侵害未成年人的犯罪人的隐私、人身自由等权利进行限制。[2] 结合目前我国现有的法律规定，对于受侵害未成年人犯罪记录制度约束的犯罪人，设定有针对性的权利限制。

1. 限制隐私权

犯罪记录本身不存在涉及隐私的问题，[3] 犯罪后除了刑罚之外必然还会产生其他不利后果。这是客观存在的，甚至不包括在法律内，是犯罪人应当承担的。[4] 犯罪记录与犯罪人员身份信息在我国司法实践中明显被排除在隐私权保护范畴之外，[5] 因此受制度约束的犯罪人隐私权可以受到必要的限制。

申报登记、裁判文书公开都是对犯罪人隐私的限制，除了申报、登记这种对犯罪人活动信息被动掌握的方式外，还可以采用电子监控的方式，主动掌握犯罪人的行动信息。我国刑事诉讼法规定，对被监视居住的犯罪嫌疑人可以采用电子监控，社区矫正工作中也普遍采用电子定位监控手段，目前我国对约

---

[1] 覃剑锋：《犯罪前科的定罪效应》，载《人民检察》2010 年第 12 期。

[2] 《关于依法惩治性侵害未成年人犯罪的意见》第 28 条第 3 款规定："对于判处刑罚同时宣告缓刑的，可以根据犯罪情况，同时宣告禁止令，禁止犯罪分子在缓刑考验期内从事与未成年人有关的工作、活动，禁止其进入中小学校区、幼儿园园区及其他未成年人集中的场所，确因本人就学、居住等原因，经执行机关批准的除外。"第 30 条规定："对于判决已生效的强奸、猥亵未成年人犯罪案件，人民法院在依法保护被害人隐私的前提下，可以在互联网公布相关裁判文书，未成年人犯罪的除外。"

[3] 对于犯罪记录，公共利益阻却说、审判公开阻却说、违法阻却说均认为犯罪记录关系公共利益，是可以公开的公共信息。

[4] 曹祥生：《聚焦第一份"行贿黑名单"记录档案》，载《民主与法制时报》2003 年 10 月 14 日第 2 版。

[5] 王春媛、廖素敏：《性侵害未成年人犯罪人员信息登记和有限公开机制研究》，载《青少年犯罪问题》2016 年第 6 期。

71%的正在实行社区矫正的服刑人员进行了电子定位监控。[1] 对受制度约束的犯罪人采取电子定位监控，即可以实时掌握其活动轨迹，有无非因合理缘由违反约束性规定。

2. 限制人身自由权

根据《性侵意见》的规定，可以对性侵害未成年人的犯罪人进行活动地域限制。对于特定的侵害未成年人的犯罪人，可以借鉴《性侵意见》的规定，限制其人身自由权利，禁止其在规定的期限、特定的时段进入未成年人聚集区域。

（四）资格限制规则

有犯罪前科的个人，一般不具备或者至少在特定时间内不具备进入相关领域的资格。[2] 根据《性侵意见》规定，可以禁止犯罪人从事与未成年人有关的工作、活动。因此，借鉴法律对于犯罪人资格的限制，可以对受侵害未成年人犯罪记录制度约束的犯罪人限制部分资格。

1. 限制抚养、领养、监护资格

根据最高人民法院、最高人民检察院、公安部、民政部《关于依法处理监护人侵害未成年人权益行为若干问题的意见》规定，对于严重侵犯未成年人合法权益的监护人侵害行为可以撤销监护人资格，可以借鉴该意见的精神，对于部分严重侵犯未成年人合法权益的犯罪人，限制其在民事上对未成年人抚养、领养、监护的权利，避免与其共同居住的未成年人遭受侵害。

2. 限制特定职业从事资格

基于特定社会服务领域犯罪预防敏感性的要求，可以限制从事特定职业资格，剥夺其从事容易与未成年人群体长期接触的工作的资格，实现事前预防。具体而言，与未成年人密切接触、以未成年人为主要服务对象、服务对象含有未成年人的行业，应当受到限制。

相应地，建立入职前犯罪记录核查制度，对于向未成年人提供服务的、工作地点是在服务未成年人处所内的、涉及与未成年人经常或定期接触等行业，经营者应当对拟入职人员进行犯罪记录的核实，如果拟入职人员是受到受侵害未成年人犯罪记录制度约束、且在约束期内的犯罪人，则不予录取。

3. 期限限制

我国《公务员法》《教师法》等法律中均有剥夺犯罪人的从业资格的规

---

① 参见郭鼎威：《电子监控技术在社区矫正工作中的应用》，载《人民调解》2018年第1期。

② 于志刚：《构建犯罪记录查询制度之思考》，载《人民论坛》2010年第23期。

定，是为了保证特定行业的公信力、权威性和纯洁性。限制犯罪记录人员从事特定社会服务领域的理论基础是基于犯罪人员的考察期，这种准入资格不应当是永久的，根据犯罪记录人员犯罪情节的轻重，在经过特定的时间，没有实施任何犯罪，应当视为考察已然结束，恢复其从事特定社会服务领域的准入资格。①《刑法》对于从业禁止的期限是刑罚执行完毕之日或者假释之日起 5 年内，《性侵意见》规定的禁止从业资格限于缓刑考验期内。即便是过了最长的 5 年期限，侵害未成年人的犯罪人可以有与未成年人密切接触的机会，实施侵害未成年人的犯罪仍有可能发生。② 虽然对侵害未成年人的犯罪人给予更长期限的资格禁止违反当前法律规定，但从保护未成年人的角度，遵循儿童利益最大化原则，应当扩大资格限制的期限，尽可能给未成年人营造远离不法侵害的环境，从源头有效防范犯罪。

本文认为，权利限制规则与资格限制规则均可使用前文中分级管理规则，对于确定等级的犯罪人，适用与登记规则和升格规则相同的期限。

（五）有限公开规则

域外对于性犯罪人除了有登记制度外，还有犯罪记录查询制度，部分国家还制定了信息公开制度，如美国、韩国。我国浙江慈溪的中国版"梅根法案"、江苏淮安的公开性犯罪人信息均引起了社会与学界的热议，这些域外的经验与我国实践探索也引出侵害未成年人犯罪记录制度中的某些重要问题，即以何种路径来构建查询制度、信息公开制度。

1. 以登记为主，公开为辅

浙江慈溪、江苏淮安等地在实践中实施的是信息公开原则，有一定积极意义，但是也存在未成年被害人及其家庭的信息极易曝光，从而造成对被害人二次伤害；犯罪人难以回归社会，甚至报复社会，再次犯罪；部分犯罪人逃避登记，导致信息公开制度形同虚设③等潜在的制度风险。应当明确的是，如果其他方式已无力实现对未成年人的保护，必须通过公开犯罪人的信息时，才具有信息公开的紧迫性。如果有其他风险较小的方式可以实现控制风险防范的目的，就不宜采用高风险的制度，也即信息公开制度必须遵循必要性原则。

---

① 于志刚：《关于建立国家犯罪记录数据库和查询制度的建议》，载《预防青少年犯罪研究》2016 年第 3 期。

② 参见刘永廷：《立法细化性侵未成年人者从业禁止制度》，载《中国妇女报》2017 年 9 月 27 日第 B02 版。

③ 参见刘军：《性犯罪公告制度的刑事政策分析——兼论"梅根法"在我国的适应性》，载《法律方法》2013 年第 2 期。

本文认为，从我国当前未成年人受侵害的形势、职能部门力量配置、公众情感接受程度等方面，通过前文所述的登记核查、权利限制、资格限制等制度，就可以有效地监管绝大多数受侵害未成年人犯罪记录制度约束的犯罪人，实现在降低制度自身风险的同时，有效震慑犯罪，满足公民对犯罪人员的知情权，并兼顾犯罪人回归社会。

而对于极少数的需要予以公开信息的犯罪人，也应视情况而定：对于被认定为第一、第二档次犯罪人的信息原则上不予公开，第三档次犯罪人的信息可以予以公开，第四档次犯罪人的信息应当公开。对于前文中拒绝主动申报登记、虚假申报登记、经教育不按时申报登记的犯罪人，可以视其违反规定情节、再犯可能性公开其相关信息。

2. 采取有限公开路径

借鉴法院系统公布失信被执行人名单信息制度，建立专门公开应受侵害未成年人犯罪记录制度约束的犯罪人的网站、微信公众号，公布犯罪人的身份、居住住址、所犯罪行等信息。在网站中，可以以户籍地、住所地来划分犯罪人信息，方便公众查询到周边存在的犯罪人。同时，可以通过被公开犯罪人居住地与户籍地的电视、报刊等媒体公开信息，增强制度的震慑力。为避免被公开的信息到处传播甚至被滥用，应当严禁公民、法人、其他网站等随意转载、公开，并建立相关机制禁止公众随意骚扰被信息公开人员。

（六）查询规则

1. 严格限制查询主体与事由

查询主体应当严格限定为职能部门与相关单位，禁止个人查询。允许个人查询的话，则会让不被公开的犯罪信息全部被公开，不予公开信息犯罪人的隐私权中受国家强制力约束以外的部分权利无法得到保障，因此申请查询的仅限于职能部门与相关单位。

严格限制申请查询的理由与目的，对于职能部门依照国家规定等进行查询的，应当予以查询。对于申请查询的相关单位，仅限于前文入职前犯罪记录核查制度中拟录用相关工作人员的企业法人，不得出于商业用途等理由申请查询。

2. 查询流程

查询流程可以参照未成年人犯罪记录查询流程。向辖区基层检察院提交书面申请，并说明理由、目的、用途，附上相关证明材料，对查询请求进行实质性审查。如果符合查询规范，则出具相关证明材料，但要求签署保密协议，仅限于法定用途、申请事项，不得超范围适用，更不得公开扩散，否则应当追究相关责任。

（七）其他辅助规则

1. 异议申诉规则

为了保障犯罪人的基本权利，避免有权机关滥用权力，被侵害未成年人犯罪记录制度约束的犯罪人有权对其所受约束或限制提出异议和申诉。具体包括：（1）主体不适格。即犯罪人不应受该制度约束，包括不应当被登记而被登记，不应当被信息公开而被公开。（2）受限程度和期限超过合理范围。如应属于低档次受限而被纳入高档次受限，应属于短期受限而被长期受限，已过限制期间但仍继续遭受限制等等。

2. 违规惩戒规则

相应地，违反规定处理、使用侵害未成年人犯罪人员信息的，应视其情节轻重，由相关责任人员承担相应责任。如未按规定登记、公开、提供查询侵害未成年人犯罪人员信息，违反规定泄露、传播侵害未成年人犯罪人员信息应当依法追究相关人员的责任等。

论未成年人犯罪案件认罪认罚制度

——以未成年人刑事检察为视角

高祥国　李伟作*

[**内容摘要**]　在未成年人犯罪案件中适用认罪认罚制度，不但具有适用条件优势，而且在体现对未成年人的人文关怀、"教育感化挽救"涉罪未成年人等方面具有特殊意义。为在未成年人犯罪案件中充分发挥认罪认罚制度价值，必须明确构成体系，完善特别程序，将未成年人刑事检察办理规律与认罪认罚制度深度融合，并将相关工作加以适应性完善。

[**关键词**]　未成年人犯罪；认罪认罚；刑事检察

2018 年 10 月 26 日，十三届全国人大常委会第六次会议审议通过了《关于修改〈中华人民共和国刑事诉讼法〉的决定》，并于当日公布施行。本次刑事诉讼法的修改，使得认罪认罚从宽制度和速裁程序从试点工作上升至法律层面在全国实行。认罪认罚从宽制度为检察工作，特别是刑事检察工作提供了新的发展空间，在丰富和完善公诉裁量权、提出公诉在刑事诉讼中的主导作用都产生了重要影响①。笔者认为，对于检察机关办理未成年人刑事案件而言，适用认罪认罚从宽制度具有更好的传统和基础，可以成为检察机关将认罪认罚从宽制度引向深入的突破口和发力点。检察机关应当在未成年人犯罪案件中广泛适用认罪认罚从宽制度，以此实现其程序价值，扩大对未成年人的权益保障效果。

---

*　高祥国，辽宁省人民检察院未成年人刑事检察处处长，三级高级检察官；李伟作，辽宁省人民检察院未成年人刑事检察处主任科员，三级检察官助理。

①　2018 年 11 月 5 日，最高人民检察院副检察长孙谦在全国检察机关电视电话培训会议上所做《关于学习贯彻修改后刑事诉讼法有关问题的解答》。

一、认罪认罚制度之于未成年人检察的特殊意义

认罪认罚制度的适用条件与未成年人犯罪案件特点有着极高的重合度，同时该制度与检察工作的价值取向高度契合，所体现的"效率观""宽容精神"和"非对抗性"对于实现未成年人检察"儿童利益最大化"的既定目标具有积极的作用。

（一）认罪认罚制度适用条件符合未成年人犯罪案件特点

《刑事诉讼法》第 15 条规定："犯罪嫌疑人、被告人自愿如实供述自己的罪行，承认指控的犯罪事实，愿意接受处罚的，可以依法从宽处理。"第 174 条第 1 款规定："犯罪嫌疑人自愿认罪，同意量刑建议和程序适用的，应当在辩护人或者值班律师在场的情况下签署认罪认罚具结书。"可见，认罪认罚从宽程序启动的两个基本条件：一是客观实体条件，即嫌疑人或被告人如实供述，自愿认罪；二是程序性条件，即签署认罪认罚具结书（未成年人犯罪案件有特殊规定，后面有述）。虽然从条文来看，没有对案件本身条件作出规定，但有学者认为我国推行的"认罪认罚"与美国的"辩诉交易"有着本质不同，"认罪认罚必须在案件事实清楚，证据确实充分的条件下进行，不允许司法机关借认罪认罚之名，让犯罪嫌疑人、被告人承受事实不清、证据不足情形下的罪与罚，依此减轻或降低检察机关的证明责任"[①]。这就要求适用认罪认罚从宽制度，必须是犯罪事实清楚，证据确实、充分的案件。而基于未成年人身心特点发育不成熟的特点，未成年人犯罪案件多数为事实简单、证据清晰、适用法律明确的案件。从近三年来辽宁省未成年人犯罪案件来看，年均 72% 的案件为盗窃、故意伤害等轻微、简单的刑事案件。从未成年犯罪嫌疑人、被告人对所犯罪行的态度来看，基于未成年人的心智特点，积极认罪悔罪是常态，与之相对应的隐瞒漏罪情况比较少见。加之长期以来未成年人刑事检察工作所积极开展的帮扶教育、刑事和解等工作，为促进未成年犯罪嫌疑人认罪悔罪，打下了扎实的基础。从具结状签署程序来看，未成年人犯罪案件中的强制辩护制度已经实行多年，特别是 2012 年刑事诉讼法修改增设未成年人特别程序后，未成年人法律援助制度极大促进了律师介入未成年人刑事案件的广度和深度，这为实现更顺畅、高效地完成律师见证和签署具结状程序提供了成年人犯罪所欠缺的制度基础。此外，未成年人犯罪的轻缓刑事政策在社会各界早已形成共识，对涉罪未成年人从宽处理可以获得更广泛的社会认同，具有更

---

① 陈卫东：《认罪认罚从宽制度研究》，载《中国法学》2016 年第 2 期。

好的司法实践和舆论基础。

（二）认罪认罚制度能够充分体现对未成年人的人文关怀

在认罪认罚从宽制度中对犯罪嫌疑人、被告人"从宽"不但是对认罪认罚的激励，同时也是这一制度的重要价值追求。正是通过调动犯罪嫌疑人、被告人主动认罪认罚的积极性，使其获得宽大处理的司法判决后果，这一点与未成年人司法的价值追求是一致的。《联合国儿童权利公约》第3条第1款规定，关于儿童的一切行为，不论是由公私社会福利机构、法院、行政当局或立法机构执行，均应以儿童的最大利益为首要考虑。具体到少年司法中，要求司法机关坚持"教育为主、惩罚为辅"的原则，贯彻落实"少捕、慎诉、少监禁"的刑事政策，通过综合、全面、特殊、优先的保护措施，实现涉罪未成年人的身心罪错修复。虽然认罪认罚从宽制度的逻辑起点是"认罪认罚"，但落脚点却是"从宽"。2018年新刑事诉讼法不但作出了认罪认罚"可以从宽"的规定①，而且明确规定，批准或者决定逮捕，应当将犯罪嫌疑人、被告人涉嫌犯罪的认罪认罚等情况，作为是否可能发生社会危险性的考虑因素。可见，认罪认罚从宽制度不但在实体处理上，而且在强制措施上都对未成年人轻缓刑事政策的落实起到重要的推动作用。

（三）认罪认罚制度有利于贯彻落实对未成年人"教育、感化、挽救"的工作方针

认罪认罚从宽的另一制度价值在于推动案件繁简分流，解决"案多人少""事多人少"的矛盾。未成年人刑事案件中，在目前社会支持体系不健全的情况下，为了贯彻落实"教育、感化、挽救"的工作方针，切实提高案件办理的社会效果，促进涉罪未成年人改过自新，检察机关应承担大量的对未成年犯罪嫌疑人帮扶、教育、监督考察等工作。认罪认罚从宽制度的施行，检察机关可以依据个案复杂程度决定相适应的处理程序，以此使认罪案件快速进入"绿色通道"，从而保证有更多时间和精力开展对该类案件中的未成年犯罪嫌疑人进行充分的法治宣传教育和帮扶教育工作，促进未成年人顺利回归社会。

二、未成年人犯罪案件认罪认罚的有效运行

相比成年人犯罪案件，未成年人犯罪案件的办理具有其独特的司法理念和工作程序，为确保认罪认罚制度在未成年人犯罪案件中科学、规范运行，将未

---

① 按照孙谦副检察长《关于学习贯彻修改后刑事诉讼法有关问题的解答》，这里的"可以从宽"不是可有可无，而是在没有特殊理由的情况下，都应当从宽处罚。

成年人权益保护最大化，必须将未成年人刑事检察办理规律与认罪认罚制度深度融合，并将相关工作加以适应性完善。

（一）明确体系构成

1. 程序参与主体。未成年人犯罪案件适用认罪认罚制度，首先应当合理划分参与主体范围，并明确参与主体的活动内容。未成年人犯罪案件的参与主体可分为两类：（1）普通参与主体，即成年人犯罪案件在适用认罪认罚时有权参与的主体，该类主体当然适用于未成年人犯罪案件，具体包括以下几类人员：一是未成年犯罪嫌疑人。该类主体是权利保障对象，其具有程序选择权，在未成年犯罪嫌疑人、被告人主动选择或者否认适用认罪认罚时，办案人应当给予充分尊重。二是未检检察官。未检检察官作为未成年人犯罪案件认罪认罚工作的核心主体，在审查逮捕和审查起诉环节需履行与未成年犯罪嫌疑人进行协商的职能。未检检察官在审查案件材料后，应当充分了解其认罪认罚的主观意向，并向其详实解释相关法律后果。在此基础上，通过一系列协商，未检检察官与未成年犯罪嫌疑人及其辩护人达成认罪认罚协议。三是辩护律师。在未成年人犯罪案件中，辩护律师需向未成年犯罪嫌疑人及其法定代理人提供有关认罪认罚制度的法律咨询，同时代表未成年犯罪嫌疑人与检察机关协商，为未成年犯罪嫌疑人从宽处理提供专业意见。四是被害人。根据刑事诉讼法，被害人的意见对于未成年犯罪嫌疑人适用认罪认罚具有影响，检察机关应当听取其意见。但笔者认为，被害人可以作为一方主体参与认罪认罚协商过程，但不能因被害人的否定意见而对此产生实质影响。五是法官。法官是认罪认罚制度的司法审查裁判者，其作用主要发挥在提起公诉后，因本文立足未成年人犯罪案件的检察环节，此类主体在这里不再详述。（2）特殊参与主体，即未成年犯罪嫌疑人的法定代理人或合适成年人。这类主体是未成年人犯罪案件区别于成年人犯罪案件的显著特征。根据《刑事诉讼法》第281条规定，对于未成年人刑事案件，在讯问和审判的时候，应当通知未成年犯罪嫌疑人、被告人的法定代理人到场。无法通知、法定代理人不能到场或者法定代理人是共犯的，也可以通知未成年犯罪嫌疑人、被告人的其他成年亲属，所在学校、单位、居住地基层组织或者未成年人保护组织的代表到场。在未成年人犯罪案件中该类主体是当然的参与主体，其除了具有常规法定权利外，在认罪认罚程序适用中还具有认罪认罚协商陪同在场、深入了解未成年犯罪嫌疑人主观意愿、对未成年犯罪嫌疑人认罪认罚情况提出异议等权利。

2. 案件适用范围。什么样的未成年人犯罪案件可以适用认罪认罚从宽制度，刑事诉讼法并未对案件涉及的罪名、可能判处的刑罚作出限定。因为"认罪认罚从宽制度是宽严相济、坦白从宽刑事政策的具体化和制度化，就像坦白、自首一样适用于所有刑事案件，没有特别的范围限制"[1]。笔者认为，未成年犯罪嫌疑人具备下列条件均可以适用认罪认罚从宽制度：一是"认罪"，即如实供述犯罪事实，实践中表现为自首、坦白。未成年犯罪嫌疑人仅对个别案件细节提出异议，或仅对行为性质作出辩解的，均不影响"认罪"的认定；二是"认罚"，即愿意接受处罚，实践中表现为尽力退赃退赔，并接受检察机关的量刑建议或处理决定。

3. 程序运作机制。为保障未成年人犯罪案件适用认罪认罚诉讼活动顺利进行，在明确参与主体的基础上，应妥善协调各主体的权力、权利关系。可分为不同阶段：（1）侦查阶段。公安机关侦查人员在讯问未成年犯罪嫌疑人时，应当告知犯罪嫌疑人享有的诉讼权利，如实供述自己罪行可以从宽处理和认罪认罚的法律规定。同时，未成年犯罪嫌疑人可以在辩护律师向其解释相关法律政策和法律后果的基础上，就适用认罪认罚从宽制度提出初步意愿。公安机关在获知未成年人犯罪嫌疑人意愿后应当记录在案，并随案移送检察机关审查。（2）审查阶段。该阶段发生在检察机关案件审查环节，可以是审查逮捕环节[2]，也可以是审查起诉环节。在对案件事实进行审查的同时，对在侦查机关表示相关意愿的，检察机关要审查未成年犯罪嫌疑人提出适用认罪认罚的自愿性和合法性。对侦查阶段没有提出认罪认罚意愿的，检察机关可以向未成年犯罪嫌疑人了解相关意愿。实践中，检察机关办案人应当在受案后全面审查案件材料，及时讯问未成年犯罪嫌疑人，同时向未成年犯罪嫌疑人充分说明认罪认罚的程序特点和法律后果，并就量刑建议及审查程序选择进行协商。出于对未成年人予以特殊保护的要求，协商环节应当有法定代理人或合适成年人、辩护律师在场，并充分听取上述三方意见，最终在协商的基础上形成书面意见。基于未成年人案件特点，书面意见除辩护律师签字确认外，还应当有未成年犯罪嫌疑人的法定代理人或合适成年人签字，但该类主体拒绝签字不影响认罪认罚程序的适用（后面有述）。（3）处理阶段。处理阶段的目标任务是将认罪认罚制度价值最大化，是对涉嫌犯罪未成年人落实"少捕、慎诉、少监禁"政策，实现"教育、感化、挽救"目标的关键阶段。处理阶段可分为两种情况：一是诉讼程序终结在审查起诉阶段，即对符合条件的，可以依法作出相对不起诉

---

[1] 沈亮：《刑事诉讼中认罪认罚从宽制度的适用》，来源于微信公众号"兑诚法律人"，2019年1月5日。

[2] 基于未成年人犯罪案件捕诉一体，笔者认为检察机关审查逮捕办案人可以视案件审查情况决定是否在审查逮捕阶段适用认罪认罚从宽制度，以认罪认罚情况为社会危险性考量因素之一，并凭此促进"少捕"政策的落实，也可为后续"轻刑"奠定基础。

或附条件不起诉处理①，实现未成年人犯罪的非刑罚化处理；二是进入审判阶段程序，即由法院对案件情况及未成年犯罪嫌疑人认罪认罚的自愿性、合法性及检察机关的量刑建议的合法性、合理性进行全面审查，对是否适用认罪认罚作出决定，同时依法审理并作出判决，以此实现对未成年人犯罪案件的快审轻刑。

（二）完善特别程序

1. 法定代理人或合适成年人到场。在讯问犯罪嫌疑人时，有法定代理人或合适成年人到场发挥陪同、教育和监督职能，是未成年人犯罪案件区别与成年人犯罪案件的办理程序的显著特征。具体到认罪认罚制度适用中，未成年人的法定代理人或合适成年人还应发挥认罪认罚协商职能，为此检察机关应当做好以下几个方面工作：一是保证法定代理人或合适成年人对认罪认罚从宽的法律后果有充分的理解。这就需要检察机关在履行常规告知程序的同时，全面阐释认罪认罚的法律性质、程序选择及结论处理问题。二是充分听取法定代理人或合适成年人的意见。根据刑事诉讼法规定，未成年人的法定代理人对未成年犯罪嫌疑人认罪认罚有异议的，不需要签署认罪认罚具结书，不影响认罪认罚的适用。基于合适成年人与法定代理人有着相当的诉讼权利、地位，笔者认为该规定当然适用于合适成年人。未成年人的法定代理人或合适成年人作为参与主体，对其意见应当给予充分重视，未成年人的法定代理人或合适成年人对未成年人认罪认罚存在异议的，应当对其进行充分释法说理，但检察机关可以依据对案件的审查情况酌情考虑是否采纳，在坚持"儿童利益最大化"原则基础上，决定是否适用，不能减损未成年人的权益。

2. 法律援助。法律援助律师担任未成年犯罪嫌疑人的辩护人，可以充分行使法定诉讼权利，在认罪认罚制度中起着关键性的程序作用。相比成年人犯罪案件中委托辩护不及时、值班律师制度不健全等问题，未成年人犯罪案件中法律援助制度可以保障辩护律师法律服务的及时性和有效性。同时，基于未成年人"保护性司法理念"，在对未成年犯罪嫌疑人"轻缓"处理方面，检察机关与辩护人有更多共识，这都为未成年人认罪认罚从宽制度的顺利开展奠定了坚实基础。在认罪认罚工作中，未成年犯罪嫌疑人的辩护人相比成年人犯罪案件的辩护人，在与检察机关协商方面应当承担更多工作。但在认罪认罚前期试

---

① 按照孙谦副检察长《关于学习贯彻修改后刑事诉讼法有关问题的解答》，对符合条件的认罪认罚案件作出不起诉处理是实体从宽的重要体现。对认罪认罚后属于没有争议、不需要判处刑罚的轻微刑事案件，检察机关可以依法作出不起诉决定。笔者认为，作附条件不起诉道理相同，也同样适用。

点中发现，受传统辩护策略影响，辩护人与检察机关的"错位发力"，导致辩方习惯在审判阶段发力，展开辩护①。笔者认为，为保障未成年人的诉讼权利得到有效补强，促进认罪认罚协商顺利进行，应做到如下两方面：一是应确保侦查阶段的法律援助。根据刑事诉讼法规定，对未成年人的法律援助程序节点已经提前至侦查阶段，但实践中未成年人在侦查阶段获得法律援助存在虚化现象。检察机关应切实履行法律监督职能，监督公安机关在侦查阶段为未成年犯罪嫌疑人提供切实有效的法律援助。这就可以保证在适用认罪认罚制度时，未成年犯罪嫌疑人可以在法律援助律师帮助下及早提出意愿，从而加速整个审查流程。同时，检察机关应当探索尝试将侦查机关的法律援助延伸至审查逮捕、审查起诉阶段，甚至延伸至审判阶段，从而实现未成年人法律援助的全程化，提高援助律师的责任心，促进援助律师与检察机关开展更充分的协商，确保认罪认罚制度高效开展。二是应提高法律援助的专业化。"由未成年人特殊性而来的专业化要求对未成年人法律援助同样适用，专业化运作是解决未成年人刑事法律援助工作的现实需要"②，检察机关可以协调司法行政部门设立未成年人刑事法律援助工作站，建立未成年人法律援助律师库，培养建立一支熟悉未成年人身心特点，掌握心理学、教育学知识的专业未成年人法律服务队伍。通过专业化的未成年人法律援助队伍，提高法律服务的责任性和协调有效性。

3. 听取辩护意见。听取辩护意见是对未成年人开展法律援助的必然逻辑结果，对辩护人而言是充分参与诉讼程序的权利能力，对检察机关而言是与被控方进行充分协商，保证认罪认罚自愿性、合法性的基础。但在未成年人刑事检察工作实践中，受传统辩护策略影响，辩护律师不愿过早暴露己方观点，常常到检察环节才提出辩护意见。笔者认为，为提高认罪认罚适用的有效性，必须充分落实辩护意见听取制度：一是保障律师的会见权和阅卷权。保证辩护律师可以依法全面了解案情和未成年犯罪嫌疑人主观意愿，同时充分发挥辩护律师在认罪认罚方面的法律咨询功能。这是辩护人与检察机关进行认罪认罚协商的前提和基础。二是保证意见听取的广泛性。检察机关应当从三个方面听取辩护意见，保证意见听取的全面、深入。一是案件实体方面，即未成年犯罪嫌疑人所涉嫌的犯罪事实、罪名及法律适用问题；二是处理意见方面，即不批准逮捕，从轻、减轻或者免除处罚等从宽处理建议；三是程序适用方面，即认罪认

---

① 周新：《认罪认罚从宽制度试点的实践性反思》，载《当代法学》2018 年第 2 期。

② 张鸿巍：《中西部地区未成年人检察：践行与思考》，中国民主法制出版社 2018 年版，第 34 页。

罚后案件审理适用的程序问题等。此外，笔者认为还应当尝试建立辩护律师激励机制，即可建议相关部门提高援助律师的工作保障标准，提高援助费用，以此激励援助律师充分有效履行职责。

合适成年人参与制度的困境解析与路径探究

——以 ZJ 省 TZ 市检察实践为视角

赵建都　徐灵芝*

[**内容摘要**]　虽然我国刑事诉讼法明确了合适成年人参与制度，但是由于规定本身的原则性及实践中各种现实条件的制约，该制度在贯彻执行中存在遴选标准不统一、经费保障不足、操作程序缺乏、复合型团队欠缺等症结。合适成年人参与制度是维护刑事案件未成年人合法权益的重要制度，改革、完善合适成年人制度具有重要意义。健全遴选机制、建立配套制度、规范参与程序是改革、完善合适成年人参与制度，加强与高校合作助推团队建设是可行路径。

[**关键词**]　合适成年人；未成年人保护；困境；路径

一、合适成年人参与制度的概述

合适成年人参与制度是指公安机关、检察院、法院讯问、审判涉案未成年犯罪嫌疑人、被告人，在其法定代理人无法到场或不宜到场时，依法通知符合一定条件的成年代表，代为行使法定代理人部分诉讼权利，并履行监督、沟通、抚慰、教育等职责，从而保障未成年犯罪嫌疑人、被告人合法权益的一种权利救济制度。该制度源于 1972 年发生的英国肯费特（Confait）案，后被欧美国家普遍确立，同时也被《联合国儿童权利公约》所吸收。

我国于 2003 年 8 月正式引入合适成年人参与制度，率先在云南昆明盘龙区、上海市、福建厦门市同时展开试点工作。通过十余年不断的摸索，各地分别发展出各具特色的合适成年人参与制度。2012 年刑事诉讼法修改时吸收了上述三地的经验，虽未采用"合适成年人"这一表述，但在"特别程序"编

---

* 赵建都，浙江省台州市天台县人民检察院副检察长；徐灵芝，浙江省台州市人民检察院公诉部未检办检察官助理。

中实质上对合适成年人参与制度予以了规定，即"对于未成年人刑事案件，在讯问和审判的时候，应当通知未成年犯罪嫌疑人、被告人的法定代理人到场。无法通知、法定代理人不能到场或者法定代理人是共犯的，也可以通知未成年犯罪嫌疑人、被告人的其他成年亲属，所在学校、单位、居住地基层组织或者未成年人保护组织的代表到场，并将有关情况记录在案。"同时规定，询问未成年被害人、证人适用上述规定。这些"代表"即所谓的合适成年人。至此，我国立法正式确立了合适成年人参与制度，同时也为合适成年人参与未成年人讯问过程的具体操作保留了充分的选择空间。

二、合适成年人参与制度运行的现状与困境

（一）合适成年人参与制度运行的现状

1. 合适成年人参与刑事诉讼的基本情况

合适成年人参与制度明确了未成年人的法定代理人是第一人选，只有当法定代理人无法通知、不能到场或者为共犯时，才由其他"代表"担任合适成年人。由于现在社会人员流动性强，实践中很难保证未成年人的法定代理人均能到场参与整个刑事诉讼过程，于是合适成年人参与刑事诉讼具有现实意义和实践价值。据统计，2018 年 TZ 市检察机关受理的涉及 18 岁以下未成年人案件中，非 TZ 籍未成年犯罪嫌疑人共计 220 名，他们大多跟随亲戚、朋友或独自到 TZ 市务工，犯罪后法定代理人无法联系到或难以到场，实际到场比例不足 20%。与此同时，全市合适成年人服务涉案未成年人共计 505 人次，服务对象主要是法定代理人无法到场的非 TZ 籍涉罪未成年人以及部分未成年被害人、证人。由此可知，TZ 市已经实现了讯问、询问涉案未成年人法定代理人或合适成年人到场 100% 覆盖率，因此合适成年人参与的质量和效果非常关键。

2. 合适成年人人选的组成情况

从 TZ 市合适成年人的来源看，TZ 市 9 个县（市、区）中，除 LQ 区、WL 市、YH 市三地部分未成年人案件引入社工担任合适成年人外，其余主要以兼职为主，大部分由热心未成年人保护工作的团委、妇联、关工委工作人员、退休教师、政法系统离退休干部、村镇基层干部等担任。

3. 合适成年人参与刑事诉讼的程序

综观全市，合适成年人参与讯问的程序基本相同，一般包括四个步骤：（1）提前通知。对于符合条件的涉未成年人案件，未检部门在讯问开始前，会制作《合适成年人到场通知书》《合适成年人诉讼权利义务告知书》，并根据路途远近提前一至两天电话联系到场事宜。（2）准备工作。合适成年人前

往办案机关的指定地点，在上述两份文书上签字确认，经案件承办人简单介绍未成年人的基本情况及简要案情后，随同案件承办人进入讯问场所。（3）参与讯问。在讯问开始前，案件承办人向未成年人介绍合适成年人的身份，并征求未成年人的同意，合适成年人正式参与讯问、履行监督等职责。（4）查看笔录并签字。讯问结束后，合适成年人阅读笔录，核对无误后签字，其中 LH 市等部分地方还要求合适成年人填写《未成年人保护组织到场参与讯问情况表》。

（二）合适成年人参与制度运行中面临的困境

从检察院反映的情况来看，目前在司法实践中采用的合适成年人参与制度并没有发挥其应有的作用。第一，合适成年人在场"形式化"倾向明显。合适成年人在刑事诉讼过程中没有存在感，深感自己不受重视，即使参与讯问也是纯粹的"旁听者"，没法实际发挥作用。第二，未成年人对"合适成年人"的认识不足。未成年人不明白合适成年人存在的意义，不了解其地位和作用，基本不会向合适成年人敞开心扉、寻求帮助。第三，缺乏统一、协同的工作机制。目前公检法各机关在邀请合适成年人时各行其是，不同的诉讼阶段往往由不同的人员担任合适成年人。这种做法导致合适成年人难以在短时间内知悉了解涉案未成年人，另外，未成年人与合适成年人也很难建立信任关系。第四，合适成年人缺席后期帮教过程严重。目前合适成年人参与刑事诉讼过程仅"在讯问和审讯的时候"，尚未延伸到后期帮教、矫治全过程，因此合适成年人的功能有局限化之嫌。合适成年人不全程跟踪帮教会导致其前期的努力付之东流，也会影响未成年人改过自新和顺利回归社会。

三、合适成年人参与制度面临困境的原因解析

（一）缺乏统一的合适成年人遴选标准

目前合适成年人队伍没有统一的遴选标准，各地做法不一，合适成年人素质高低不同，导致参与效果不明显。如 JJ 区检察院、公安机关目前使用的合适成年人由团委、妇联、关工委推荐产生；LH 市由公、检、法、司、团委、妇联等九个单位各提供十至数十名人员组成合适成年人资源库；TT 县检察机关则与关工委合作主要由"五老"同志担任合适成年人……这些人具有一定的教育学、社会学知识和较强的沟通能力，但是也普遍缺乏办案的实际经验和专门的法律知识，对讯问和刑事诉讼程序不够了解，难以发现办案中的瑕疵，在参与过程中的监督作用难以发挥。再则，各单位在具体办案过程中为追求诉讼便利往往会自行选择合适成年人，同一个案件不同诉讼阶段往往是不同的合适成年人到场。在自行选择时，也往往倾向于选择愿意配合工作、容易通知的

成年人到场，导致合适成年人在场形式化，难以发挥实质性作用。有检察人员表示，合适成年人与未成年犯罪嫌疑人经多次和长时间交流才能建立信任关系，目前这种多个合适成年人各管一段的现象既不利于双方建立信任关系，也容易加剧涉案未成年人的抵触心理，导致合适成年人的作用难以发挥。

（二）合适成年人的经费保障不足

虽然《未成年人刑事检察工作指引（试行）》规定，由社会组织的代表担任合适成年人的，其在人民检察院审查逮捕、审查起诉阶段因履行到场职责而支出的交通、住宿、就餐等费用，人民检察院应当给予适当补助。但是，据笔者了解，当前各级政府基本没有将保障合适成年人参与制度落实经费纳入财政预算。实践中，检察机关邀请学校老师、关工委人员等代表担任合适成年人，虽占用其相当部分的工作、休息时间，但没有报酬或者仅支付少量象征性报酬。例如，每年涉未成年人刑事案件整体数量较少的 TT 县，一旦有案件需要合适成年人参与，统一由关工委的老同志义务担任，检察机关不支付任何报酬；而 SM 县、XJ 县等地，邀请关工委老同志、政法系统退休人员担任合适成年人，无论是否异地提审和讯问时长，每次从单位办案经费中给予 100 元补助。不难看出，这种合适成年人参与刑事诉讼过程普遍带有明显的"公益"性质，"收入"与其身兼监督、沟通、抚慰、教育等多重"产出"不成正比，很难调动他们工作的积极性，也很难做到可持续性。再则，由检察机关提供经费的做法本身存在一定争议，一方面具有监督职责的合适成年人与被监督者——人民检察院之间会自觉不自觉地形成一种"利益裙带关系"[①]，极易导致合适成年人被"同化"甚至"异化"，"配合"的多，"挑刺"的少；另一方面合适成年人收取检察机关的"钱财"再来行使监督检察机关的职责，可能碍于情面不愿监督或者不认真监督。更有甚者，在监督过程中，即便发现可能存在侵犯未成年人合法权益的情形，为了长期合作也可能视而不见，因此监督的有效性受到怀疑。

（三）缺乏合适成年人参与的操作指南

《刑事诉讼法》第 281 条对合适成年人参与制度作了原则性规定后，北京、浙江等地检察机关相继出台了实施办法或细则，对合适成年人的选任条件、选任限制及权利义务等作出了专门规定。但目前仍缺乏合适成年人具体参与程序方面的操作指南，而这种"操作系统"的缺乏也引发了诸多问题，主

---

① 此处的"利益裙带关系"是指合适成年人与被监督的人民检察院及其工作人员之间基于共同利益所建立的一种利益共同体关系。

要有：（1）合适成年人的自身定位模糊。在介入程序上，正如前文介绍，合适成年人在诉讼权利义务告知书上签字后即参与讯问，大多情况下没有充足时间仔细阅读告知书上所列的 7 项权利、9 项义务，因此很难保证其真正理解告知书上的规定、精神，导致合适成年人自身定位模糊。例如，有的合适成年人在讯问开始时要求未成年人向讯问人员如实交代，没有意识到自己是未成年人权益的"专门保护者"，明显违背合适成年人参与制度的设计初衷。（2）未成年人的知情同意权被轻视。根据《合适成年人诉讼权利义务告知书》的设计可知，向未成年人表明自己的身份和承担的职责是合适成年人的义务。但是，目前该项义务在实践中并未被要求履行。通常情况下，多是由案件承办人向未成年人告知合适成年人的身份。如在讯问开始前，案件承办人会问："因为你系未满十八周岁的未成年人，父母不能到场，我们邀请××作为你的合适成年人参与讯问，你是否听清？有无异议？"未成年人答："听清楚了。无异议。"至此，形式上告知义务已经履行完。这种借用正式概念却缺少解释说明的简单告知，未成年人虽然表述"同意"但实际上可能并不知情。如果未成年人既不真正知情，亦不真正同意，那么意在实现知情同意的程序就成了一种形式，而为涉案未成年人提供司法保护的目的也难以真正实现①。（3）合适成年人和未成年人"形同陌路"。合适成年人与涉案未成年人进行有效的沟通，并在此基础上建立相互的信任关系，是合适成年人发挥实质作用的前提之一②。但是，由于目前没有对讯问前交流时间与程度进行规定，在"案多人少"的现状下，案件承办人为追求办案效率往往没有为合适成年人和未成年人预留交流时间，合适成年人与未成年人在讯问过程中完全没有沟通的情况也是屡见不鲜。合适成年人的沟通、抚慰和教育的职责很难发挥，使其蜕变成仅在讯问笔录上签字的"陌生人"。

（四）欠缺复合型的合适成年人团队

合适成年人的职责要求其应当具备相当的法律知识与良好的沟通能力，并具备相应的心理学和教育学知识。但是，这种复合型人才本身十分紧缺，能吸收到合适成年人队伍中的更是有限，因而整合人才资源组建"复合型"团队是可替代的方法。刑事诉讼法未规定讯问时合适成年人到场的人数，实践中各地合适成年人参与刑事诉讼过程也都是单兵作战、单打独斗，尚未形成团队模

---

① 王文卿、丁可欣：《合适成年人参与制度的形式化——社会工作者的参与观察和反思》，载《社会工作》2016 年第 3 期。

② 何挺：《合适成年人讯问时在场的形式化倾向及其纠正》，载《中国刑事法杂志》2012 年第 11 期。

式,在很大程度上降低了合适成年人参与刑事诉讼的实效。例如,政法机关离退休干部虽然熟悉法律、经验丰富,但是普遍不具备系统的心理学知识,在参与过程中安抚作用会打折扣;团委、妇联代表虽然熟悉未成年人心理且沟通能力强,但没有专业的法律知识,难以履行监督职能。

四、合适成年人参与制度的路径改造

改革、完善合适成年人参与制度是必然的,但不能简单移植国外的合适成年人参与制度,而应结合实际,继续深入探索,完善一系列规章制度,坚持以"儿童利益最大"为指导原则对现行合适成年人参与制度进行改革与完善。对比本文简单阐述几点完善建议。

(一)健全合适成年人遴选、考核机制

合适成年人参与制度要想真正发挥应有的功效,需要一支相对稳定、具备专业能力和较高综合素质的队伍。建设合适成年人队伍,应该由司法行政部门牵头,整合社会资源,探索建立一套合适成年人选拔、培训、考核机制。首先,组建专门的合适成年人资源库。在社工组织尚未完全成熟的 TZ,暂时可招募精通未成年人刑事案件流程且热心未成年人权益保护的公益律师,具备一定社会学、心理学知识的青少年司法社工,以及了解未成年人心理特点、擅长未成年人教育的退休中小学教师、关工委工作人员,对他们进行法律、心理学等方面的知识培训,并通过模拟(现场)考试等方式确定最终名单,组成一支集法律、心理、教育知识于一体的合适成年人团队,为合适成年人全程式的监督与跟踪服务提供智力支持和人才保障。其次,对合适成年人团队进行定期考核和专项训练。通过定期考核及时淘汰没有或无法履行相关职责的合适成年人,定期进行专项训练不断丰富和完善合适成年人的知识储备,提高他们处理新问题、新情况的能力,推动合适成年人队伍向专业化、规模化发展。

(二)建立合适成年人参与的配套制度

一是完善管理机制。设立合适成年人专门的管理机构或办公室,负责合适成年人的招募、日常管理、考核与培训、发放补贴或薪酬。公安机关、检察院、法院在办案中如需要合适成年人参与,则直接与该管理机构或办公室联系沟通,由管理机构或办公室按照要求统一指派合适成年人。这样既能保证合适成年人的质量和选择的随机性,也能改变过去公、检、法为涉案未成年人寻找合适成年人时各自为战的情况,真正实现合适成年人"一站到底"。

二是提供经费保障。划拨专门经费保障合适成年人参与制度的运行,列入司法行政机关业务费用,由同级政府予以保障。该经费至少包括两块内容:

（1）合适成年人的招募、管理、考核及培训等费用，解决合适成年人参与制度运作问题；（2）合适成年人的补助，同时要对该补助进行更准确的定位，应以各地城镇人口平均日工资为基准，可适当上浮，让合适成年人获得与其工作相匹配的补助，提高合适成年人的工作积极性。

（三）规范合适成年人参与程序

合适成年人充分履行职责需建立在享有的一系列权利得到保障的基础上，建议以法律的形式设计合适成年人参与制度的具体操作方法。首先，保证合适成年人的知情权。提前送达《合适成年人诉讼权利义务告知书》时，一并送达未成年人的身体特点、家庭和教育背景、成长经历、日常表现、涉案情况等相关材料，保证合适成年人在充分知情的前提下参与讯问。其次，保证合适成年人与未成年人的必要交流时间。如可以明确规定合适成年人与未成年人在讯问前有 30 分钟之内的沟通时间，由合适成年人向未成年人表明身份，解释合适成年人的职责和义务，并在前期了解的基础上与未成年人进行会谈交流，消除未成年人的顾虑，缓解其紧张情绪，使双方真正建立起信任关系。在讯问过程中，合适成年人与未成年人也可就个人情况、心理状态等案外情况随时进行交流，但不得干扰正常的办案和讯问秩序。最后，保证同一未成年人的合适成年人同一。明确公安机关、检察院、法院的案卷材料或者法律文书中附带列明本阶段参与的合适成年人的姓名与联系方式，除非合适成年人确实无法到场或未成年人有正当理由要求更换合适成年人外，一般不得更换原合适成年人，保障合适成年人参与的纵向连续。

（四）加强与高校合作助推团队建设

针对合适成年人参与制度运行过程中复合型人才匮乏的问题，目前最经济可行的途径是加强与高校合作，组建以"法学＋心理学"为主的复合型合适成年人团队，在参与刑事诉讼过程中改变过去"单兵突击"模式为"团队作战"模式。首先，高校具有丰富的人才优势和学科优势，容易组建具有法学、心理学专业背景的师生团队。其次，高校师生团队较其他兼职人员而言，自由支配时间更充足，且队友间交流更方便，能够突破个人的知识局限，为未成年人提供更专业、更全面的服务。最后，能够实现"双赢"乃至"多赢"。对于高校师生来说，担任合适成年人能够实质性地接触司法工作，为其理论研究提供丰富的实证经验和研究领域，使公检法机关成为校外教学实践基地；对于办案机关来讲，专业人员的介入能够让外部监督更好地发挥助推器作用，为提升司法办案公信力提供更强大的动力支持。同时，高质量人才的参与也能促使合适成年人队伍走向职业化、专业化。

试论未成年人罪错行为干预体系的分层构建

林晓萌[*]

林晓萌[*]

[内容摘要] 目前针对未成年人罪错行为的刑事化处理与非刑事化处理呈现出"二元分立、发展失衡、衔接断层"的特征，在制度层面和实践层面均存在亟待解决的现实问题。未来改革中，应当充分贯彻"以教代刑"的少年司法理念，以干预介入的及时性和教育矫治的专业性为改革方向，整合制度资源、引入社会力量、强化非刑事化处理措施的保护处分性质，提升刑事处理的行刑社会化水平，探索建立"家庭、学校教育—基地观护—收容教养—刑事处遇"的未成年人罪错社会化干预体系。

[关键词] 未成年人；罪错行为；分级处遇

最高检制定下发的《2018—2022年检察改革工作规划》中明确提出探索建立罪错未成年人临界教育、家庭教育、分级处遇和保护处分制度。本文尝试立足检察视角，从立法的宏观层面和实践的微观层面对现有罪错行为干预措施进行解读，在此基础上针对罪错行为干预体系的分层构建提出一些思考建议，以期对实践探索有点滴助益。

一、制度解构：现行未成年人罪错行为干预规定的逻辑梳理

（一）罪错行为

对罪错行为的精细划分是精准处遇罪错未成年人的前提和基础。由于我国没有独立的少年司法体系，罪错行为尚无法律层面的统一划分，相关规定散见于《刑法》《治安管理处罚法》《预防未成年人犯罪法》中，但《预防未成年人犯罪法》的社会法属性明显，与《刑法》和《治安管理处罚法》不属同一

---

* 林晓萌，天津市人民检察院未成年人检察工作办公室检察官。

范畴，其中关于罪错行为的规定缺少逻辑对接。

《预防未成年人犯罪法》中列举的罪错行为包括不良行为和严重不良行为两类，其实是涵盖了触刑行为①和部分常见于未成年人的治安违法行为。《预防未成年人犯罪法》第 14 条列举的九种不良行为，"旷课、夜不归宿""进入法律、法规规定少年不宜进入的营业性歌舞厅等场所"等属于身份不良行为，其余行为则属于轻微的治安违法行为。第 34 条列举的九种严重不良行为，"因为不满 16 周岁而不予刑事处罚的行为"属于触刑行为，其余规定均为较严重的治安违法行为。②《刑法》第 17 条第 2 款通过列举八种严重犯罪行为，将未成年人的犯罪行为界分为两类，并分别规定了不同的责任年龄。实施八种严重犯罪行为的责任年龄为 14 周岁，即相对刑事责任年龄，实施普通犯罪行为（即八种行为之外的犯罪行为）的责任年龄为 16 周岁，即完全刑事责任年龄。未满 16 周岁实施的普通犯罪行为和未满 14 周岁实施的八种严重犯罪行为，即使客观上触犯刑法规定，因不具有责任能力而不构成犯罪，这部分行为可以归于严重不良行为的范畴。

通过梳理可以发现，立法层面确定的罪错行为主要有不良行为、严重不良行为、治安违法行为、犯罪行为，四种行为在性质和社会危害程度上大概呈现梯度，但区分标准不一，因而关系错乱、边界模糊（图 1）。

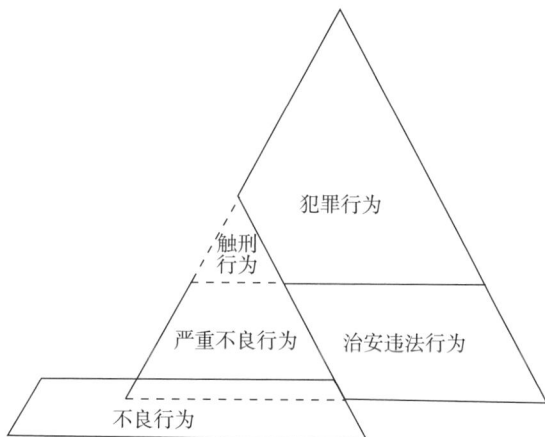

图 1 未成年人罪错行为的逻辑结构（实然）

---

① 为便于研究论述，本文将触犯刑法但因未达刑事责任年龄或情节显著轻微不认为是犯罪等原因不予刑事处罚的行为统称为"触刑行为"。

② 参见姚建龙：《中国少年司法的历史、现状与未来》，载《法律适用》2017 年第 19 期。

　　为便于行文研究，本文以社会危害性程度为基本标准，兼顾责任年龄的对象划分，将罪错行为进一步细分为六类：一般不良行为、触法行为、治安违法行为、触刑行为、普通犯罪行为、严重犯罪行为（图2）。一般不良行为包括尚未触犯治安管理法规的不良行为和严重不良行为；触法行为指违反治安管理法规但因不满14周岁等原因不予处罚的行为；普通犯罪行为指《刑法》第17条第2款列举的八种严重犯罪行为之外的犯罪行为。

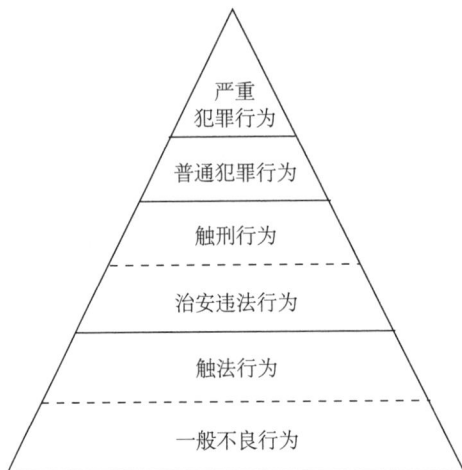

（图：三角形金字塔结构，从顶部到底部依次为）
严重
犯罪行为
普通犯罪行为
触刑行为
治安违法行为
触法行为
一般不良行为

图2　未成年人罪错行为的逻辑结构（应然）

（二）干预措施

　　《未成年人保护法》《预防未成年人犯罪法》《治安管理处罚法》《刑法》中规定了多种罪错行为干预措施。本文重点研究适用范围相对较广、教育和惩戒功能相对较强的行政性和司法性干预措施，对于家庭教育、学校教育、训诫、收容教育、强制性戒毒措施等不做探讨。

　　目前的处遇方式中，刑事化处理方式主要包括各种刑罚及刑事诉讼过程中的非刑罚处理方式，非刑事化处理方式主要包括收容教养、工读学校和治安处罚中的行政拘留。其中，收容教养、工读学校和附条件不起诉专门针对未成年人设置，其他行政处罚和刑事处罚除设置了年龄限制条件，在执行方式上与成年人未做明显区分。不同措施依据行为性质、危害程度、行为人年龄等因素适用于不同范围（表1）。

表1 未成年人罪错行为及主要干预措施

	不满 12 周岁	12—14 周岁	14—16 周岁	16—17 周岁	17—18 周岁
一般不良行为	无	无	无	无	无
触法行为	无	工读教育	/	/	/
治安违法行为	（触法行为）	（触法行为）	工读教育 治安处罚（不执行刑事拘留）	工读教育 治安处罚	治安处罚
触刑行为	收容教养①	工读教育 收容教养	工读教育 收容教养	/	/
普通犯罪行为	（触刑行为）	（触刑行为）	（触刑行为）	刑事处理	刑事处理
严重犯罪行为	（触刑行为）	（触刑行为）	刑事处理	刑事处理	刑事处理

对照表1，从制度规定的体系结构可以发现，目前的罪错干预制度对轻微行为的早期干预不足，在低龄阶段的干预不及时。诚然，轻微的罪错行为和低龄的未成年人适用强制性较强的干预措施在必要性和适当性方面值得商榷。但是笔者认为，有必要从立法层面扩大其覆盖程度。一方面，即便未成年人出现罪错行为时年纪尚小、早期行为恶性程度较低，在罪错少年的家庭教育大多缺失或存在问题、部分为不在校无业人员的现实背景下，家庭教育、学校教育发挥作用不力，罪错行为很可能会逐步升级直至演变为犯罪行为。已有基于全国未成年犯的调查研究显示，未成年人不良行为与同类犯罪行为呈正相关。②

考虑到罪错行为及时干预、早期干预的重要性，首先应当从立法设计层面扩大强制性干预措施的适用范围，为参与早期及轻微罪错行为的教育矫治提供可能。在此基础上，一方面要强化家庭、学校的作用，另一方面要改良现有干预措施。实践中可以根据实际情况，通过弹性利用自由裁量空间选择最优的处遇手段，实现罪错行为矫治的最佳效果。

---

① 关于 14 周岁以下的未成年人是否适用收容教养，在 2012 年修订《未成年人保护法》前存在争议。法律修订后取消了"已满十四周岁的未成年人犯罪，因不满十六周岁不予刑事处罚的，责令其家长或者其他监护人加以管教；必要时，也可以由政府收容教养"的规定，但实践中收容教养 14 周岁以下的未成年人情况较少，占比非常低。

② 参见关颖：《未成年人不良行为及其影响因素分析——基于全国未成年犯的调查》，载《青少年犯罪问题》2013 年第 2 期。

二、价值体认：未成年人罪错行为干预措施的实践现状

（一）非刑事化处理方式的式微与滞后

有学者将未成年人罪错行为规律总结为注重保护、强调恢复、积极预防，① 从这一层面讲，通过非刑事化处理方式对轻微罪错行为进行早期干预，对预防犯罪具有更加重要的意义。然而在现实中，非刑事化处理方式发展缓慢、适用率低，明显呈现萎缩趋势。

1. 收容教养

根据刑法规定，收容教养制度适用于因不满 16 周岁不予刑事处罚的未成年人。触刑行为社会危害性与犯罪行为相当，行为矫治的重要性和迫切性自不怠言。然而收容教养作为立法设计中干预触刑行为的唯一强制性措施，远没有发挥出其应有的作用。

收容教养制度在实践中主要存在四方面问题：一是法律规定过于原则，影响实际操作。法律对决定机关、条件、程序、场所等最基本的问题均未明确。收容教养的执行先后归公安机关、司法行政机关负责，为指导规范工作开展，公安部、司法部出台了一些规范性文件，各省市相关部门也结合自身实际制定了实施细则。上述规范性文件在推动工作开展方面发挥了积极作用，但也导致收容教养在执行中因地域差异而千差万别。此外，规范性文件效力等级普遍偏低也存在合法性风险。根据《公民权利和政治权利国际公约》规定，除非依照法律所确定的根据和程序，任何人不得被剥夺自由。2000 年《立法法》更是明确规定，对限制人身自由的强制措施只能制定法律。二是制度老旧与现行司法制度衔接不畅。收容教养制度创设于 1960 年，带有浓厚的时代色彩。关于收容教养的制度更新止步于 20 世纪 90 年代，没有吸收人权保障、程序正义等新的司法价值理念，随着法治的不断发展，收容教养的陈旧性日益凸显，与现代司法制度愈发衔接不畅。2013 年劳动教养被废除，在劳动教养场所执行收容教养的多个地区更是面临没有执行场所的窘境。三是惩罚性过强而保护处分性质不足。作为触刑未成年人的非刑事化处理方式，收容教养的首要功能定位应当是有效的教育矫治和犯罪预防，而非简单的惩罚。由于制度老旧等原因，收容教养明显表现出惩罚性过强而教育矫治功能薄弱。"少捕、慎诉、少监禁"理念已在刑事诉讼过程中深入贯彻，相对不起诉、附条件不起诉及非

---

① 参见宋英辉、苑宁宁：《未成年人罪错行为处置规律研究》，载《中国应用法学》2019 年第 2 期。

监禁刑广泛适用，对涉罪未成年人的刑事处遇日趋宽缓，收容教养的执行期限为 1—3 年，剥夺人身自由的强制性和惩罚性甚至重于常见的刑事处罚。而在教育方面，虽然法律明确规定未成年人在被收容教养期间，执行机关应当保证其继续接受文化知识、法律知识或者职业技术教育，对未完成义务教育的未成年人应保障其继续接受义务教育，但是收容教养的执行机关尚无法律明确规定，更遑论完善教育的配套措施了。四是适用率低。针对我国东中西部三省 2003—2013 年收容教养工作的数据显示，十年间收容教养的未成年人人数锐减。① 2013 年劳动教养废止后许多地区没有合适执行场所，收容教养的现实状况更是雪上加霜。犯罪年龄日趋低龄化但收容教养却没有发挥应有的重要作用，必将带来更大的隐忧，这一点已为低龄未成年人恶性事件频发和由此引发的社会焦虑所证实。

2. 工读教育

工读教育主要适用于 12—17 周岁，有严重不良行为但未达到违法犯罪程度的未成年人。工读教育产生于 20 世纪 50 年代，其后也曾迎来发展的高潮并发挥积极作用，自 20 世纪 90 年代以来，随着法治环境的变化及对青少年权利保障意识的提升，工读教育开始面临诸多质疑，一段时间内取消工读学校的呼吁广泛存在。缘于近年来低龄未成年人恶性事件对社会的持续刺激，恢复发展工读教育的呼声又起。就自身发展而言，虽然一直延续至今，但数次小的革新未能反转日渐萎缩的趋势，难以摆脱窘境。工读教育与收容教养同为有欠革新的早期制度，存在许多共性问题，例如制度规定老旧、对人身自由限制性强、教育矫治专业性欠缺等。工读教育目前面临最突出的问题在于欠缺生源。1999年《预防未成年人犯罪法》颁布后，工读教育由强制入学变为自愿入学，需要父母或者其他监护人，或原所在学校提出申请，教育行政部门批准才能入学。自此生源锐减，许多学校转型或关闭。据报道，2017 年底国内有工读学校 93 所，半世纪里缩减了一半。② 另外，工读学校在开展教育方面也是存在很多不足，多数学校只负责初中教育，没有衔接的职高教育，学生毕业后缺乏专业技能，也没有顺畅的教育衔接体系。

3. 行政拘留

行政拘留并非专门针对未成年人的干预措施，是依附于成年人司法体系的

① 参见收容教养研究课题组：《三省收容教养工作调查报告》，载《犯罪与改造研究》2016 年第 6 期。

② 《工读学校"生存录"：半世纪减少过半，有学校多年无生源》，载 http://www.chinaxiaokang.com/jiaoyupindao/2019/0212/615556.html，2019 年 3 月 31 日访问。

处罚方式。依据目前规定，不满 14 周岁的未成年人不予行政处罚，不满 16 周岁的未成年人，行政拘留只决定不执行。2017 年《治安管理处罚法（修订公开征求意见稿)》将行政拘留执行年龄降至 14 周岁，修改初衷或是回应社会中对低龄未成年人恶性事件的焦虑和"降低刑事责任年龄"的呼声，但随即引发学界和实务界广泛质疑。由于收容教养制度的名存实亡等原因，对于未达刑事责任的未成年人，无论行为多严重，只能"一放了之"，既无惩罚性措施更缺乏教育矫治的现实情况，的确存在巨大社会隐患。然而这一问题的根源在于"不教"而非"不罚"。降低刑事拘留执行年龄，除了"平民愤"及一定的震慑作用，并不能从根源上解决行为矫治和预防再犯问题。不足 15 日的拘留期限内，罪错未成年人不但得不到行为矫治，还可能因为违法标签而产生消极自我认识，甚至会在拘留场所"交叉感染"。因此，笔者认为，在罪错未成年人干预体系的建构中，行政拘留应当被保护处分性质的干预措施所取代。

（二）刑事化处理方式的勃兴与困局

与非刑事化处理方式名存实亡的窘境相比，刑事化处理方式的发展更为蓬勃，理念更为先进，制度也更加健全。少年司法理念价值在少年司法领域得到广泛认同与践行，宽严相济的刑事政策的执行、行刑社会化理念的引入和社区矫正制度的确立，助推了少年司法实践，并自下而上推动了立法的完善。刑事诉讼法中"未成年人刑事案件诉讼程序"专章的设置，又反过来为司法实践提供了制度遵循。刑事化处理方式的主要短板在于监禁刑中的专业矫治与再社会化问题，同时，在帮教过程中来自制度层面和专业社会力量的资源补给不足。

1. 不起诉

自 2012 年刑事诉讼法规定附条件不起诉制度以来，这一制度得到广泛适用。同时，针对未成年人的相对不起诉适用率也明显高于成年人。在检察环节作出这两类不起诉决定的案件具有相当占比，且仍在稳步上升。以 T 直辖市为例，近三年来未成年人刑事案件不起诉率维持在 25% 以上。不起诉已经成为一种重要的刑事化处理方式。不起诉的适用可以使部分轻微犯罪的未成年人免予犯罪标签，尽快脱离进一步的讼累，并且能适度地获得帮教。附条件不起诉制度实践中的难点在于考察帮教和不起诉决定后的跟踪回访。法律层面并未设置配套机制，实践中许多检察机关充分发挥主观能动性，借助社会力量支持开展考察帮教工作，但仍有许多帮教工作需要检察机关承担，客观上增加了检察机关的工作量，就帮教质量而言，又有不够细致及专业之虞。此外，也存在符合附条件不起诉条件的异地户籍未成年人，因缺乏考察帮教条件而未适用附条件不起诉，又不符合社区矫正条件，只能判处监禁刑。还有同时符合相对不起诉与附条件不起诉条件的案件，因为附条件不起诉后期需要开展帮教考察工作，而作出相对不起诉，使涉案未成年人失于帮教。这些现实问题都呼吁制度的进一步完善。

2. 非监禁刑

我国已正式确立社区矫正制度。目前涉罪未成年人非监禁刑执行的主要方式即为社区矫正。社区矫正确保了涉罪未成年人不因刑罚的执行而脱离社会，但是我国社区矫正起步较晚，在初级阶段发挥作用仍然有限。一方面，针对未成年人的社区矫正方式与成年人差别不大，并未实现精准帮教和个性化矫治。另一方面，专业社工等社会力量参与不足，影响了教育矫治的专业性。实践中通常采用集中法治宣传等形式，缺乏系统的心理与行为矫治。此外，现行的社区矫正制度还存在对涉罪未成年人难以形成有效约束力、被害人的地位和作用被忽视等问题①，有待进一步发展与完善。

3. 监禁刑

随着"少捕、慎诉、少监禁"司法理念的普及适用，未成年犯非监禁化处遇的适用比例大幅提升。然而未成年人严重刑事案件客观存在，部分未成年犯仍需要适用监禁刑。受监禁的未成年犯是罪错未成年人中的"关键少数"，他们的再社会化和再犯预防问题仍是刑事化处理方式中的短板。

除部分余刑较短留所服刑的情况外，其他未成年犯在未成年犯管教所（以下简称"未管所"）服刑。《未成年犯管教所管理规定》颁布于1999年，其中对于未成年犯的管理、教育、改造均作出了规定，并明确规定未成年犯管教所应当加强同社会有关部门的联系，共同做好未成年犯的教育管理工作。但历经二十余年，仍无健全的配套措施保障上述规定的落实。未管所最突出的两个问题始终未有效解决：一是教育矫治和帮教工作欠缺专业性和系统性。多数未管所面临缺乏师资保障和教学经费的客观情况，文化教育常常由狱警兼职进行，心理矫治更是捉襟见肘。二是行刑社会化程度低，缺乏专业社会力量支持。封闭的监禁环境阻隔了未成年犯与社会的接触，加之与社会资源衔接不畅，在行为矫治、技能培训等方面缺乏来自外界的专业社会力量支持，加剧了未成年犯再社会化的难度。此外，部分重罪未成年人的刑期较长，在刑罚执行过程中成年的，余刑在两年以上时往往会被转入成年人监狱。由于其被监禁前尚未成年，同时心理及行为存在偏差，也不具备完全适应社会生活的能力，转入成年人监狱后，在考核标准、教育管理方面都与成年犯趋于一致，增加了其

___

① 参见马丽亚：《未成年服刑人员行刑社会化制度的分层构建》，载《人民检察》2018年第13期。

再社会化的难度。

源于不同法律的独立规定，现有未成年人罪错行为的刑事化处理方式与非刑事化处理方式呈现出二元化特点，实践中这二元发展极不均衡。总体而言，非刑事化处理方式在立法、制度、实践层面明显滞后于刑事化处理方式。系统审视现行未成年人罪错行为干预方式，二元分立的现状带来的最大问题在于衔接的断层。一方面，罪错行为的处遇没有呈现理想的阶梯递进状态，存在罪错与处遇不相称的情况；另一方面，难以实现有益资源共享。例如，在刑事司法实践中发展而来的观护基地，具备开放化条件和相对成熟的帮教资源，观护基地通常用于对不起诉未成年人开展帮教矫治，其实同样可以共享用于轻微罪错行为的矫治工作，实践中由于缺少合作对接，局限了其发挥作用的范围。

三、善治重构：分层构建干预体系的制度设计

（一）基本立场

基于对制度设计和实践层面的现状分析，笔者认为未成年人罪错行为干预体系的分层构建中应当重点关注和着力解决以下六个方面问题：一是积极改良陈旧制度，使其切实发挥作用。收容教养、工读教育、未管所在我国均有着较悠久历史，在特定历史时期发挥过积极作用，但发展至今均已出现理念落后、配套资源缺乏等诸多问题，仅通过修补式的改革已不能解决这些问题，必须结合实际进行深入改革，才能重新激发制度活力。二是加强罪错行为的早期干预和重点干预。工读学校名存实亡，使得严重不良行为缺乏早期干预，存在逐步演变恶化的隐忧。触刑行为特别是 14 周岁以下未成年人实施的严重犯罪行为，以及个别利用刑事责任年龄刻意规避刑事处罚的极端恶性行为，社会危害性和人身危险性已然较重，属于绝对应当重点干预矫治的对象。由于收容教养的适用率较低，现实中针对这些行为往往既无刑事处罚、也无行政干预，脱离公权力管束。这一现象引发了刑事司法机关的焦虑和积极作为。以检察机关为例，近年来广泛开展的临界预防和校园法治宣传等工作，就是基于预防视角的职能延伸。客观来讲，这在一定程度上是应对非刑事化处理缺位的无奈之举，检察机关作为司法机关发挥作用毕竟有限，实现非刑事化干预措施的"自强"才是根本之策。三是强化保护处分性质。我国的罪错行为干预手段，特别是非刑事化处理手段仍然惩戒性过重，教育矫治功能不足。这种现状背离了未成年人司法规律，需要在改革过程中予以矫正。四是加强教育矫治和帮教的专业化程度。心理和行为矫治、文化教育、技能培训都需要由专业力量完成才能保障效果，目前刑事化干预措施与行政化干预措施中相关的工作均由执行部门"一肩挑"，既耗费大量精力，也影响帮教效果。五是加强协作，引入社会力量。

做好未成年人犯罪预防和帮教工作，离不开来自社会的资源支持，这点已成为各界共识。目前社会化支持体系建设已经启动，有期通过协同努力为罪错行为干预提供专业化、制度化的配套性支持体系建设。六是重视监禁刑执行中的再社会化问题。目前对于未成年人社会化问题，关注点往往在处遇措施选择时的轻缓化倾向。但适用监禁刑与社会相对隔离的未成年人永远会客观存在，他们最终仍需要回归社会，必须保障监禁执行中犯罪预防和再社会化措施的实际效果，否则将带来巨大的再犯隐患。马汶·沃尔夫冈曾提出关于犯罪的"百分之六定律"，预测"如果不能很好地管控那些曾经犯过罪的少年，待他们成年以后，即便他们中的 6% 犯罪，也可能犯下所在社区 50% 以上的重罪，国家和社会将会为之付出更沉重的代价"①。

（二）体系建构

罪错行为干预体系的整体逻辑框架，应当由"家庭、学校教育—基地观护—收容教养—刑事处理"四部分构成，呈现阶梯递进的分层结构。家庭、学校教育属于基础性干预措施，可根据情况独立适用或与其他干预措施共同适用。基地观护是新引入的介于家庭、学校的一般性干预和收容教养之间的新型干预措施（图3）。收容教养制度实为现有收容教育与工读学校的整合再造。此外，还包括刑事处理方式的优化和行政拘留的剔除。基础制度发展相对成熟后，经过严格的程序对改造效果和危险性程度进行评定，家庭、学校教育与收容教养、观基地观护之间可以转化，使罪错干预更加灵活、精准。

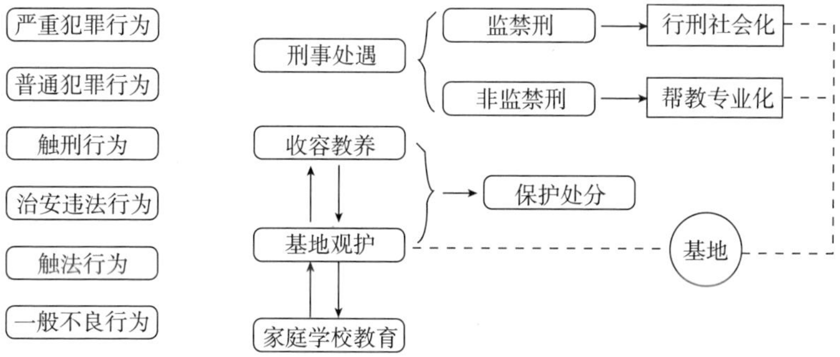

图3　未成年人罪错行为干预措施体系的分层结构

分层构建的干预体系具有四方面特点：一是符合并尊重少年司法规律。特

①　转引自张寒玉、张亚力、杨迪：《重罪未成年人重返社会问题研究——以云南司法实务为视角》，载《青少年犯罪问题》2018 年第 3 期。

别是定位为非刑事化干预措施的基地观护和收容教育,充分吸纳"以教代刑"理念,更加突出保护处分性质,强调恢复预防,弱化惩罚性质。二是重视早期干预与专业干预。始终秉承早期干预与专业干预的思路,作为制度重构优化的目标方向。三是弥合断层实现无缝衔接。秉承"一体化整合"的思路,着力解决二元分离及其带来的衔接断层问题,特别是将观护基地这一成熟司法实践引入制度设计,作为弥补学校、家庭教育和行政化干预措施"断档"的过渡性措施。同时,为了体现行为程度与干预措施的匹配性,通过改革降低收容教育制度对自由的限制程度。四是立足现有资源进行整合。观护基地作为一项成熟的刑事司法成果,与社会密切程度高,在教育矫正方面存在优势,提升再造并制度化后完全可以作为一种新的非刑事化处理方式在更大范围发挥作用。同时,收容教育与工读学校这两项发展乏力的"早期"制度,其实仍有各自的潜在优势,整合升级后有期真正实现角色价值。

在分层构建中,行为人年龄和行为性质是选择适用具体干预措施的两项基本考虑因素(表2)。一般而言,未成年人年龄越小,在选择干预措施时基于个性化矫治和精准处遇的要求,越要根据具体情况选择和调整适用。

表 2　社会化干预措施适用的年龄分级

	不满 12 周岁	12—14 周岁	14—16 周岁	16—17 周岁	17—18 周岁
一般不良行为	基地观护	基地观护	基地观护	基地观护	基地观护
触法行为	基地观护	基地观护 收容教养	/	/	/
治安违法行为	(触法行为)	(触法行为)	收容教养	收容教养	收容教养
触刑行为	收容教养	收容教养	收容教养	/	/
普通犯罪行为	(触刑行为)	(触刑行为)	(触刑行为)	刑事处理	刑事处理
严重犯罪行为	(触刑行为)	(触刑行为)	刑事处理	刑事处理	刑事处理

(三)措施展开

1. 基地观护:一种新型干预措施

基地观护是新引入的介于家庭、学校的一般性干预措施和收容教养之间的一种新型干预措施。矫治强度强于家庭、学校的一般干预,自由限制程度弱于收容教育,主要适用于家庭、学校的一般干预效果不理想,又达不到收容教养程度的罪错行为。它是在现有观护基地的基础之上,吸取其有益成果及社区矫正制度的经验进行的"升级再造"和制度固化。

在立法方面应当对这项制度进行明确。建议修订《未成年人保护法》《预防未成年人犯罪法》时，可以将它作为一种教育矫治措施列明。后期可以通过条例规定、会签文件等形式，根据具体情况制定实施细则，对实体条件和程序措施作进一步规定。

具体设计方面，观护基地场所可以选择为社区、学校或者有社会责任感和观护条件的企业。应当签订协议并明确基地的职责范围、教育矫治方式及管理流程。具体的教育矫正依具体情况可以采取多样化方式进行，如法治教育、定期面谈、公益劳动等，还可取法我国台湾地区的假日生活辅导等制度，利用寒暑假等相对较长的一段时间，集中开展系统的教育矫治。有条件的企业还可以结合营业范围对未成年人开展技能培训。基地应当配有心理测评和矫治的硬件设施，并与机构或团队建立联系，通过心理咨询师值班制度等实现专业心理服务的长期有效覆盖。观护时间可以根据教育矫治方式灵活确定和调整，不宜作出统一规定。目前最高检和共青团中央联合开展的未成年人检察工作社会化支持体系试点工作已经启动，为社会力量参与未成年人司法保护提供了制度支持。可以试点工作为契机建立一部分专业资源丰富、硬件设施齐全、制度规范性强的精品观护基地，示范带动基地观护工作的成熟与推广。

此外，成为非刑事化处理方式的观护基地，仍可为保留其初始的功能定位，在附条件不起诉的考察帮教和异地未成年人的社区矫正中发挥作用。刑事诉讼过程中作出非监禁的轻处理前通常会结合社会调查结果、认罪悔罪态度及犯罪危害程度对行为人进行综合评判，这部分未成年人多数认罪悔罪态度好、社会危险性小、可塑性强，与基地中的轻微罪错未成年人"交叉感染"可能性不大。这样能最大限度地发挥观护基地的资源价值，也为刑事化轻处理方式提供了资源补给。

2. 收容教养：与工读学校的整合及功能再造

收容教养与工读学校的整合可以从以下四方面进行：一是适用范围方面，扩大为触刑行为及部分治安违法行为和触法行为；二是执行场所方面，将工读学校作为收容教养场所，解决收容教养"无处可养"的现实困境；三是主管部门方面，由公安机关与教育行政部门共同管理；四是教育功能方面，利用工读学校由教育行政部门管理的优势，完善配套教育资源，提升教育矫治和技能培训质量。

通过细化规定，增强收容教养的可操作性。关于收容教养的年龄下限，考虑到现代社会未成年人身心发育的提前和低龄未成年人恶性行为多发的现实情况，可暂不明确设置。对于12周岁以下的未成年人，严格控制但不排除特殊情况下的适用。关于收容教养的条件，有必要对《刑法》第17条"必要的"

条件予以展开，以"强制适用＋选择适用"模式明确界定。强制适用的条件主要包括"实施八种严重犯罪行为""利用未达刑事责任年龄身份规避处罚故意实施犯罪行为"两种，其他情况下可以根据具体情况选择适用收容教养或者基地观护。关于收容教养的启动方式，有观点认为应增加司法审查程序，笔者认为参照刑事诉讼的程序将案件在公安、检察院、法院流转，将消耗大量时间成本与司法资源成本。适当的方式可以为通过法律设定社会调查和个性化评估作为前置程序，由公安机关决定并报检察机关备案，从而实现程序启动的适当性和效率性的衡平。关于收容教养的期限，可以设置为 6 个月到 3 年的弹性时间。实际执行时间最短 6 个月、最长 3 年。决定执行时根据情况从 1 年、2 年、3 年三个等级中确定初始等级①，通过定期考察对期限适时延长或缩短，经测评达到合格目标后即可解除教养或转化为基地观护。收容教养的执行应着力实现教育的系统性、心理矫治的专业性，并积极采取有效措施避免"标签化"的负面影响。

3. 刑事化处理：立足现状的制度优化

刑事化处理措施的发展完善，与高质量的观护基地、专业化社工和多元化社会帮教资源是相辅相成的。深圳检察机关启动的"大爱福田"未成年人帮教项目，探索以帮助未成年人回归社会为目标的精准帮教，提供了值得推广借鉴的高质量范本。

体系建设中推动社会资源引入，将助推附条件不起诉制度和社区矫正执行的进一步完善。未成年犯的监禁刑执行，则需要更多创新与突破，全流程强化再社会化和预防再犯功能，具体措施如下：一是将帮教前延至监禁初期。在刑事拘留、逮捕或者监禁刑服刑伊始及时对未成年人进行心理疏导，解决其因为人身自由限制、环境忽然变化带来的恐惧心理和自我负面评价。② 二是改进监禁刑执行期间的教育管理模式。通过招录专业人才承担所内教育工作、引入社会力量等方式实现教育矫治专业化。按照宽严相济的司法政策和未成年人司法理念，对包括长成犯在内的未成年犯，经考核表现良好的，大幅度提升减刑的频率和程度。扩大假释在未成年犯中的适用率，尝试建立"自动假释制度"，服刑期限达到一半后，由专业的评审委员会进行审查，只要符合条件即予以假释。三是加强未成年人的释前与释后帮助，提供更具针对性和更加丰富的复归

---

① 参见吴燕、顾玙琮、黄冬生：《我国收容教养制度的重构》，载《少年司法》2016年第 4 期。

② 参见张寒玉、张亚力、杨迪：《重罪未成年人重返社会问题研究——以云南司法实务为视角》，载《青少年犯罪问题》2018 年第 3 期。

社会安排。在出狱前评估家庭环境、就业技能和心理状态，在复归就学、就业方面为未成年人提供帮助。基于基地观护制度，可在观护基地建立"中途之家"，作为未成年犯回归社会前的过渡场所。①

四、余论：检察机关在未成年人罪错行为干预体系中的地位

法律规定和检察机关的积极作为，成就了中国少年司法制度的强检察模式，② 我国检察机关在罪错未成年人的教育矫治中发挥着极为重要的作用。这不仅表现在依照刑事诉讼法规定，在司法办案中落实特殊检察制度、积极开展涉罪未成年人帮教工作，更体现在主动担当延伸检察职能。面对非刑事化处理方式缺位和发挥作用有限的现状，检察机关通过临界预防、法治宣传等活动，将职能触角前延至犯罪一般预防领域，并积极开展预防未成年人犯罪领域的社会合作，建设未成年人犯罪社会化帮教预防体系。罪错行为干预体系的构建是一个渐进的过程，科学化的制度建构趋于成熟后，最重要的是各司其职、发挥应有的角色功能。此时则应当重新思考职能定位与职责边界，立足本职深耕主责主业，积极但不越位地参与罪错矫正的社会化工程。

---

① 参见马丽亚：《未成年服刑人员行刑社会化制度的分层构建》，载《人民检察》2018 年第 13 期。

② 参见姚建龙：《中国少年司法的历史、现状与未来》，载《法律适用》2017 年第 19 期。

构建罪错未成年人分级处遇体系研究

昆明市人民检察院课题组[*]

[内容摘要] 探索建立罪错未成年人分级处遇制度是最高人民检察院《2018—2022 年检察改革工作规划》确定的改革任务，适应少年司法发展的客观要求。本文在分析现状的基础上，结合具体案例，提出构建罪错未成年人分级处遇体系的思路。文章首先对罪错未成年人的范围进行界定，再对构建罪错未成年人分级处遇体系存在的难点进行分析，最后从司法实务的角度提出构建罪错未成年人分级处遇的基本框架和具体的工作设想。

[关键词] 罪错未成年人；分级处遇；少年司法；社会支持体系

罪错未成年人是社会的危害者，同时也是不良环境的受害者。目前对罪错未成年人处分及处罚机制存在一定缺陷，建立"分级处遇"的工作机制，针对罪错未成年人行为违法轻重的不同，强调前延和后伸，进行早期干预，注重教育、感化、挽救的效果，构建包括训诫、跟踪矫治、专门机构矫正在内的多层次处遇体系，既能提高涉罪未成年人帮教保护的覆盖面和实效性，又能有效矫正部分因未达责任年龄不受刑事惩戒的未成年人。

一、罪错未成年人的范围

"罪"是指触犯刑法的犯罪行为，"错"是指严重违反社会规范、违背社会公德的不良行为，或者严重危害社会、尚不构成刑事处罚的违法行为。所以罪错未成年人涵盖的范围很广，相应的，罪错未成年人分级处遇制度的内容也十分丰富。西南政法大学青少年犯罪研究中心的熊波认为，罪错未成年人分级

---

* 课题组组长：毕春华，云南省昆明市人民检察院副检察长；课题组成员：杨迪，云南省昆明市人民检察院第九检察部检察官；余芳，云南省昆明市人民检察院第九检察部检察官助理。

处遇制度的构建，最为关键性的必然是罪错未成年人适用主体的认识问题。罪错未成年人应当包括四类主体：未满 14 周岁的未成年人进行一般违法行为的；已满 14 周岁、未满 16 周岁的未成年人进行一般违法行为的；已满 14 周岁、未满 16 周岁进行《刑法》第 17 条第 2 款规定的严重暴力等犯罪行为的；已满 16 周岁的未成年人进行犯罪行为、应负刑事责任的。宋英辉老师认为罪错未成年人分级处遇可以从多个维度界定分级，以适用对象分级，适用对象为未成年人，区分为不满 12 周岁、已满 12 周岁两类未成年人。由于不满 12 周岁的未成年人尚未进入青春期，对家庭的人身依附性很强，原则上不应当脱离家庭环境，在家庭的配合下接受一系列的干预。课题组认为，准确界定罪错未成年人的范围是构建罪错未成年人分级处遇制度的前提。按照不良行为的严重程度，可以将罪错未成年人分为违法犯罪较轻的未成年人、违法犯罪行为较重或者多次违法犯罪的未成年人、有犯罪恶习或者涉及严重犯罪的未成年人。按照年龄，可以分为未达刑事责任的未成年人和已达刑事责任的未成年人。

二、未成年人罪错的处分现状

新中国成立以来，社会各界都十分重视未成年人保护工作，探索并制定了多项针对未成年人罪错的处分措施，形成了具有中国特色的较为完整的青少年矫治体系。二十世纪五六十年代已有少管所（现为未管所）、工读学校（现为专门学校）、劳动教养（2013 年停止使用）等制度，矫正措施具有明显的综合治理特征，包括了刑罚和非刑罚的方法，非刑罚的方法又包括训诫、责令具结悔过、赔礼道歉、赔偿损失以及行政处罚或者行政处分。行政处罚则包括了治安管理处罚、强制戒毒、工读教育、收容教育、劳动教养、社会帮教等不同的部分。

上述各项措施，以未成年人的心理、生理等方面的特征为出发点，针对未成年人的特点，进行一定程度的管护与处理，及时有效修复受损的社会关系，降低未成年人的再犯率，为推动建立未成年人综合保护制度起到了积极作用，但同时也存在教育矫治资源分散，未考虑未成年人的个别差异性、对心理问题的评估和干预不足等问题，尤其对重罪案件未成年人，缺乏必要的关注，帮助其重返社会的机制较少。因此，探索建立罪错未成年人分级处遇制度十分重要而且必要。

三、构建罪错未成年人分级处遇体系应秉持的理念

在基本理念缺失的情况下，不仅无法构建完整且具体的措施体系，也无法提升具体措施的实际效果。探索建立罪错未成年人分级处遇制度，首先应归纳

出贯穿始终的一些基本理念并加以强调和秉持。

（一）教育为主、惩罚为辅

2012年修改后的刑事诉讼法设专章规定了"未成年人刑事案件诉讼程序"，明确了"对犯罪的未成年人实行教育、感化、挽救的方针，坚持教育为主、惩罚为辅的原则。""教育为主、惩罚为辅"这八个字耳熟能详，但是我国对未成年人罪错的具体处分制度仍具有明显的惩罚性痕迹，处分措施仍然是以处罚作为基本的指导理念加以运作。这就过分强调了刑法对社会的保护功能，而忽视了对未成年人的保护作用，同时也过分强调惩罚，而忽视了惩罚对未成年人的负面影响。因此，在探索建立罪错未成年人分级处遇制度的时候，应紧紧围绕以上方针及原则。

（二）遵循一般规律

规律是"里"，分级干预是"表"，建立符合规律的分级干预体系是未成年人司法建设的正确方向。从历史发展、科学依据、司法实践三个角度总结与提炼处置未成年人罪错行为的规律，可以总结为注重保护、强调恢复、积极预防。注重保护、强调恢复、积极预防具有内在递进性，构成未成年人司法规律的本质内容，也是处置未成年人罪错行为的规律。① 在探索建立罪错未成年人分级处遇制度的时候，应当遵循以上三个规律。

（三）实现未成年人利益最大化

宋英辉老师指出，办理未成年人案件应当将未成年人利益放在第一位，以"少年权益最大化"为出发点，将重心放在教育、感化、挽救上，使其顺利健康回归社会。② 利益最大化包括身份利益的最大化、财产利益的最大化和诉讼程序的最大化，当出现冲突时，应优先考虑未成年人，向保护未成年人利益方面倾斜。

（四）关注行为人，而不是关注行为

对于成年人，可以根据其表现出来的行为进行判断，但是对于未成年人而言，其所实施的罪错不能被认为是有意识对抗和破坏社会的行为，而应认为是社会矛盾在个体身上的反映，未成年人产生罪错行为是身心发育未成熟情况下环境作用的结果，而且未成年人可塑性强，比成年人更容易矫正和复归社会，

---

① 宋英辉、苑宁宁：《尊重未成年人司法规律建立分级干预体系》，载《检察日报》2019年2月11日第3版。

② 宋英辉：《特别程序彰显对未成年人特殊保护》，载《检察日报》2012年4月2日第3版。

因而应该关注行为人走向犯罪的根源，关注如何让行为人回归社会，而不是关注其行为，进而对其行为进行惩罚。实践证明，对未成年人单纯进行惩罚，没有任何益处，再犯预防的效果并不理想。

四、构建罪错未成年人分级处遇体系存在的难点

（一）法律规定较笼统

从 1991 年至今，我国适时修改和出台了多部法律法规，弥补和完善了未成年人保护法律方面存在的空白和缺陷，对涉罪未成年人的处置工作进行规范。1991 年和 1999 年我国先后颁布实施《未成年人保护法》（2006 年修订、2012 年修正）和《预防未成年人犯罪法》（2012 年修正）。2012 年修改后的刑事诉讼法设专章规定了"未成年人刑事案件诉讼程序"，明确了"对犯罪的未成年人实行教育、感化、挽救的方针，坚持教育为主、惩罚为辅的原则"。但是，我国没有专门的少年司法法，对罪错未成年人的处遇（包括实体和程序）依赖于现有刑事法律，如我国《刑法》第 17 条第 4 款规定"因不满十六周岁不予刑事处罚的，责令他的家长或者监护人加以管教；在必要的时候，也可以由政府收容教养"。《关于进一步建立和完善办理未成年人刑事案件配套工作体系的若干意见》《最高人民检察院关于进一步加强未成年人刑事检察工作的通知》《检察机关加强未成年人司法保护八项措施》以及《中共中央办公厅、国务院办公厅印发〈关于进一步深化预防青少年违法犯罪工作的意见〉的通知》等，都规定了处遇措施。但是上述法律和规定缺乏系统性和完整性，而且较为笼统，操作性不强。

（二）衔接机制不完善

产生罪错行为的未成年人，他们在家庭、学校和社区的活动时间和空间难以割裂，只有家庭、学校和社区从不同方面对罪错未成年人施加影响并形成合力，方能起到良好的教育、保护效果。从宏观上讲，需要形成社会、政府和司法的系统合力；从微观上说，家庭、学校和社区，更需要相互衔接，形成合力。实践中，负责统筹社会支持体系建设的部门缺位，导致未成年人权益保护和犯罪预防供求信息不平衡，掌握未成年人信息较多的是学校和教育部门，掌握触法未成年人信息较多的是公安机关，但相关数据信息等基础工作尚不完善，跨机构、跨区域协作及资源链接机制不健全，与司法部门的对接不甚顺畅，社会力量联动性不强，出现了责任稀释的现象。

（三）临界预防措施不足

临界预防是分级干预的"前延"。犯罪行为的养成一般都需要一个长期的

过程，从一般不良行为到轻微违法行为再到严重违法行为最后演变成刑事犯罪行为。"事后帮教"远比"事前预防"难度大，未成年人由于其特殊的生理结构，极易被周围的事物所影响，对于一些已有犯罪倾向的未成年人，提早对其进行人为干预，往往能成功矫治其潜在的犯罪动向。发现是干预的前提，但是目前大多是案件发生以后，才进行干预，而且对于此类未成年人只能交付家长和学校进行一般性的督促和约束，而对其的矫治的专业水准有待提高，犯罪行为的隐患并未化解，再犯率较高。预防措施不足还体现在忽略了未成年人的监护人的责任，刑法关于责令父母严加管教的规定比较笼统，没有临界犯罪未成年人的监护人追责机制，在未成年人犯罪问题中应当突出家庭教养的主体责任，严格限定监护人的监护教养职责，对于监护失职的监护人，应当追究责任。

（四）未成年人案件帮教覆盖面不够

对罪错未成年人进行帮教是分级干预的"后伸"。教育、挽救可以替代惩罚，而惩罚却不能替代挽救教育，惩罚的目的是教育，而非打击报复，教育感化是预防未成年人犯罪的需要，也是社会应尽的责任。但是，目前公、检、法等部门在诉讼程序中对轻罪未成年人实际帮教投入较多，如实践中少年警务、未检、少年法庭与团委、妇联、关工委、民政等部门乃至爱心企业、司法社工、志愿者、学校、家庭联合，通过众多社会力量参与对轻罪未成年人进行感化和教育，各地、各部门发布的教育、感化、挽救涉罪未成年人的案例基本上都是轻罪的，而对重罪未成年人的帮教问题探索少、投入少，鲜见这方面的案例和相关探索。重罪未成年人重返社会存在一系列问题，具体表现为：案件帮教介入时间滞后；非监禁刑适用率低；重罪未成年犯狱内教育缺失，大多未管所的义务教育由监狱警察兼职担任，教学不规范、相应配套无法保障，义务教育流于形式，未成年人出狱后没有文化基础，再社会化受到阻碍；重罪未成年犯矫治功能弱化，很多未管所在管理体制上与成年犯监狱差不多，偏重于追求劳动绩效，组织生产往往也没有从有利于未成年人发展和日后谋生的角度出发，未成年犯一般是从事简单重复、技能水平较低的手工劳动；重罪未成年犯出狱衔接缺位。

五、构建罪错未成年人分级处遇体系的初步思路

理论来源于实践，又反过来指导实践。课题组结合 2018 年办结的一个共有 14 名罪错未成年人的未检案例，直观而具体地展示构建罪错未成年人分级处遇体系的初步思路。案件发生在昆明市 SL 县，是一起青少年聚众斗殴致人死亡案件，涉案未成年人既有未达刑事责任年龄的，又有犯罪情节较轻的，还

有涉及重罪的。检察机关未检部门在处理案件的同时，充分履行了法律监督职责和社会管理职责，并且作为司法责任保护主体参与了未成年人权益保护和犯罪预防，被评为 2018 年度云南省未检案件质量评查 A 类案件第一名，这一案件对于构建罪错未成年人分级处遇体系具有一定的借鉴和启发意义。

（一）未达刑事责任年龄未成年人的处遇措施

犯罪行为由行为不良、越轨、违法等非犯罪行为一步一步演化并加重发展而来，对有不良行为的未成年人，在达到刑事责任年龄前，有针对性地开展教育挽救、行为矫治、习惯养成等预防性工作，可以更好地遏制刑事犯罪风险。对于行为已经符合犯罪构成的要件，仅因未达到刑事责任年龄而不负刑事责任的未成年人，是临界预防的重点。因为这类人群已经存在严重不良行为，如果不提前有效阻断，其很可能展现出较高的人身危险性和再犯可能性，社会关系将再次处于危险之中。

在周某等人聚众斗殴致人死亡案中，有 3 名参与斗殴的未成年人未达刑事责任年龄。对这 3 名未成年人，检察机关启动未成年人保护处分机制，为每人建立《临界预防个案》，举行训诫仪式，制发《责令监护人严加管教书》责令父母严加管教，与家长、社工签订三方帮教协议，委托司法社工对 3 人开展为期 3 个月的保护处分。3 个月后，根据矫治情况，综合亲子关系、同辈关系、自我认知状况等情况，填写《临界预防未成年人个案帮扶工作结案评估表》，举行解除训诫仪式。

未满 14 周岁的未成年人进行一般违法行为的，应当责令监护人加强管教，必要时进行强制亲职教育。许多"问题"孩子的背后，往往有着"问题"家庭，一些具有不良行为、实施危害行为的未成年人、流动未成年人、留守儿童的父母监管不力或者缺乏有效方法，这时就需要对其进行亲职教育，改善监护状况和监护方式，使监护人能够很好地履行监护职责，而不是贸然剥夺其监护权。如果监管效果仍然不佳，可考虑将未成年人放置于封闭或半封闭管理的专门学校，进行专门化的法治教育，并分阶段予以测评。2019 年 3 月，中共中央办公厅、国务院办公厅印发了《关于加强专门学校建设和专门教育工作的意见》的通知，要求省级政府要将本地区专门学校建设纳入经济社会发展总体规划，县级以上地方政府要成立专门教育指导委员会，成员由多个部门组成，办公室设在教育行政部门。招生对象较之以前也扩大为已满 12 周岁不满 18 周岁、有严重不良行为的未成年人。因不满 16 周岁不予刑事处罚和检察机关决定相对不起诉、附条件不起诉的未成年人，也可以依照法定程序送专门学校进行教育矫治。对于不满 12 周岁，有一般不良行为的未成年人，以及不适宜进入专门学校的有严重不良行为的未成年人，专门学校可根据监护人或学校申请、委托，将其接入专门学校进行独立分班的体验式学习，也可以选派师资力量到校开展有针对性的教育。

在办理周某等人聚众斗殴致人死亡案时，针对之前在办案中发现的多起未达刑事责任年龄未成年人实施的犯罪行为，现实中家长无力管教、专门学校稀缺等情况，分管副检察长提出"三部一基地"的政协提案，即扩建昆明市金殿中学（专门学校），在全市范围内创建集不良行为干预、未达刑事责任年龄矫治、附条件不起诉监督考察基地、法治教育基地等多功能为一体的综合性犯罪预防基地，这一提案被列入昆明市政协重点提案，将有力推动未成年人保护法等相关规定的细化落实，填补这一领域配套措施欠缺的空白。

（二）已达刑事责任年龄罪错未成年人的处遇措施

按照我国刑法的规定，未成年人的刑事责任年龄为 14 周岁。按照其罪错行为的严重程度，在构建处遇措施时，可以分为三种情形：一是已满 14 周岁、未满 16 周岁的未成年人发生一般违法行为；二是已满 14 周岁、未满 16 周岁的未成年人进行《刑法》第 17 条第 2 款规定的严重暴力等犯罪行为；三是已满 16 周岁的未成年人进行犯罪行为。对于第一种情形，主要措施是责令家长严加管教，或者送专门学校；对于第二种及第三种情形，要根据个案进行区分，侧重相应犯罪行为的心理矫治、行为认知的偏差分析以及行为的人身危险性评估，如果因性质严重而判处了刑罚，则要加强服刑期间的跟踪帮教，如果作了相对不起诉或者附条件不起诉，则要引入社工定期考察帮教。

在周某等人聚众斗殴致人死亡案中，检察机关对行为性质严重的 6 名未成年人提起公诉，法院完全采纳检方提出的量刑建议，对 6 名未成年被告人分别判处 4 年至 8 年不等的有期徒刑。判决生效后，检察院对接法院和未管所，将司法办案人员办案中掌握的大量帮教信息和资源形成帮教档案，移送至未管所，并汇同司法社工，共同拟定 6 份帮教方案，依托昆明市人民检察院在未管所对未成年犯开设的"向日葵青春课堂"，联合管教干警、司法社工、刑事执行检察部门共同开展服刑期间的跟踪帮教。对其中 2 名行为偏差的未成年人，委托司法社工定期入所进行一对一的观察和回访帮教。另一方面，对确有悔罪表现的 5 名涉案未成年人，作出附条件不起诉的决定。委托昆明市红嘴鸥青少年事务服务中心司法社工对上述 5 人进行了为期半年的考察帮教，5 名未成年人或回归校园或找到工作，心理和行为都有了非常积极的变化。

（三）加强社会化支持体系建设

检察机关在少年司法制度中具有"承前启后"的特殊地位和"法律监督"的特殊职能，未成年人检察工作也从单一的控诉犯罪发展到现在对未成年人实施全面综合的司法保护。少年司法最核心的特征就是多部门的、多元化的联动和协作，各种资源的合力才能实现对未成年人的有效保护，因此完善未成年人检察社会支持体系对构建罪错未成年人分级处遇体系，推动建立未成年人综合保护制度具有重要意义。但是我国未成年人检察社会支持体系目前没有统一模式，各地受制于地方经济水平而发展不均衡，突出表现为理论研究滞后、统筹部门缺位、资源链接机制不健全以及青少年专业社工力量和资金保障不足等问题，导致社会参与程度低、社会支持难以体系化。

最高人民检察院《检察机关加强未成年人司法保护八项措施》明确提出"建立未成年人司法借助社会专业力量的长效机制"。社会参与未成年人检察工作的内容为"主动与青少年事务社会工作专业机构链接，以政府购买服务等方式，将社会调查、合适成年人参与未成年人刑事诉讼、心理疏导、观护帮教、附条件不起诉监督考察等工作，交由专业社会力量承担，提高未成年人权益保护和犯罪预防的专业水平，逐步建立司法借助社会专业力量的长效机制"。可以看出，构建罪错未成年人分级处遇体系和未成年人检察社会支持体系有诸多共同点，都需要贯彻教育保护理念，目的都是矫治其心理行为问题、提高社会适应能力、助力回归社会、实现犯罪预防，指向都是行为背后的行为人，都需要链接社会资源。另外，社会支持体系助力罪错未成年人分级处遇体系建设，前文提到的分级处遇措施，很多都需要社会参与和社会支持，司法资源的有限性以及司法工作者知识领域的局限性，需要将不属于检察官职责或者是不擅长的工作转介给具有专业知识和能力的单位和个人开展相关教育矫治、医疗支持、物质救助等工作。

（四）构建重罪未成年人重返社会体系

构建罪错未成年人分级处遇体系的一大难点就是对重罪未成年人重返社会的措施不够，对重罪未成年人的帮教投入较少，我国少年司法30年探索建立的附条件不起诉、犯罪记录封存、观护帮教等制度，主要是针对轻罪未成年人，但现实中重罪未成年人人数不少、比例不小，国家和社会应当重视其重返社会的问题。监禁的必然结果就是与社会环境的隔离，若干年以后，待他们回归社会，其所属的家庭和环境已发生了巨大变化，社会能否给予他们足够的支持和接纳、他们是否能适应崭新的生活工作环境、能否成为一个守法公民，这是少年司法必须思考的问题。如果这一问题解决不好，将来脱离监管场所的严格约束便可能会重蹈覆辙，国家和社会将为之付出更为沉重的代价。

庆幸的是，国内已有检察机关率先关注到了重罪未成年人重返社会的问题，昆明市人民检察院和安宁市人民检察院共建的"重罪未成年人重返社会体系建设项目"于2019年入选中国刑诉法学研究会少年司法专业委员会研究基地和全国检察机关未检工作创新实践基地。该项目分为三个子系统：一是关于重罪未成年人的审前羁押。探索建立司法社工和心理专家在未成年犯罪嫌疑人被刑拘后一个月内及时介入审前羁押制度。建立驻看守所社工站和引进专业心理咨询力量。二是关于重罪未成年人的司法处遇。少年司法强调对犯罪少年的教育、矫治而非惩罚。通过该项目的探索，课题组提出以下立法建议：建议确认对未成年人不适用无期徒刑；建议确认对未成年人的量刑不仅要依据其行为性质、情节及危害后果等，还要综合考虑其矫治难度的大小以及矫治方式；建议探索在未成年人的判决中增加帮助其重返社会的条款，包括增设监禁释放后的社会监督阶段，每一个监禁判决都要有社会监督内容，作为判决的一部分；建议建立未成年人附条件判决制度，对接轻罪未成年人的附条件不起诉制度。三是关于重罪未成年人的刑罚执行。建立司法办案人员帮教与社区或者未管所矫治衔接机制；社工参与制定并帮助实施重返社会计划；搭建诉求表达和反馈平台，形成良好互动的关系，最大限度地激发未成年犯重返社会的主观能动性；引入心理咨询机制，在整个帮教过程中，引入驻未管所社工，为未成年犯进行心理矫正、安抚及疏导；引入教育资源，搭建义务教育、职业教育平台。拓展就业渠道，目前已与云南省未管所、昆明钢铁集团共同建立未成年犯回归就业帮教机制；建立出狱评估机制，社工及未管所管教干警可以根据未成年犯的表现，提出对其减刑、假释的建议，由未管所组织专家评估后向法院提出，经法院审核裁定，假释期间由社工进行监督，为其提供支持和帮助。

关于司法转处制度的探讨

黄春燕*

[内容摘要] 对未成年人的司法转处，是指司法机关对进入刑事诉讼程序的犯罪少年在审判阶段前中断刑事司法程序，对他们实行非诉讼方式的处理。对未成年犯罪人施行司法转处是目前西方国家刑事司法实践中普遍存在的一种趋势，也是西方国家一项重要的少年司法制度，对于未成年人的保护及对其犯罪预防都具有重要意义。本文拟从司法转处制度的基本内涵、发展历程、价值意义等方面进行探讨，结合我国未成年人保护的司法现状，尝试提出在我国现行的刑事诉讼体制下合理构建司法转处制度的设想。

[关键词] 未成年人；司法转处；探讨；制度构建

随着对未成年人法律保护意识的增强，人们普遍意识到仅仅在刑法中对未成年人的刑事责任问题作出特殊规定，对于未成年人的司法保护而言是不充分的。未成年人在漫长的刑事诉讼程序中所遭受的痛苦和烙印，可能成为他重新融合于社会的障碍，因而如何避免这一缺陷成为人们普遍关注的议题，本文对其中最为核心的未成年人刑事司法转处理念进行论述，并初步探讨我国现行司法体制下对这一理念的贯彻。

一、关于司法转处制度的概述

（一）司法转处的概念

按照法国刑法学者马克·安塞尔的说法，所谓转处是指人民争取公共和私人的帮助以及利用调解程序，并且通过某些非官方机构和团体的介入，避免使冲突诉诸刑事诉讼。

---

* 黄春燕，广东省阳江市人民检察院法律政策研究室检察官。

通常认为，少年刑事司法中的转处概念有狭义与广义之分。狭义的司法转处概念认为将未成年人从刑事司法系统中分离转移，相应行为在不同阶段交由非刑事司法部门加以处理。《布莱克法律词典》也将转处制度称为审前转处，即一种将罪犯从审判移交到社区方案的程序，如工作培训、教育等，如果圆满完成这一方案，则可以撤销指控。《联合国少年司法最低限度标准规则》（北京规则）也采取了狭义的转处概念，其第 11 条规定：应酌情考虑在处理少年犯时尽可能不提交主管当局正式审判，应授权处理少年犯案件警察、检察机关或其他机构按照各法律系统为此目的规定的标准以及本规则所载的原则自行处置这种案件，无须依靠正式审讯。

但在进入正式审判之后，未成年被告人必然遭受到种种伤害，例如拖沓的诉讼程序可能使得未成年人对司法失去信心，审判前后的羁押乃至所判决的监禁刑都有可能对未成年人的心理造成负面影响。因此除了在审前将未成年人分流到各个程序以外，在进入正式审判后，法院仍然具有裁量余地将未成年被告人通过其他途径或者措施予以处理，而不适用监禁措施，以避免剥夺自由对未成年人带来的负面影响。同样，在刑罚执行过程中，在符合条件的情况下，由执行机关裁决适用假释、暂予监外执行等非监禁化手段，同样能够取得同审前转处相似的积极效果。因此，广义的转处包括审前未成年人适用诉讼程序的分流、审判中刑罚裁量的非监禁化、刑罚执行过程中的非监禁化。

（二）司法转处制度的发展历程

司法转处制度起源于美国，并在西方各国及我国台湾地区的实践中不断发展，处遇措施日趋完善。例如澳大利亚新南威尔士州的《青少年罪犯法》第 3 条规定其立法目标是：建立通过运用作为法院诉讼的替代方法的青少年司法会议、训诫和警告来处置实施某些犯罪的青少年的制度；建立对青少年的某些犯罪行为作出有效且直接的反应的制度；建立并运用青少年司法会议，以下列方式处置受到指控的罪犯：以社区为基础，促使受到犯罪影响的所有当事人协商性地回应犯罪、强调罪犯的赔偿和罪犯对其行为承担责任、满足被害人和罪犯的需要。现行日本的司法转处制度主要有"保护观察"和"设施内处遇"两种，前者是把少年放到社会中，由保护观察官和保护司进行监督、指导；后者的设施有福利设施和法务省属下的"少年院"两类。德国少年法中转处共分成四类：第一类是针对微罪，直接转处而没有任何制裁；第二类的转处则由其他机构执行（父母、学校），其主要采用教育的方式；第三类方式则是由法官作出的相当轻微处罚，例如警告、社区服务、教育学习等；第四类是在案件被起诉记录后，进入以上二类转处方式的初审程序。在我国台湾地区，对于少年违法行为并不按照一般的刑事诉讼程序处理，而是采取福利行政的观念加以运作，并结合具有行为科学训练的专家及职员所组成，且配合保护观察、不定期刑及假释等规定，希望借由改善教育，以调整少年成长环境，并矫治其性格。

（三）司法转处制度的理论基础

1. 社会连带主义理论

社会连带主义理论认为，未成年人犯罪作为一般的社会现象，其存在的诱因及影响结果都是一个互相交织的复杂网络。无论从诱因还是结果来看，未成年人的犯罪行为对其自身来说都具有一定程度的自损性，因为犯罪行为而被另行相待甚至被社会孤立，孤立于社会正常的关系网络，不利于其健康发展。处于弱势地位的未成年人，也是社会的有机组成部分。要维持社会的稳定，必定要加强对弱势群体的保护。司法转处正是对防止犯罪未成年人进入特殊程序的保护干预，为其正常健康发展提供必要的社会福利措施，以非正式的方式来调适其与被害人、司法机关及社会的关系，避免其被孤立，尽可能修复原有的关系连带。

2. 标签化理论

标签化理论指出，一个人如果被确认为罪犯，舆论的力量就会给他贴上犯罪者的标签。因此，被标定为罪犯标签的人常常被人们视为危险人物而被排斥到群体之外或社区的"边缘地位"，无权与别人同享科为其权利的自由。被贴上罪犯标签的人也会逐渐相信别人对他的说法，把这个标签作为自己的真实身份。因此，一个人如果被贴上罪犯的标签，就会助长其发展不良的贯行为模式，这也是累犯屡教不改的一个重要原因。而司法转处就是为了避免给未成年人贴上罪犯的标签，从而丧失了改过自新的机会，而变成主观恶性较大的惯犯、累犯。

（四）司法转处制度的多重价值

未成年人司法转处制度是现代刑法理论发展的产物，是适应客观要求的合理存在。在保护理论的发展过程中，从理论到实践都在逐步完善和修正，使其越来越符合其根本目的和社会要求，得到了广泛的承认和大力推广。

第一，司法转处制度符合人道主义原则。未成年犯罪人在接受社会道德和法律的谴责和制裁的同时也应当受到社会的关爱与帮助，司法转处制度尽量将未成年人隔离于刑罚系统外处理，避免了刑罚的后遗效果，充分体现了对未成年人的人格保护和尊重，维护未成年犯罪人的人权，使犯罪的未成年人的人格得到改造并健康发展，实现其作为人的价值。人道主义的感化教育有利于未成年犯罪人的矫正，通过未成年人人格中的情感、需要和良心而发生作用、实现其功能，推动未成年人改恶行善，促进未成年犯罪人的再社会化。

第二，转处理念在内容设计和执行上符合对未成年人犯罪的预防观念。未成年人的犯罪原因极其复杂，社会因素、个体因素等各种因素错综联结，尤其是考虑到未成年人正处于成长期，易受外界影响但也容易接受教育和矫正，因此对于未成年人犯罪应当强调预防而非惩治。转处一般强调对犯罪人的教育、改善、治疗，其本质就在于尽可能地以非惩罚性手段或者在惩罚过程中结合预防性策略，以实现预防的目的。

第三，转处在实际效果上根本性地减少了未成年罪犯复归社会的障碍。进入刑事诉讼程序可能会给未成年人留下罪犯的烙印，从而形成社会的污名标志，这一身份尤其是羁押处遇可能导致其同社会隔离，负面身份的社会强化和自我强化阻碍了社会的接受程度以及他们融入社会的程度，加大了他们的再犯可能性。而转处则尽可能地避免其经历刑事诉讼程序的全过程，使之尽早从诉讼程序中分流，或者使其能在不脱离社会的情况下得到改善。

第四，司法转处在整体上提高了司法效益。由于国家的资源总体上是有限的，刑罚的运行成本是极为昂贵的，监禁刑尤其如此。而司法转处制度在节约司法成本上有很大的优势，不仅在预防犯罪方面减少了犯罪群体的成熟与滋生，还通过转向处遇尽早从诉讼程序中分流，这样的诉讼程序不需要配备强大的司法力量，节约了诉讼成本。在执行过程中，司法转处制度强调司法资源与社会公共力量、教育机构、家庭等相结合，不仅节约了司法成本，还加强了全社会对未成年人的社会责任和保护。

二、关于对我国未成年人司法体制现状的一些思考

随着法治社会的深入发展，我国未成年人权益保护工作机制和预防未成年人犯罪工作机制不断健全。2017年4月13日，我国《中长期青年发展规划（2016—2025年）》发布，为青年发展和青少年犯罪预防明确了指导思想、根本遵循和总体目标，提出了一系列具体要求和关键措施，但与《联合国少年司法最低限度标准规则》（北京规则）的要求尚有一定差距。

当前，我们的未成年人刑事司法制度还停留在朴素的保护主义和人道主义阶段，仅从审判的程序和量刑的轻重方面给予未成年犯罪人一定程度的特殊保护，而没有设置适用于未成年犯罪人的特殊处置措施。虽然，我国目前尚不存在未成年人司法转处制度，但现行法律、法规规定了一些相关的"非刑事程序化"处理措施。如《刑法》第37条规定"对于犯罪情节轻微不需要判处刑罚的，可以免予刑事处罚，但是可以根据案件的不同情况，予以训诫或者责令具结悔过、赔礼道歉、赔偿损失，或者由主管部门予以行政处罚或者行政处分"。《人民检察院办理未成年人刑事案件的规定》第27条规定"对于未成年

人实施的轻伤害案件、初次犯罪、过失犯罪、犯罪未遂的案件以及诱骗或者被教唆实施的犯罪案件等，情节轻微，犯罪嫌疑人确有悔罪表现，当事人双方自愿就民事赔偿达成协议并切实履行或者经被害人同意并提供有效担保，符合刑法第三十七条规定的，人民检察院可以依照刑事诉讼法第一百七十三条第二款①的规定作出不起诉决定，并可以根据案件的不同情况，予以训诫或者责令具结悔过、赔礼道歉、赔偿损失，或者由主管部门予以行政处罚。"但这些规定大多是零散的、原则性的，无论实体上还是程序上看都不够缜密、缺乏体系性。

三、探讨构建我国司法转处制度的若干设想

（一）构建我国司法转处制度的可能性和必要性

1. 贯彻落实"教育、感化、挽救"方针和"教育为主、惩罚为辅"原则

我国的《未成年人保护法》和《预防未成年人犯罪法》都规定了对未成年人的保护与教育。在办理未成年人刑事案件中，检察部门贯彻"教育、感化、挽救"方针和"教育为先、惩戒为辅"原则，并专门成立了未成年人检察办公室，实行捕、诉、监、防一体化工作模式。这些措施和原则都表明了国家对于未成年人的特殊关爱。可见"教育、感化、挽救"方针和"教育为主、惩罚为辅"原则是我国未成年人刑事司法的指导方针和原则，而这也为我国建立司法转处制度提供了现实依据。

2. 综合治理青少年犯罪方针为司法转处提供了制度上的支持

"不把犯罪少年放在司法系统处置"这一原则并非简单地将犯罪少年一放了之，脱离司法体系。达到教育效果必须有社区处遇方案的跟踪，因此司法转处是以社会工作观点复健哲学为理论基础，又被称为"社区式的犯罪矫治"。根据最高人民法院《关于审理未成年人刑事案件具体应用法律若干问题的解释》第 11 条"对未成年罪犯适用刑罚，应当充分考虑是否有利于未成年罪犯的教育和矫正。对未成年罪犯量刑应当依照刑法第六十一条的规定，并充分考虑未成年人实施犯罪行为的动机和目的、犯罪时的年龄、是否初次犯罪、犯罪后的悔罪表现、个人成长经历和一贯表现等因素。对符合管制、缓刑、单处罚金或者免予刑事处罚适用条件的未成年罪犯，应当依法适用管制、缓刑、单处罚金或者免予刑事处罚"的有关规定，我国的综合治理方针为司法转处制度

---

① 出处是指 2012 年刑事诉讼法。2018 年刑事诉讼法修订后，应为第 177 条第 2款。——编者注

的施行提供了前提条件，如回访考察、帮教制度等相关社区处遇的建立和实施。

3. 与时俱进，与国际公约接轨

联合国通过制定一系列的权利公约或准则来关注儿童成长，关注未成年人司法，如《联合国少年司法最低限度标准规则》（北京规则）、《联合国儿童权利公约》均明确规定了对未成年人应该实行司法转处，制定了不诉诸于司法程序的措施。《联合国预防少年犯罪准则》（利雅得准则）等其他文件则以未成年人的权利福址为出发点对未成年人进行保护。我国已经签署并批准了《联合国儿童权利公约》，应当结合本国国情，尽快与国际接轨。

（二）关于构建我国司法转处制度的框架设计

司法转处理念被称为是未成年人刑事司法的核心理念，而"如何在各个相应司法机构中实现未成年人案件的分流，使得某些特定类型的未成年人案件的刑事诉讼程序在该机构所管辖的阶段暂停或者终止，不再继续下一步的刑事诉讼程序，并最终不进入审判程序，以及如何理解在各阶段对未成年被告人或罪犯的非监禁化"是我国现行未成年人刑事司法需要探讨的两个关键问题。下文将结合我国刑事诉讼体制现状，着重立足于检察工作的视角，提出合理构建我国司法转处制度的设想。

1. 司法转处的适用范围

对未成年犯罪人施行司法转处，事实上是对应该进入刑事司法程序的未成年人予以宽勉处置，意在设定特殊的处理方案促进未成年犯罪人改过自新，更好地回归社会。但与任何司法制度一样，司法转处不可能对所有的未成年犯罪人都能起到良好的矫正效果，所以我们在制度设定之初就必须把握好该制度的适用对象，应当遵循双重保护原则、法定情节和酌定情节相统一的原则以及法律效果和社会效果相统一的原则。

就我国而言，可以对未成年犯罪人中犯罪较轻（管制、拘役、3年以下有期徒刑）的初犯、偶犯予以司法转处。但作为自由裁量权，此项标准并非硬性规定。未成年人犯罪的年龄，是否属于累犯、惯犯都是决定是否适用司法转处的重要因素。相对而言，年龄小的犯罪人要比年龄大的犯罪人更易于矫正。是否为累犯、惯犯可以验证犯罪人主观恶性的大小和矫正改造的难易程度。但也并非对于犯罪较轻的未成年人都适宜司法转处。有学者提出了施行司法转处需要考虑的几项危险性因素，具体包括父母的心理问题、缺少父母的照管、生活状况、只有一方父母或没有父母、家庭低收入等。

2. 司法转处的程序和方法

司法转处处理的案件既然是刑事案件，就应有严格的程序和方法，不能因不进入正式的审判程序而放松要求，否则有违建立这种制度的初衷。对未成年人进行司法转处，应当包括以下几个步骤：（1）处置报告。无论是警察还是检察官在做出司法转处前，除查明犯罪事实外，还要深入实际，了解犯罪未成年人的家庭、学校、亲属等社会背景以及犯罪未成年人以前的表现、性格特点、成长经历等个人情况，查清未成年人犯罪的主、客观原因，同时，听取基层群众、组织对未成年犯罪人的反映，征求他们对未成年犯罪人如何处置更有利的意见，需要解决哪些问题等，并制作书面材料，写出书面报告。（2）宣布司法转处的工作方法。在对犯罪少年宣布司法转处的具体结果时，一方面要向未成年犯罪人宣布其犯罪事实、性质和证据；另一方面要针对未成年人对法律、人生、前途的模糊认识全面进行分析，实事求是地剖析他们犯罪的主、客观原因，阐明犯罪对社会的危害性，指出今后应怎样吸取教训。同时，要通知未成年犯罪人的父母及亲属到场，有针对性地指出他们在教育孩子方面存在的失误和不足，提出今后加强管教的意见，并允许他们对未成年犯罪人进行教育。

3. 司法转处后的社区处遇

实行转处在更深层面体现了辅助手段、替代措施的发达。未成年人刑事案件的分流和非监禁化并不意味着对未成年被告人或罪犯放任不管，而恰恰意味着司法机关通过替代方式实现对未成年人的控制，以达到矫正之目的。如果没有这些替代和辅助措施，未成年人刑事司法根本无法实施，从而无法取得保护未成年罪犯和保护社会发展之间的平衡。因此，要做好司法转处后的衔接社区处遇，配合家庭、学校、单位落实帮教矫正措施，定期回访考察，巩固司法转处的效果，预防司法转处后重新犯罪。

4. 检察机关附条件不起诉制度的健全和完善

附条件不起诉，在日本、德国等国家又称暂缓起诉，是指人民检察院针对某些应当起诉的案件，本着预防、挽救、教育、感化与打击并举的原则，考虑到公共利益，为体现刑事政策，根据案件自身条件对一些特殊群体在一定考察期限内不作处理，期满后再视具体情况作出起诉或不起诉决定的一项制度。

检察机关在未成年人刑事司法中所采取的转处措施最为通常的途径就是不起诉。附条件不起诉实际上是同不起诉制度紧密结合在一起的衍生权力，它体现了起诉便宜主义，有利于刑罚功能的实现，从而真正体现惩罚与宽大相结合的刑事政策。笔者认为，对未成年人犯罪案件适用附条件不起诉要注意考量以下两个问题。

第一，关于如何考量附条件不起诉的对象的问题。附条件不起诉仅适用于应起诉的、主观恶性不深、可改造性大、没有造成严重社会危害、能真诚悔罪的初犯，而对那些主观恶性深、屡教不改的顽固分子，则不宜适用。因此，在审查起诉阶段，检察机关公诉、未检部门对适用对象必须严格把关，要根据具体的情况进行筛选适用附条件不起诉的对象，建议可以从个人的人身危险性和公共利益两个方面进行考量。

一是从个人的人身危险性进行考量，具体包括：（1）犯罪嫌疑人的个人情况，如性格、年龄、智力、生活史、健康状态、家庭环境、交友关系、经常出入的场所等方面的情况；（2）犯罪自身的情况，如犯罪动机及方法、犯罪获利情况、与被害人之间的关系等；（3）犯罪后的各种情况，如有无悔改之念、赔偿被害人及谢罪的努力等。

二是从公众利益或社会影响进行考量。犯罪侵害的不仅是被害人个人的利益，更是对社会秩序的一种挑衅和威胁，仅仅对被害人作出赔偿并不能完全消除对社会秩序、公共利益的损害。正如《英国皇家检察官准则》第六章所说的"被告人不可仅仅因为其能够赔偿而免于起诉"。《德国刑事诉讼法》第153条也明确规定了"微罪不举"的限制条件——"如果行为人责任轻微，不存在追究责任的公共利益"，而第153条 a 也规定，检察院对轻罪暂时不予提起公诉，并向被告人提出要求，这些要求、责令必须适合消除"追究责任的公共利益"。从上述条文中可以看出，无论是在大陆法系的德国，还是在英美法系的英国，附条件不起诉制度除了考虑犯罪的轻重之外，还必须考虑公共利益。公共利益是指作为有机整体的社会公众所共同享有和期待的权益、福利和价值，社会上的每一位公民都期待别人真诚地遵守法律而使自己的生活处于一种稳定的状态，这种期待的总和就是公共的利益所在，包括公共秩序、公共道德、公共财产、公共安全等方面。若不起诉能够弥补被害人的损失，提高未成年犯罪嫌疑人的思想认识和遵纪守法的意识，消除其再犯的可能，且又能保持家庭的稳定，同时也不会使社会公众对这一行为陷入恐慌和忧虑中，公众不用时时担心犯罪的黑手会伸向自己，那么我们就可以确定对该人能够适用附条件不起诉。

第二，关于如何对未成年犯罪嫌疑人进行考察和矫正的问题。在确定附条件不起诉对象后，还要考虑如何教育、感化未成年犯罪嫌疑人的问题。根据现行刑事诉讼法规定，检察机关除了履行作出捕与不捕、诉与不诉的决定的监督职责外，有更多的条件启动心理测评、心理疏导、司法救助、观护帮教、亲情会见等程序，且刑事诉讼法规定对附条件不起诉的未成年人可以设置6个月以上1年以下的考验期，相比公安机关、法院，启动这一程序后，涉罪未成年人可以有更多的时间在检察机关接受帮扶教育，如派员定期或不定期向学校了解适用于附条件不起诉的未成年犯罪嫌疑人重新返回学校继续接受教育的思想状况、法律知识学习等方面表现情况，又如检察机关与当地的共青团组织进行协调，由共青团的社工部门组织未成年犯罪嫌疑人参加社区服务或志愿者工作，并由共青团对未成年犯罪嫌疑人参与社区服务的情况进行评估，并将评估报告交检察机关备案等。

附条件不起诉制度在英、美、德、日等国家已实行多年，取得了较好的社会效果，我们可以借鉴和学习这些国家的先进做法，建立和健全附条件不起诉配套措施，在实践中加以丰富及完善，使之更加符合我国的国情和司法实践。

"少年强则国强，少年富则国富，少年智则国智，少年进步则国进步。"未成年人作为一个独特的社会群体，关乎国家的前途和民族的兴衰。而未成年人犯罪多发已成为一个严峻的事实摆在我们面前，如何从根本上预防和减少未成年人犯罪，是整个社会面临的紧迫任务。对未成年人进行司法转处是未成年人刑事司法人道主义的一种体现，通过社会化的转处方案达到教育改造的目的，使之尽早回归社会，在预防未成年人犯罪中发挥着重要的作用。因此，建议结合我国保护未成年人的司法实践情况，以完善法律法规细则、相关配套机制作为出发点，借鉴、吸收行之有效的少年立法经验，完善我国少年司法制度和未成年人犯罪预防体系，预防涉罪未成年人再犯罪，促进整个社会平稳健康发展。

未成年人保护检察公益诉讼研究

蔡润铿*

[内容摘要] 未成年人心智不够成熟，自制能力、辨别能力较差，自我保护意识和能力也不够，极易受到社会上各种不良信息和产品的影响，其合法权益也极易受到损害。检察机关作为法律监督机关，应当充分运用公益诉讼手段，开展未成年人保护民事公益诉讼和行政公益诉讼"等外"领域探索，加大对未成年人的保护力度。

[关键词] 检察公益诉讼；未成年人保护；"等外"探索

一、检察机关开展未成年人保护公益诉讼工作概述

（一）检察机关开展公益诉讼工作概况

2017 年 6 月 27 日第十二届全国人大常委会第二十八次会议通过了《全国人民代表大会常务委员会关于修改〈中华人民共和国民事诉讼法〉和〈中华人民共和国行政诉讼法〉的决定》，对《中华人民共和国民事诉讼法》第五十五条增加一款，作为第二款："人民检察院在履行职责中发现破坏生态环境和资源保护、食品药品安全领域侵害众多消费者合法权益等损害社会公共利益的行为，在没有前款规定的机关和组织或者前款规定的机关和组织不提起诉讼的情况下，可以向人民法院提起诉讼。前款规定的机关或者组织提起诉讼的，人民检察院可以支持起诉。"对《中华人民共和国行政诉讼法》第二十五条增加一款，作为第四款："人民检察院在履行职责中发现生态环境和资源保护、食品药品安全、国有财产保护、国有土地使用权出让等领域负有监督管理职责的行政机关违法行使职权或者不作为，致使国家利益或者社会公共利益受到侵害

---

* 蔡润铿，广东省广州市海珠区人民检察院民事行政检察科副科长、员额检察官。

的，应当向行政机关提出检察建议，督促其依法履行职责。行政机关不依法履行职责的，人民检察院依法向人民法院提起诉讼。"

自正式被法律赋予提起公益诉讼职能以来，检察机关就积极对涉及破坏生态环境和资源保护、食品药品安全等领域损害国家利益和社会公共利益的行为开展公益诉讼。法律赋予检察机关提起公益诉讼的类型包括行政公益诉讼和民事公益诉讼两大类，然而从当前的司法实践看，行政公益诉讼诉前检察建议的制发成为检察机关履行公益诉讼职能的主要方式，也是较为有效的方式，尤其体现在基层人民检察院。究其原因在于：

其一，行政公益诉讼诉前检察建议虽然仅针对个别行政机关，但监督效果却能影响一大片。当前针对环境污染、食品药品安全等领域出现的损害国家利益或社会公共利益的行为，检察机关主要向环保、水务、城管、食药监、市场监管等行政机关发出督促履职检察建议，在行政机关积极配合整改的情况下，整改效果所覆盖的是该行政机关所监管的整个辖区范围，具有"办理一件，影响一片"的良好效果。

其二，行政公益诉讼较多停留在诉前程序，走到诉讼程序的情况不多。作为监督部门的检察机关，具有对行政机关行政不作为、乱作为等情形进行监督的职责。在诉前检察建议中，检察机关针对行政机关存在的不作为、乱作为情形依据相关法律法规予以指出，并提出整改建议，在行政机关仍不履职的情况下方才诉至法院。一般情况下行政机关在收到检察机关建议后都会积极依法履职，对存在的问题进行整改，因此走到诉讼阶段的情况不多。

其三，民事公益诉讼具有较强专业性，办理难度较大。由于民事公益诉讼的主要程序是与民事侵权主体对簿公堂，且民事侵权主体是确定的、具体的，因此针对民事侵权主体诉前的各种证据准备和损害赔偿数额计算成为检察机关提起诉讼的主要工作内容。由于此类民事侵权行为侵犯的是社会公共利益，赔偿数额的计算及损害社会公共利益的证明往往需要通过鉴定、专家论证进行，具有较强的专业性。

其四，基层人民检察院不具有单独提起民事公益诉讼的职权。"两高"关于公益诉讼的司法解释要求民事公益诉讼一审管辖法院为中级人民法院，基层人民检察院不具有单独提起民事公益诉讼的职权，这是导致民事公益诉讼案件数量较少的主要原因。基层人民检察院可以依托刑事案件提起刑事附带民事公益诉讼，但前提必须是侵权行为已经涉嫌刑事犯罪，这一限制也是基层人民检察院此类案件不多的原因。

（二）检察机关开展未成年人保护公益诉讼工作概况

由于提起公益诉讼是检察机关的一项新职能，且根据法律规定，检察机提起民事公益诉讼主要为破坏生态环境和资源保护、食品药品安全等领域，提起行政公益诉讼主要为生态环境和资源保护、食品药品安全、国有财产保护、国有土地使用权出让等领域，上述领域中与未成年人保护工作关联较多的主要是食品安全领域，尤其是校园餐饮安全和学校周边餐饮安全。针对食品安全领域，高检院于 2018 年 8 月下发《关于开展"保障千家万户舌尖上的安全"检察公益诉讼专项监督活动实施方案》，包括了校园餐饮安全和学校周边餐饮安全等范围的专项监督。广州市检察院于 2019 年 3 月下发了《关于开展"校园安心餐饮"公益诉讼专项监督工作的通知》，专门针对广州校园餐饮安全和学校周边餐饮安全开展专项监督行动。针对与未成年人保护工作有关的上述两个领域的食品安全，当前检察机关主要从以下两个方面开展公益诉讼监督。

1. 利用行政公益诉讼方式监督校园餐饮安全

检察机关主要通过与食药监部门开展座谈、到学校及幼儿教育机构内设食堂等就餐人员集中场所进行食品餐饮安全实地走访调查、向市场监管和食药监部门发出行政公益诉讼诉前检察建议、提起行政公益诉讼等方式督促行政执法部门履行法定监管职责，协同行政执法部门、公安机关形成治理合力，查处危害校园餐饮安全的违法行为。司法实践中，检察机关到学校及幼儿教育机构内设食堂实地走访调查，主要审查食堂供货商资质、核对食物台账资料、察看食品仓储加工过程、监督食材状况、了解设备运行状态、咨询学生用餐情况等，对校园食堂的食材采购、食品储存、卫生环境、硬件设施、监管制度等进行检查。检察机关通过"飞行检查"和与市场监管、食药监部门开展联合行动，对校园食堂中存在的问题进行督促整改，对市场监管、食药监部门存在监管缺位、监管盲区等情形发出检察建议，督促依法履职，形成治理合力。

2. 利用行政公益诉讼、民事公益诉讼等手段监督学校周边餐饮安全

检察机关针对学校及幼儿教育机构周边餐饮企业的监督方式主要包括实地调查了解餐饮企业是否具备工商营业执照和食品经营许可证、核查餐饮企业是否存在超范围经营情形、察看餐饮企业卫生情况、了解餐饮制作人员是否具备健康条件及制食流程是否符合卫生标准。检察机关实地调查中发现存在违反食品安全等相关法律法规向不特定未成年人销售食品、提供餐饮服务等情形，及时向市场监管、食药监部门发出检察建议，督促行政执法部门依法履行职责，开展监管查处工作。针对学校及幼儿教育机构周边餐饮企业存在向不特定未成年人销售有毒有害食品等情形，检察机关依法提起民事公益诉讼，通过请求法院判令餐饮企业赔礼道歉、支付 10 倍赔偿金等方式对此类违法行为予以规制；发现涉嫌犯罪情形的，及时联合公安机关、行政执法部门进行查处。

（三）检察机关开展未成年人保护公益诉讼工作"等外"探索

除了上述提到的校园餐饮安全和学校周边餐饮安全问题，当前社会上仍有多种违法行为对未成年人的身心健康等合法权益存在损害，群众反映较为强烈，但却没有适格主体对此类违法行为提起公益诉讼。检察机关作为法律监督机关，应当从保护未成年人合法权益的角度出发，担负起未成年人保护公益诉讼监督职责，将检察公益诉讼作为推动社会治理法治化的制度优势充分展现出来。

根据《民事诉讼法》和《行政诉讼法》的规定，检察机关提起公益诉讼的范畴为生态环境和资源保护、食品药品安全、国有财产保护、国有土地使用权出让等领域，而损害未成年人合法权益的领域远远超出法律规定的上述四个领域。高检院第八检察厅厅长胡卫列表示，"我们坚持作'等'内的理解和掌握，对于个别等内等外理解有分歧，但又严重侵害公益、群众反映强烈、普通诉讼又缺乏适格主体的情况，一些地方检察机关在当地党委、人大、政府和法院等的支持下，进行了审慎而又积极的探索。"对于如何进行探索，胡卫列进行了解释："一是用足用活现有法律制度，对于领域外侵害公益的民事案件，检察机关采取支持起诉的方式参与诉讼，积累办案经验。二是对于中央政策有明确要求的领域，加强与相关部门的沟通协调，开展探索实践。""对于其他领域侵害公益的突出问题，检察机关在做足做实相关工作后，也开展了探索。"①

2018 年，高检院发布的检察公益诉讼十大典型案例中，浙江省宁波市"骚扰电话"整治公益诉讼案作为典型案例，就是对公益诉讼"等外"的探索。同理，针对社会上普遍存在的对未成年人的身心健康等合法权益造成损害，群众反映较为强烈，但鉴于没有适格主体对此类违法行为提起公益诉讼，检察机关可以针对相关领域进行未成年人保护的公益诉讼"等外"探索。

二、开展由检察机关提起未成年人保护公益诉讼"等外"探索的必要性

由于未成年人心智不够成熟，极易受到社会上各种不良信息和产品的影响，其合法权益也极易受到损害，因此对未成年人的保护工作迫在眉睫。当一个个损害未成年人合法权益的案例演变成同一类损害未成年人合法权益的违法行为，我们应当思考针对该类违法行为提起民事公益诉讼或是提起行政公益诉

① http://www.spp.gov.cn/spp/zdgz/201812/t20181225_403465.shtml。

讼督促有关行政机关依法履行对该类违法行为的监管职责，以保护不特定多数未成年人的合法权益。

（一）缺乏提起公益诉讼适格主体，检察机关应起补位作用

2019 年年初，广东省消委会就广州长隆集团多个场所存在以身高作为未成年人优惠票标准的问题，代表消费者向广州市中级人民法院提起消费民事公益诉讼，此案是我国首例未成年人消费公益诉讼。[①] 以身高作为对未成年人优惠票的标准问题是长期普遍存在的损害未成年消费者合法权益的"行规惯例"，广东省消委会作为该案民事公益诉讼的适格主体，对未成年人合法权益的保护起到了很好的示范。检察机关作为法律监督机关，在诉讼监督中坚持拓展性的同时也要坚持谦抑性[②]，检察机关应起到补位作用。针对上述广东省消委会提起的消费公益诉讼案件类型，检察机关可以通过支持起诉的方式参与其中，但因消委会可以成为提起该案的适格主体，检察机关在该领域进行民事公益诉讼的"等外"探索意义不大。但针对该种损害未成年人合法权益违法行为的领域，行政机关存在监管缺位情形则可以成为检察机关提起行政公益诉讼"等外"探索的范畴，因为在该领域中针对行政机关提起公益诉讼缺乏适格主体，检察机关的监督补位作用应予以体现。

由于对未成年人合法权益造成损害的领域众多，在其他存在缺乏提起公益诉讼适格主体、群众反映较为强烈的损害未成年人合法权益的领域，检察机关的法律地位决定了应赋予其承担未成年人公益诉讼之职责[③]，开展提起公益诉讼的"等外"领域探索。如当前针对不特定未成年人的校外培训机构监管缺位领域、针对不特定未成年人传播色情淫秽暴力信息的网络和平台监管缺位领域、针对流浪乞讨未成年人保护救助缺位领域，都是群众反映较为强烈的问题，也是亟须加强查处并予以监管的重点领域，但这几类领域均缺乏提起公益诉讼的适格主体，检察机关可开展"等外"探索。

（二）检察机关提起公益诉讼的手段丰富、公益诉讼保护覆盖面更广

从当前的法律规定看，检察机关提起公益诉讼的方式包括民事公益诉讼和行政公益诉讼两大类，提起公益诉讼的手段更为丰富。针对未成年人保护公益诉讼工作，检察机关的"等外"探索既应包括民事公益诉讼，也应包括行政

---

① https：//www.chinacourt.org/article/detail/2019/02/id/3736223.shtml。

② 童建明：《加强诉讼监督需把握好的若干关系》，载《国家检察官学院学报》2010年第 5 期。

③ 吴春妹、金英梅、李建林：《未成年人检察视阈下公益诉讼诉前程序探究》，载《中国检察官》2016 年第 9 期。

公益诉讼。检察机关通过民事公益诉讼方式起诉损害不特定未成年人合法权益的侵权主体，请求法院判令侵权主体进行经济赔偿、赔礼道歉等，比被侵权未成年人单独提起侵权诉讼的覆盖面更广、影响力更大，对侵权主体的责罚也更重。当然，检察机关对侵权主体提起民事公益诉讼并不影响或排斥具体被侵权未成年人提起侵权诉讼。

检察机关对在未成年人保护领域的行政机关不作为、乱作为导致监管缺位的情形提起行政公益诉讼，通过诉前检察建议及提起诉讼等手段督促行政机关依法履行监管职责，积极查处损害不特定未成年人合法权益的违法行为，覆盖面更广、效果更佳。一般而言，行政机关的职能为监管所覆盖辖区的行政违法行为，检察机关针对行政机关提起行政公益诉讼的目的是促使行政机关对自己所管辖辖区内的相关违法行为予以监管或查处，比起具体被侵权未成年人针对某一具体侵权主体提起侵权诉讼、法律规定的机关或社会组织针对某一具体侵权主体提起民事公益诉讼而言，检察机关提起行政公益诉讼对保护未成年人合法权益的覆盖面更广、效果更佳。

（三）检察机关具备提起未成年人保护公益诉讼的专业条件

检察机关有未成年人刑事检察部门和公益诉讼检察部门，未成年人刑事检察部门主要办理未成年人犯罪和侵害未成年人犯罪案件的审查逮捕、审查起诉、出庭支持公诉、抗诉，开展相关立案监督、侦查监督、审判监督以及相关未成年人刑事案件的补充侦查，此外还有开展未成年人司法保护和预防未成年人犯罪工作的职责。公益诉讼检察部门主要负责办理法律规定由检察机关办理的民事公益诉讼案件和行政公益诉讼案件，及侵害英雄烈士姓名、肖像、名誉、荣誉的公益诉讼案件；负责对人民法院开庭审理的公益诉讼案件，派员出席法庭，依照有关规定提出检察建议等职责。

检察机关上述两个部门具有各自领域的专业性，具有开展各自领域职能的高素质专业人才，由检察机关提起未成年人保护公益诉讼的条件也较为成熟，因此检察机关应当积极开展公益诉讼的"等外"探索，将未成年人保护中群众反映较为强烈且无适格诉讼主体的领域作为"等外"探索的重点领域，积极发挥公益监督职能，保护未成年人的健康成长。

三、检察机关提起未成年人保护公益诉讼"等外"探索的要求

检察机关开展公益诉讼工作既要坚持拓展性，也要坚持谦抑性，既要审慎又要积极地探索"等外"领域。由于法律已明确规定了提起民事公益诉讼的两大领域和提起行政公益诉讼的四大领域，为进行"等外"探索设定了范围。

（一）严格把握未成年人保护公益诉讼"等外"领域的"两益损害性"

1. 民事公益诉讼"等外"领域侵权行为必须是损害了社会公共利益

《民事诉讼法》第 55 条第 2 款规定，人民检察院在履行职责中发现破坏生态环境和资源保护、食品药品安全领域侵害众多消费者合法权益等损害社会公共利益的行为，在没有前款规定的机关和组织或者前款规定的机关和组织不提起诉讼的情况下，可以向人民法院提起诉讼。前款规定的机关或者组织提起诉讼的，人民检察院可以支持起诉。上述法律明确规定了检察机关提起民事公益诉讼"等外"领域侵权行为必须系损害社会公共利益的行为。何为社会公共利益？如何理解社会公共利益？"社会公共利益不是属于任何一个具体的人，而是对社会上不特定的人的利益有直接影响。"[1] "法律层面的国家利益的主体直接指向国家，而社会公共利益则面向的是不特定者。"[2] 笔者认为，社会公共利益是指属于社会上不特定多数人的利益及某类社会群体中不特定多数人的利益。

对于未成年人保护公益诉讼"等外"领域的探索，应当通过各种方式收集证据证明违法侵权行为损害了不特定未成年人的合法权益，而非只损害了特定的一些未成年人甚至只是个别未成年人的合法权益；若侵权行为仅损害了后者的合法权益，则可以通过提起集体侵权之诉或单独侵权之诉解决问题。同时，检察机关仍需收集损害不特定未成年人合法权益的证据，比如违法侵权行为对不特定未成年人的身体健康、心理健康等方面造成损害的证据，否则民事公益诉讼就不存在诉讼的必要了。

此外，由于从上述法律中可以看出检察机关提起民事公益诉讼是起到一种补位作用，即在没有规定的机关和组织或者规定的机关和组织不提起诉讼的情况下，检察机关才能针对四大领域提起民事公益诉讼。而针对"等外"领域的探索，要求应更为严格，即必须是没有法律规定的机关和组织可以作为适格主体提起民事公益诉讼的领域，对于有适格主体的领域，检察机关应坚持谦抑性，让步其他机关和组织。

2. 行政公益诉讼"等外"领域必须存在行政机关监管错位缺位导致损害了社会公共利益

《行政诉讼法》第 25 条第 4 款规定，人民检察院在履行职责中发现生态环境和资源保护、食品药品安全、国有财产保护、国有土地使用权出让等领域负有监督管理职责的行政机关违法行使职权或者不作为，致使国家利益或者社

---

① http://cqfy.chinacourt.gov.cn/article/detail/2018/03/id/3233633.shtml。

② 吴惟予：《生态环境损害赔偿中的利益代表机制研究》，载《河北法学》2019 年第 3 期。

会公共利益受到侵害的，应当向行政机关提出检察建议，督促其依法履行职责。行政机关不依法履行职责的，人民检察院依法向人民法院提起诉讼。针对未成年人保护的公益诉讼工作，检察机关还可以通过提起行政公益诉讼的方式进行，而且从前面的论述中可知检察机关提起行政公益诉讼对未成年人的保护效果更佳、覆盖面更广。按照法律规定，检察机关提起行政公益诉讼的领域比提起民事公益诉讼的领域多了两个，但并未涉及未成年人保护方面，因此也需要针对未成年人保护方面进行行政公益诉讼"等外"领域的探索。

检察机关提起未成年人保护行政公益诉讼"等外"探索，必须收集行政机关存在违法行使职权或者怠于履行监管职责致使国家利益或者社会公共利益受到了侵害。根据前面的论述，对不特定多数未成年人合法权益造成损害的情形应当属于社会公共利益受到损害的情形。

（二）未成年人保护检察公益诉讼"等外"领域探索应作好充分准备、获取支持

检察机关提起未成年人保护公益诉讼"等外"领域探索实践，尤其在行政公益诉讼"等外"领域探索实践中，在发现问题线索和了解到相关情况后，应当第一时间向上级检察机关和当地党委、人大、政府汇报，积极争取理解和支持。可以通过邀请人大代表、政协委员及相关职能部门负责人召开联席会议，就未成年人保护公益诉讼"等外"探索中发现的问题进行良性监督提醒，形成未成年人保护工作齐抓共管的合力，发挥检察机关公益诉讼职能。检察机关应通过实地走访调查、保存固定图片、视听资料证据以证明行政机关监管存在错位缺位情形，通过问卷调查、大数据收集、咨询专家意见、有条件情况下询问不特定未成年人意见等举措证明行政机关的错位缺位监管损害了不特定多数未成年人的合法权益。

检察机关在进行未成年人保护行政公益诉讼"等外"探索时，应秉承"双赢多赢共赢"的理念，不是为了监督而监督，而是为了解决当前因监管缺位损害未成年人合法权益的情况，与行政机关形成齐抓共管的合力。同时，检察机关探索的"等外"领域应当是群众反映强烈、社会重点关注，而行政机关又确实存在监管错位缺位的情形，不能遍地开花、随意探索。

四、检察机关提起未成年人保护公益诉讼"等外"领域的探索

（一）监管缺位的未成年人校外培训机构领域

当前，社会上各类未成年人校外培训机构多如牛毛，有辅导文化课程的培训机构，有美术、舞蹈、乐器等艺术类培训机构，有课后假期托管机构等，各

类培训机构无论从师资素质还是场所条件上都参差不齐，有的培训机构甚至属于无证照经营，有的培训机构老师不具备相应资格，而培训机构的场所有的属于违章建筑，有的培训场所存在消防安全隐患等。

未成年人校外培训机构属于未成年人集中学习的场所，针对不特定多数的未成年人，如果老师不具备相应资格或是品德存在问题，则对未成年人的知识教育、品德教育等均可能产生影响，甚至有可能出现性侵未成年人事件。当前，社会上一些未成年人校外培训机构培训场地属于违章建筑，场地出不了合法证明材料则无法办理营业执照，而各类教育资质不足则办不了办学许可证，因而处于无证照经营状态。还有一些未成年人校外培训机构培训场所存在各种消防安全隐患，如没有任何消防标示和消防器材，也没有专门的消防通道，没有办理消防行政许可手续等，这些潜在的危及未成年人合法权益的情况不容忽视。当前存在的上述情况也反映了教育、市场监管、消防、应急管理部门等有关行政机关在对未成年人校外培训辅导机构的监管上存在缺位，正是这种缺位监管导致未成年人的合法权益受到侵害，损害了社会公共利益。未成年人校外培训机构存在的各种问题均是当前社会上反映较为强烈的问题，而检察机关作为法律监督机关，具有对存在怠于履职行政机关提起行政公益诉讼的主体资格，检察机关进行行政公益诉讼诉前检察建议的制发，对行政机关有效监管未成年人校外培训机构存在的各类违法情况具有较好效果。因此，检察机关可以将监管缺位的未成年人校外培训机构领域作为未成年人保护公益诉讼"等外"的探索领域。

（二）向未成年人传播色情、淫秽、暴力信息的网络和平台领域

未成年人心智不够成熟，自制能力、辨别能力较差，自我保护意识和能力也不够，极易受到社会上各种不良信息和产品的影响。未成年人长期浏览色情、淫秽、暴力网络，接受色情、淫秽、暴力等不健康信息，会导致未成年人心智发展不健康、不正常，极可能使未成年人在现实社会中作出暴力、色情等违法犯罪行为，对未成年人的健康成长与社会的和谐稳定造成严重影响。《未成年人保护法》第 34 条规定，禁止任何组织、个人制作或者向未成年人出售、出租或者以其他方式传播淫秽、暴力、凶杀、恐怖、赌博等毒害未成年人的图书、报刊、音像制品、电子出版物以及网络信息等。当前，社会各界从有利于未成年人健康成长的角度出发，极力要求有关部门大力查处向未成年人传播色情、淫秽、暴力等不良信息的网络和平台，还未成年人一个干净、整洁、健康的网络学习环境。

然而，现实社会中一些向未成年人传播色情、淫秽、暴力信息的网络和平台仍处于运营状态，而这些网络和平台为了牟取暴利，利用未成年人心理好奇

和欲望强烈等青春期特点，向不特定多数未成年人传播不良信息，且受到色情、淫秽、暴力等不良信息影响的未成年人不在少数，严重损害了社会公共利益。上述问题的出现反映了文化、工信、公安、市场监管等行政机关在对该类网络和平台的准入及监管方面存在漏洞，上述行政机关可能存在怠于履职等情形。针对该领域监管缺位的情形，由具有法律监督职能的检察机关对相关行政执法部门予以公益诉讼监督，能更好地督促行政执法部门加大对该类行为的打击查处力度，确保未成年人的健康成长。因此，检察机关可以将向未成年人传播色情、淫秽、暴力信息的网络和平台缺乏监管的领域作为未成年人保护行政公益诉讼"等外"的探索领域。此外，对于向不特定多数未成年人传播色情、淫秽、暴力信息被查处且影响重大的组织和个人，检察机关可以探索以公益诉讼起诉人的身份提起民事公益诉讼，开展此类未成年人保护民事公益诉讼方面的"等外"探索。

（三）流浪、乞讨未成年人保护救助缺位领域

《未成年人保护法》第41条第2款规定，禁止胁迫、诱骗、利用未成年人乞讨或者组织未成年人进行有害其身心健康的表演等活动。第43条第1款规定，县级以上人民政府及其民政部门应当根据需要设立救助场所，对流浪乞讨等生活无着未成年人实施救助，承担临时监护责任；公安部门或者其他有关部门应当护送流浪乞讨或者离家出走的未成年人到救助场所，由救助场所予以救助和妥善照顾，并及时通知其父母或者其他监护人领回。当前，社会上尤其是三四线城市经常发现存在未成年人流浪、乞讨的情形，而这些流浪、乞讨未成年人中有一部分是受人拐骗后训练进行乞讨的，这种行为对未成年人的身心健康等造成了严重的负面影响。社会上有关保护流浪、乞讨未成年人的呼声越来越大，流浪、乞讨未成年人的保护救助工作亟须重视、查处拐骗训练未成年人乞讨的犯罪分子的工作力度亟须加强。

社会上存在的流浪、乞讨未成年人的现象，不仅对未成年人的身心健康造成了严重的影响，也对社会造成了不稳定的因素，严重损害了社会公共利益。民政部门、公安部门及其他有关部门负有对流浪、乞讨未成年人进行保护救助、查处拐骗训练未成年人进行乞讨的犯罪分子的工作职责，由于上述相关部门监管缺位导致社会上仍存在一定数量的流浪、乞讨未成年人。针对上述情形，检察机关对民政、公安等部门提起未成年人保护行政公益诉讼，督促民政、公安等行政部门依法履行职责，加强对流浪、乞讨未成年人的保护和救助，具有一定的重要意义。因此，检察机关可以将流浪、乞讨未成年人保护救助缺位领域作为未成年人保护行政公益诉讼"等外"的探索领域，发挥检察监督职能。

未成年人检察社会
支持体系建设研究

未成年犯排除适用从业禁止制度的实证性研究

余　丽[*]

[**内容摘要**]　明确从业禁止制度适用主体有利于细化、具化从业禁止制度的适用，未成年犯区别于成年罪犯，少年司法贯彻"教育为主、惩罚为辅"理念，遵循未成年人犯罪特别程序，实行特殊制度，应独辟适合未成年犯特有的犯罪预防机制与路径，对未成年犯适用从业禁止制度不利于少年司法理念和少年司法制度践行，不契合从业禁止制度价值理念，对未成年犯主体应当排除适用从业禁止制度。

[**关键词**]　未成年犯；从业禁止；排除；实证研究；犯罪预防

一、从业禁止制度的设置

为了适应当前社会形势的变化，以及刑罚观念从惩罚犯罪向预防犯罪转变趋势，我国《刑法修正案（九）》新增了"从业禁止"条款，作为《刑法》第三十七条之一，规定："因利用职业便利实施犯罪，或者实施违背职业要求的特定义务的犯罪被判处刑罚的，人民法院可以根据犯罪情况和预防犯罪的需要，禁止其自刑法执行完毕之日或者假释之日起从事相关职业，期限为二年至五年。"自此，从业禁止进入我国刑罚体系，"从业禁止的理论基础源于对犯罪人人身危险性的考察，由法官根据犯罪的具体情况和预防再次犯罪的需要，在综合评估的基础上对于当事人决定是否适用从业禁止。"[①]

任何一项制度都不是"无中生有"，而是立足深厚的社会基础与现实需要。从业禁止制度是基于犯罪预防而作的前置化设置，我国刑法增加从业禁止

＊　余丽，北京市丰台区人民检察院第一检察部检察官助理。

①　于志刚：《从业禁止制度的定位与资格限制、剥夺制度的体系化》，载《法学评论》2016年第1期。

条款是我国刑罚体系细化与完善的体现，从业禁止制度作为一项新制度，要发挥制度价值与意义需要具体细化制度适用的前提、条件、对象、范围、期限、方式等，对此，理论与实务上都在不断努力探索。

二、未成年犯适用从业禁止制度的思考

（一）案例导入

1. 张某（17 岁）是某快递公司的快递员，凭借送快递的业务便利，张某盗窃了自己快递车的快递件，所盗物品价值 3000 元，公安机关以盗窃罪移送检察机关起诉。

2. 丁某（16 岁）是某手机维修店学徒，在明知手机维修店所卖手机及配件系假冒注册商标商品的情况下，仍在该手机店维修、售卖手机及配件半年，销售数额达 10 多万元，公安机关以销售假冒注册商标商品罪移送检察机关起诉。

3. 李某（17 岁）是某保健品公司营业员，应知其所在公司经营的是非正规保健品仍予以销售，公安机关以销售有毒有害食品罪移送检察机关起诉。

上述几起案例有以下共同点：第一，犯罪嫌疑人都是不满 18 周岁的未成年人；第二，犯罪嫌疑人均利用职业便利实施犯罪或者违背职业要求的特定义务；第三，均达到刑事追诉标准，犯罪嫌疑人可能会受到刑事制裁。

（二）未成年犯适用从业禁止制度的思考

1. 未成年犯适用从业禁止制度的已有研究分析

实践中，自《刑法修正案（九）》设置从业禁止制度至今，笔者在裁判文书网，通过"案件类型：刑事案件""文书类型：判决书""法律依据：《中华人民共和国刑法》第三十七条之一、第十七条，或《中华人民共和国刑法》第十七条、第三十七条之一，或《中华人民共和国刑法》第十七条，第三十七条之一"进行逐一查阅，搜索结果均为"无符合条件的数据"，并没有适格案例，即在裁判文书网上没有查询到对未成年犯适用从业禁止制度的先例。虽然，通过裁判文书网检索出的符合适用条件的裁判文书结果不一定能全面反映当前司法实务适用的全貌，但在一定程度上能反映出自《刑法修正案（九）》施行以来对未成年犯适用从业禁止制度的司法运行适用情况。

在理论上，笔者通过查阅资料，研究从业禁止制度的论文很多，并且对从业禁止制度的研究呈现阶段式特点，由起先的对从业禁止制度的含义、性质、职业范围、适用对象等基础问题的研究，逐步发展为对从业禁止制度的司法适

用、适用程序等实证性研究。① 不过，笔者发现，直接研究从业禁止制度适用主体这个问题的论文很少，查询到涉及从业禁止制度适用主体问题的论文有两篇，一篇是吉林大学 2018 年硕士学位论文《从业禁止的理论及实证研究》（作者：卞小月；指导老师：陈劲阳），该论文指出被判处刑罚的自然人是该制度适用主体，不过并未对未成年犯与成年罪犯有所区分。另一篇是刊登在《人民法院报》2017 年 11 月 18 日第 2 版的《未成年人犯罪不应适用从业禁止》一文（作者：陈伟、熊波），该篇文章明确指出未成年人这一特殊犯罪主体应当排除适用从业禁止制度，但遗憾的是，可能限于报纸篇幅，该文主要从犯罪预防以及未成年人再社会化方面进行论述，并未系统阐述未成年犯排除适用从业禁止制度。

2. 未成年犯适用从业禁止制度的检视

如前文所述，在未成年犯适用从业禁止制度问题上，理论界与实务界均倾向采取"忽略""回避"之态度，但从业禁止制度的适用主体是制度研究与司法适用的逻辑起点，是加强该制度研究与适用首先需要解决的问题。无论从刑法学还是犯罪学角度，最明显相区别的犯罪主体类别是未成年犯与成年罪犯。预防再犯罪是创设该项制度的初衷，也应是司法实践的落脚点，② 而预防青少年犯罪是犯罪预防的重要组成部分，所以对未成年犯是否适用从业禁止制度这一问题不容回避。

我国《刑法》第 37 条之一是我国刑法从业禁止制度的具体规定条款，从法条条款所规定的内容看，从业禁止制度的适用主体为利用职业便利实施犯罪或实施违背职业要求的特定义务的犯罪，被法院判处刑罚的犯罪人，适用从业禁止制度的目的是预防其再犯罪。依据我国刑法有关从业禁止制度的现有规定，从理论上说，案例中的 3 名未成年犯一旦被人民法院判处刑罚且被认定具有再犯可能性的话，3 名未成年人可以作为适用从业禁止制度的主体，很有可能被适用从业禁止制度。不过，未成年人作为一类特殊主体，无论在立法层面还是司法层面，无论是刑罚裁量还是诉讼程序，未成年人都受到特殊保护，未

---

① 如齐文远、李江：《论〈刑法修正案（九）〉中的"从业禁止"制度——以证券犯罪为考察视角》，载《法学论坛》2017 年第 5 期；闻志强：《从业禁止刑法规定的理解与适用分析》，载《北方法学》2018 年第 1 期；陈安庆：《我国〈刑法〉中从业禁止适用程序研究》，载《华东师范大学学报（哲学社会科学版）》2018 年第 3 期；曾存钢：《从业禁止的司法适用》，载《贵州警官职业学院学报》2018 年第 4 期；高岩岩：《科学确定从业禁止执行与监督主体》，载《检察日报》2018 年 12 月 10 日第 3 版等。

② 陈伟、张皓巽：《刑事从业禁止制度的性质辨析》，载《时代法学》2017 年第 2 期。

成年犯与成年罪犯应实行差别化对待这点已无争议，目前司法实践中对未成年犯适用从业禁止制度的案例很少甚至为无。

未成年犯是已满 14 周岁不满 18 周岁的犯罪的未成年人，未成年犯是依据刑事责任年龄制度所划分出的与成年罪犯相区别的特殊群体。刑事责任年龄制度作为我国刑法的一项重要制度，是以人类学、心理学、社会学、犯罪学为基础对年龄的一种合理推定制度。伴随社会发展与法治进步，对不同年龄阶段的人采取不一样的刑罚设置，是符合法治原则与刑罚科学化、合理化发展要求的。那么，从业禁止制度作为我国刑罚体系新近设立的制度，其适用是否需要对未成年犯与成年罪犯相区别，未成年犯是否适用从业禁止制度等是我们必须思考的问题。

三、未成年犯排除适用从业禁止制度的分析

笔者认为，对未成年犯不应适用从业禁止，下面笔者将结合少年司法理念、少年司法制度、从业禁止制度及所接触的司法实践案例，对未成年犯是否应排除适用从业禁止制度展开论述。

（一）少年司法理念排除未成年犯适用从业禁止制度

未成年人在生理、心理发育上的不成熟决定了这一群体的特殊性，对犯罪的未成年人贯彻"未成年人利益最大化""国家监护""司法恢复"等理念，施行"教育、感化、挽救"的方针，坚持"教育为主、惩罚为辅"的原则，坚持"宽严相济、少捕慎诉少监禁"等刑事政策，社会上对未成年犯应当区别成年罪犯，给予"特殊处遇"的观念逐渐深化，少年司法理念逐渐深入。从少年司法理念出发，未成年犯不适用从业禁止制度。第一，遵循"未成年人利益最大化""国家监护"理念。未成年人作为特殊保护群体，未成年人利益最大化、国家监护理念已逐步深入人心。少年司法理念主张对少年犯罪作出与成年罪犯不同处理的法律制度，主张对未成年犯应当更加宽容，其违法犯罪行为应当视为其社会化的必经过程，且其出现罪错行为很大部分、很大程度取决于社会不良环境，国家应当为未成年人提供成长的良好社会大环境，承担起"国家监护人"的职责。对罪错少年应联合社会各界力量对其实施矫治、挽救，让其重回成长的正轨，而对未成年犯适用从业禁止制度会出现"就业警戒线"与"不良少年"标签效应，对犯罪的未成年人顺利复归社会、利用社会资源、步入职场十分不利。如前文所举的案例，若对张某、丁某、李某三人适用从业禁止制度，将严重影响三人再次步入职场的积极性，甚至影响他们的基本生活乃至生存。

第二，坚持"教育为主、惩罚为辅"基本原则。未成年人犯罪是未成年

人社会化的一个表现，是其成长当中方向走错的信号。青少年阶段的思想最活跃，好奇心最强，他们社会阅历不多，盲目自信、思维简单，面对繁杂的社会现象，很容易染上不良习气，乃至误入歧途，走向犯罪。未成年人犯罪矫正应坚持"教育为主、惩罚为辅"的基本原则，对未成年犯不能一罚了之，相反，感化、教育、引导等工作应占据更重的分量，且此类工作应当先行。虽然从业禁止制度不是刑罚，是一种保安处分，① 但一旦适用从业禁止制度将会对行为人的公民权利与社会生活产生重大影响，它是具有强制性与约束性的，一般认为从业禁止是属于限制公民自由的措施。未成年人（年满 16 周岁不满 18 周岁）步入社会、参加工作，对社会及事物的认知不成熟，当在其利用职业便利实施犯罪或者违背职业要求的特定义务构成犯罪时，相较于成年人，未成年人的心理建设和主观认知更为简单，其反省能力与反省力度更小，如果对其适用从业禁止制度，则更为凸显的是惩罚，会背离"教育为主、惩罚为辅"基本原则。

第三，贯彻恢复性司法理念。从心理学上讲，刑事责任能力本质上是一种心理能力，具体包括认知能力（我国刑法理论上习惯称之为辨认能力）和意志能力（我国刑法理论上习惯称之为控制能力）。一般来说，未成年人具有易感、易变性，未成年人具有很强的可塑性。"将从业禁止强加适用于未成年人，特殊主体的罪后可塑性便无从谈及。犯罪预防的手段强度存在着体系性的差异，从业禁止制度凸显强制性，弱化教育性。"②

（二）少年司法制度排除未成年犯适用从业禁止制度

我国少年司法虽然与建设法治国家相比仍有差距，但经过近几十年的发展，已取得一定成果，截至目前，我国相关少年司法机构和制度逐步设立，如检察院的未成年人案件检察部、法院的少年法庭等。此外，有关未成年人的特殊制度更是取得长足进步，尤其是 2012 年刑事诉讼法大修，增加"未成年人刑事案件诉讼程序"，专门针对未成年犯的强制法律援助制度、社会调查制度、合适成年人到场、附条件不起诉、犯罪记录封存等制度都积极有效推动了少年司法的进步。可以说，我国相对完善的未成年犯特别处遇制度及配套实施、机制已经基本确立。

办理未成年人刑事案件需要遵循少年司法制度，办案人员应当由熟悉未成

---

① 对从业禁止制度的性质在学界仍有争议，主要存在刑罚说（资格刑）、保安处分、刑罚执行方式、预防性措施等几种观点，其中通说认为从业禁止制度是一种保安处分。

② 陈伟、熊波：《未成年人犯罪不应适用从业禁止》，载《人民法院报》2017 年 11 月 18 日第 2 版。

年人身心特点、善于做未成年人思想教育工作的人员担任；讯问过程要求法定代理人或合适成年人到场参与、配合、监督讯问过程；附条件不起诉是通过对犯罪的未成年人经过一段时间的考察，对其中表现良好的最终作出不起诉处理；社会调查一般由专门的社会工作者对涉案未成年人的成长经历、犯罪原因、监护条件进行调查；考察帮教是对被附条件不起诉人实施矫治、教育，如参加公益劳动、参加法治教育活动、心理辅导等；犯罪记录封存是对符合条件的犯罪未成年人的犯罪纪录予以封存，未经法定程序不得查询与解除，以利于未成年人顺利求学、求职。上述各项少年司法制度都体现了惩罚并非少年司法制度的主要内容，办案人员、法定代理人、合适成年人、社会调查员、各监护帮教单位及工作人员等均肩负着对犯罪的未成年人的监护教育职责。少年司法制度的设置与完善是为维护社会的安定与和谐，帮助犯罪的未成年人"去标签化"和成功"再社会化"，是为了将少年违法者从成年罪犯中区分出来，将他作为一个"孩子"而不是一个"罪犯"来对待。对未成年犯适用从业禁止制度将直接影响犯罪未成年人重新接受教育、求职，影响未成年犯顺利"再社会化"，且通过教育、帮教、社会实践等活动可矫治犯罪未成年人，基于刑法的谦抑性也不需要对未成年犯适用从业禁止制度。

（三）从业禁止制度设置目的排除未成年犯适用从业禁止制度

我国刑法增加从业禁止条款是刑罚体系细化与完善的体现，从业禁止制度本质上是基于犯罪预防而作的前置化设置，适用从业禁止的目的，即根据犯罪人的犯罪情况及预防再犯罪需要，禁止特定犯罪人在特定时间内从事相关职业。

一方面，从业禁止作为一种保安处分，不同于刑罚或刑罚执行方式。保安处分的目的在于对行为和行为人的履历中所表现出来的危险性，通过治疗、帮助、保安或消除措施来予以克服，即对再犯的预防，并伴随着改善和帮助犯罪人的功能。[①] 本质上，从业禁止是对行为人人身危险性与再犯可能性的主观预判，所以应当严格依据具体案件的情形以及行为人具体特征加以判断，强调对主观心态的精细判定。未成年人社会阅历少、认知模糊、容易冲动，从日常经验看，未成年人无法熟知职业犯罪的便利情况与特定义务所在，未成年人利用职业便利的主观罪责更小，适用从业禁止制度的犯罪主体适用应当凸显区分

---

① 武晓雯：《论〈刑法修正案（九）〉关于职业禁止的规定》，载《政治与法律》2016 年第 2 期。

度，① 对未成年犯人身危险性和再犯危险性高的预判应当慎重。

另一方面，《刑法修正案（九）》设置从业禁止制度的初衷在于预防部分犯罪分子利用特定的职业便利，侵犯公共利益和社会秩序，从而规定一定的职业从事"禁止期"。《刑法》第 37 条之一对从业禁止的具体职业范围及案件类型没有提及，理论上可以适用于所有罪名、所有职业和行业，既包括全职职业，也包括兼职，既包含那些需要资格认证才能从事的行业，例如会计师、导游、律师、医生、教师等，也包括那些没有市场准入门槛资格要求的职业，例如服务员、厨师、快递员等，既包括合法的正当的职业，也包括非法的职业。② 未成年犯往往受教育水平低，职业技能匮乏，当前对从业禁止制度的适用范围、方式和适用程序没有具体细化的规定，司法实践中往往采取"一刀切"模式，简单禁止行为人踏入本行业或职业。正如有的学者所指出的，"更令人感到担忧的是，这种宽泛的就业资格限制带来的后果就是一旦未成年人成为犯罪人，那么他将与大多体面的、体制内的、有前途的职业失之交臂，能够从事的职业范围很小，且大多是待遇差、体力劳动为主、工作环境差、不稳定的工作，这对于他们复归社会、回归正常生活将十分不利。"③

笔者在裁判文书网通过高级检索关键字"案件类型：刑事案件""文书类型：判决书""法律依据：《中华人民共和国刑法》第三十七条之一"进行检索，搜索出的结果记录有 314 条（其中有若干条记录重复）。在搜索得出的案例中，主要涉及的罪名有生产销售不符合安全标准的食品罪，生产销售有毒有害食品罪，非法制造、销售非法制造的注册商标标识罪，非法经营罪，走私普通货物、物品罪，诈骗罪等，具体从业禁止的事项包括"禁止从事生产、销售酒瓶盖的相关职业""禁止从事肉类生产经营活动""禁止从事进出口贸易经营活动""禁止从事保险代理业务"等。在司法实践适用从业禁止制度的案例中，因不乏利用高知识水平、丰富执业经历、社会生活经验实施相关犯罪，所以从业禁止的行业、职业范围也不乏银行、保险等专业性强的行业与职业。除我国《刑法》第 37 条之一对从业禁止有所规定外，很多行政法规中也有对职业禁止的规定，例如律师、医生、教师、金融从业者等专门业务或技术执业者，这些职业性法律法规本身在内容上对从业者的年龄、学历、职业经历等条

---

① 陈伟、熊波：《未成年人犯罪不应适用从业禁止》，载《人民法院报》2017 年 11 月 18 日第 2 版。

② 卞小月：《从业禁止的理论及实证研究》，吉林大学 2018 年硕士学位论文。

③ 宋英辉、杨雯清：《未成年人犯罪记录封存制度的检视与完善》，载《法律适用》2017 年第 19 期。

件就有限制，结合未成年人身心特点，实践中未成年犯的受教育水平程度、务工行业等实际情况，类似金融、律师、医生等专业性强的行业、职业，未成年人所从事的概率很低，从此点看，实践中很多案件对未成年犯适用从业禁止的空间较为狭窄。未成年人所从事的工作多为简单、随机的体力劳动，如快递员、手机维修学徒、服务员、营业员等，这些职业与行业对从业人员素质要求较低、需求量大，且行业职业内部区分性较小，对未成年犯适用从业禁止制度并不符合制度设计与适用的初衷与目的，也将影响未成年犯再行择业，容易导致未成年人生活受阻。

四、总结

笔者认为，结合从业禁止制度设置立法原意、少年司法理念及少年司法制度，应区别对待未成年犯与成年罪犯，未成年犯应当排除适用从业禁止制度。不过，虽然未成年犯排除适用从业禁止制度，但并不意味着放纵利用职业便利或者实施违背职业要求实施犯罪的未成年犯，相比对未成年犯设置从业禁止这一特殊预防手段，加强对未成年人的法治教育，深入未成年人参与、体验社会实践，司法机关加强教育引导涉罪未成年人，帮助他们树立正确的劳动观、价值观和人生观，加强法治意识等行动，将更有利于感化、挽救、教育犯罪的未成年人，促进社会和谐稳定。

"轻罪未成年人" 无差别回归的路径探索

陈　勋　周国勇[*]

[**内容摘要**] 我国尚未建立未成年人犯罪前科消灭制度，现行的有关判处5年有期徒刑以下刑罚未成年人犯罪记录封存制度，由于受到技术以及传统观念的影响，存在诸多问题，严重阻碍了他们的就业及重新回归社会，也严重制约了包括未成年人检察在内的一系列帮教、救助、矫正等工作。有必要通过完善立法、上层引领等，牢固树立特殊保护理念，并通过信息技术革新，物理隔离涉案信息、专业社工介入等，确保轻罪未成年人得以无差别回归社会，成为新时代的建设者，最大限度地增进社会和谐。

[**关键词**] 轻罪未成年人；特殊保护；无差别回归；去标签化

一、"轻罪未成年人" 无差别回归的现实意义

（一）"轻罪未成年人" 的概念探讨

我国法律并无明文规定轻罪、重罪的概念和范畴。[①] 借鉴《刑法》第7条规定，我国公民在域外犯本法规定之罪的，适用本法，但按本法规定的最高刑为3年以下有期徒刑的，可以不予追究。通说将法定刑3年以下的，认为是轻罪。但对于未成年人，显然要更精准定义。未成年人犯罪系法定的应当从轻或者减轻处罚的情形，且实际上基本都是适用减轻处罚，即都在法定刑幅度以下量刑。对这一点，刑法关于未成年人不适用死刑的规定就可以印证。即便是罪行极其严重的未成年人，均减轻处罚，不适用死刑。因此，对未成年人而言，其轻罪概念必须准确界定，有助于更好地区别对待，确保其中的绝大多数能够

---

*　陈勋，福建省福州市长乐区人民检察院党组书记、检察长；周国勇，福建省福州市长乐区人民检察院未成年人检察科科长。

①　郑丽萍：《轻罪重罪之法定界分》，载《中国法学》2013年第2期。

顺利回归社会，实现刑罚对未成年人的教育目的以及特殊保护。结合有关犯罪记录封存及与之相配套的免除报告义务等规定，笔者认为，犯罪时未满18周岁，（可能）被判处5年有期徒刑以下刑罚的自然人，即为"轻罪未成年人"。当然也包括被取保候审、（附条件）不起诉的未成年人。需要指出的是，很多轻罪未成年人刑罚执行完毕后，都已经年满18周岁了。因此，"轻罪未成年人"可能很多都是当下的成年人，但这丝毫不能影响对其应有权益的保障。

（二）无差别回归的提出背景

"轻罪未成年人"无差别回归，很容易让人联想到未成年人前科消灭或者说消亡制度。世界上许多国家如法国、日本、德国、瑞士、英国、澳大利亚等专门规定了未成年人前科消灭制度。[①] 笔者提出这个概念，出于三个目的：一是关于法律的明文规定。我国法律没有规定有关未成年人犯罪记录消灭制度，他们的犯罪记录将长期存在。当下，我国对涉罪未成年人的最有力保护，只能通过有条件封存记录的形式得以实现。二是有助于帮教"轻罪未成年人"。记录的存在，有其客观好处。对于帮教机构而言，可以全面掌握案发缘由，并根据其成长环境、性格特点等进行针对性帮教。对于决策机构，可以清楚掌握区域内未成年人犯罪状况，有助于更好地预防青少年犯罪。即便对涉案未成年人，也能使其敬畏法律，内心有所顾忌，亦可自我警惕。三是前科消亡制度不一定符合我国国情。很多学者都对前科消灭制度进行了论证，相关文章颇多，多数都倡导推行该制度。但中国几千年流传下来的因果报应思想始终影响着多数人。犯了罪，就要承担一定的不良后果，不能因为是未成年人就一笔勾销，这是不少人的朴素观点。在应当采取何种未成年人司法制度上，选择建立未成年人前科消灭制度的公众仅占30多个百分点。[②] 因此，笔者认为重复探讨前科消灭，不如在现有法律框架下探索如何落实无差别回归更具现实意义。而作为监督刑罚执行的检察机关，在推进未成年人刑执业务统一集中办理的当下，探索这一问题也显得尤为重要。

（三）法律对"轻罪未成年人"的特殊保护

对涉案未成年人的特别保护，我国刑事诉讼法在第五编第一章用了11个条款进行了专门规制。对"轻罪未成年人"有着更为特殊的保护，《刑事诉讼

---

① 张涛、薛燕升：《建立未成年人前科消灭制度之国内外法比较分析》，载《当代法学论坛》2011年第3辑。

② 赵国玲、李强：《我国未成年人前科消灭制度实证研究》，载《青少年犯罪问题》2010年第1期。

法》第 286 条规定，犯罪的时候不满 18 周岁，被判处 5 年有期徒刑以下刑罚的，应当对相关犯罪记录予以封存。对这类人员，我国《刑法》第 100 条第 2 款也规定，在入伍、就业的时候，免除其向有关单位报告自己曾受过刑事处罚的义务，这也是笔者提出"轻罪未成年人"应无差别回归的主要法律依据。这两部法律都是全国人大通过的基本法律。即便我国没有未成年人犯罪前科消灭制度，但也对这些轻罪记录的负面影响进行严格限制。主要限制三点：一是不构成累犯。《刑法》第 65 条明确规定，未成年人犯罪不构成累犯。司法实践中，各地也达成共识，即未成年时的前科情况（包括行政处罚等），不作为对其后续处理的负面评价之用。二是严格查询条件。"轻罪未成年人"犯罪记录，不得向任何单位和个人提供。除非司法机关为了办案需要或者有关单位根据国家规定进行查询，且要对查询情况予以保密。三是不受歧视。《未成年人保护法》第 57 条；《预防未成年人犯罪法》第 48 条均规定了对刑罚执行完毕的未成年人，任何单位和个人不得歧视。

（四）"轻罪未成年人"占到未成年人犯罪的绝大多数

实践中，未成年人犯罪主要集中在轻伤害、盗窃、聚众斗殴、抢劫等罪名，其中多数法定刑为 3 年有期徒刑以下。加之其应当从轻或者减轻处罚，即便部分犯罪法定刑 3 年以上的，最终的判罚绝大多数都会在 5 年以下。这与未成年人通常主观恶性较小、激情犯罪现象较多不无关系。以笔者所在的长乐区检察院为例，2015 年 1 月至 2019 年 3 月，共受理各类未成年人犯罪案件 114 件 146 人，而同期被判处超过 5 年有期徒刑的，只有 4 件 4 人，人数占比 2.7%，也就是说超过 97% 的未成年人犯罪，都是被判处 5 年有期徒刑以下的，这里面也包括很多因为犯罪情节轻微被取保候审以及被检察机关（附条件）不起诉的，数量可谓相当庞大。"轻罪未成年人"占到未成年人犯罪的绝大多数，他们多数都认罪认罚，他们渴望像正常人一样回归社会。在刑罚执行完毕或者在社区矫正中，能否实现无差别回归，不被标签化、边缘化，不仅关系到未成年人检察帮教、疏导、矫正等工作的效果，也直接关系到新时代的平安稳定。从个案可以发现，就业困难、被他人排斥、无法融入社会，已然是"轻罪未成年人"再犯罪的重要原因。

二、阻碍"轻罪未成年人"无差别回归的客观问题

（一）部分民众观念的偏差

1. 社会高度关注未成年人罪错问题。当下，随着自媒体的发展，包括各级人大代表、专家学者在内，越来越多的人都日益关注包括校园欺凌在内的未

成年人违法犯罪问题。2016 年底的北京中关村某小学校园欺凌事件，当事人母亲网络发文后，公众热议，无数网友跟帖呼应，表达对被欺凌学生的同情，对施暴力学生的愤怒之情溢于言表，甚至很多人极端指责。随之中央出台一系列防治校园欺凌的文件也能说明问题的严重性。不断曝光的一些未成年人恶性犯罪案件，更是引发了无数的关注，这已然成了一个社会性的问题。2017 年12 月 28 日最高检新闻发布会公布数据，2017 年前 11 个月，全国共批捕未成年犯罪嫌疑人 2.61 万人，不批捕 1.31 万人，起诉 3.9 万人，不起诉 0.88 万人。以致于一段时期内要求降低未成年人刑事责任年龄的说法甚嚣尘上。其实校园欺凌现象一直存在，只是由于我国目前缺少统一的事件报告、统计制度，难以了解我国校园暴力发生的真实情况。从某些地方法院披露的情况来看，近些年来审理的校园暴力刑事案件并未明显增长。①

2. 简单的情感宣泄遮掩了问题本质。不少网友积极传播有关欺凌视频，表达对少年欺凌者的极其痛恨，认为他们就是罪恶根源，缺乏对这些罪错少年的成长经历以及家庭、校方甚至社会责任的客观、理性认识。而欺凌与暴力视频在网上过度传播本身值得反思，通过这些视频形成对学生欺凌现状的判断并进而采取"感性化"的应对措施，甚至要求降低刑事责任年龄的想法，更应警惕和反思。② 须知，这些欺凌少年同样属于法律特别保护的对象。我们所要坚持的教育、感化、挽救，在一些人眼里，就是纵容，是致被害人权益于不顾。这种不问缘由、一味苛责、全面否定涉罪未成年人的观念也还根深蒂固。这种观念的偏差，极大影响了对"轻罪未成年人"的挽救，严重阻碍着他们的无差别回归。

(二)"轻罪未成年人"记录封存尚不规范

1. 重视不够导致封存不彻底。虽然刑事诉讼法明确规定，应当对未成年人 5 年有期徒刑以下刑罚的犯罪记录进行封存，但是在基层（也主要在基层才有封存意义），这一制度仍难落实。目前检察院、法院多数都实现了未成年人案件的专门机构办理，设立了未检科、少年法庭等，相关档案的归口管理、独立封存基本可以实现。但办案的源头部门——公安机关大都没有设立未成年人刑事案件专门办案机构，专人办理也难实现，在封存方面投入不足、效果不佳。

2. 地区差异导致封存不及时、不完整。现实中大多是各个派出所直接办

---

① 苑宁宁：《关于未成年人刑事责任年龄等热点问题的专家观点》，载《法制日报》2016 年 6 月 15 日第 7 版。

② 姚建龙：《防治学生欺凌的中国路径：对近期治理校园欺凌政策之评析》，载《中国青年社会科学》2017 年第 1 期。

理辖区未成年人案件（因未成年人犯罪往往较为普通、社会影响较小），各派出所自行保存案件材料。由于不同区域的装备条件不一，即便是同一区域，城关和偏远乡村的派出所差别也很大。这就导致在"轻罪未成年人"犯罪记录封存上参差不齐，有的没有及时封存，甚至没有专门的场所封存"轻罪未成年人"犯罪档案。其他司法机关也存在类似的问题。

（三）"轻罪未成年人"信息泄露问题不容忽视

1. 办案部门多加大了泄露风险。如前文所述，公安机关没有专门的未成年人案件办理机构，往往谁管辖谁办理，这就导致大量侦查人员会了解到未成年人犯罪信息，且未成年人刑事程序繁杂，经手人多，这也加大了信息被泄露的风险。

2. 诉讼周期长加大了泄露空间。涉罪未成年人，罪行较轻的，往往被取保候审，加上要落实社会调查、心理干预等，还有长达一年的附条件不起诉考察期，未成年人刑事诉讼周期相对成年人漫长了许多。在这个过程中，"轻罪未成年人"的涉案信息被泄露的可能性大大增加。

3. 陈旧观念导致泄露的普遍性。我国公民个人信息长期被侵犯的问题由来已久，民众不堪其扰，相关案例频发。2017 年 3 月，"两高"下发《关于办理侵犯公民个人信息刑事案件适用法律若干问题的解释》，依法严惩该类犯罪。据 2018 年 5 月 7 日的《法制晚报》登载，宁波一民警违规帮忙查住址，导致当事人被前男友上门杀死，该民警也因侵犯公民个人信息罪获刑 1 年 3 个月。我们现在所倡导的信息安全权，常常被理解为是私权中比较末位的权利，长期不受重视，这根源于我国长期对私人权利特别是隐私权的不够重视。正常人的信息安全都如此堪忧，更何况涉嫌犯罪的未成年人？

（四）无罪证明严重影响"轻罪未成年人"就业

1. 各地普遍无法开具无罪证明。无差别回归，首先就是要能够正常就业、自我谋生，而这方面，一纸无罪证明就成了拦路虎。笔者所在的长乐区是全国有名的纺织城，上百家纺织企业容纳了数以万计的劳动者，其中就包括不少年满 16 周岁的未成年人。据调研，目前这些劳动密集型企业招工标准主要有三点，即熟人介绍、身份证件、无罪证明，门槛可谓很低。但对于有犯罪记录的未成年人，公安机关却难以开出无罪证明。由于许多法律规定的就业资格限制等，犯罪记录依然是涉罪未成年人回归社会的一大障碍。①

---

① 宋英辉、苑宁宁：《完善我国未成年人法律体系研究》，载《国家检察官学院学报》2017 年第 4 期。

2. 变通做法难以奏效。"轻罪未成年人"开具有关证明中，有些地区会有变通的做法，主要是出于对犯罪记录封存规定的遵守，会出具该人犯罪记录被封存，或者是其未成年时的记录不能查询等证明材料。实际上，无罪证明是公安机关的一项主要证明职责，而且对无罪证明有统一的模板（系格式文书），一旦"轻罪未成年人"持所谓记录被封存或是无法查询的证明材料，用人方就会知晓有隐情。正所谓此地无银三百两。这些看似照顾的变通，根本无法保证其正常就业。

三、存在上述问题的原因分析

（一）相关立法未及时完善

我国 2011 年通过的《刑法修正案（八）》规定，犯罪的时候不满 18 周岁被判处 5 年有期徒刑以下刑罚的，免除前款规定的报告义务。"前款"是指，受过刑事处罚的人，入伍、就业的时候应当如实向有关单位报告自己曾受过刑事处罚，不得隐瞒。随后 2012 年修改后的刑事诉讼法也跟进了有关"轻罪未成年人"犯罪记录封存的规定。然后，这两部法律所确立的"轻罪未成年人"无差别回归原则，在 2012 年同时通过修正的两部未成年人法律——《未成年人保护法》《预防未成年人犯罪法》（系全国人大常委会通过的一般性法律）中，却没有得到相应体现。《未成年人保护法》在第 57 条规定"解除羁押、服刑期满的未成年人的复学、升学、就业不受歧视"；《预防未成年人犯罪法》第 48 条规定"刑罚执行完毕的未成年人，在复学、升学、就业等方面与其他未成年人享有同等权利，任何单位和个人不得歧视"。这种笼统的规定，既没有正视大多数涉罪未成年人刑罚执行完毕后已成年，无法享受所谓和其他未成年人同等权利这一"空洞的权利"，更没有区别对待这些占绝大多数的"轻罪未成年人"，没有给予其更特殊的保护。亦即违背了刑法、刑事诉讼法这两部基本法律对"轻罪未成年人"无差别回归的精神。

（二）实践层面的部门利益保护

对被封存的犯罪记录，司法实践中已有共识，不作为该未成年人日后处罚的否定性评价。刑法规定，犯罪记录被封存的，本人在入伍、就业时没有报告的义务。但是，很多地方、单位有自己的解读。他们一方面貌似遵守上述规定，没有要求这些未成年人提供犯罪经历，另一方面又通过单位政审等形式，轻易接触到当事人的档案。而一旦被发现有犯罪记录，甚至是被行政处罚的记录或线索，用人单位就会以类似与岗位要求不符等各种理由将其排除在外。

（三）技术层面存在硬伤

1. "轻罪未成年人"涉案信息缺乏独立性。目前，个人信息记载最全面的就是公安机关的信息系统。个人的相关资料，包括被采取行政拘留、刑事立案、强制措施、刑事处罚情况等都会详尽体现，这大大方便了信息查询、资源共享，提升了效率。但是，这些信息并没有区分成年人、未成年人。即便是法定被封存的犯罪记录，在电脑系统上也没有进行相应的屏蔽，仍然可以无差别查询到。在大数据时代，纸质档案的封存，对应的却是局域网络（这一网络极其庞大）的公开，这极大影响了轻罪记录封存的实效性和权威性。

2. 查询条件把关不严。刑事诉讼法规定，犯罪记录被封存的，不得向任何单位和个人提供。除了两种情形：一是司法机关为办案需要；二是有关单位根据国家规定进行查询。第一点容易理解，但第二点，很多部门均是打擦边球，甚至拿着行业内部规定就能查询到被封存的犯罪记录，继而将涉罪未成年人排除在外。

四、"轻罪未成年人"无差别回归的路径

（一）加强舆论引导，树立正确理念

1. 牢固树立"儿童最大利益"原则。少年强则中国强，青少年是实现中华民族伟大复兴的希望所在。青少年是人生中一个极为特殊的阶段，生理上的迅速发展与心理上发展滞后是矛盾的根源，由此引发的一系列冲突往往使青少年不知所措，陷入心理危机，甚至诱发违法犯罪行为。[①] 每一起未成年人犯罪，都交织着家庭、学校乃至社会种种不良因素，不能反将原因归于未成年人。这既是刑法对未成年人犯罪从轻、减轻处罚的社会学依据，也为我们更好地接纳"轻罪未成年人"提供了坚实的理论基础。让"轻罪未成年人"顺利回归，既落实了联合国《儿童权利公约》中的儿童（指不满18周岁的未成年人）最大利益原则，也能最大限度地预防其再犯罪，避免产生更多受害者，从而实现双赢多赢共赢。

2. 注重去标签化。对于未成年人犯罪，应该加强舆论管控，严格保护其隐私，在报道中更要把握分寸。确有必要报道的，要引导大众深入反思犯罪根源，防止引起不良示范效应，尤其要避免对罪错少年标签化、单纯人格否定等，高度警惕熟人间"指指点点"或是开放式的道德审判。面对公众谴责和

[①] 刘邦惠：《违法犯罪青少年心理矫治探析》，载《预防青少年犯罪研究》2018年第1期。

"坏人"标签，犯罪人很难保持一种积极的自我形象。他们会对公众的谴责和"坏人"标签产生消极认同，继而产生更加严重的犯罪行为。[①] 对所有未成年犯罪案件，即便是媒体高度发达的西方，对此也有严格的报道限制。

3. 公职部门应作出示范。国家高度重视未成年人保护工作，也规定了当事人入伍、就业时免除报告的义务，也要求企业用人时不得歧视"轻罪未成年人"，那作为公职部门包括军队等，在这方面理应作出表率。除了特定的机密、安全岗位等，确实对品行有特殊要求的，其他一般性的公务员招录、入伍等都应向"轻罪未成年人"开放，理应让他们同样有服务社会、报效国家的机会。

（二）明确、细化现有法律规定

1. 及时完善相关法律法规。严格按照刑法、刑事诉讼法的规定，及时修改《未成年人保护法》《预防未成年人犯罪法》相关内容，对此进行统一、明确、细化，以便于实践操作。针对很多法律法规（如《公务员法》第 26 条）将受过刑事处罚作为从业禁止事项，应进行相应解释，明确一般情形下的"轻罪未成年人"准入许可，从而全面落实基本法律对"轻罪未成年人"的特殊保护，推动其无差别回归社会。

2. 各部门应形成合力。"轻罪未成年人"回归是个社会性系统工程，要进一步明确公安、司法、民政等部门的义务，确保回归后的去标签化，努力实现平等就业、同工同酬。对以各种理由影响、妨碍"轻罪未成年人"正常就业的，既要明确规定相应的救济方式，同时要制定相应的惩罚措施，确保刚性。

3. 全面落实无罪证明制度。2017 年 3 月，最高检发布《未成年人刑事检察工作指引（试行）》，明确规定给"轻罪未成年人"开具无罪证明。检察机关在"轻罪未成年人"无差别回归上，率先踏出了最坚实的一步。不少人会困惑，封存记录可以理解，但明明有犯罪记录，又怎能开具无罪证明？这种困惑，恰恰是没有领会刑法所规定的免除报告义务的精神。如前文所述，实践中，无罪证明已经成为绝大多数行业的准入条件。国家既然规定了轻罪未成年人的免除报告义务，就应当有相应的配套机制，而最好的配套，莫过于开具无罪证明。只有给予其去标签化的身份认证，才能最大限度地顺畅其回归之路。2019 年 1 月 29 日，福建省公安厅下发了《福建省公安派出所出具无犯罪记录证明工作规范（试行）》，其中第 14 条明确规定，未成年人犯罪记录被封存的，本人申请的，可向本人出具无犯罪记录证明。打通了刑事诉讼法犯罪记录

---

① 吴宗宪：《西方犯罪学》，法律出版社 1999 年版，第 529 页。

封存在实务中的最后一关。

（三）查询及应用层面严格限制

1. 实现未成年人涉案信息的物理隔离。对"轻罪未成年人"的犯罪信息包括未成年人被行政处罚等信息，应实现专门模块独立存储，与其成年后的信息完全隔离开来。今后，信息系统只能统一查询到公民成年后的犯罪记录以及被判处超过 5 年有期徒刑刑罚的未成年人犯罪记录。被封存的未成年人轻罪记录除非特别授权认证，才可以被解锁查询。这一举措，需要加大技术投入，对现有信息查询系统进行革新，虽耗资巨大，但这是落实法律规定的必由之路。

2. 严格犯罪记录查询条件。除确是司法办案需要司法机关查询外，其他对"轻罪未成年人"的记录查询，应明确两大原则：一是明确查询依据。必须具备国务院行政法规以上位阶的明文规定，才可以申请查询，并提交书面申请公文。这是对《刑事诉讼法》第 286 条第 2 款中的"国家规定"的准确理解。二是签署保密承诺。依法进行查询的单位、个人，应事先签署承诺书，承诺对查询的犯罪记录情况予以保密，不得向其他无关人员泄露。

3. 明确不做负面评价。"轻罪未成年人"的犯罪记录客观存在，应对该记录所发挥的作用进行严格限制。一方面记录是反映其真实、完整的成长过程；另一方面记录的存在是为了有关部门包括社工等全面掌握其成长经历等，帮助其回归社会。明确不能据此歧视未成年人，不得用作对未成年人的负面评价。要引导社会正确看待未成年人轻罪记录，也让"轻罪未成年人"放下思想包袱。

（四）力促"轻罪未成年人"自我回归

1. 法治教育应常态高效。中央明确推行"谁执法、谁普法"责任制，包括检察机关在内，除日常办案严格落实未成年人特别程序外，更要注重青少年法治教育的针对性和实效性。犯罪心理学认为，未成年人在实施违法犯罪行为之后，受到外界和自身因素的影响，或多或少都会存在心理障碍，倘若得不到及时缓解和疏导，很可能会形成自卑、抑郁、孤僻等消极人格，[1] 这些都容易诱发再犯罪。法治教育既要让青少年敬畏法律、矫正行为，同时也要让知错悔过的他们感受到公平与温暖。要坚持科学、平衡、因人而异的原则，引导其自立、自强、自尊，塑造良好的人生观，帮助其实现内心的自我回归。

2. 亲职教育应无缝对接。亲职教育，即让家长成为合格、称职家长的专

---

[1] 宋英辉：《实行帮教与预防一体化，促进未成年人健康成长》，载《人民法院报》2014 年 5 月 29 日第 5 版。

门化教育，已日益成为未成年人保护的重要课题。家庭是人类自身繁衍和生活的基本场所，也是儿童成长与看护的重要场所。然而受自然环境、社会环境以及经济文化等因素影响，家庭可能发生各种问题。① 据不完全统计，大多涉罪未成年人存在亲子关系紧张、家庭失睦、父母关系破裂等问题。未检等部门办案时，一方面要严格落实法定代理人知情权、到场权、表达权，努力让法定代理人第一时间介入，协助做好未成年人教育、回归工作；另一方面要通过详实的社会调查、征询意见等，发现其亲职教育的问题，搭建法治教育与亲职教育的衔接平台，实现对涉案家庭的全方位帮助。

3. 积极引入社工等专业力量。"轻罪未成年人"帮教及回归是个系统性工程，涵盖了法学、教育学、社会学、心理学等诸多领域。其中社会调查工作、附条件不起诉的帮教工作、合适成年人工作都是专业性强的社会工作。② 检察机关处在中间环节，在发挥法律监督职能时，应适时转介或者借助有关专业力量。发达国家与地区在这方面的做法，主要是依托大量的专业社工进行。反观我国，这方面社工数量少、质量不高。而儿童保护领域是最适合大力发展专业社会组织的，每个县至少要有一家服务困境儿童的专业社会组织。③ 2018 年 2月，最高检与共青团中央会签了有关构建未检工作社会支持体系合作框架，明确了建设专业社工队伍，借助社会力量，健全未成年人行政保护与司法保护衔接机制等。越来越多的基层未检部门在不断提升业务水平的同时，亦将拓展社会支持体系建设作为未成年人检察业务可持续发展的重点之一并积极作为。④今后应倡导加大青少年社工方面的投入，培育一批专业性强的专职队伍，实现对"轻罪未成年人"的一对一帮扶，帮助其走好回归的最后一公里。

① 李玫瑾：《虐童事件频发与儿童保护》，载《中国青年社会科学》2018 年第 2 期。

② 席小华：《社会工作介入少年司法的基础与现状》，载《预防青少年犯罪》2013 年第 1 期。

③ 佟丽华：《五项机制推进困境儿童保障工作》，载《中国妇女报》2016 年 6 月 24日第 A03 版。

④ 张鸿巍：《未成年人刑事检察的职能与发展》，载《人民检察》2017 年第 8 期。

专门学校型观护基地建设的调研与思考

——以广东省江门市检察机关的实践为视角

邝健梅*

[内容摘要] 近年来，广东省江门市检察机关积极推动为涉案未成年人设立多种形式的观护基地。用"观护帮教"代替"关押惩罚"，促使涉案未成年人顺利回归社会。在基地的建设和使用过程中我也遇到了一些困难，引发了更深层次的思考，在进行深入走访和调研后，深刻认识到建立专门学校型观护基地的重要意义。本文就广东省江门市观护基地的现状、专门学校型观护基地建设的必要性以及建设建议逐一进行分析。

[关键词] 专门学校型；观护基地；现状；必要性；建设建议

习近平总书记强调："全社会都要了解少年儿童、尊重少年儿童、关心少年儿童、服务少年儿童，为少年儿童提供良好社会环境"。广东省江门市检察机关坚持实行"教育、感化、挽救"的方针和"教育为主、惩罚为辅"的原则，努力实现促进涉案未成年人顺利回归社会。近年来，在党委政府和社会各界的关心支持下，在江门市检察机关的努力下，江门市观护基地建设获得长足发展。从 2017 年 1 月至 2018 年 12 月，江门市建设观护基地 158 个，有 78 名未成年人已通过观护基地获得有效帮教。但是这些观护基地中，没有专门学校型观护基地。在实践过程中，我们认为有必要在江门市设立专门学校型观护基地，同时经过深入调研，此举措可行可操作，将更好地对未成年人进行帮教矫治，减少社会隐患，营造更稳定的社会环境。

---

* 邝健梅，广东省江门市人民检察院未成年人检察工作办公室负责人，四级高级检察官。

一、江门市观护基地设立的现状

(一) 观护基地的概述

1. 观护基地的定义

观护，顾名思义，即观察看护之意，系英文 Probation 的中文译语，源自拉丁文语根 Probatio，本意指"一段时间的试验或证明"，最早用于教会对教友的考验。真正将"观护"用于未成年人特殊司法制度的是《联合国少年司法最低限度标准规则》(《北京规则》) 在第 11 条的"说明"部分，"观护办法，包括免除刑事司法诉讼程序并且经常转交社区支助部门，是许多法律制度中正规和非正规的通常做法。"涉案未成年人观护，意指在刑事司法过程中对涉案未成年人采用各种考察、帮助、教育、看护等方法、措施的总称。①

观护基地是什么？我国未成年人刑事司法实践中，各地司法机关、政府机构以及社会力量都在不断探索试行各种观护办法，设立多种观护基地，但是由于这些都是探索性举措，对于观护基地的定义，理论界和实践界并没有统一的说法。有观点指出，"观护是指人民检察院将符合条件的涉案未成年人，交由专门的观护组织和人员、开展观察、教育、矫正、监督、保护等工作，以达到改善行为、预防再犯、保证诉讼活动顺利进行的目的，并为司法机关处理提供依据的活动""观护基地是指为开展观护工作提供法治教育、心理疏导、文化知识学习、劳动技能培训等帮教条件及具备必要活动功能的场所，可以在有关单位、团体和组织中设立"。

2. 观护基地的适用对象

观护基地主要适用于有证据证明涉嫌犯罪，案件进入检察环节的未成年人。主要包括以下人员：(1) 被取保候审的；(2) 符合取保候审其他条件，但无法提供保证人或者保证金的；(3) 被附条件不起诉的；(4) 被不起诉的；(5) 其他可纳入观护基地的未成年人。有严重不良行为的未成年人、被治安管理处罚的未成年人以及因未达法定刑事责任年龄不负刑事责任的未成年人，确有观护帮教必要的，可以参照适用。

3. 观护基地的种类

观护基地主要依托企事业单位、学校、社区、救助机构、社会团体、公益组织、爱心企业等设立。一般应当同时具备以下条件：(1) 热心观护工作；(2) 有专门的观护场所；(3) 具有与观护工作相适应的人员与经济能力；

---

① 吴燕、陆海萍、周春燕：《涉罪未成年人社会观护体系的构建与完善》，载吴燕主编：《未成年人检察理论研究》，法律出版社 2016 年版，第 586 页。

（4）具有相应的组织机构和管理制度；（5）其他应当具备的条件。对于符合设立要求且有意向的，经双方沟通，共同研究确定为人民检察院观护基地。

实践中，观护基地的种类普遍分为三种：社区型、企业型、学校型。

4. 观护帮教的内容

观护基地开展日常观护帮教工作，一般包含以下内容：（1）教育考察。开展思想、法治教育，考察观护期间的行为表现和思想动态，及时掌握其日常活动情况；（2）心理矫治。通过谈心谈话、心理疏导和干预等，矫正认知偏差和心理问题，帮助其树立正确的人生观和价值观；（3）行为矫正。开展行为矫正工作，使游戏成瘾、赌博、酗酒等偏差行为戒除或得到有效矫治；（4）公益活动。组织参加与未成年人身心特点相适应的公益活动，培养其社会责任感；（5）学习培训。通过开展文化知识学习和劳动技能培训，使观护对象能够自食其力；（6）开展其他有益于未成年人身心健康的活动。

（二）江门设立观护基地的基本情况

江门市检察机关按照最高人民检察院和广东省人民检察院的相关规定，结合本地的实际情况，参考全国各地的做法，努力探索设立具有本地特色的观护基地。

1. 目前设立的观护基地针对的对象

上文所述的观护基地所适用的对象是极易走向违法犯罪的一个群体，现行的收容教养、工读教育、训诫悔过等惩戒性措施执行不力，家庭监护和社会观护力量薄弱，致使该群体处于预防帮教的灰色地带，缺乏有效针对措施，形成社会治安隐患。在未成年人刑事司法中，与逮捕、刑罚等具有刑法惩罚性色彩不同，观护帮教更符合对涉案未成年人的教育、感化、挽救的刑事司法特点，由政府机构、司法机关、社会力量等共同组成专门组织，对未成年人进行帮教、考察和矫治，有助于矫正和预防未成年人犯罪，是对涉案未成年人轻刑化处理的重要填补和辅助手段。

江门市目前设立的观护基地只是针对达到法定刑事责任年龄因违法犯罪情节轻微，被取保候审、不批准逮捕、不起诉、附条件不起诉等的未成年人。

2. 设立的观护基地的类型

江门市检察机关在 2017 年开始与企事业单位、学校、社区、社会团体、公益组织、爱心企业等合作设立社区型、企业型、学校型观护基地，目前四市三区已实现全覆盖。

社区型观护基地是指由检察机关与社区合作，在社区建立专门的开放式的社工站，由专业社工驻站协助检察机关对被取保候审、不批捕、不起诉、附条件不起诉等的涉案未成年人开展帮教考察回访工作。江门目前有 132 个社区型观护基地，是为数最多的观护基地，主要分布在蓬江区、新会区和台山市，其中蓬江有 73 个，新会有 30 个，台山有 22 个。江门第一个社区型观护基地于 2017 年 8 月建立，由鹤山市人民检察院与社工机构合作成立。2017 年至 2018 年有 58 名涉案未成年人获帮教。

企业型观护基地是指检察机关与具备社会责任感的热心企业合作，在企业中设立观护基地，为在本地无监护人、无经济来源、无固定住所的"三无"涉案未成年人提供食宿，负责技能培训，协助检察机关共同对涉案未成年人进行帮教。全国各地有许多检察机关都设立了此类观护基地，如北京、上海、广东佛山等。由于选择到合适的企业难度比较大，故江门目前只有 2 个此类观护基地，并且也是在 2018 年下半年才设立，暂无成功的帮教案例。

学校型观护基地又分为检校合作型和专门学校型。江门市建立学校型观护基地有 24 个，全部为检校合作型，主要集中在新会区，新会有 17 个。2017 年至 2018 年获帮教未成年人 20 名。检校合作型是检察机关与公办学校、职业技术学校签订合作协议成立"未成年人观护基地"，使涉案未成年人在学校接受"文化 + 实训"课程培训，通过组建帮教小组，采取德育教育、心理辅导、行为矫正、社会实践等方式，开展"一对一"的帮教，并定期制作帮教考察意见，检察院人员定期对学校的监管帮教行为进行监督，为检察机关作出司法处理提供参考依据。此模式是全国各地目前比较多见、运用比较广泛的学校型观护基地模式。如开平市检察院以上述形式与辖区内的东河中学和机电学校合作，成功帮教涉罪未成年人 6 名。

专门学校型观护基地是指由政府牵头，联合各单位部门，由财政出资成立专门的学校，如工读学校或民办的特殊学校，对涉案未成年人进行行为矫治和帮教，由观护基地提供食宿，学习文化、法治、技术等课程，并进行专门心理辅导、社会实践，同时采用一定的军事化管理的封闭式学校或半封闭式学校。江门暂时没有专门学校型观护基地。

二、专门学校型观护基地建设的必要性分析

学校型、社区型、企业型观护基地因其各自的特点各有优劣，针对不同的适用对象，有不同的适用范围。作为一个地区，最好是三种观护基地并行，发挥各自的优势。由于目前江门没有专门学校型观护基地，其建设具有必要性。

（一）专门学校型观护基地的突出优势

1. 更有利于涉案未成年人重新融入社会

多数涉案未成年人文化程度低，缺少合适的工作机会，缺乏基本的生活技能，没有稳定的经济来源。专门学校型观护基地可以通过恢复学业或对涉案未成年人进行生活技能培训，提升其满足自身需求的能力，帮助其确立积极的人

生目标，既能防止在羁押场所交叉感染，减少非必要性羁押，又能保护受教育的权利，还能学到一技之长，有了回归社会的谋生手段，利于其真正融入社会，消除此类型人群身上存在的不稳定因素。与企业型观护基地和社区型观护基地相比，在直接接触社会之前多了一个过渡时期和过渡点。

2. 接收的被观护对象范围更广泛

企业型观护基地通常是对年满 16 周岁以上的涉案未成年人进行观护。社区型观护基地通常是对户籍在本地或本地的居（村）委会所管辖范围的涉案未成年人开展帮教。检校合作型观护基地局限于原校学生或文化基础较好的学生。而专门型学校观护基地不仅可以接收以上被观护对象，还可以接收外来户籍的涉案未成年人、未达刑事责任年龄的涉案未成年人等可帮教对象。

3. 可以进行更全面有效的帮教

社区型观护基地关注未成年人在日常生活中的帮教，企业型观护基地以职业培训为主要帮教途径。而学校型观护基地涵盖的内容更为广泛，涉及心理辅导、行为矫正、学习培训（文化科、国学、法律知识、职业技能等）、家庭关系改善等活动，可以从多方面对未成年人进行帮教。

4. 可以进行更长效的监管

绝大部分专门学校型观护基地都是实行全日制教学，对在校学生进行全封闭式半军事化管理，且观护帮教的时间一般为半年以上。一方面有效防止未成年人在接受帮教期间再次受到社会的不良影响；另一方面促使未成年人通过长期的学习，在思想上树立正确的人生观、价值观，在行为上形成良好的生活习惯，自觉抵御不良诱惑。

5. 观护帮教工作更持久

从全国各地的实践情况来看，企业型观护基地建立在企业、工厂里，虽然收到了良好的效果，但并非长久之计，其实质仍然是在资源匮乏的情况下调动企业的积极性，让企业承担一部分社会责任，但是企业毕竟不是专门的矫正场所和机构，涉案未成年人在这里接受考察帮教的专业化程度不足，而且会给企业造成负担、带来影响，同时也存在一些安全隐患。相比之下，专门学校型观护基地一般由政府牵头，多单位合作共建，在多方监督下实施，更规范、更专业、更持久。

（二）江门市公检法办理案件的迫切需求

如上文所述，虽然江门市目前有 158 个观护基地，但是没有专门的学校型观护基地，且面对的对象基本是被取保候审、不批捕、不起诉、附条件不起诉的本地户籍的涉案未成年人，而对于其他类型的涉案未成年人，尤其是在本地无监护人、无经济来源、无固定住所的犯罪情节轻微的涉案未成年人，或者未达法定刑事责任年龄却涉嫌违法犯罪的未成年人，均无有效的观护帮教场所进行帮教。对"三无"涉案未成年人不得不采取羁押的强制措施，但是该类人员一旦进入羁押场所就增加了交叉感染的风险，不利于落实"教育、感化、挽救"的司法政策。对于未达法定刑事责任年龄却涉嫌违法犯罪的未成年人，如果不进行有效的观护帮教，长期缺乏监管，很可能成为社会不安定因素。例如 2018 年 12 月发生的 12 岁男孩杀母事件，对 12 岁的吴某没有合适的场所进行监管是一个社会高度关注的问题。

1. 2016 年至 2017 年江门市未成年人案件的办理情况

从 2016 年 1 月至 2017 年 12 月江门市公检法办理案件的情况来看，不批捕、不起诉、附条件不起诉、行政处罚、未达刑事责任年龄却涉嫌违法犯罪、由公安机关取保候审、法院判处 3 年以下刑罚的未成年人均占一定的比例，确实有成立专门的学校型观护基地的必要。

2016 年至 2017 年，江门市公安机关对未成年人行政处罚 288 人；对已经涉嫌犯罪但因为未达刑事责任年龄而未能处罚的有 260 人；涉嫌犯罪的未成年人 621 人，涉罪未成年人被检察机关以无逮捕必要决定不捕的有 97 人，占涉罪未成年人的 15.62%；公安机关作出取保候审决定的涉罪未成年人总数为 225 人，其中非本地户籍的 115 人，占 51.11%。

2016 年至 2017 年，江门市检察机关办理未成年人犯罪案件，无逮捕必要不捕人数 122 人，占受理人员比例为 29.01%，其中非本地户籍的占 41.44%；逮捕后作出酌定不起诉的 23 人，其中非本地户籍的占 65%；附条件不起诉的 27 人，其中非本地户籍的占 19%。

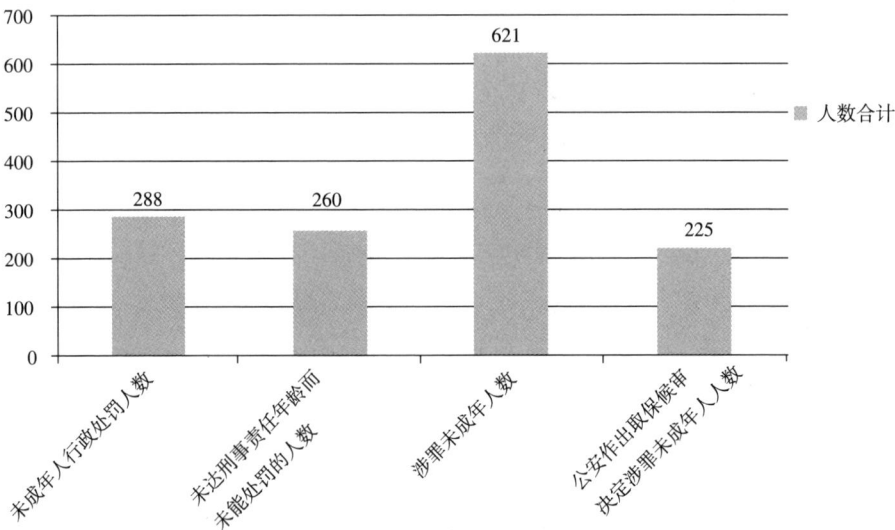

图一：江门市公安机关 2016 年至 2017 年办理未成人案件数据

■ 本地户籍　■ 非本地户籍

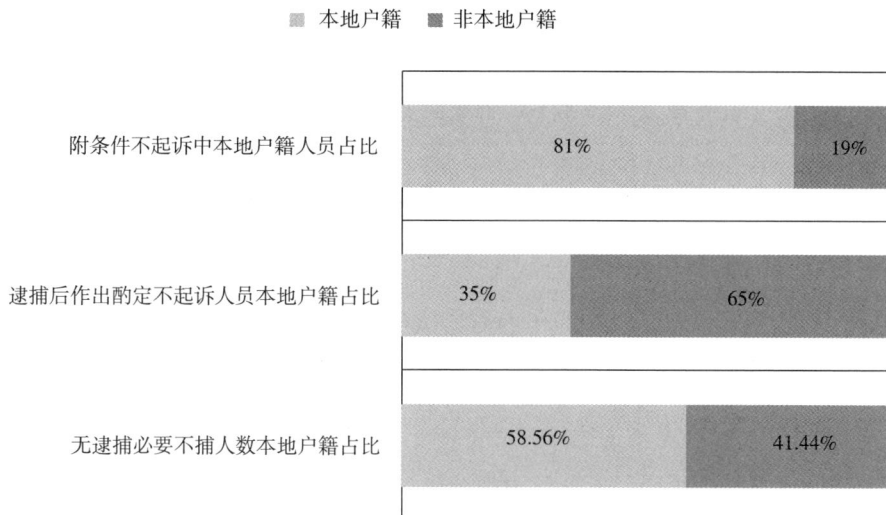

附条件不起诉中本地户籍人员占比　81%　19%

逮捕后作出酌定不起诉人员本地户籍占比　35%　65%

无逮捕必要不捕人数本地户籍占比　58.56%　41.44%

图二：江门市检察机关 2016 年至 2017 年办理未成年人案件数据

2016 年至 2017 年，江门市法院系统办理未成年人犯罪案件判处 1 年以下有期徒刑的 77 人，其中非本地户籍的 55 人，占 71.43%；判处拘役以下刑罚的 52 人，其中非本地户籍的 44 人，占 84.62%；判处缓刑的 97 人，其中非本户籍的 56 人，占 57.73%；判处 3 年以下有期徒刑的 87 人，其中非本地户籍的 60 人，占 68.97%。2017 年被判刑的未成年人有 165 人，其中判处非监禁刑的 89 人，占 53.9%。

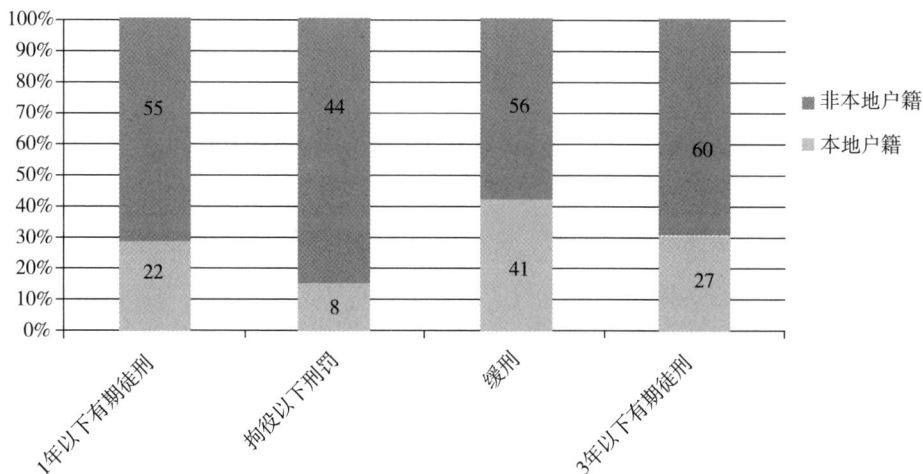

图三：江门市法院系统 2016 年至 2017 年办案数据

— 221 —

2. 涉案未成年人的预防帮教工作存在较多社会问题

（1）对未成年人追究刑事责任的难度大。由于刑法明确规定，不满 14 周岁的人，无论犯何种罪，一律不负刑事责任。已满 14 周岁不满 16 周岁的人，仅对 8 类罪行负刑事责任。在江门市公安机关的执法办案中，很多实施盗窃、抢夺等犯罪行为的未成年人都未达到刑事责任年龄，被公安机关抓获后一般只作警告或训诫处理，惩戒作用弱。例如，2017 年江门市入室盗窃、盗窃机动车两类案件中，未成年人犯罪免于处罚的分别为 78.5% 和 31.2%。再如，2017 年台山市公安机关办理的相关案件中共抓获未成年犯 70 人，其中仅 4 人予以呈请逮捕。

（2）收容教养措施难以落实。收容教养是刑法和预防未成年人犯罪法规定的对不满 16 周岁不予刑事处罚的未成年人适用的强制性教育改造措施。实践中，因审批程序烦琐、无专门关押场所和专业管教人员、难以取得监护人同意等原因，收容教养情况不理想。江门市近 3 年来没有收容教养案例。

（3）非强制措施的惩戒管教作用弱。根据治安管理处罚法规定，对已满 14 周岁不满 16 周岁，或者已满 16 周岁不满 18 周岁初次违反治安管理，依法给予行政拘留处罚的，不执行行政拘留处罚。由于行政拘留无法得到实际执行，公安机关对该类未成年人通常只能训诫、责令具结悔过、赔礼道歉，或责令家长加强管教。但是这些措施强度低，预防威慑效果欠佳。

由于未达刑事责任年龄未成年人在犯罪后无相应的强制处罚措施，办案机关多是建议其家长予以严加管教，一旦其家庭无管教能力或疏于管教，这类未成年人往往会再次犯罪。部分未成年人得知自己不会被处罚后，变本加厉地实施违法行为。未成年人再次违法犯罪问题突出，公安机关往往陷入"抓了放，放了抓"的恶性循环。

三、专门学校型观护基地建设的建议

专门学校型观护基地的设立有一定的理论基础和法律政策基础，在全国各地均有试行，也取得了一些成效，值得借鉴。例如广东省广州市新穗学校、英德市未成年人社会观护帮教基地和江西省南昌市"阳光学校"的实践经验为我们提供了很好的范本。江门市公安机关在 2017 年曾将少量在本市作案的检察机关不捕或未达刑事责任年龄的未成年人送至英德市未成年人社会观护帮教基地进行矫治，收到较好效果。经笔者走访江门市公安、检察、法院，听取他们的意见，均较强烈要求江门市选址设立专门学校型观护基地供全市使用。由于在设立专门学校上会遇到法律争议、经费保障、生源保障、学生安全等困难，故下面提出一些建设方面的建议。

（一）依据现有国际国内的理论及法律政策规定，推动立法争取提供明确法律依据

1. 明确理论基础

理论基础包括国家亲权理论和差异交往理论。国家亲权理论又称国家父权或国家监护，是指当未成年人的父母没有适当履行其义务时，国家理所当然地介入其中，代替不称职或无计可施的父母，以未成年人监护人的身份行使亲权，这样国家也就拥有了与父母一样的权利来制约和维护孩子的行为。[①] 当前，由国家指引社会力量介入未成年人帮教，帮助未成年人的父母履行管教职责，不失为一种好的方法。差异交往理论又称为不同交往理论随异交往说。该理论认为，犯罪行为是在一种交际过程中与别人的相互作用中学会的，一个人之所以犯罪是因为他所处的环境中赞同违法的观念压倒了赞同遵守法律的观念。因此，将一个由于与违法群体接触而产生犯罪理念实施犯罪行为的人放到一群违法的人中进行改造，毋庸置疑只会造成交叉感染和犯罪升级，从而不断印证"监狱是培养罪犯的学校"这一观点。所以，基于该理论，对高危未成年人的帮教，必须将他们吸收到强调有助于遵守法律的行为的价值的团体中去，同时使其背离强调有助于犯罪的价值的团体。[②]

2. 明确法律政策基础

（1）《联合国儿童权利公约》中的"儿童利益最大化原则"。"儿童利益最大化原则"是被称作"儿童权利大宪章"的《联合国儿童权利公约》于1989年正式确立的，其第一部分第3条明确规定："关于儿童的一切行为，不论是由公私社会福利机构、法院、行政当局或立法机构执行，均应以儿童的最大利益为一种首要考虑"。儿童最大利益就是社会利益，促进违法犯罪的未成年人回归社会实际上是对社会最有效的保护。而将罪轻未成年人交到监狱执行刑罚，只是延缓了涉罪未成年人重新危害社会的时间。

（2）《联合国少年司法最低限度标准规则》（《北京规则》）的相关规定。《北京规则》于1985年11月29日在北京通过，我国是参与制定国、缔约国，《北京规则》是我国刑事司法、少年司法的渊源，现行刑事诉讼法中未成年人

① 高危未成年人网格化预防帮教工作研究课题组：《高危未成年人网格化预防帮教工作研究——以资阳市雁江区人民检察院司法实践为参考》，载《未成年人检察》2018年第1辑，中国检察出版社2018年版，第167页。

② 高危未成年人网格化预防帮教工作研究课题组：《高危未成年人网格化预防帮教工作研究——以资阳市雁江区人民检察院司法实践为参考》，载《未成年人检察》2018年第1辑，中国检察出版社2018年版，第168页。

特别程序的规定均是《北京规则》在刑事诉讼法中直接的体现。《北京规则》第13.1条规定"审前拘留应仅作为万不得已的手段使用，而且时间应尽可能短"，第13.2条规定"如有可能，应采取其他替代办法，诸如密切监视、加强看管或安置在一个家庭或一个教育机关或环境内"，第13.5条规定"看管期间，少年应接受按照他们的年龄、性别和个性所需要的照顾、保护和一切必要的社会、教育、职业、心理、医疗和物质方面的个人援助"。该系列条文的规定强调审前拘留期间犯罪污染对未成年人危害性，采取替代性措施的重要性，考虑到未成年人发育成长阶段特有的需要，明确提出了羁押替代措施的概念、方法和具体要求。上述规定正是观护基地进行帮教矫治的直接国际规定依据，观护基地的做法也符合上述条文的规定。①

（3）《未成年人保护法》《预防未成年人犯罪法》和《未成年人刑事检察工作指引（试行）》的规定。《未成年人保护法》的宗旨、任务是动员社会各方面力量，运用法律手段保障未成年人的合法权益，预防未成年人犯罪，保护未成年人健康成长。其第25条明确规定，"对于在学校接受教育的有严重不良行为的未成年学生，学校和父母或者其他监护人应当互相配合加以管教；无力管教或者管教无效的，可以按照有关规定将其送专门学校继续接受教育。依法设置专门学校的地方人民政府应当保障专门学校的办学条件，教育行政部门应当加强对专门学校的管理和指导，有关部门应当给予协助和配合。专门学校应当对在校就读的未成年学生进行思想教育、文化教育、纪律和法治教育、劳动技术教育和职业教育。专门学校的教职员工应当关心、关爱、尊重学生，不得歧视、厌弃。"《预防未成年人犯罪法》明确了在预防未成年人犯罪中，各级政府组织、司法机关、社会团体、学校、家庭的责任和义务。《未成年人刑事检察工作指引（试行）》第6条明确规定，人民检察院对于犯罪时未达到刑事责任年龄的未成年人，应当办强与公安机关、学校、社会保护组织等单位及未成年人家庭的协调、配合，通过责令加以管教、政府收容教养、实施社会观护等措施，预防其再犯罪。以上规定，是观护基地设立的国内立法的依据。

3. 细化相关规定

观护制度作为少年司法制度的重要一环，已经成为国际社会通行做法，但由于我国尚未建立完备的少年司法体系，未成年人观护制度面临缺少上位法支撑的尴尬境地。在未成年人社会观护制度方面，可以参考我国台湾地区的经验，制定相关条例，从根本上解决观护工作的机构设置和人员配备等问题，理

---

① 张涛：《未成年人观护基地法律依据与发展路径探析——以江苏省江阴市为例》，载《预防青少年犯罪研究》2015年第6期。

顺各部门之间的协作模式。只有我国法律对社会帮教主体、帮教机构管理部门的职责分工、帮教对象、帮教内容等作出明确规定,才能更好地推动专门学校型观护基地建设。

(二)借鉴国内工作实践经验,由党委政府和社会力量合作共建

1. 借鉴国内较好的观护基地模式

(1)江西省南昌市"阳光学校"。2014 年 1 月,南昌市委政法委、团市委、市教育局在南昌市鸿杰少年学校(原戒断网瘾为主要功能的民办学校)挂牌成立了南昌市"阳光学校",成为一所教育矫治有严重不良行为青少年的特殊专门学校。学校目前既接收由司法机关移送的违法青少年,也接收部分由家长送来的严重不良行为青少年。学校为民办公助的性质,采取"政府主导、部门支持、民办机构承接、社会力量参与"的管理模式。学校由市综治委预防专项组、市综治办负责组织、协调、督导工作,由市教育局作为牵头部门负责日常管理和标准化建设,由公检法司负责移送学员、法治宣教等工作,由市人社局负责技能培训、就业推荐,由市财政局负责资金核拨监管,由团市委负责统筹协调和开展志愿者活动。十大部门分工协作,共同推进工作。学校采取以一年为期的矫正模式,学员在学校接受全封闭式军事化管理。

(2)广东省广州市新穗学校。创办于 1997 年,是广州市教育局直属、广州市公安局协办、广东省教育厅和广东省司法厅协管的公办专门学校。学校采用多层次、多形式办学,工读教育部(海珠校区)在全市范围招收初中阶段具有心理及行为偏常、家庭难管、学校难教的不适宜在普通中学就读的学生,采取半封闭式、准军事化、寄宿制的特殊教育管理模式,学生具有双学籍,学生毕业时回原校参加毕业考试和升学考试,发放原校义务教育毕业证书。

2. 党委政府和社会力量的支持合作

我们建议设立的理想模式应是"政府主导、部门支持、公办或民办机构承接、社会力量参与"。

(1)政策支持。观护基地的建立应该有党委政府牵头,单靠司法机关的力量是不足的。由党委政府联合教育、财政、民政、人社、团委、公检法司等职能部门出台指引性政策文件,整合部门之间的资源,指导建立专门学校观护基地和保障观护基地独立健康运行。

(2)资金资源支持。观护基地是社会管理性服务,应当获得政府财政资金的支持,同时资金资源的支持必须形成长效机制。政府可加强对办学机构的一揽子支持性政策倾斜,包括注册登记、运营补贴、税费减免、人才吸引、鼓励捐赠等。

(3)社会协同。预防和减少未成年人犯罪是一项长期复杂的社会系统工

程，需要全社会的共同关注、长期努力。第一，建议吸引广大社会志愿者参与，包括专业的心理咨询师、社会工作者、义工、政法干警、退休老干部等，广开渠道吸收社会帮教力量，使其发挥最大效用。第二，建议与保险公司协商以集体保险的方式，对被观护对象可能出现的人身安全问题投保，减少观护基地运行中可能出现的风险，降低安全隐患。

（4）业务对接。为在专门学校进行矫治的未成年人做好学籍对接工作，保证其在完成矫治后能顺利进入正常学校就读，或者寻找爱心企业接收从而使他们正常就业，重新融入社会。

3. 全市先试行建立一至两个专门学校型观护基地，共同使用

根据省委省政府的精神，到 2018 年年底前，原则上地级以上市至少建成 1 所满足当地需要的专门学校，作为教育矫治有严重不良行为未成年人的主要场所。我们认为，此思路是符合当前江门具体实际情况的。一方面专门学校型观护基地建立所需的人、财、物的资源都比较多，建立难度大。另一方面随着未成年人犯罪预防工作的逐步推进及帮教措施逐步完善，未成年人犯罪基本呈减少趋势。因此，从建立难度和生源看，专门学校模式不适合分散建立。过多地建设专门学校型观护基地，会造成观护帮教资源的分散，造成资源不集中甚至浪费。因此建议在江门范围内，由市委市政府牵头，各县级市、区联合力量，集中人财物资源共建专门学校型观护基地。可考虑借鉴英德和南昌模式，通过利用原工读学校或废弃中小学校校址进行校区改造，购买第三方学校管理服务的方式操作。

（三）建立"学习 + 职教"类学校型观护基地，多措并举提高观护基地的帮教效果

1. 建立既能学习文化科学又能学习职业技能的专门型学校，更灵活更有利于涉案未成年人重返社会

建立兼有职业类的专门学校型观护基地，可以丰富观护基地的帮教形式。鉴于未成年人心理承受能力弱、抗打击能力差等特点，未成年人在接受司法机关处理后，其身心会受到不同程度的影响。因此，有部分未成年人可能无意回归校园继续读书学习，也有部分未成年人本来辍学已久，在社会混迹，让其回归学校读书学习并不现实。而职业类学校型教育基地能够为这些未成年人提供技术类培训，让其掌握一技之长，促使其正常回归社会，保证帮教效果。

2. 注重教职人员的专业化培训及吸纳专业人才，提升观护基地的教育效果

观护基地应注重对工作人员的有关培训，特别是在心理咨询、心理疏导方面，或者聘请社会上具有政法、教育、社会工作经验的人员，担任兼职辅导员，协助管护帮教基地开展工作。辅导员要有针对性地开展提供心理矫正、亲情感化、法治教育等活动。同时，相关硬件设施也要配备完善，比如心理辅导室、宣泄室、沙盘室、音乐放松室、亲子交流室等，以此保证教育、疏导的有效性，避免走过场，实现对涉案未成年人教育、感化、挽救的无缝衔接。

3. 加强学生的安全防范措施，防止出现安全问题

涉案未成年人进入专门学校型观护基地前，应对其进行全面的风险评估。从涉案未成年人的社会危害性、人身危险性以及是否会妨害诉讼、犯罪事实是否查清、可能判处刑罚的轻重等方面进行评估。对涉案未成年人进入观护基地进行帮教，应征得其本人及其法定代理人的同意，同时签订相关协议。专门学校型观护基地应对涉案未成年人加强安防措施，由公安机关负责全面的安全工作，防止出现安全问题。

构建刑事未成年被害人社会救助体制初探

——以河南省基层检察院司法实践为视角

朱艳菊[*]

[内容摘要] 随着未成年人案件办案模式一体化改革进程的推进，被害人为未成年人的部分刑事案件被归入未成年人检察工作，未成年被害人救助问题也得到司法界的关注。河南省检察机关在司法实践中对刑事未成年被害人社会救助从救助主体、救助对象范围、救助条件、救助方式、救助程序设置、救助资金来源、救助数额以及配套衔接机制等方面进行探索实践，希望有助于构建未成年被害人社会救助的立法和司法。

[关键词] 未成年被害人；未成年人检察；社会救助

目前，国际上对未成年被害人社会救助制度的探索已比较成熟，在我国，对刑事未成年被害人的社会救助研究尚不够细化和深入，加之实践中对刑事未成年被害人社会救助的试点才处于起步阶段，导致我国目前尚不具备全面推行未成年被害人社会救助制度的主客观条件。但是，现有的试点情况表明，对未成年被害人给予救助，不仅是必要的，而且是可行的。因此，笔者建议加快机制的完善，实现由自发的、零星的救助向规范的、统一的未成年被害人社会救助转变。鉴于此，本文试图就未成年被害人社会救助的问题作些探索，希望能有助于对未成年被害人社会救助的立法和司法。

一、河南省刑事未成年被害人社会救助的实践现状

随着未成年人案件办案模式一体化改革进程的推进，被害人为未成年人的部分刑事案件被归入未成年人检察工作，可以说日趋完善的司法体制为未成年

---

* 朱艳菊，河南省人民检察院第九检察部副主任，三级高级检察官，中国犯罪学会常务理事。

被害人社会救助制度的建立提供了科学的机制保障，同时未成年被害人救助制度的出台也是实现未检一体化的良好举措①。

近年来，未成年被害人救助问题日益得到司法界的关注，河南省各地市相继出台了刑事被害人救助文件，各地检察机关也相应制定了办法。例如，周口市院未检部门联合控申部门主动及时地开展未成年被害人社会救助，始终秉承四个主动，即主动联系救助对象、主动告知有权提起救助申请、主动帮其收集申请材料、主动将救助资金送到救助对象手中，在化解社会矛盾、提升检察执法公信力方面成效明显。沈丘县院 2017 年对 5 名性侵案件的被害人进行了社会救助，共计救助 2.5 万元。新乡市院于 2014 年以来，共为 84 名未成年被害人申请了各类救助，申请救助金 102.5 万余元。郑州市管城区院与辖区 11 家单位共同签署《关于建立受侵害未成年人先行救助联动机制的实施意见》，明确各部门在未成年被害人心理疏导、身体康复、经济救助等方面的职责，2017年共救助 24 人，救助金达 22 万元。可以说，上述司法实践的有力尝试为构建针对未成年被害人的救助制度积累了一定的成功经验。

二、构建未成年被害人社会救助体制面临的困难

（一）立法的不完善

我国没有专门被害人保护法规，现散见于相关法律规定中的有关保护未成年被害人的规定，无论在内容上还是形式上都缺乏系统性和完整性。立法的不完善，在一定程度上影响和限制了对未成年被害人合法权利的保护。例如，刑法总则对未成年被害人保护没有原则性规定，而分则对涉及未成年被害人的犯罪，则是通过加重处罚来体现保护。又如，刑事诉讼法规定了被害人由于被告人的犯罪行为遭受到的物质损失，有权提出附带民事诉讼。但现实中，由于被告人没有履行判决的能力，判决常常成为"一纸空文"，赔偿屡屡遭遇空白，未成年被害人的权利将无法得到保障②。

2018 年，最高人民检察院出台《最高人民检察院关于全面加强未成年人国家司法救助工作的意见》，顺应了我国未成年人刑事司法制度改革与发展的趋势，切实保护了未成年人的合法权益。检察机关办理案件时，对特定案件中符合条件的未成年人，应当依职权及时开展国家司法救助工作，根据未成年人

---

① 杜颖、汤汝燕：《浅析未成年被害人诉讼参与权的保护问题》，载《青少年犯罪问题》2005 年第 6 期。

② 王临平、赵露娜：《防止未成年被害人恶逆变》，载《未成年人犯罪问题》2001 年第 3 期。

身心特点和未来发展需要，给予特殊、优先和全面保护。检察机关开展未成年人国家司法救助工作，要坚持党委政法委统一领导，加强与法院、公安、司法行政部门的衔接，争取教育、民政、财政、人力资源和社会保障、卫计委等部门支持，对接共青团、妇联、关工委、工会、律协等群团组织和学校、医院、社区等相关单位，引导社会组织尤其是未成年人保护组织、公益慈善组织、社会工作服务机构、志愿者队伍等社会力量，搭建形成党委领导、政府支持、各有关方面积极参与的未成年人国家司法救助支持体系。目前，检察机关开展未成年被害人社会救助，主要依靠此项意见实施。

（二）司法实践的困境

1. 救济途径单一

在司法实践中，多数未成年被害人在看到罪犯受到法律制裁的同时，渴望能获得一定的经济赔偿。以经济赔偿的方式抚慰犯罪行为给未成年被害人带来的心灵创伤，是法律公平正义的必然要求。但无论是从立法层面，还是执法层面，我国现行刑事法律都没有对未成年被害人获得经济上的赔偿权利提供强有力的保障。即使是物质损害赔偿，也因为犯罪人经济困难等各种原因而难以落到实处。司法实践中，未成年被害人得到完全赔偿的概率极低，赔偿款不到位导致当事人及其家庭一筹莫展，相应的救济途径又缺乏，造成极大困扰。

2. 救助条件难以把握

国内外相关实践中，对未成年被害人社会救助的申请资格及申请条件都做了相应的探索，以保证严格控制并准确使用救助经费，使真正需要社会救助的刑事被害人及家属得到救助。但遇到具体案件时，救助条件往往就难以把握。比如未成年被害人是否具有救助的必要性，即是否面临生活困境，就需要从多个方面进行考查评估，如果其无法提供低保救助资料，则其目前的生活状况是否符合生活严重困难的条件，这样的标准在具体把握时很难统一。即使被害人能够提供充分的救助资料，但其是否已经从保险理赔或其他救济途径获得钱款还需检察机关核实，如果已经获得救济则应当全部减免还是部分减免救助金额，部分减免的金额如何确定等难以确定标准。这样就使得各地检察机关因具体救助条件不一导致落实救助的标准不一，即使在同一检察机关也可能由于把握的标准不同导致因人而异，难免出现实施了救助反而引起被害人之间相互攀比产生不满情绪的情况①。

①　陈彬、李昌林、高峰：《刑事被害人救助制度研究》，法律出版社 2009 年版，第29 页。

3. 综合救助不到位

一是医疗救助不到位。未成年被害人在受到人身侵害后会造成一定的身体伤害，进而需要进一步的身体检查，但司法机关在对未成年犯罪嫌疑人提供医疗检查时，却忽视了对未成年被害人的医疗救助及人文关怀，没有建立未成年被害人的检查、治疗的绿色通道，没有设立专门康复中心，往往导致被害人不愿意配合检查，案件缺少重要证据，而且无法体现人文关怀。

二是心理干预难以进行。一些刑事案件中未成年被害人年龄偏小，尤其性侵案件中侵害行为对她们的身体包括心理带来的伤害较之成年人更为沉重。公安机关在询问未成年被害人及其法定代理人时，经常发生被害人不愿过多谈及自己的心理状况，不愿和承办民警进行交流，一般都选择沉默不语，而法定代理人由于考虑到被害人的名声，也不愿再去提及案件的相关情况，在很多情况下，被害人及法定代理人都是以一种回避的方式来应对询问。被害人的消极态度也使得公安机关怠于为被害方提供专业的心理干预和治疗，忽视了对未成年被害人及其家属的心理安抚工作①。

三、未成年被害人社会救助体系的完善与展望

（一）构建未成年被害人社会救助立法

构建未成年被害人立法，应当依据《联合国儿童权利公约》，遵循儿童利益最大化原则，遵循未成年人优先保护的基本原则。应借鉴 2018 年最高人民检察院出台的《最高人民检察院关于全面加强未成年人国家司法救助工作的意见》，立足于未成年被害人的角度考虑需求，量身定制预防性立法及救济性立法，从预防和救济维度对现行立法进行完善。构建适用于未成年被害人的国家补偿制度，通过制订《犯罪被害人国家补偿法》，保障未成年被害人的补偿权。规范补偿原则、补偿对象、补偿范围和标准、补偿金来源和管理、补偿机构、补偿程序等，其中补偿金来源可以是罪犯的罚金、保释金及劳动所得、国家税收、社会捐助等。补偿对象应限于遭受严重暴力犯罪或性犯罪的被害人。现阶段的补偿标准应当维持在保障未成年人的一般生活需要②。

（二）未成年被害人社会救助体制设计

1. 救助主体

综观世界各国，未成年被害人社会救助的主体不尽相同。从我国目前试点

---

① 赵可主编：《被害者学》，中国矿业大学出版社 1989 年版，第 216 页。
② 王琳：《被害人国家补偿制度的路径选择》，载《法治论坛》2017 年第 6 期。

的情况来看，区域差异也很大，有的地方是法院牵头试点，有的地方是检察院牵头试点，有观点主张在政府部门（主要指民政部门、司法行政部门）设立救助机构。笔者认为，就目前的实践需要而言，由法院、检察院等司法机关负责救助为妥。理由如下：一是案情需要。全面了解案件情况是刑事未成年被害人社会救助的前提，必要时还应当展开调查，并对相关条件加以审查。二是急救需要。未成年被害人救助的应急性要求及时对未成年人给予救助。民政救助的对象范围十分广泛，人力有限，难以开展必要调查，加之民政部门不参与办理刑事案件，不了解案件情况。而检察机关对案件承担着国家追诉职责，比法院更为了解被害人状况，由检察机关负责未成年被害人社会救助的审核更具合理性和必要性。如新乡市检察院成立了由检察机关申请，由公安、法院、司法机关共同参与的救助委员会，建立联席会议制度，专门负责救助审批以及申请人不服各司法机关作出救助决定的复议工作，并履行对各司法机关救助工作的指导和监督职责。

2. 救助对象范围

对于刑事案件的未成年被害人，尤其是性侵案件未成年被害人，由于遭受到犯罪行为侵害，身体上受到损伤，同时精神创伤更难愈合，严重者甚至无法正常就学、生活。当无法从犯罪人一方获得充分的补偿时，又会加剧被害人及其家属的经济压力。就目前来说，未成年被害人社会救助刚刚开始试点，适用范围较窄。笔者认为，救助条件可逐步放宽，对受到精神损害的也给予一定救助[1]。另外对未成年被害人死亡的案件更应逐步放宽，抚平被害人家属的精神创伤。其次，对未成年被害人加以救助不应以加害人是否被定罪为前提。未成年被害人社会救助是为解决未成年被害人及其家庭因遭受犯罪侵害而面临的现实困难，如要等到案结事了，可能导致被害人生活情况继续恶化，产生更为严重的后果。因此，笔者认为对未成年被害人加以救助不以加害人是否被定罪为前提。在检察环节主要表现为不捕、不诉案件中的救助，这也是检察机关未成年被害人社会救助区别于法院的重要环节。

3. 救助条件

根据我国国情，并借鉴各国的立法经验，为了严格监督并准确使用救助经费，笔者认为，检察机关应根据下列条件对救助申请进行审查，以确定在检察阶段能否实际获得救助[2]。

---

① 陈志恒、周丽：《比较法视野下刑事被害人救助制度研究》，载最高人民检察院刑事申诉检察厅编：《刑事申诉检察理论与实务研究》，法律出版社 2014 年版，第 28 页。

② 郭建安主编：《犯罪被害人学》，北京大学出版社 1997 年版，第 300 页。

（1）前提条件。一是关联性要求。即案件已进入检察机关各部门受理阶段，未成年被害人遭受了犯罪侵害。二是紧迫性要求。即未成年被害人或依靠其生活的人的生活陷入巨大困境，而又无法从犯罪嫌疑人处获得救助，因此无力摆脱困境。三是基础条件审查。此处的基础条件是指未成年被害人获得救助的必要条件，具体可包括：①犯罪人或者其他负有赔偿责任的人没有赔偿能力；②未成年被害人没有从其他社会救济途径获得救济；③未成年被害人及其家庭无力承担被害人医疗费用等。

（2）排除条件。河南一些试点单位明确规定了排除条件，对下列情形的，应不予救助：一是因未成年被害人挑衅或者其他重大过错引发犯罪侵害的。二是未成年被害人已从犯罪嫌疑人处或通过民事诉讼、保险理赔等途径获得损害赔偿的。三是未成年被害人在陈述中或在申请救助时提供虚假事实或证据；主观上被害人具有骗取救助的目的，客观上被害人不符合救助条件，不得予以救助。构成犯罪的，应当追究刑事责任。

4. 救助方式

对于未成年被害人社会救助的形式，国外一般采取经济救助的形式，且多是一次性支付。从目前我国的救助情况来看，大多数仍采用经济救助的方式。但笔者认为，刑事犯罪是一种非常严重的侵权行为，给未成年被害人及其家属所造成的损害远不止经济损失一种，犯罪行为所导致的精神损害或生活困境，如失业、就学、就医问题等在某种程度上较之经济损失更加困扰被害人。在许多情况下，未成年被害人的物质损失可能并不十分重要，其他损害却上升为被害人的首要需求。鉴于此，笔者认为，未成年被害人社会救助应以经济救助为主，适当考虑其他方式，并可以兼用。

（1）经济救助。即对符合救助条件的未成年被害人，根据其生活、医疗救治严重困境的实际状况，可以采用发放救助金的形式实施救助。

案例：周口市沈丘县院2017年对5名性侵案件的被害人进行了社会救助。在案件审查起诉阶段，经过被害人的申请，提交申请书，行政村出具的贫困证明等手续，沈丘县院通过本院控申部门向县政府申请社会救助，对5名未成年被害人共计救助2.5万元。

案例：焦作山阳区院在对未成年人犯罪案件梳理中，发现一起强奸案中被害人家庭情况十分特殊：被害人屈某某年仅10岁，从小智力发育迟缓，且父亲过世、母亲改嫁，爷爷奶奶年老，身体均有病。家里的主要收入来源靠种地及政府低保，家庭情况十分特殊，经济特别困难，生活艰难。办案人员及时将情况向领导汇报，争取党委、政府的支持，快速为这个特殊家庭争取到2万元救助款。

（2）心理救助。许多未成年被害人，特别是性侵案件未成年被害人，遭受的生理伤害会导致被害人创伤性应急障碍，影响被害人较长时间，需要专业人员尽早介入。对部分未成年被害人在询问时就应引入心理咨询师辅助侦查。性侵害案件未成年人被害人由于种种原因不敢开口说出、说不清楚被侵害的事实，或因年幼无法表达。而侦查人员为避免其受到二次伤害不会过度询问，或者由于侦查人员缺乏儿童心理学相关知识，无法正常与未成年人进行沟通，无法理解未成年人真正想要表达的内容，这就可能导致被害人陈述与犯罪嫌疑人供述在细节上无法印证，从而影响言词证据的采信。如果在被害人报案时及时吸纳心理学方面的专家介入，可在很大程度上缓解其心理上的恐惧和顾虑，使其能够较为清晰地描述事情的经过；而对于年龄幼小的被害人，出于对陌生侦查人员的不信任，以及对侦查人员成人化询问方式的不理解，可能无法准确描述被侵害的事实，此时引入了解儿童心理、语言、思维的专业人员，如儿童教育学、临床心理师等方面的专家，可以为双方的沟通及制作笔录起到桥梁作用，给未成年被害人提供充分陈述的机会，便于案件的详细调查。同时，吸收专家证人辅助侦查，也可以避免未成年人在接收询问时的陈述受到法定代理人的影响，可以使其陈述更加真实可靠，以提高证据的证明力。另外，心理帮扶应贯穿整个诉讼过程，针对被害人被性侵后出现自闭等情况，由经验丰富的心理咨询师开展个案心理疏导，及时引导被害人恢复正常的学习、生活。

案例：在一起猥亵儿童案中，被害人是一名年仅8岁的幼女，受到舅爷的性侵犯，使该幼女遭受了严重的生理和心理上的摧残。为此，管城区院一方面组织心理咨询师为被害人进行心理辅导和治疗，帮助其走出心理阴影；另一方面号召全院团员以特殊团费的形式为被害人母女捐款，使其感受到社会的温暖，更有自信地踏上成长的道路。

（3）医疗救助。有条件的地区，可在辖区内选择一家综合性医院，让未成年被害人在法定代理人或合适成年人的陪同下，一次性完成询问、检查、提取、疏导等工作。选择内部资源丰富的综合性医院，不仅具有能够进行身体检查的专业医务人员，而且医院内具有心理咨询师资质的医生较多，可以同时对心理创伤比较严重的未成年被害人开展心理疏导。同时，可在定点医院建立医疗绿色通道，为未成年被害人提供基础的身体检查及性病筛选、身体康复、器官修复等特殊医疗救助。

案例：郑州管城区检院办理的李某强奸案中，联合公安机关在辖区内选择南曹卫生院作为定点医院，建立性侵未成年被害人检查、治疗的绿色通道，并设立专门康复中心，无偿为未成年被害人杨某提供心理咨询或医疗服务。

（4）监护救助。对无生活来源和保障，且无监护人或近亲属，由于受犯罪行为侵害导致无法正常生活、学习的未成年被害人，可联系街道、居委会等积极为其指定监护人，同时协调相关部门为其解决基本生活、失学辍学等问题①。

案例：郑州中原区院在一起交通肇事案件中，犯罪嫌疑人王某酒后驾车致一死一伤。其中死亡被害人的儿子正面临中考，因突如其来的事故，心情郁郁寡欢，无心学业。且王某到案后，悔罪态度较差，消极履行赔偿义务，对被害人影响极大。中原区院为因丧亲之痛考试不利的死者儿子联系继续就读的学校，教育部门积极配合帮助其完成学业。

案例：2017年4月，新乡市牧野区一名2岁男孩牵挂着无数市民的心。男孩的妈妈因贩毒被判刑，爸爸精神不正常，且因吸毒无心也无力抚养他，男孩每天生活在垃圾堆里。牧野区检察院主动作为，联同区民政局、公安局，将男孩送到福利机构暂时代养，并依法支持、监督民政部门起诉，建议撤销男孩父母的监护人资格。男孩有了新家，有了更多关爱他的爸爸妈妈。

（5）就学、就业救助。对适龄未成年被害人有劳动、创业等意愿但缺乏必要技能或者资金的，提供技能培训、就业岗位申请等帮助。

案例：郑州巩义市院办理的未成年人周某被校园欺凌一案，进行回访时，获悉周某已退学，父母因自身残障无法对其全面监护，在征得周某及其父母同意后，将周某送入观护基地学习技能。如今，周某已与观护基地签订正式用工合同，成为企业正式员工。

5. 救助程序设置

为更好地保护未成年被害人的合法权益，检察机关应建立方便、快捷的国家救助程序，参考设计如下：

（1）初审阶段。从立案、受理审查批准逮捕或移送审查起诉之日起，由各相关部门案件承办人根据相关规定，审查未成年被害人是否符合救助的范围和情形；对符合社会救助范围和情形的，应立即以书面或口头方式告知被害人向检察机关申请启动刑事被害人社会救助程序②。

（2）申请阶段。向检察机关办案部门提交《未成年被害人社会救助申请书》，同时提供基本证明材料。申请期限应当限于被告知有救助申请权利后一定期限内提出；若在刑事诉讼过程中，可与附带民事诉讼一并提出；为避免久

---

① 谢登科：《论性侵未成年人案件中被害人权利保障》，载《学术交流》2014年第11期。

② 鲍书华、李庆：《域外惩治与预防性侵未成年人犯罪制度及其对我国的启示》，载《中国检察官》2016年第5期。

拖不决，可规定应在犯罪行为发生之日起一定期限内提出，逾期未提出的视为自动放弃请求权。

（3）调查阶段。检察机关调查救助申请是否属实并拟定初步方案，并将调查内容和结果形成调查报告。经过调查，对于符合未成年被害人社会救助条件的，被害人提出申请，经审核作出救助或不予救助的决定。检察机关作出决定后，申请人有异议的，检察机关应重新审查，必要时，提请检察委员会讨论决定。

（4）执行阶段。检察机关决定给予救助的，应当制作《未成年被害人社会救助通知书》，并送达申请人。对申请人予以经济救助的，由案件承办部门会同财务部门予以发放。申请人应亲自到场签字领取，确因特殊情况不能到场的，可由代理人提交申请人的授权委托书代为领取。对申请人予以其他方式救助的，由案件承办部门会同街道、居委会、劳动和社会保障、民政等相关部门及时予以救助①。

（5）回访阶段。未成年被害人社会救助实施以后，检察机关应做好以下工作：①在案件向法院起诉的同时，将实施救助的情况通报法院；②在案件判决以后，应及时了解赃款返还、损失弥补或者刑事附带民事诉讼判决的执行情况；③在案件判决以后，向罪犯刑罚执行机关及监所检察部门函告本院社会救助情况，建议执行机关和监所检察部门加强对有关罪犯的判决执行力度，切实维护未成年被害人权利。

（6）回收程序。通过跟踪回访，如果发现未成年被害人或其近亲属虚构或隐瞒事实，不属于刑事被害人社会救助范围和情形的，应当收回救助资金，重新充入刑事被害人社会救助基金，并给予有关人员训诫、警告。

6. 救助资金来源

从其他国家的实践看，庞大的救助金开支一直都是被害人救助的核心问题。对此各国做法不一。目前我国主流观点认为救助金主要应来源于政府拨款，并建立专门的被害人救助基金，广泛接受社会捐助。目前全国先行试点被害人救助的地区主要有以下几种做法：一是地方财政拨款，值得一提的是，有些地区已将救助资金列入政府财政预算，确保了救助的可行性与长效性；二是慈善总会的捐助；三是地方财政拨款和法院罚金；四是地方财政拨款、罚没款、捐款相结合；五是会同其他职能部门筹措资金。

笔者认为，检察机关可借鉴国家刑事赔偿的做法，选择地方财政拨款的方

---

① 参见孙谦：《建立刑事被害人国家补偿制度的实践意义及理论基础》，载《人民检察》2006 年第 17 期。

式比较妥当，即将国家救助费用列入各级财政预算，由各级财政按照财政管理体制分级负担，各级财政根据本地区的实际情况，确定一定数额的救助费用，列入本级财政预算。具体到检察机关，由检察机关负责对刑事被害人决定救助并发放救助款，并与负责行政救济的其他行政部门保障工作联系，落实工作。检察机关作为救助机关，如有本单位预算经费和留归本单位使用的资金中支付，支付后再向同级财政机关申请核拨。

例如，许昌市院按照地方各级财政拨款为主、社会捐助为辅的模式，在各级机关建立刑事被害人救助资金专门账户，确保救助资金的来源稳定、可靠，同时实现收支分离，明确救助金的管理和使用应接受同级监察、审计等部门的监督检查，确保专款专用。

7. 救助数额

对于救助金的数额，多数国家规定有最高限额。考虑到我国的社会经济实力和各地经济水平的差异，不宜将救助数额严格限定在由于犯罪造成损失的范围内，应当在法律规定的框架内设定一个比较积极灵活的标准①。

（1）基本医疗费用。未成年被害人因遭受犯罪行为侵害致伤、致残，需要花费巨额医疗费用且本人及其家庭无力支付，亦无保险公司赔付等其他救助方法的，救助金额为基本的医疗救治费用。根据医疗机构出具的医药费、住院费等收款凭证，结合病历和诊断证明等相关证据确定，由此设定救助总额的上限；对于超出部分，救助受理部门可根据各被害人的家庭状况、所需救助费用的迫切程度等因素酌情增加，但总额仍应有一个上限。未成年被害人基本医疗费用之外的整容、营养及被害人亲属的抚养费等其他费用，原则上不属于救助的范围，但上述费用的发生系被害人生存所必需时，救助受理部门可酌情在某一最高额度内给予救助。

（2）基本生活费用。未成年被害人因犯罪侵害致生活困难，家庭人均月收入低于最低生活保障金的，救助金额为3个月的最低生活保障金，对于符合领取低保金条件的可告知其申请或代其申请。

（3）未成年被害人因刑事侵害死亡与其有赡养关系的亲属基本生活费用。被害人因遭受暴力犯罪行为侵害而死亡，导致应由其赡养的近亲属生存危机或者生活特别困难的，对其近亲属应进行必要救助。救助金额为3个月的最低生活保障金，同时对于因未成年被害人死亡而无人赡养的亲属应当联系民政相关部门解决其安置问题。

---

① 王琰：《对我国建立被害人国家补偿制度的立法思考》，载《河南公安高等专科学校学报》2007年第1期。

（4）因开展经济救助以外的其他救助形式而产生的费用。如心理救助、安康救助和监护救助等多种形式的救助费用，根据性质不同应有所区分：第一，如果这些费用是用于犯罪行为发生后，在较长一段时间内帮助未成年被害人维持正常生活，一般应由未成年被害人自行负担或者纳入社会救济体系。第二，如果这部分费用是在刑事诉讼检察环节发生的，且系用于缓解未成年被害人生活处境急剧恶化的状况，并使其尽快恢复被害人的正常生活状态的，应以保证其他形式的救助质量和效果为限，必要时检察机关应落实衔接协调工作，保障未成年被害人获得其他部门的后续救助，维持基本生活水平①。

8. 配套衔接机制

（1）加强多方联动。检察机关应加强与公安机关、法院、司法行政、劳动和社会保障、民政等部门的协调配合，定期通报对确有困难的未成年被害人实施救助的情况，征询意见和建议，以期建立除了经济救助外，包括法律、教育、心理、免费就业援助等一系列的方式在内的救助制度，与其他相关部门联合，共同推进未成年被害人救助工作。

（2）保障救助的内在一致性。笔者建议设立救助信息共享机制，可以规定，救助建议或决定以及救助金发放情况，应当随卷移送，并将救助情况通知同级人民政府的救助主管部门，如果未成年被害人系外省市籍的，应一并告知未成年被害人户籍所在地县级人民政府救助主管部门，避免对被害人给予重复救助。

（3）完善基金管理体制。检察机关可就该款项设立对未成年被害人进行救助的专项基金，对此项基金进行管理，确保专款专用。救助基金由检察机关财务部门实施管理，纪检监察部门监督执行。检察机关应主动接受区人大、财政、审计等部门的监督。

（4）建立专门监管机构。可建立专门监督机构来承担未成年被害人社会救助工作的运行、实施的有效监督，或者成立专门机关或附设于检察机关并赋予监督职能。具体操作者可为司法行政部门成立的专门协调机构和协调员。对于不当的救助由专门的机构核查后取消，以更好地保护弱势群体的合法权益，体现社会的公平与正义，也可由非政府组织对救助的金额和程度予以确认或监管，以保证检察机关实施救助的合理性与适度性。

---

① 石英：《论被害人的控诉》，载《现代法学》2001 年第 10 期。

论性侵未成年被害人保护优先体系的构建

——未成年人犯罪理论纠偏

戴晓燕　刘　艳*

[内容摘要] 性侵害给未成年人造成的损害是难以估量的，受传统刑事法律关系"二元结构模式"影响，我国未成年被害人权益保护长期被忽视，相比未成年犯罪人权益保护而言落差极大。立法理论上的偏差致特殊情况下正义观的违背、未成年犯罪人与未成年被害人权益保护的失衡及对性侵未成年被害人的诉讼权利保障不足。以上海市 F 区"一站式"办案救助创新基地为例，探索未成年被害人保护优先理念，并建议将司法实践中的经验做法予以立法化，增设未成年被害人特殊关照条款，并制定专门的"性侵害未成年人防治法"，以与《预防未成年人犯罪法》相呼应，优化社会支持体系，构建全方位、多层次、极具操作性的未成年人保护体系。

[关键词] 性侵未成年人；损害修复；一站式；优先保护

性侵害对未成年人及家庭造成的损害是难以估量的，在当前性侵未成年人案件①普遍多发的严峻形势下，司法实践中办案人员重惩罚、轻修复的问题极为突出，贯彻未成年被害人保护优先的理念，不仅彰显刑事诉讼过程中的人文关怀，更是恢复性司法理论的必然要求及价值取向。

---

* 戴晓燕，上海市奉贤区人民检察院第一检察部未成年人办案组四级高级检察官；刘艳，上海市奉贤区人民检察院第一检察部未成年人办案组四级检察官助理。

① 根据《关于依法惩治性侵害未成年人犯罪的意见》的规定，性侵未成年人犯罪包括针对未成年人实施的强奸罪、强制猥亵罪、猥亵儿童罪、组织卖淫罪、强迫组织卖淫罪等 7 个罪名。

一、性侵害未成年人犯罪危害性及现状分析

（一）性侵害对未成年被害人造成的损害

1. 对未成年被害人生理和物质上的损害。性犯罪是对被害人人身权利的侵犯，性侵害给未成年被害人物质和生理上造成损害的方式大致有两种：一是暴力型侵害，如通过暴力手段强行与未成年被害人发生性关系，造成衣物、皮包及随身携带贵重物品受损以及肢体等受损，性器官强行插入导致处女膜破裂、阴道撕裂，甚至早孕、患上艾滋病、梅毒等性传播疾病。二是猥亵型侵害，尤其是长期、多次遭受猥亵的未成年人，生理上易出现尿道感染等妇科炎症、发育不良及性功能障碍等疾病。

2. 对未成年被害人心理及精神上的损害。性侵行为对他们造成的心理及精神上的影响多数情况下比成年被害人更为严重和持久。按照损害来源可分为原生损害与派生损害（又称二次伤害）。因性侵行为直接造成的损害称为原生损害，据调查发现，性侵案件被害人在案发后被诊断为创伤后应急障碍症①的概率高达69%②。二次伤害主要来自于家庭、周边环境及社会的不良评价以及诉讼过程，其中诉讼过程中带来的伤害主要来源有：一是未成年被害人在陈述案件情况及作证时需要反复回忆被害经历；二是司法办案人员的不当态度，如对未成年被害人语言冰冷、态度冷漠等；三是司法程序的冗长及司法人员的违法违规行为，如案件久立不破、久悬不决，泄露被害人隐私等。

3. 对未成年被害人家庭及社会的损害。性侵未成年被害人的家人及社会是性侵事件的间接受害者。一方面未成年被害人身体上受到的创伤需要进行救治，从而产生医疗费用，为了使犯罪分子受到法律制裁，还需要负担高额司法费用，双重经济压力下使很多家庭陷入经济困境。另一方面，中国社会性观念保守，未成年人遭受性侵害后其本人及家属容易被"污名化"，贴上羞耻的标签，导致家庭冲突和亲子关系恶化，影响家庭和谐稳定。性侵害带来的生理、心理上的损害还将延续到被害人成年后组建的婚姻家庭。

---

① PTSD（Post - Traumatic Stress Disorder）一般在精神创伤性事件发生后数天至6个月内发病，病程至少持续1个月以上，可长达数月或数年，个别甚至达数十年之久。其中病期在3个月之内的称为急性PTSD，病期在3月以上的称为慢性PTSD，而若症状在创伤事件后至少6月才发生则称为延迟性PTSD。

② 参见杨杰辉、袁锦凡：《刑事诉讼视野中性犯罪被害人的特别保护——以强奸案被害人为主要视觉的分析》，法律出版社2013年版，第129页。

（二）我国性侵未成年人刑事案件基本情况

1. 性侵未成年人刑事案件形势严峻

性侵害未成年人案件被世界各国公认为"最可恶的犯罪"，据犯罪学的统计数据，"任何一种犯罪的曝光率都不到50%，而大多数轻微犯罪的曝光率则在10%左右或者低于10%"①，性侵害未成年人由于其隐蔽性，这种"漏斗"现象表现更为严重。

受限于诸多因素影响，全国范围内性侵未成年人案例难以进行完全统计。通过北大法宝、北大法意及中国裁判文书网，截至2018年12月31日，可以检索到性侵害未成年人司法案例17000余例。我国法检部门曾两次通过官方途径公布全国儿童性侵案件数据，其中最近的一次是最高人民法院于2017年6月1日公布的数据：2013年至2016年期间，全国各级法院审结的仅猥亵儿童犯罪案件就高达1.0782万件。中国少年儿童文化艺术基金会女童保护基金（以下简称女童保护）根据2018年全年媒体公开报道，统计出我国2018年度性侵害未成年人案例317起，受害儿童人数超过750人。以上数据显示我国性侵害未成年人犯罪呈普遍多发的严峻态势。

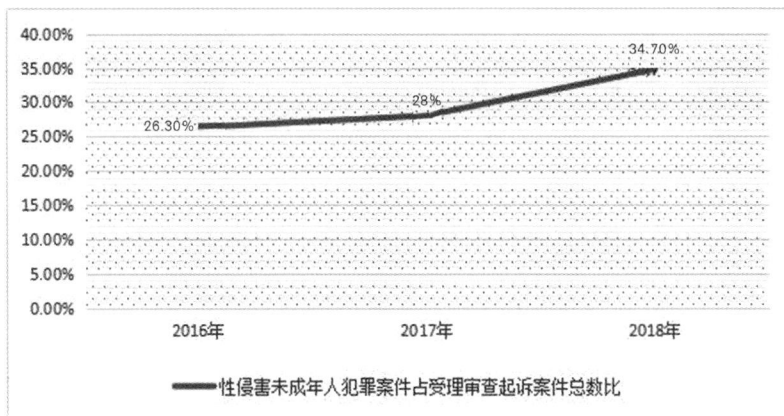

性侵害未成年人犯罪案件占受理审查起诉案件总数比

再以上海市F区人民检察院受理的案件数据为例，自2014年7月始，性侵害未成年人犯罪案件纳入该院未成年人检察办案组受案范围，截至2019年4月，共受理提请逮捕案件126件239人，其中性侵害未成年人刑事案件43件45人，性侵未成年人提请逮捕案件占总件数的34.1%；受理移送审查起诉案

① 参见［德］冈特·施特拉腾韦特、洛塔尔·库伦：《刑法总论——犯罪论》，杨萌译，法律出版社2006年版，第9~10页。

件共计 198 件 303 人，其中性侵害未成年人审查起诉案件为 57 件 59 人，占受理审查起诉总件数的 28.8%。值得注意的是，性侵害未成年人案件数占该院未成年人办案组受理审查起诉的案件总数的比例，2016 年、2017 年占比分别为 26.3% 和 28%，而 2018 年占比高达 34.7%，呈逐年上升趋势。

2. 性侵害未成年被害人低龄化特征显著

未成年人尤其是未满 14 周岁的未成年人由于身心发育不成熟，应对性侵害的能力有限，缺乏分析判断自身危险情况的经验，安全防御意识差，尚不具有健全的认知与自我保护能力，极易成为犯罪人诱骗、恐吓、强迫的作案对象。据近年来公开样本统计，北京市性侵未成年人犯罪案件中，超过 52% 的案件的侵害对象为未满 14 周岁的未成年人，其中 68.1% 为在校学生①；浙江省杭州市性侵未成年人案件样本中，不满 14 周岁的被害人约占 60.2%，最小的被害人年龄仅为 3 周岁②；上海市 F 区统计数据中，未满 14 周岁的被害人占到受害人总数的 54.8%，学龄前儿童及低年级小学生占 57.1%。以上不同渠道的实证数据互证得出，未满 14 周岁未成年人遭受性侵的比例超过半数，被害人低龄化特征显著。

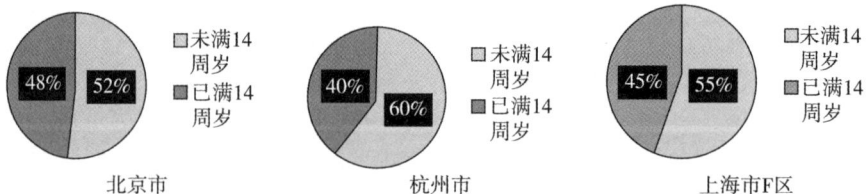

北京市　　　　　　　杭州市　　　　　　上海市F区

二、我国性侵未成年人犯罪刑事立法中存在的问题

（一）未成年人犯罪立法理论偏差致正义观的违背

受传统刑事法律关系"二元结构"模式，以及儿童最大利益保护主义、教育刑主义等理念的影响，立法理论主要侧重考虑对未成年犯罪嫌疑人（被告人）的特殊、优先保护，对于性侵害未成年人犯罪中的未成年被害方关注较少。在对未成年犯罪人"教育、挽救、感化"的方针和"教育为主、惩罚为辅"的原则指导下，有学者甚至指出："就未成年人犯罪来讲，宽严相济的刑事政策主要是指在有关的法律规定中体现'宽'的一面，而不是强调'严'

---

① 参见赵国玲、徐然：《北京市性侵未成年人案件的实证特点与刑事政策建构》，载《法学杂志》2016 年第 2 期。

② 参见郑蕾、施倩：《解析性侵未成年人犯罪案件证据审查——以浙江省杭州市 172 起案件为样本》，载《人民检察》2017 年第 8 期。

的一面，甚至可以说'严'的一面不适用于未成年人犯罪"①。

引发公众热议的鲁山强奸案"冰释前嫌"事件②，当未成年犯罪人性侵犯未成年被害人时，未成年犯罪人与未成年被害人之间利益保护产生了激烈的矛盾和冲突。司法实践中，办案人员往往选择漠视作为更弱者的未成年被害人的权益，甚至在此种遭受同龄人侵害的特殊情形时选择牺牲未成年被害人的权益。然而，正义的评价不是有罪必罚，而是被害人所破坏的社会关系是否得到恢复③，基于人道主义考虑和被害人保护理论，对性侵未成年被害人的特殊、优先保护更应具有正当性、迫切性。在司法活动中最大限度地维护未成年被害人的利益，尽量修复性侵未成年被害人的痛苦和损害，防止遭受进一步侵害，才更符合传统恤幼思想和刑事政策社会正义观的要求。

（二）未成年犯罪人与未成年被害人权益保护的失衡

当前未成年人刑事犯罪立法理论对未成年犯罪嫌疑人出罪化、非刑罚化、非监禁化的倾向明显，现行立法对未成年犯罪人与未成年被害人的权益保护的制度设计上存在严重失衡。我国 2012 年刑事诉讼法第五编就已设立专章规定了未成年犯罪嫌疑人指定辩护、社会调查、附条件不起诉、社会观护与帮教等程序，体现了对未成年犯罪嫌疑人（被告人）全面保护的一系列制度。较之于未成年犯罪嫌疑人（被告人）权利保障质的飞跃，未成年被害人一方的权利拓展显得过于缓慢，无法体现平等武装④。

我国《刑法》《刑事诉讼法》《未成年人保护法》等法律对于未成年被害人的保护主要是原则性、一般性规定，缺乏具体可操作性。虽然 2013 年最高人民法院、最高人民检察院、公安部、司法部联合发布的《关于惩治性侵害未成年人犯罪的意见》对未成年被害人特殊优先保护基本理念、程序保障、法律适用等方面作了较为全面的规定，但因法律阶效较低，对司法办案人员的约束力不强，有待更高位法律的确认。在司法实践中，办案人员存在重惩治、轻修复的思维定势，较少关注性侵害给未成年被害个体带来原生损害及派生损害问题表现较为突出。如在上海市 F 区检察院审查彭某某强奸案中发现，

---

① 参见赵秉志、种松志、韩豫宛：《宽严相济刑事政策与和谐社会构建》，载马克昌主编：《中国宽严相济刑事政策的演进》，法律出版社 2009 年版，第 224 页。

② 2018 年 9 月 19 日，河南省鲁山县检察院官微发表的一篇"初中生一时冲动犯错，检察官介入下双方冰释前嫌"的文章在网上迅速传播引发社会舆情。

③ 参见李贵阳：《论被害人表达权》，载《当代法学》2011 年第 2 期。

④ 参见刘玫：《论公诉案件被害人诉讼权利的完善及保障》，载《中国政法大学学报》2017 年第 1 期。

侦查人员在对未成年被害人进行询问时，无区别地与其他成年被害人一样在询问室进行，未考虑陌生环境对未成年被害人产生的压抑和恐惧感可能不利于询问工作的顺利开展。在审查苏某猥亵儿童案时，侦查人员并未制作同步录音录像，且对年仅 8 周岁的未成年被害人前后进行了 4 次询问，其中有一次在凌晨进行，未充分考虑未成年被害人身心发育特殊性。办案人员到未成年被害人及其亲属、未成年证人所在学校、单位、居住地调查取证时，驾驶警车、穿着制服或者采取其他可能暴露被害人身份、影响被害人名誉、隐私的现象仍时有发生。

（三）对性侵未成年被害人的诉讼权利保障不足

目前我国现行法律规定中，针对未成年被害人的相关权利规定较少，主要归纳如下表：

名称	发布时间	效力级别	主要内容概括
《中华人民共和国刑事诉讼法》	2018.10.26	法律	第 281 条第 5 款规定，询问未成年被害人，适用前三款规定，即法定代理人到场或合适成年人到场，询问女性未成年被害人应当有女工作人员在场等规定。
《未成年人保护法》	2012.10.26	法律	第 51 条规定，未成年人的合法权益受到侵害，依法向人民法院提起诉讼的，人民法院应当依法及时审理，并适应未成年人生理、心理特点和健康成长的需要，保障未成年人的合法权益。在司法活动中对需要法律援助或者司法救助的未成年人，法律援助机构或者人民法院应当给予帮助，依法为其提供法律援助或者司法救助。

由上表可以看出，我国刑事诉讼法针对未成年被害人的保护，仅明确规定合适成年人到场制度一项，对性侵害未成年被害人的诉讼参与权、知情权并无特别规定，受援助权也未予以明确。具体表现为：（1）与被告人的上诉权不同。《刑事诉讼法》第 113 条、第 180 条、第 282 条、第 229 条虽规定被害人不服公安机关不予立案，不服检察机关不起诉决定、附条件不起诉决定，不服法院作出的判决可以提出申诉或抗诉，但申诉或抗诉程序的启动不以被害人意见为中心，若检察机关不予支持，则未成年被害人的诉求无法得到满足。（2）未赋予未成年被害人量刑建议的权利。法官若能听取未成年被害人表达惩治性侵犯罪人的意见，可在一定程度上抚慰未成年被害人受到的心理损害。（3）未赋予未成年被害人刑罚执行知情权及异议权。未成年被害人的知情权

仅局限于审判阶段，对于被告人的刑事执行过程，目前法律没有赋予被害人知情权与异议权，如对性侵犯罪作出减刑、假释、暂予监外执行等决定前，无听取未成年被害人意见的程序。性侵未成年人犯罪有很大比例发生在熟人之间，如亲属或邻居关系等，虽然未成年被害人根据判决书可以知晓判决结果，但对实际犯罪人何时执行完毕无从知晓。（4）未赋予未成年被害人受法律援助权。未成年人法律援助制度在我国《刑事诉讼法》《未成年人保护法》《法律援助条例》等法律法规中形成，根据《刑事诉讼法》第 278 条的规定，应当为未成年犯罪嫌疑人、被告人提供法律援助，这里仅针对未成年犯罪嫌疑人、被告人作出规定，忽视了未成年被害人的权益。尽管最高法在相关司法解释①中对未成年被害人法律援助作了规定，但司法解释的效力明显低于基本法，不仅规定过于简单，而且性侵未成年被害人申请法律援助的前提规定为必须符合家庭经济困难或其他原因，审核程序较为严格。

三、当前性侵未成年被害人保护优先理念的探索——以上海市 F 区检察院"一站式"办案救助创新基地为例

（一）"一站式"办案救助创新基地设立目标与立足点

为避免侦查人员在办理性侵未成年人案件时，对未成年被害人的保护理念不到位、证据采集不全面，不能有力指控犯罪以及重复询问给未成年被害人造成"二次伤害"等问题，2015 年，上海市 F 区检察院借鉴香港"家居录音室"做法②，与该区公安分局通过会议纪要及签署文件的形式，明确在公安机关三个基层派出所建立"一站式"办案救助基地，辐射全区 27 个派出所和刑警支队等办案部门。在一次性完成询问、身体检查等取证工作的同时，及时为未成年被害人提供法律、经济、心理等方面的综合救助，积极践行性侵未成年被害人保护优先理念，最大限度地减轻性侵害给未成年被害人及其家庭带来的损害。

（二）"一站式"办案救助创新基地办案流程

如下图所示，性侵害未成年人案件受理后，由公安机关办案人员第一时间

---

① 参见最高人民法院《关于适用〈中华人民共和国刑事诉讼法〉的解释》（法释〔2012〕21 号）第 473 条规定："未成年被害人及其法定代理人因经济困难或者其他原因没有委托诉讼代理人的，人民法院应当帮助其申请法律援助"。

② 香港警方在办理未成年人遭受性侵案件时，采取在专门的"家居录音室"进行，选用普通民用住房，地址对外完全保密，室内装饰模拟现实家居环境，营造安全舒适亲切的氛围，减少未成年被害人身处办案机关的不适感，使其能够相对轻松地陈述被性侵过程。

将未成年被害人带至专门的取证场所，对于重大、疑难、复杂案件通知检察机关提前介入。接着通知其法定代理人或合适成年人到场，对未成年被害人进行询问，询问时进行同步录音录像。询问前办案机关通知心理咨询师到场，在经过法定代理人同意后由心理咨询师对被害人进行疏导。对于未成年被害人身体受到侵害的，办案机关及时启动医疗救助绿色通道，及时对未成年被害人进行身体检查及救治，以便固定证据。在询问结束后，办案机关根据"一人一档"的工作要求建立专门档案，并且随案移送至检察机关，从而保持工作的延续性，增强对未成年被害人的保护力度。

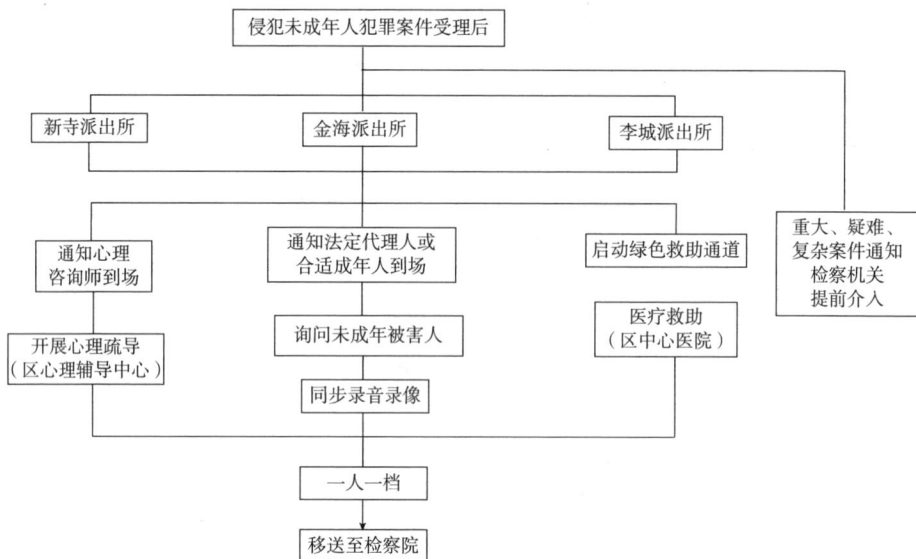

"一站式"办案救助创新基地办案流程图

（三）"一站式"办案救助创新基地工作成效

经过近4年的探索与运行，"一站式"办案救助模式在加大对性侵未成年被害人司法保护力度上取得良好成效。

1. 落实性侵未成年被害人法律援助情况。案件受理后，不论被害人家庭经济状况如何，办案人员均在第一时间告知未成年被害人及其家属申请法律援助的权利，目前已有45名未成年被害人的询问在"一站式"办案救助基地进行，委托区司法局法律援助中心为未成年被害人提供法律援助情况100%全覆盖。

2. 为性侵未成年被害人及其家属提供心理疏导情况。基地由专业的心理咨询师团队采用轮流值班的模式，确保未成年被害人及其家属得到及时心理疏导和安抚。通过专业的心理评定方法初步评定个体的心理健康状况，筛选出 32 名 PTSD 高危未成年被害人，在取证结束后委托专业心理咨询师为未成年被害人量身定制心理辅导计划与方案，有针对性地对这些未成年被害人提供有效的干预策略，帮助其顺利度过因性侵害产生的情绪困扰和心理危机，同时对被害人家属开展亲职心理辅导，优化家庭心理支持。

3. 为性侵害未成年被害人提供医疗及经济救助情况。与该区中心医院达成共识，在医院设立医疗救助绿色专用通道，安排经验丰富的医生值班，更好地保护性侵未成年被害人的隐私，第一时间给予医疗救治，对 45 名性侵害未成年被害人进行身体检查以便固定犯罪证据。通过"一人一档"工作机制，询问人员将未成年被害人家庭经济状况记录在案，对满足经济救助条件的 18 名被害人提前启动司法救助程序，并对有其他困难的被害人及家属积极转介给教育、民政、妇联等部门给予帮助。

四、引入性侵未成年被害人保护优先理念的立法启示

（一）司法实践经验做法应予立法化

我国法律针对性侵害未成年被害人这一特殊群体优先保护的特别规定少之又少，仅凭个别司法解释来弥补是不够的，作为法律适用者，司法机关无法从根本上解决法律规定的冲突与空缺问题，亟待从立法层面加以确认，司法机关探索实践中的诸多经验值得借鉴。下表对针对"未成年被害人"的有关规定进行梳理。

名称	发布时间	效力级别	主要内容
最高检《检察机关加强未成年人司法保护八项措施》	2015.5.12	司法解释性质文件	二、努力保护救助未成年被害人。依法保障未成年被害人及其法定代理人参与权、知情权等各项诉讼权利，保护未成年被害人的名誉权、隐私权等合法权利，避免在办案中造成"二次伤害"。对于性侵未成年人等刑事案件，有条件的地方检察机关可以会同公安机关建立询问未成年被害人同步录音录像制度。同时，要注重加强与司法、民政、教育、卫生等相关部门和未成年人保护组织的联系和协作，推动落实法律援助、司法救助、身体康复、心理疏导、转移安置、技能培训、经济帮扶等综合救助工作，努力帮助未成年人被害人恢复正常的生活和学习。

续表

名称	发布时间	效力级别	主要内容
最高检、最高法、公安部、司法部《关于依法惩治性侵害未成年人犯罪的意见》	2013.10.23	司法解释性质文件	全文共34条，第二部分"办案程序要求"，对办理性侵害未成年人犯罪案件的司法实践经验进行了全面总结，强化未成年被害人隐私权的保护，避免造成"二次伤害"。第三部分"准确适用法律"，对一些法律适用和政策把握疑难问题予以明确，如第25条规定：针对未成年人实施强奸、猥亵犯罪的，应当从重处罚，具有下列情形之一的，更要依法从严惩处：（1）对未成年人负有特殊职责的人员、与未成年人有共同家庭生活关系的人员、国家工作人员或者冒充国家工作人员，实施强奸、猥亵犯罪的；（2）进入未成年人住所、学生集体宿舍实施强奸，猥亵犯罪的；（3）采取暴力、威胁、麻醉等强制手段实施奸淫幼女，猥亵儿童犯罪的；（4）对不满十二周岁的儿童、农村留守儿童、严重残疾或者精神智力发育迟滞的未成年人，实施强奸、猥亵犯罪的；（5）猥亵多名未成年人，或者多次实施强奸、猥亵犯罪的；（6）造成未成年被害人轻伤、怀孕、感染性病等后果的；（7）有强奸、猥亵犯罪前科劣迹的。
中央综治委预防青少年犯罪工作领导小组、最高法、最高检《关于进一步建立和完善办理未成年人刑事案件配套工作体系的若干意见》	2010.8.28	部门规章性文件	二、（二）"未成年被害人、证人合法权益的保护"包括以下内容：1. 注意对未成年被害人进行心理疏导和自我保护教育；2. 注意保护未成年被害人名誉，尊重未成年人的人格尊严；3. 对未成年被害人特别是性犯罪被害人进行询问时，应依法选择有利于未成年人的场所，采取和缓的询问方式进行，并通知法定代理人到场，一般应有女性办案人员在场；4. 告知未成年被害人及其法定代理人诉讼权利义务、参与诉讼方式；5. 对未成年被害人及其法定代理人提出委托诉讼代理人意向，公检法应当帮助其申请法律援助，法律援助机构应该为其提供援助；6. 经法院准许，一般可以不出庭作证，或采取相应保护措施后出庭作证等。

针对目前的现状，笔者提出以下具体建议：（1）加重性侵未成年人犯罪行为处罚。如可在《刑法》第 236 条第 2 款中将"奸淫不满十四周岁的幼女的，以强奸论，从重处罚"修订为"奸淫未成年人的，以强奸论，从重处罚"，将第 237 条第 2 款"猥亵儿童的，依照前两款的规定从重处罚"中的"儿童"修订为"未成年人"，以弥补对 14 周岁至 18 周岁之间的未成年人刑法保护的法律缺位，或者可直接将性侵害对象为未成年人的罪名单列出来并加重处罚。（2）细化量刑。对年龄低幼的孩子而言，损害持续的时期越长，危害性也就越大，在刑法分则各性侵罪名的量刑上应根据未成年被害人具体年龄进行更细致的分级，如对未满 12 周岁的儿童实施性侵行为的，加重处罚，细化侵害不同年龄段的未成年被害人的刑罚幅度等。（3）将司法解释中未成年被害人及其法定代理人享有的特别参与权、知情权、法律援助权等各项诉讼权利在刑事诉讼法中予以确立，并明确公安机关"一站式"取证办案模式。（4）在《未成年人保护法》中明确未成年被害人心理救助的权利，可将第 51 条修订为："……在司法活动中对需要法律援助或者司法救助、心理救助的未成年人，司法机关及相关社会团体应当给予帮助，依法为其提供法律援助或者司法救助、心理援助"等。

（二）增设刑事诉讼过程中的特殊关照条款

研究表明，刑事司法活动给性侵害未成年被害人造成的派生损害相对性侵犯罪给未成年被害人带来的首次伤害，更具有可预防性。建议在刑事诉讼法第五编特别程序第一章"未成年人刑事案件诉讼程序"中，增设性侵未成年被害人相关的特殊关照条款，纠正未成年犯罪人与未成年被害人的权益保护失衡，促使司法人员将关注视角从"惩罚犯罪"向"损害修复"优先理念转变。

具体建议如下：（1）在《刑事诉讼法》第 277 条第 1 款"对犯罪的未成年人实行教育、感化、挽救的方针，坚持教育为主、惩罚为辅的原则"之后，增设一款："办理性侵害未成年人犯罪案件，应当充分考虑未成年被害人身心发育尚未成熟、易受伤害等特点，贯彻特殊、优先保护原则"，将对性侵未成年被害这一特殊人群损害修复优先的理念贯彻到整个未成年人特别刑事程序中去。将第 286 条未成年人犯罪记录封存的规定增设"但书"条款，将未成年人性侵未成年人的案件排除在封存制度外等。（2）在《刑事诉讼法》第 277 条第 1 款增设侦查机关或检察机关委托第三方机构对性侵未成年人进行法律援助、开展社会调查、评估心理损伤等活动的权利，以便对未成年被害人开展及时有效的综合救助。（3）在审判程序上，应规定法官承担迅速审判的义务以及未成年被害人陈述特殊质证程序。"迟来的正义非正义"，为了避免长久诉讼损害被害人的身心健康，可新增规定性侵未成年人案件的速裁权。另一方面，为避免法庭严肃气氛和再次见到侵害者加深未成年被害人心理损伤，可借鉴英国《少年司法和刑事证据法》第 23、24、25、26 条规定，规定一系列未成年人特殊关照措施。如法庭可以通过屏幕或其他装置使未成年证人看不到被告人，也可允许未成年证人通过实时网络等方式在看不到法庭现场的情况下进行作证，法官在未成年证人作证时脱下法袍等特别关照。

（三）制定专门的"性侵害未成年人防治法"

就一般性保护规定而言，《未成年人保护法》在"司法保护"一章中，涵盖了对性侵未成年被害人的保护，但也仅为原则性规定，缺乏可操作性，而《刑法》《刑事诉讼法》中关于性侵害未成年人的规制条款相对较为零散，缺乏系统整合性。为了更好地保护性侵未成年被害人，完善性侵未成年被害人保护机制及预防机制，可制定专门的"性侵害未成年人防治法"，以便与《预防未成年人犯罪法》相呼应，优化社会支持体系，同时与现行法律相互配合，形成全方位、多层次、极具操作性的未成年人保护法体系。

可借鉴美国 1996 年《梅根法案》以及英国、加拿大、法国等国采用的性犯罪登记及公开制度防止性罪犯再犯，在专门法中明确对实施性侵害未成年人的犯罪人员，在刑满释放后或假释、缓刑期间将其个人信息予以公开警示。可在专门法中明确办理性侵未成年人案件时应遵循的原则和程序，明确对性侵未成年被害人应当做好心理损害评估，为其及时提供法律援助、心理疏导、经济救助等措施，预防未成年人"被害人化"。可明确司法机关之外的社会资源，如教育、民政、医院等服务于未成年被害人的职责，加强司法机关与各部门、各社会组织的衔接，推动社会综合支持体系的完善，动用全社会力量来保护和预防性侵害未成年人等。

附条件不起诉帮教考察期间
社会工作实践研究
——以成都市 X 社工机构为例

成都市司法社工专项基金课题组[*]

[内容摘要] 附条件不起诉期间对未成年人进行帮教考察是未成年人司法保护的重要体现，然而帮教考察的效果既会对附条件不起诉的制度运行产生直接影响，也会对未成年人回归社会产生深远影响。司法社工作为专业社会力量，以其特有的学科属性、助人过程、专业活动等，可以为附条件不起诉期间的未成年人提供专业的帮教与监督考察服务，因而受到普遍认同，但其具体实施效果如何，还有待进一步考察。本文以成都市 X 社工机构附条件不起诉帮教考察期间社会工作的实践为样本，发现实践过程中存在社工身份合法性不明确、帮教资源整合性不够强、帮教内容契合性不够高、帮教成果巩固性不够理想、帮教效果评估不够科学等五大困境，并在针对性分析基础上提出规定社工合法性地位、满足帮教多样性需求、高效整合多元化资源、建立持续性回访机制以及结合运用多角度评估等五大策略，以期为帮教考察期间社会工作实践服务提供可借鉴经验。

[关键词] 附条件不起诉；未成年人；少年司法社会工作

* 课题组成员：雷建，成都新空间社会工作服务中心理事长；黄刚，成都市人民检察院未成年人检察处副处长；苏镜祥，四川师范大学少年司法研究与服务中心主任，法学博士；罗思洋，成都市武侯区人民检察院青检科科长，法学硕士；杨丽恒，成都市武侯区人民检察院青检科检察官；唐诗彧，成都新空间社会工作服务中心司法社工事业群总监；易庐金，成都新空间社会工作服务中心总干事助理，社会工作专业硕士。本文系 2018 年成都市社会组织发展专项基金扶持项目公益资助类研究课题项目"司法社工介入罪错未成年人服务实操规范"阶段性成果（成慈协〔2018〕564 号）。

刑事诉讼法专章设置了"未成年人刑事案件诉讼程序",其中第 282 条规定"对于未成年人涉嫌刑法分则第四章、第五章、第六章规定的犯罪,可能判处一年有期徒刑以下刑罚,符合起诉条件,但有悔罪表现的,人民检察院可以作出附条件不起诉的决定"。附条件不起诉制度是我国对未成年人司法保护的具体体现。检察机关对符合规定的未成年犯罪嫌疑人作出附条件不起诉的决定后,通过一段时间的帮教考察,来达到对涉罪未成年人教育、挽救的目的,这是遵循"教育、感化、挽救"方针和"教育为主、惩罚为辅"原则上最大程度保护未成年人的权益。附条件不起诉制度的运用弥补了审判前程序对未成年人教育、挽救的不足,并且在实践意义上,有利于实现未成年人犯罪案件的轻重分流,节约司法资源,减少公诉环节和审判环节给诉讼当事人和司法机关带来的压力以及刑罚执行的工作压力。对于犯罪程度轻、悔罪程度好的未成年人,通过一段时间的帮教考察,有利于未成年人的再社会化。

然而在附条件不起诉帮教考察期间,由于检察机关办案人员存在事务繁忙、专业性不足等问题,需要社会专业力量的有效介入,协助检察机关开展附条件不起诉的监督考察工作。社会工作的介入在缓解检察机关办案人员压力的同时,以其特有的"助人自助"理念、"接纳""尊重""不批判""个别化"等价值原则以及专业的工作方法,柔性介入附条件不起诉帮教考察工作,更加人性化地帮助犯案未成年人重塑自我以及顺利回归社会,在预防涉罪未成年人重新犯罪上起到一定作用。

一、问题的提出

2019 年 4 月最高人民检察院新闻发布会指出,2018 年全国对未成年犯罪嫌疑人作出附条件不起诉的共 6959 人,比五年前(2013 年)增加了一倍。2015 年至 2017 年上半年,成都市检察机关分别受理移送审查起诉未成年犯罪嫌疑人 663 人、675 人、374 人(2016 年上半年为 341 人),经审查,依法提起公诉 498 人、492 人、251 人;依法不提起公诉的为 165 人、183 人、123 人,分别占受理移送审查起诉未成年犯罪嫌疑人总人数的 24.89%、27.11%、32.89%①,如图一。

---

① 具体数据详见《成都市人民检察院未成年人检察工作调研报告(2015—2017)》。

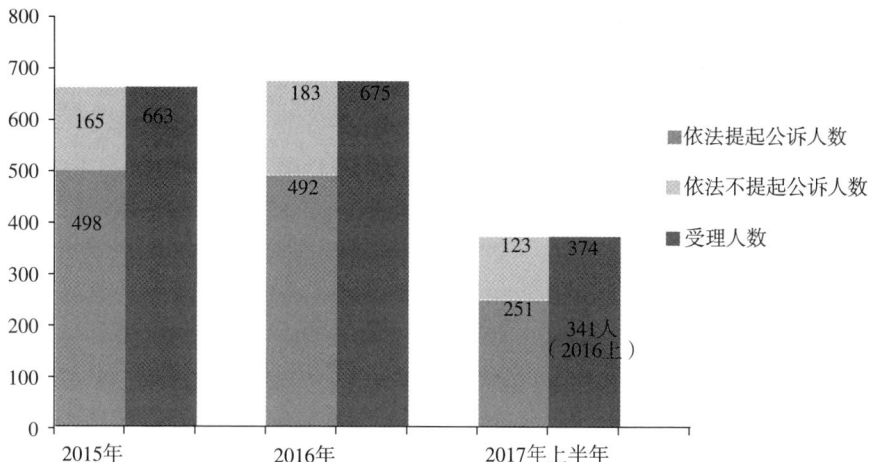

图一：成都市 2015—2017 年上半年受理移送审查起诉未成年犯罪嫌疑人情况

　　从数据来看，依法不提起公诉数量的增加，反映出检察机关越来越重视预防涉罪未成年人重新犯罪，注重对未成年人的司法保护。然而随着近年来附条件不起诉案件的增加，检察机关办案人员的工作压力也随之增强，附条件不起诉帮教考察期间服务需求量与服务提供不匹配、专业性缺乏、帮教服务表面化等问题日渐突出，检察机关办案人员很难站在"平等"的角度上与涉罪未成年人进行沟通交流，涉罪未成年人自身对办案人员的权威性也带有"隔阂"，很难表达其真实需求。社会工作从服务对象的问题需求出发，在帮教服务内容的设计上更贴合涉罪未成年人的需求。作为第三方介入，社会工作者更容易与涉罪未成年人建立良好的关系，以对等的姿态和更柔性的方式感化未成年人。

　　附条件不起诉帮教服务的重点和难点在于社会工作如何充分发挥专业优势，以及联动资源帮助未成年人再社会化。德国、芬兰给予社会工作者根据少年触法行为的严重程度和再犯可能性采取广泛照管或替代照管措施的权利，让社会工作者在帮教期间更大程度上发挥专业优势帮助未成年人再社会化①。美国帮教服务中以司法社会工作为核心作用，联动家庭、社区共同帮助犯罪少年重回社会②。由于国情不同、地区经济发展水平不同等原因，国外的例子对我们并没有很大的借鉴意义，而国内目前已有的司法社会工作实证研究也为数不

---

① 　侯东亮：《少年司法模式研究》，法律出版社 2014 年版，第 58～65 页。

② 　富兰克林·E. 齐姆林：《美国少年司法》，中国人民公安大学出版社 2010 年版，第 41～43 页。

多，主要有上海在检察阶段以专业社工组织为依托的全市性未成年人司法保护转介机制、深圳探索推行的精准帮教模式、北京的"4＋1＋N"模式（4 项检察职能即审查批捕、审查起诉、监所监督和犯罪预防，1 支专业社工队伍，借助 N 方资源力量全面介入未成年人司法保护实践工作）[①]。国内的研究更多是附条件不起诉制度运行方面的研究，以及附条件不起诉社会支持体系研究等宏观上的探讨，实证性研究寥寥无几，随着附条件不起诉案件数量的增加，也亟待借鉴更多帮教服务的实践经验。

本文以成都市 X 社工机构 2015 年 9 月至今介入附条件不起诉帮教考察期间的社会工作实践情况为样本，通过帮教考察服务的呈现，探讨研究帮教考察期间社会工作实践的困境与对策，为我国附条件不起诉帮教考察社会工作提供多样化的借鉴经验。

二、司法社工帮教考察的政策依据和专业优势

司法社工介入涉罪未成年人帮教考察工作当中存在政策依据，2012 年至今，"两高"工作文件、司法解释性文件、团体规定、部门规范性文件等文件中都表达了对引入社会工作开展帮教考察服务的需求。与此同时，社会工作自身具有的专业工作手法、学科综合性服务优势，也说明了社会工作介入到附条件不起诉帮教考察工作的合理性。

（一）司法社工帮教考察的政策依据

最高检早在 2012 年《关于印发〈最高人民检察院关于进一步加强未成年人刑事检察工作的决定〉的通知》中表示，要积极建议，促进建立健全社工制度、观护帮教制度等机制，引入社会力量参与对被不批捕、不起诉的未成年人进行帮教，促进未成年人权益保护和犯罪预防帮教社会化体系建设。自此，司法社工帮教考察开始进入探索阶段。

2015 年最高检发布《检察机关加强未成年人司法保护八项措施》，进一步明确检察机关以政府购买服务等方式，将观护帮教等工作交由专业社会力量承担。2017 年最高检《关于印发〈未成年人刑事检察工作指引（试行）〉的通知》中规定，人民检察院可以通过政府购买服务、聘请专业人士等方式，将附条件不起诉监督考察交由社工、心理专家等专业社会力量承担或者协助进行，提高未成年人权益保护和犯罪预防的专业化水平，推动建立健全司法借助

---

① 席小华：《从隔离到契合：社会工作在少年司法场域的嵌入性发展》，中国人民公安大学出版社 2017 年版，第 106 页。

社会专业力量的长效机制。同年最高检办公厅对十二届全国人大五次会议第4684号建议的答复进一步明确，逐步将合适成年人到场、心理疏导、观护帮教等工作交由专业力量承担。

2018年最高人民检察院办公厅对十三届全国人大一次会议第6253号建议的答复中规定，引入社工等社会力量和专业力量进行心理疏导、观护帮教等预防帮教工作，提升预防帮教专业化水平。这进一步明确了帮教工作需要社会工作的介入，肯定了司法社工帮教考察的重要作用及价值。

（二）司法社工帮教考察的专业优势

一是专业工作手法带来的服务优势。从社会工作在未成年人帮教考察期间服务的内容上来看，其中的理念、流程、方式、内容等方方面面都从社会工作专业的角度出发，并将其有效整合、运用到实践当中。在帮教考察期间，未成年犯罪嫌疑人被移送至审查起诉后，以及被决定附条件不起诉的未成年人进入帮教考察期后，社会工作作为社会专业力量在介入过程中，以涉罪未成年人为主体中心，在充分接纳、尊重等原则基础上，全面了解涉罪未成年人的情况，进行需求评估[①]。根据每个涉罪未成年人的特性，社会工作者通过一对一个案辅导、帮教小组活动、社会服务进行系统帮教服务，来改善服务对象的认知、态度以及行为，并普及相关法律知识等。

二是学科综合性带来的服务优势。从学科属性上来看，社会工作融合了社会学、心理学、法学、管理学等多种学科领域，并且人类行为与社会环境是社会工作的必修学科之一，而作为一名社会工作者在实践过程中需要了解服务对象生理、心理、社会三个方面的状况。以上社会工作综合性且特殊的学科属性，回应了帮教与监督考察期间对服务的需求，以柔性的力量更好地帮助涉罪未成年人重塑自我、顺利回归社会。

以上两点作为社会工作的主要优势特征，也决定了其不可替代的专业属性，然而社会工作并不能因此而"固步自封"，而是应在顺应时代发展上不断加强社会工作自身建设。由于少年司法社会工作与法学学科交叉较多，社会工作者也需要掌握一定的法学知识并苦练内功，不断提升少年司法社会工作服务的专业化。

三、帮教考察期间社会工作的实践考察

以X社工机构帮教考察期间的司法社会工作服务为样本，从其实践历程

---

① 杨旭、何积华：《少年司法与社会工作的协同与整合》，载《青少年犯罪问题》2019年第1期。

背景、服务的流程及内容到服务实施效果，三个方面进行帮教考察期间社会工作的实践考察分析，通过实务的呈现进行经验性总结。

（一）实践历程背景

自 2013 年刑事诉讼法中确立"未成年人附条件不起诉制度"以来，成都市在运行附条件不起诉制度的同时，积极探索专业社工机构介入帮教考察期间的服务。X 社工机构司法社工自 2015 年始介入未成年人刑事诉讼，并在 2016 年 9 月，X 社工机构的少年司法社工项目成为成都市首个司法社工示范试点项目。X 机构开展包括合适成年人、社会调查、帮教与监督考察、强制亲职教育、心理咨询及测评、青少年犯罪预防等服务，提供针对涉罪未成年人及未成年人被害人的多元服务，探索社会工作少年犯罪预防和矫治的途径，协助涉罪未成年人顺利回归社会。

受检察机关的委托，X 社工机构 2015 年至 2019 年 4 月已开展的帮教考察案件为 83 个（包含正在开展服务的案件为 21 个），案件来源于武侯区人民检察院（50 个）、龙泉驿区人民检察院（12 个）、青羊区人民检察院（10 个）、都江堰市人民检察院（5 个）、崇州市人民检察院（4 个）、高新区人民检察院（1 个）、郫都区人民检察院（1 个）。83 个帮教考察案件中，犯罪类型以侵财类为主，其中盗窃和抢劫占到帮教考察案件数量的大部分，分别是 27 人、31 人，分别为占总案件数的 32.53%、37.35%。

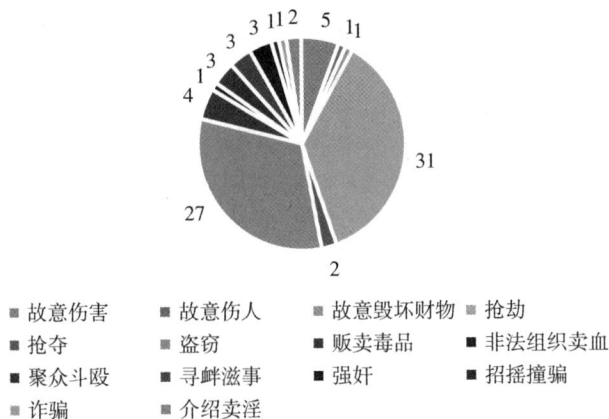

图二：X 社工机构 2015 年至 2019 年 4 月帮教考察案件统计情况

（二）服务的流程及内容

X 机构在附条件不起诉帮教与监督考察期间，整个服务从检察机关转介开始，经历接案前评估阶段、接案前衔接阶段、正式接案阶段、制定帮教计划阶段、帮教服务实施以及结案阶段。在此期间，需要检察机关、司法社工、涉罪未成年人及其监护人四方参与整个帮教服务过程。

根据对 X 社工机构 2015 年至 2019 年 4 月 218 个涉罪未成年人社会调查报告综合分析涉罪原因，法律意识淡薄引起的犯罪占 98.41%，交友不慎引起的犯罪占 91.77%，家庭教育（陪伴与监护不够或有教育意识但教育方式不当，如打骂为主的粗暴教育方式）造成的犯罪占 89.63%，以上犯罪原因多存在交叉重合。据此，X 社工机构在帮教服务设计当中更多围绕以上犯罪原因进行考虑，多以法律知识的普及为基础，同时有针对性地围绕涉罪未成年人问题特征开展人际交往与沟通技巧系列小组社会工作服务、改善家庭教育方式的亲职教育服务等。

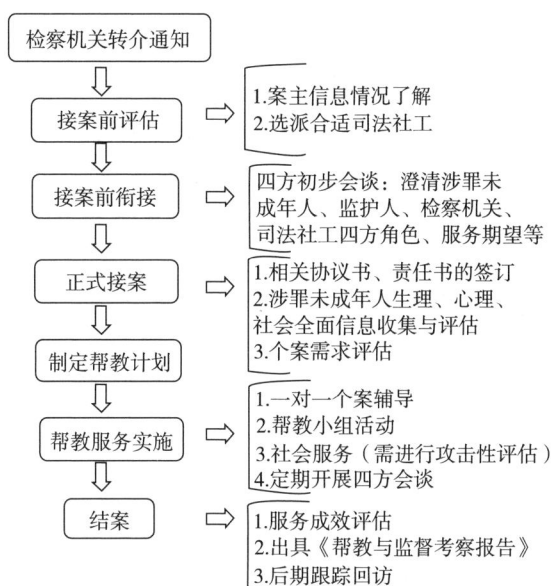

图三：X 机构帮教服务流程图

根据帮教考察案件中涉罪未成年人的问题及需求评估，主要开展的帮教服务形式有：

（1）一对一个案辅导。服务内容多针对改善认知、端正态度、重塑行为等方面进行面谈。司法社工在一对一面谈中，深入了解未成年人的情绪情感、认知行为等，在尊重、接纳、不批判等价值原则下，与未成年人建立信任关系，共同梳理问题与需求，共同分析问题的原因，共同探讨解决的方式方法等。

（2）帮教小组活动。服务内容围绕四个方面：一是法律知识普及小组活动，通过观影（以 CCTV12 社会与法频道未成年人法治教育特别节目《守护明天》为影片教育基础）、知识竞答、角色扮演等多元形式让帮教对象有效接受法律知识；二是人际交往与沟通小组活动，让帮教对象了解、掌握有益的交往方式与沟通技巧，以及形成正确的择友观等；三是自我成长系列小组活动，以帮教对象自我认识的厘清、与周围环境互动形式的改善，以及自我价值实现上的引导等方面进行服务内容的开展；四是职业职场系列小组活动，主要以职业规划演练、职场模拟体验等形式，开展如何树立正确择业观、如何结合自身优势做好职业规划以及如何正确处理职场关系等方面服务内容。

（3）社会服务。以让帮教对象（社会服务开展前，社工需要对帮教对象进行攻击性评估，攻击性偏高者不适合参与社会服务）充当志愿者的形式参与公益服务，在帮助他人的过程中培养帮教对象"亲社会行为"，提升其社会责任感。结合 X 社工机构其他多元社会服务项目，如社区服务、产业工人服务、普通儿童青少年服务项目等，让帮教对象与社工、其他社会志愿者一起进行"关爱行动"，走进社区关心社区弱势群体（如为社区孤寡老人、低保户送温暖活动），走进产业园区关爱劳动工人（如为产业工人夏日送清凉活动）等。以这样的社会服务形式，实现帮教对象去"标签化"，以及提升自我价值感、认同感。

除以上三种主要帮教服务形式与内容，X 社工机构还根据个别帮教对象的特性，以其兴趣爱好为切入点，鼓励帮教对象发展兴趣爱好的同时，整合社会服务资源，让帮教对象积极参与相关兴趣爱好活动（篮球联谊活动、垂直马拉松活动等），让他们在活动中结交新朋友并收获快乐，并以此为契机让帮教对象更好地投入后期的帮教服务当中。

（三）服务实施效果分析

X 社工机构根据附条件不起诉帮教考察期间未成年人的认知、行为改善情况以及再犯情况，帮教考察期满后依法判定的结果与返回社会后一年之内的再犯率进行服务实施效果综合评估。在司法社工按照帮教考察服务计划定期与检察机关办案人员、监护人、未成年人开展四方会谈，反馈与评估未成年人的认知、行为改善情况，结果显示 95% 以上的涉罪未成年人在认知、行为上有不同程度的转变。83 个帮教考察服务案例当中，在帮教考察期间，通过司法社工的帮教，93.98% 的涉罪未成年人没有重新犯罪。自 2015 年至今，帮教考察期满后的 61 个 X 社工机构帮教考察服务案例中，96.39% 判决为不起诉。61个帮教对象在司法社工一年之内的跟踪回访中，再犯率为零。以上不同阶段情况的反馈说明，X 社工机构开展的帮教服务是有成效的，但由于未成年人个体接受程度以及所处环境的差异性、重返社会后各种机遇挑战的不确定性等，也在不同程度上影响着帮教服务的效果评估。

在跟踪回访中,大部分未成年人对给予自己改过自新的机会表示感激;有的未成年人提到帮教的经历就是自己人生的"转折点",社工老师、检察官以及社会爱心人士对自己的帮助,让自己走向了正确的道路;有的未成年人经历帮教后意识到学业的重要性继续完成学业考上大学;有的进入沙发厂做技术工、有的从事建筑行业、有的创业办快递公司等,不再是当初辍学在大街上"闲逛"并流连于娱乐场所的人们眼中的"小混混"。

四、帮教考察期间社会工作实践困境

司法社工帮教考察服务在做出成效的同时,也不可避免地存在实践困境,其中最常见、也是亟待改善与解决的是社工身份的合法性、帮教资源的整合、帮教内容的契合、帮教成果的巩固以及帮教效果的评估这五个方面。

(一) 社工身份合法性困境

虽然检察机关在附条件不起诉帮教考察期间重视社会工作的介入,对社会工作提供的服务也表示一定的认可,但法律规定并没有明确提出社会工作服务、角色在附条件不起诉帮教考察期间的合法性,社会工作者的角色、身份在此期间受到质疑,缺乏来自法律上的合法性认同。无论是在"两高"工作文件、司法性解释文件还是部门规范性文件等都提到了需要引入作为社会专业力量之一的社会工作承担或协助附条件不起诉帮教考察工作,而在社会工作如何介入的规范性以及介入到未成年人司法保护的服务合法性、角色合法性等方面却未作明确规定。

(二) 帮教内容契合性困境

进入帮教考察期的未成年人,由于个体特征(受教育程度、性格特点、成长因素等)、需求特征上的差异性,以及帮教考察期间受社会资源、服务经费、帮教场域等因素限制,帮教内容的设计不可能完全契合每位帮教对象。从帮教考察期间社会工作实践来看,帮教内容与形式的多样性、创新性仍然存在不足,与帮教对象需求的契合度也受到影响。

(三) 帮教资源整合性困境

资源链接者是社会工作在服务过程中担任的重要角色之一,虽然社会工作自身带有独特的专业优势,但在开展服务的过程中也不可避免地带有局限性、单一性。而涉罪未成年人存在多元化需求,如物质性需求、精神性需求、陪伴性需求、工具性需求等,需要整合检察机关、共青团委、街道、社区、学校、企业等多方资源,延展涉罪未成年人的服务内容。然而现实状态是,社会组织之间、检察机关与其他政府部门之间，以及社会组织与其他政府部门之间极少协调配合、资源共享①。实践状况在涉罪未成年人多样化需求的回应与满足上也受到影响，也增加了涉罪未成年人回归社会的难度。

（四）帮教成果巩固性困境

根据刑事诉讼法规定的附条件不起诉考察期限，被附条件不起诉的未成年人需要在刑事诉讼程序中停留 6 个月至 1 年的时间接受考察、帮教。在此期间，涉罪未成年人需要接受由司法社工、检察机关、涉罪未成年人监护人等共同制定的帮教计划，改善自身认知、行为等。然而，在 6 个月至 1 年时间的帮教考察结束后，没有持续性的跟踪回访，也没有后续相关辅助服务，未成年人重回原来的不良工作环境、交友环境、家庭环境中，他们在帮教监督考察期间养成的良好行为习惯、改善的认知与态度等很容易在外部环境的影响下受到"扭曲"，甚至重新走上"犯罪道路"，帮教服务成果大打折扣。

（五）效果评估科学性困境

成都市 X 社工机构对帮教考察期间服务效果的评估，更多是从司法社工主观角度对未成年人行为、功能、态度、感受、想法等方面进行前后改善状态的评估。在评价过程中，缺乏一些客观的评价，也没有形成较为客观的测量工具，如行为改善量表等。同时，就目前而言更注重结果性评估，从是否再犯、是否触犯禁止性规定等"唯结果论"的角度去做帮教服务效果的评估，而轻服务过程评估（如服务方式方法的有效性、服务设计的质量、未成年人参与状况等）。社会工作的过程性评估与结果性评估结果若不能进行有效结合，且不能在两种评估的权重上做到有效衡量与把控，也将影响帮教服务的客观评估效果。

五、完善帮教考察期间社会工作的具体对策

笔者在充分考察分析 X 社工机构帮教考察实践的基础上，结合学习相关文件和部分地区工作经验，对以上困境提出一一对应的策略。

（一）规定社工合法性地位

出台相关政策，补充社会工作在服务的方法、内容以及社会工作者自身的角色、身份等方面的合法地位，使司法社会工作者能够得到来自法规条文合法性上的认同，能够得到来自检察机关、学校、家庭的认可，确保社会工作者的

① 刘仁琦：《嵌入、契合与实效：我国少年司法转介机制研究——附条件不起诉社会支持体系的完善》，载《青少年犯罪问题》2018 年第 4 期。

合法地位，便于服务的开展。

（二）满足帮教多样性需求

在帮教开始阶段，就要充分考虑帮教考察期未成年人的个体特征和需求特征上的差异性，综合社会资源、服务经费、帮教场域等因素，制定较为适合的一对一帮教服务方案，并在帮教过程中不断完善，结合帮教对象的反馈和相关工作案例，提升帮教内容的契合性。

（三）高效整合多元化资源

社会工作者链接资源的功能需要有效发挥，在司法机关和政府相关部门的"主导"下，通过助力构建社会支持体系平台，高效整合家庭、学校、社区、企业等资源，并多方联动共同助力促进司法保护与家庭保护、学校保护、政府保护、社会保护的衔接一致，借助来自家庭、政府、社会等多方力量全方位、多角度地协助其顺利实现再社会化。

（四）建立持续性回访机制

鉴于帮教考察结束后未成年人容易受外界环境的影响，重新走上"犯罪道路"，部分地区已经出台了相关规定，制定跟踪回访期限要求，来巩固帮教成果。如规定，"宣布不起诉决定后设立三年的跟踪回访考察期，由检察院、司法局、综治办、关工委的有关人员共同组成未成年帮教回访小组，有计划地进行回访考察，有针对性地进行法治教育，防止和减少重新犯罪"[1]。可以借鉴相关做法，从政策或者服务要求上，继续对帮教考察结束后未成年人给予一定的关注，建立持续性跟踪回访机制。在帮教考察期满后，根据每个帮教对象的情况，设置跟踪回访期，通过电话回访等形式，按计划进行回访，每次回访情况记录存档。

（五）结合运用多角度评估

对帮教服务效果的评估一方面应该考虑到主观上的多角度评估和客观上的多角度评估。主观上的多角度评估，是指在帮教考察期满后，由共同参与未成年人帮教考察的社工机构、检察机关、监护人三方共同就涉罪未成年人在此期间的认知和态度、行为上的改善情况等，通过与涉罪未成年人的相处情况，以及观察到的情况等作出主观性的评价，来反馈帮教考察服务的质量、效果，并综合多方的评价反馈情况形成主观评估结果，避免片面单一性的评估。客观上

---

[1] 张寒玉、吕卫华：《附条件不起诉制度若干问题研究》，载《人民检察》2013年第9期。

的多角度评估，更多是在测量元素上的多角度，即对涉罪未成年人在意识、态度、行为表现等方面进行全面评估，如针对涉罪未成年人在认知、态度、行为上的改善前后对比情况（如相关法律知识的前后题目测试，服务前和服务后未成年人与家庭成员的交流频率、行为互动频率等的测量对比），通过相关测验事项的设置，客观上进行评估。比如，上海的管理考核就通过考核"台账建立率、案主见面率、重点案主谈话率、个案设计率"，以服务量化的形式进行管理，确保服务的质量①。另一方面，应该充分考虑过程性评估与结果性评估，既对最终的工作成果进行评估，同时也评估服务方式方法的有效性、服务设计的质量、未成年人参与状况等。通过整合以上两个方面的评估，能够保障评估结果更加具有客观性、全面性。

六、小结

成都市社会组织和社会工作在 2008 年汶川特大地震后得到迅速发展，社会力量和社会工作介入少年司法社会工作领域也有近 5 年的实践探索，特别是未成年人司法保护社会支持体系建设的试点工作，在西南地区和国内都取得了较好的示范效应，具有一定的影响力。

近年来，成都地区从事少年司法社会工作领域的社工机构，在介入附条件不起诉帮教考察实践当中尝试提炼、总结地方经验，为国内少年司法社会工作研究现状和附条件不起诉帮教监督考察服务领域提供可借鉴性的地方经验。X社工机构以其自身近四年的实务探索，在成都市为附条件不起诉帮教考察对象提供了专业化的服务，助力司法社会工作在此领域的发展，为未成年人帮教考察工作尽一份力，用专业化的服务预防未成年人重新犯罪，帮助涉罪未成年人重塑自我和再社会化，并顺利回归社会。

---

① 吴燕：《刑事诉讼程序中未成年人司法保护转介机制的构建——以上海未成年人保护实践为视角》，载《青少年犯罪问题》2016 年第 3 期。

未成年人犯罪预防问题研究

检察机关法治副校长制度探究

郭梦飞 *

[内容摘要] 在全面依法治国背景下，检察机关提出的法治副校长制度对加强中小学生法治教育、保护未成年人健康成长意义重大。该制度虽在全国范围内普遍确立，但在学界却鲜有研究。本文从法治副校长制度的催生原因谈起，对其现实困境进行深入剖析，并结合当前检察实践和学界仅有研究，对其提出理论层面和实践层面的完善意见和建议。

[关键词] 法治副校长；法治教育；检察机关；机制建设

相较于诞生于 20 世纪末的法制副校长制度而言，法治副校长制度则是一个由检察机关创设的，符合全面依法治国战略内涵的，满足人民群众对未成年人保护新期待、新要求的全新制度。法治副校长制度内涵更加丰富，外延更加广泛，不仅包括参与中小学法制宣传教育和校园及周边治安综合治理等表层工作①，更包括帮助养成法律思维、培树法治信仰、促进全面依法治国彻底实现的深层含义。但令人遗憾的是，到目前为止，学界关于法治副校长制度的学术性研究成果还不多，全面而具有理论深度的研究则更少。可以说，这方面的理论研究远远滞后于检察实践。鉴于法治副校长制度的重要意义和广阔发展前景，对其进行系统研究和理论构建已势在必行。

一、法治副校长制度的产生背景

法治副校长制度的产生背景，学界至今没有给出全面的论述。最高检在 2019 年工作报告中，也仅用"落实法治教育从娃娃抓起"寥寥数语谈及法治

---

* 郭梦飞，河北省张家口市人民检察院检察官助理。

① 黄祥瑞、管其位：《法制副校长制度的理论初探》，载《法制与社会》2017 年第 30 期。

副校长制度在全国四级检察机关普遍确立的背景。笔者通过分析，认为法治副校长制度的背景主要由现实的困境、形势的需要和职责的要求三个方面构成。

（一）我国突出的未成年人法治问题的现实要求

未成年人法治问题主要包括三个方面：未成年人遭受不法侵害、未成年人犯罪、可能导致未成年人犯罪的诱因。这三个方面问题的严重性成为了催生法治副校长制度的直接原因。

1. 未成年人遭受不法侵害多发频发

近年来，性侵、拐卖、虐待、伤害未成年人犯罪持续多发，成为社会普遍关注的热点之一。在针对未成年人进行的不法侵害中，校园欺凌和性侵占据相当比例。2017 年联合国教科文组织《校园暴力和欺凌》数据显示：32.5% 的学生遭到过校园欺凌。全球每年 2.46 亿学生，因欺凌而痛苦①。校园欺凌对未成年人的生理和心理都会造成严重的创伤，甚至这种创伤会伴随他们的一生，无法磨灭。此外，最高法数据显示：2013 年至 2016 年，全国法院共审结猥亵儿童犯罪案件 10782 件②。2018 年，最高检向教育部发送"一号检察建议"，也是针对性侵幼儿园儿童、中小学生犯罪案件提出的。正是由于未成年人容易成为不法侵害的受害人和他们成为受害人之后巨大的影响，有必要加强对未成年人的法治教育。

2. 未成年人犯罪形势严峻

2018 年，全国检察机关未成年人犯罪起诉 50705 人，同比上升 6.8%。据分析，我国未成年人犯罪呈现成人化、暴力化、团伙化、低龄化等特点，故意伤害、聚众斗殴、寻衅滋事等犯罪多发频发。法律认知上的空白、情绪控制上的失灵、外界因素上的诱导成为未成年人犯罪的主要动因。法治教育缺失或流于形式使得源头预防成为泡影，社会控制机制失灵或效用不明显使得未成年人犯罪管控成为梦幻。严峻的未成年人犯罪形势倒逼着法治教育制度的出台与完善③。

3. 影响未成年人健康成长的因素多元

未成年人法治问题形势严峻还与影响或者诱发未成年人犯罪原因多元有关。首先，当前我国的未成年人有很多处于留守或者流动状态，这个群体中涉嫌犯罪、违法的比例相对较高，受到不法侵害的比例也相对较高。其次，身处

---

① 东方新闻，https：//mini. eastday. com/a/180905164023722. html。

② 央广网，http：//china. cnr. cn/NewsFeeds/20170601/t20170601_ 523781968. shtml。

③ 黄祥瑞、管其位：《法制副校长制度的理论初探》，载《法制与社会》2017 年第 30 期。

网络时代的未成年人面临着多元价值观的冲击，如拜金、暴力、色情、空虚等。最后，社会竞争的加剧和未成年人抗压能力低之间的矛盾容易导致未成年人出现心理上的失衡和行为上的偏差。

日益严重的未成年人法治问题对加强和完善中小学法治教育提出更加迫切的要求。未成年人犯罪中的加害人、被害人和可能成为加害人、被害人的未成年人都是法治教育缺失的受害人。笔者认为，最高检出台并推行法治副校长制度的直接原因就是严峻的未成年人法治问题。

（二）检察机关加快转型升级的必然要求

面对国家监察体制改革，检察机关需要加快自身内部改革和重塑，真正实现化"转隶"为"转机"。为此，最高检部署谋划内设机构改革，倡导推进"四大检察"全面协调发展都是检察机关自身重塑的重要举措。未成年人保护是一项群众关心、意义重大的民生问题，检察机关及时回应群众关切，以未成年人检察为突破口，适时提出法治副校长制度，既是检察机关关心祖国未来的生动体现，也是检察机关实现自身改革的重要举措。过去全国检察机关将大量人力物力财力集中于职务犯罪侦防，对其他业务工作有所忽略，使得检察机关优势十分突出，短板也非常明显。现在检察机关需要弥补短板，并且有必要将过去的短板弱项打造成现在的优势强项，未成年人检察工作就是需要重视和加强的诸多工作中的一项。笔者认为，最高检希望通过法治副校长制度和加强未成年人检察工作，找到做大检察工作影响力，打造检察工作新亮点的突破口。截至目前，最高检法治副校长制度、"一号检察建议"、设立第九检察厅、发布未成年人犯罪指导性案例等一系列的举措，都是最好的印证。在改革中实现转机是最高检提出法治副校长制度的间接原因。

（三）检察机关践行职责使命的根本要求

未成年人检察工作部门是办理未成年人刑事案件、侵害未成年人人身权利案件，开展帮教和预防未成年人犯罪、维护未成年人合法权益的专门部门。承担着教育、保护未成年人的重要职责，是未成年人的"国家监护人"。正是基于这样的身份定位，检察机关不仅要从严打击未成年人犯罪，更应当预防未成年人犯罪，保护未成年人健康成长。针对未成年人工作，不仅要做处理好个案的司法"工匠"，更要能成为解决类似社会问题的法治"大师"。因此，检察机关注重和加强未成年人法治教育，在讲授法律知识的同时，更要注意对学生法律思维和法治信仰的培树，引导未成年人用理性战胜冲动，以法治的思维看待身边发生的一切，用法律的方法去化解矛盾、保护自己。笔者认为，最高检提出法治副校长制度最本的原因是检察机关未成年人检察工作的内在要求和根本属性。

二、法治副校长制度实现过程中的困境

检察机关提出的新时代法治副校长制度是全面依法治国框架下的有益尝试和重要探索，对建设社会主义法治国家、法治社会意义重大。然而，在法治副校长进校园的过程中却遇到了诸多困境。笔者认为，主要包括内外两重困境。

（一）内部困境：部分法治课设计存在先天缺陷

所谓内部困境，指的是法治副校长制度在落地过程中，检察机关自身存在的可能阻碍制度实现效果的因素。担任法治副校长的多为检察长，政治素质过硬，业务素质过硬，兼具理论和实务经验，然而担任老师，特别是未成年人的法治老师，却不是这些检察长的强项，因此在课程设计上存在一些缺陷。

1. 课程定位问题

在法治副校长授课过程中，少数检察长授课往往是追求政治高度、理论深度，所以政治热词、法言法语在授课中频繁出现，导致中小学生不知所云，云里雾里，使得授课实际效果不佳。还有少数检察长在授课过程中，过度低估未成年人的理解能力、领悟能力和对社会问题的分析能力，无论是语言风格，还是所讲事例均过于"孩子气"。比如，很少讲实际案例，而多用动漫举例，很难让学生体会到未成年人犯罪的危害和后果。"过高"或"过低"的课程定位均会影响授课效果。

2. 课程内容问题

很多法治副校长沿用 20 世纪末以来讲法制课的惯常思路讲解法治课，先讲法条，再讲案例，最后讲预防。这种普法式的授课，对于复杂的法律体系而言是沧海一粟，对于纷繁的社会环境而言是微乎其微。其实法治副校长讲课的重点是法治化的思维方式而不仅仅是具体化的法律条文。忽视法律思维和法治信仰的教育、不能真正使学生从思想的高度了解法治、信仰法治。

3. 课程形式问题

检察机关法治副校长开展法治教育的主要形式是大讲座，往往在学校操场、礼堂、食堂等地举行[①]，此种授课确保了受众的范围，却未必能起到良好的效果。这种"被动灌输"，缺乏与未成年人的互通交流，很可能出现台上讲的"慷慨激昂"，台下听得"昏昏欲睡"的状态。现在的未成年人具有更多的

---

① 肖大兴、吕天甫：《中小学法制副校长工作现状及经验探析》，载《教学与管理》2014 年第 10 期。

自主意识，对事物也有着更高的认知程度，他们渴望被认可、被肯定，他们反感一味的说教，喜欢自主的探索和思维的碰撞。因此"被动灌输"已不能满足当代未成年人的"口味"，有必要将授课方式由"被动灌输"向"主动探究"过渡。

笔者认为，定位不准、内容陈旧、形式单一是制约法治副校长制度效果发挥的重要因素。由此可见，完善和优化课程设计已然成为检察机关法治副校长的必修课。

（二）外部困境：与学校沟通衔接机制不健全

所谓外部困境，指的是法治副校长制度在落地过程中，检察机关与学校之间存在的可能阻碍制度实现效果的因素。两者之间沟通衔接情况直接关系着法治副校长制度的效果。就目前开展情况来看，整体较好，个别存在问题，主要集中在以下几方面：

1. 课前衔接不够

法治副校长进校园开展法治教育活动之前，必然与学校进行沟通对接，然而这种对接往往仅就活动开展时间、地点、参加人员、所需设备等进行沟通。一般不就授课内容进行沟通，由检察机关自行确定，这就可能导致"供需不对等"的情况发生①。缺少检察机关与学校方面关于授课内容的前期沟通和框架的初步确定，可能影响授课效果，难以达到双方对法治副校长开展法治教育的预期。

2. 课后配合不够

法治教育是一个动态的过程，法治副校长授课的结束并不代表法治宣传效果的全部实现。然而在现实生活中，无论检察机关还是学校对此都存在错误认识。比如，有关校园欺凌的课程结束了，检察机关和学校并没有开展后续活动，这场授课的内容可能很快被学生遗忘，授课影响力可能会很快降低。如果检察机关和校方联合举办关于预防校园欺凌的主题演讲、情景剧表演、图片展等，可能会取得更好的效果，使得授课内容真正落实落地。

3. 长效合作不够

检察机关和学校均把法治副校长制度定位为给学生上法治课，这种认识过于狭窄。在有效的合作空间内，难以实现最佳的合作效果，并没有达到检校共建、互助共赢的目的，检察机关忽略了学校对加强法治副校长授课技能提升的

---

① 肖大兴、吕天甫：《中小学法制副校长工作现状及经验探析》，载《教学与管理》2014 年第 10 期。

作用，学校忽略了检察机关对依法治校的积极推动作用。对制度片面的认识，使得双方错失了很多合作的机会。

检察机关与学校方面关于法治副校长制度沟通衔接的不健全必定会影响制度效果的实现，阻碍其发挥更大效用，所以加强外部间的交流合作是法治副校长制度完善的必然选择。

三、完善法治副校长制度的建议

法治副校长制度对加强中小学法治教育，促进依法治校，防止未成年人犯罪和遭受侵害，实现全面依法治国意义重大，但由于该项制度刚刚起步还存在诸多不完善之处。因此，为了法治副校长制度发挥最大效用，需要尽快对其进行更好的落实和完善。

（一）加强管理机制建设

检察机关作为法治副校长制度的发起者和有力推动者，需要为法治副校长制度的落实和完善倾注更多的心血，要尽快将法治副校长制度化、规范化。

1. 法治副校长的职责落定

法治副校长制度现已在全国范围内普遍确立，但关于法治副校长的职责定位还不是十分明晰。笔者认为，法治副校长职责主要包括三个方面：（1）宣讲法律，预防未成年人犯罪和保护未成年人权益[①]。检察机关熟悉和了解未成年人犯罪预防和保护的法律规定，并且一直在处理未成年人犯罪一线，具有深厚的理论功底和实践经验，要将这些特点转化为未成年人法治教育的优势，结合鲜活的案例去剖析犯罪的根源、危害及预防，真正做推进未成年人保护的法治"大师"。同时，在授课上也要充分考虑学生的年龄差异、需求差异及学校地域差异，确保教学方式灵活多变。（2）宣扬法治，培养未成年人法治理念和法治思维。在目标设定和教学环节设计上，要充分激发学生的主动性与参与性，适当增加交流、讨论、分享环节，并且给予必要的点评和引导，帮助学生用法治理念看待问题，用法治思维解决问题。法治副校长制度要回归育人本真，以培养社会主义合格公民为目标，促进未成年人健康成长、全面发展。（3）协助管理，推进法治校园建设。法治副校长不应仅仅定位于法治课老师，更应该践行学校管理者的义务职责，要充分发挥自身专业优势，参与到学校校规校纪的制定、健全和完善上来，确保规章制度的内容的合法性及程序正当

---

① 中央社会治安综合治理委员会、最高人民法院、最高人民检察院、公安部、教育部、司法部《关于规范兼职法制副校长职责和选聘管理工作的意见》（综治委〔2003〕25号）。

性。同时，要对有不良行为的学生做好教育、转化工作，协调学校、家长、社区签订帮教协议①。

2. 法治副校长的培训提升

笔者认为，法治副校长培训应当包括两部分，分别是法律业务培训和教学技能培训。就法律业务而言，这是法治副校长的"老本行"，但是由于检察长的身份，使其将相当多的精力投入政治学习、行政管理、业务指导等方面的工作，对于未成年人检察业务办理并不是事无巨细，因此有必要选派优秀未检干警对法治副校长进行未检业务培训，使其掌握第一手资料，了解未成年人犯罪成因、特点、案件办理及预防全过程。而且这种培训要常态化、制度化，甚至建议成为法治副校长就职的前置条件，并且每季度要与一线未检人员进行座谈，每年至少参加一次由省级检察机关组织的法治副校长业务培训班。就教学技能方面而言，这可以说是法治副校长的"短板"，而学校教育又是一项对专业技能要求较高的工作。因此，有必要邀请优秀中小学教师对法治副校长进行专门培训②。特别是应该加强教学技能、教育法律法规、教与学和教育心理学等方面的培训，以学校教育的特点，保证工作的顺利开展③。同时，在每次法治副校长进校园授课的过程中，都应当邀请该校优秀教师旁听，并在课后及时与旁听教师进行座谈，虚心请教自己在授课过程中的问题与不足。法治副校长教学技能学习必须做到培训常态化、交流经常化，用丰富的理论知识结合先进的教学方法，实现法治副校长制度的真正落地。

3. 法治副校长的考评考核

法治副校长由检察机关选派，在学校担任兼职，因此检察机关有必要对其进行考核，学校也需要对其进行考评。检察机关法治副校长考核工作，应当与其担任兼职学校的未成年人犯罪率和未成年人被侵害率挂钩，同时引入评分机制，由学校、老师、学生对职责履行、课堂效果、授课结果等进行打分。在年终，担任法治副校长的检察长要向上级检察机关就该项工作进行述职，并纳入年终绩效考核，与职级晋升、绩效发放等挂钩。教育行政部门也应该将法治副校长工作情况作为评估学校工作的一项内容，通过评选"优秀法治副校长"

---

① 乔玉华：《法制副校长缘何成为"鸡肋"》，载《中小学管理》2008 年第 10 期。

② 蔡剑兴：《中小学兼职法制副校长工作的几点思考——兼谈当前中小学法制教育》，载《教学与管理（理论版）》2006 年第 9 期。

③ 肖大兴、吕天甫：《中小学法制副校长工作现状及经验探析》，载《教学与管理》2014 年第 10 期。

"法治教育先进单位"等活动,树立典型,表彰先进①。对不能充分履行法治副校长职责的人员,教育行政部门有权会同检察机关进行协商,督促履职或请求变更人员。

(二) 加强沟通机制建设

法治副校长制度,虽然是检察机关主导创设的,但离不开教育行政部门,特别是学校的通力配合,因此加强沟通衔接显得尤为重要。

1. 加强与学校的沟通

在法治副校长进校园开展活动之前,必须与学校进行事前沟通,以免影响学校正常的教学秩序。检察机关可以和学校在学年初,进行及时沟通,确定开展法治活动的次数和时间,并写进校历和检察机关法治进校园年度计划,以此防止对学校正常教学秩序的冲击,同时也可以避免检察长工教矛盾的发生②。此外,还可以进行"点餐式"授课,由学校根据年度计划或实际需要,提前向检察机关建议授课主题,检察机关在授课前安排人员根据学校建议进行充分的课题调研和认真准备,真正实现讲需结合,实现双赢多赢共赢的最佳效果。

2. 加强与教师的沟通

中小学老师是最了解未成年人身心特点和未成年人保护迫切需求的群体。为此,法治副校长进校园之前有必要与授课老师进行联系,对授课目标人群情况进行简要了解,着重掌握以下几个方面:(1) 接受法治教育基本情况及掌握程度;(2) 该校该年龄阶段孩子面临哪些犯罪及被侵害的现实风险;(3) 学生的配合程度及学习主动性等。法治教育同样要做到因材施教,法治副校长要"知己知彼",针对学校最关心、孩子最迫切的方面开展具体工作③。

3. 加强与学生的沟通

法治副校长与学生的沟通包括课前、课中和课后三个阶段。课前阶段,法治副校长要提前5~10分钟走进教室,与学生进行个别交流,拉近与学生间的距离,同时发现活泼好动、积极配合的孩子,以便课上有良好的互动效果。课中阶段,要着重注意与学生的沟通交流,鼓励学生积极发言、表达思想,并给予必要点评。比如,在案例教学过程中,要让同学来评价行为、分析行为、给出结论,锻炼和培养学生运用法律思维思考和分析问题的能力。课后阶段,要

---

① 乔玉华:《法制副校长缘何成为"鸡肋"》,载《中小学管理》2008年第10期。

② 肖大兴、吕天甫:《中小学法制副校长工作现状及经验探析》,载《教学与管理》2014年第10期。

③ 陈立、姜德祥:《知己知彼入情入理——法制副校长讲课怎样切合实际》,载《贵州教育》2011年第1期。

与学生进行再次交流，倾听他们的感想。确认课程目标是否完全达到，如果没有达到，则要进行缜密反思，对课程内容和授课方法进行适当调整，以便下次取得最佳效果。

（三）加强创新机制建设

法治副校长制度需要在不断的探索中完善，在创新改革中成熟。检察机关要树立大胆创新的勇气和先行先试的气魄，以使法治副校长制度真正发挥巨大效用。

1. 创新工作方式

法治副校长的工作方式不应仅限于大讲座，应当有所创新，具体包括：（1）创新教学方式。可以采取案例讨论、模拟法庭、主题班会或演讲辩论等多种形式，在学生的思维碰撞与主动思考中激发对法律的兴趣、对法治的信仰。还可以邀请中小学生走进检察机关，了解检察；与法院积极协调，组织观摩庭审；到少管所或者监狱开展主题社会实践活动，通过参观服刑人员生活生产情况，听取犯罪人员现身说法等方式开展法治教育。法治教育的方式应当更加灵活多元。（2）开展差别化教育①。要结合授课对象，进行有差别的授课，坚决杜绝千篇一律。针对低年级的同学可以开展交通安全教育，培养孩子的规则意识；对高年级的同学，可以开展网络安全教育，提醒孩子要自控自省；对初中生则可以开展生命教育，引导孩子们敬畏生命和法律。对男同学可以单独进行预防校园暴力的教育，对女同学可以进行防止性侵害的教育等。（3）创新跟踪学习模式。法治副校长进校园的次数是有限的，开展法治教育的范围和时长也是有限的，为了将法治副校长制度的效用得到最大发挥，可以通过研发未检APP，创建法治教育家长群，在校园广播开辟专栏以及提前录制未成年人保护微视频等方式，通过近期推送，实现教育经常化、普遍化、系统化。

2. 优化工作队伍

法治副校长毕竟是兼职，同时还是检察机关的检察长，还有许多具体的事务性工作，因此仅靠法治副校长一人是难以完成全部法治教育工作的。笔者建议，配备法治辅导员，辅助法治副校长完成法治教育工作。法治辅导员要从检察机关中未成年人检察部门或者其他部门热衷于未成年人保护的检察干警中进行挑选。法治辅导员必须具备法律素养、熟悉法律业务，善于沟通，关心关注未成年人。法治辅导员具体工作职责包括：（1）开展未成年人保护课题调研②，

---

① 乔玉华：《法制副校长缘何成为"鸡肋"》，载《中小学管理》2008年第10期。

② 肖大兴、吕天甫：《中小学法制副校长工作现状及经验探析》，载《教学与管理》2014年第10期。

为法治副校长进校园进行前期资料准备；（2）与学校进行沟通对接，确定法治副校长进校园具体事宜；（3）收集和整理课程反馈，与参加法治副校长进校园的校方参加人进行座谈交流，收集意见反馈的同时，解决参与教师和学生的具体疑问，进行课下的答疑解惑；（4）及时回复法治教育家长群的疑问和困惑，协助学校进行问题学生管理等其他工作。

3. 延伸工作内容

未成年人保护工作是一项重要的社会工作，需要全社会的共同努力，构建未成年人支持体系，为此法治副校长工作范围必须适当延伸，具体有：（1）从学生法治教育向教师法治教育延伸。教师懂法、守法会更好地促进对学生的法治教育，同时也可以预防个别教师侵害未成年人事件的发生。法治副校长可以通过召开座谈会或者个别谈话的方式开展工作。（2）从学校法治教育向家庭法治教育延伸。在涉罪未成年人中，相当一部分来自单亲家庭或留守家庭，家庭教育效用发挥的高低决定着未成年人犯罪率的高低。然而，在我国长期以来对未成年人家庭的法治教育是严重缺失的。法治副校长有必要加强对家长的法治教育，可以通过家长会或者家长微课的方式进行线上线下沟通交流。（3）从学校法治教育向社区法治教育延伸。特别是在学校周边的社会环境整治中，法治副校长要发挥当地检察长的影响力和号召力，积极会商公安、城管、市场监督等部门共同参与到校园周边的综治工作中来，为未成年人健康成长营造良好社会环境①。

以上，笔者阐述了检察机关创设和推行法治副校长制度的原因，指出了法治副校长制度落地过程中的问题与困境，论述了法治副校长制度需要从管理机制、沟通机制、创新机制三个方面的完善意见。希望借此能够为检察机关继续完善和推进法治副校长制度贡献绵薄力量，为我国中小学法治教育和促进全面依法治国添砖加瓦。

---

① 乔玉华：《法制副校长缘何成为"鸡肋"》，载《中小学管理》2008 年第 10 期。

从 "法制副校长" 到 "法治副校长" 的变迁

——法治副校长制度的发展及完善

赵宝红　　张康杰[*]

[内容摘要]　法治副校长制度从20世纪90年代各学校聘请有法律专业背景的人员担任法制副校长工作开始，历经20余年的探索，从起步、发展到逐步规范，称谓实现从法制副校长到法治副校长的转变，该制度在促进学校法制宣传教育、守护未成年人健康成长等方面发挥了积极作用。但校外法治副校长制度仍存在诸多不足，亟须进行梳理研究，尽快完善。

[关键词]　法治副校长；发展阶段；不足和完善

一、法治副校长的起源和发展

改革开放以来，随着经济社会的发展，未成年人违法犯罪问题日益引起人们的重视。为了遏制未成年人违法犯罪高发态势，各地学校在公、检、法、司等政法单位和其他相关部门的协助下纷纷开设了法制课。为了缓解法制教育资源短缺、教育效果不好的问题，一些地方尝试从政法部门聘请兼职法制副校长参与法制教育，收到良好效果。法制副校长一经产生便迅速推广，逐渐形成制度，并实现了从"法制副校长"到"法治副校长"的飞跃和变迁。

（一）地方初步性探索阶段（1998—2003年）

1. 法制副校长产生的背景

"改革开放以来，随着经济社会的发展，我国犯罪现象出现新的变化，未

---

*　赵宝红，河南省洛阳市人民检察院检察委员会专职委员；张康杰，河南省洛阳市人民检察院第九检察部四级高级检察官。

成年人违法犯罪成为一个引人注目的现象。"① 据团中央统计，1985 年上半年，25 岁以下的犯罪分子比去年同期上升 37.9%，在犯罪分子总数中所占比重上升 7.8%，其中不满 18 岁的未成年犯罪分子占青少年犯罪分子总数的 34.9%。未成年人犯罪，由过去主要是进行一般盗窃和流氓滋扰，发展到拦路抢劫、暴力强奸和行凶杀人。出现这些情况有其复杂的原因，如经济发展诱发青少年犯罪的因素不断增多，但主要原因之一是对青少年的法制教育工作薄弱。学校教育作为青少年教育的决定性环节，引起全社会的重视。为此，中共中央下发《关于改革学校思想品德和政治理论课程教学的通知》，提出要加强和改善学校的思想政治工作。要扭转当时学校教育工作中存在的片面追求升学率，只重视智育，忽视德育；只重视重点学校，忽视一般学校；只重视少数"尖子"学生，忽视大多数学生的倾向，促进学生德育、智育、体育的全面发展。要求对学校和教师工作的考核，必须以全面贯彻党的教育方针为标准，不能只看升学率。要求全社会都要关心青少年，积极承担培养教育下一代的任务，使广大青少年能够在良好的社会环境中健康成长。在这种背景下，全国各地共青团、工会、妇联和教育、公检法司等部门，积极参与到青少年学生的法制教育工作中。各地学校在上述部门的协助下，根据学生年龄特点和接受能力的差异进行不同的法制教育，小学从低年级起结合思想品德课进行法制观念的启蒙教育，小学高年级和中学、大学开设不同层次的法制教育课。

2. 法制副校长的产生

在中央的要求下，各地普遍重视法制教育，但由于缺乏法制教育专业性教师，仅有的任课教师专业素质也参差不齐，一方面教师没有专门接触过法律，自身的法制知识和教学方法便存在一定的欠缺，另一方面缺乏实践经验，缺乏案例教学，使法制教育成了强加给学生死记硬背的东西，学生的积极性低，教育效果不佳。针对这种情况，1998 年，广东省阳江市率先从基地政法部门选派干警到中小学校任兼职法制副校长，参与中小学校的法制宣传教育和校园及周边治安综合治理工作，收到良好效果。

3. 法制副校长制度的确立和推广

广东省阳江市从基地政法部门选派干警到中小学校任兼职法制副校长的做法在省内及全国迅速推广，中央社会治安综合治理委员会在 2000 年出台的《关于进一步加强预防青少年违法犯罪工作的意见》中，要求中小学校配齐配强兼职法制副校长，加快了法制副校长的推广步伐，同时也标志着具有中国特

---

① 陈国庆：《砥砺前行的未成年人检察工作》，载《检察日报》2018 年 12 月 5 日第 3 版。

色的法制副校长制度的建立。据中央综治委统计，截至 2003 年底全国超过 50% 的中小学配备了法制副校长，另据安徽新闻网报道，宿州市的法制副校长的配备率超过 90%。兼职法制副校长在推广过程中，职责也逐渐明确，主要有参与制订学校法制教育规划、协助学校开设法制教育课程、协助学校加强内部安全防范工作、落实帮教措施、积极参与组织开展学校周边治安秩序整治等六项职责。兼职法制副校长制度的建立，对于增强青少年学生的遵纪守法意识，提高自我保护能力，维护在校学生合法权益，维护学校及周边地区的治安秩序，预防和减少青少年违法犯罪，发挥了积极的作用。

（二）法治副校长制度规范发展阶段（2003—2014 年）

中央社会治安综合治理委员会在 2003 年 11 月 14 日出台的《关于规范兼职法制副校长职责和选聘管理工作的意见》（综治委〔2003〕25 号），对兼职法制副校长的聘任、管理等问题作出了明确规定，法治副校长进入规范发展阶段。

1. 法制副校长的来源和任职条件

兼职法制副校长，从法院、检察院、公安、司法行政等政法部门中选聘。任职基本条件有四个：（1）政治素质好，品德优秀，作风正派，热心青少年法制教育工作；（2）熟悉法律知识，从事政法工作两年以上，具有较强的语言表达能力和组织协调能力；（3）小学兼职法制副校长应具有高中以上学历，普通中学（含民办学校）、中等专业学校、技术学校、职业高级中学的兼职法制副校长应具有大专以上学历；（4）身体健康，能坚持正常工作。

2. 法制副校长的选聘程序

普通中小学校（含民办学校）、中等专业学校、技术学校、职业高级中学都应选聘兼职法制副校长。

按照属地管理原则，县（市、区）综治委（办）组织政法各部门按照任职条件推荐兼职法制副校长人选，会同教育部门进行审核（中等专业学校、技术学校的兼职法制副校长人选会同学校的上级主管部门审核）。确定人选后，由教育行政部门或学校聘任。兼职法制副校长任期一般为三年，可连续聘任。如兼职法制副校长任期内工作变动或原任人选不适合再做此项工作，可进行调整。兼职法制副校长不占学校领导职数和人员编制。

3. 法制副校长的职责

兼职法制副校长接受学校所在地乡镇、街道综治委（办）的指导，在中小学校党组织和校长的领导下开展工作。主要职责是：

（1）参与制订学校法制教育规划、计划，协助学校开设法制教育课程，做到教学计划、教材、课时、师资"四落实"，根据治安形势变化，联系学校实际，结合学生特点，实施有针对性的法制教育。

（2）协助学校加强内部安全防范工作，健全、完善规章制度，落实各项防范措施，消除安全隐患，开展创建安全文明校园、无毒校园等活动。对有不良行为和严重不良行为的学生，要做好教育、转化工作，要协调学校、家长、社区签订帮教协议，落实帮教措施。

（3）了解掌握学校周边地区治安动向，及时向当地综治办报告，提出开展学校周边治安秩序整治的工作建议，并积极参与组织开展学校周边治安秩序整治，建立长效工作机制，维护学校周边地区的治安秩序。

（4）配合政法部门妥善处理在校教师、学生违法犯罪案件，严肃查处侵害师生合法权益和滋扰校园的案件。对校园内发生的严重违纪问题，督促学校根据校规校纪妥善处理，维护学校正常的教学、生活秩序。

（5）协助学校沟通与社区、家庭及社会有关方面的联系，促进学校、家庭、社区"三位一体"法制教育机制的完善。

（6）按照学校所在地乡镇、街道综治委（办）的工作要求，会同学校有关部门落实各项综合治理工作措施。

4. 法制副校长的管理

（1）司法行政部门要会同综治、教育行政、公安等部门组织兼职法制副校长的业务培训，帮助、指导他们开展法制宣传教育工作，及时发现、培养典型，交流推广经验，适时组织评选表彰先进。

（2）教育行政部门要把兼职法制副校长的工作情况作为评估学校整体工作的一项内容，配合有关部门做好兼职法制副校长的选聘、培养、管理、考核、表彰工作。

（3）政法各部门要支持本单位派出的兼职法制副校长的工作，帮助他们解决工作中的困难，督促他们定期到学校开展工作。要根据学校所在地乡镇、街道综治委（办）反馈的情况，掌握兼职法制副校长开展工作的情况，作为考核其工作、晋职、晋级和立功受奖的依据之一。

（4）学校要为兼职法制副校长开展工作提供必要条件，主动介绍学生违法犯罪倾向性的问题及有关问题；涉及学生法制教育的重要会议、活动，应事先与兼职法制副校长协商并通知其参加。学校每年要为兼职法制副校长作一次工作鉴定，并建立兼职法制副校长工作档案。

（5）乡镇（街道）综治委（办）负责对法制副校长工作的日常指导，有关会议要邀请兼职法制副校长参加，每学年末要听取兼职法制副校长的述职报告。在定期了解兼职法制副校长的工作情况及其所在学校反映的基础上，加强日常考核，并将有关情况向派出单位反馈。

（6）兼职法制副校长的工作情况及效果要纳入县（市、区）、乡镇（街道）社会治安综合治理目标责任书进行考核。各级综治委（办）要组织推动有关部门落实职责，协调配合。

（三）从法制副校长到法治副校长转型完善阶段（2014—2018 年）

2014 年党的十八届四中全会通过的《中共中央关于全面推进依法治国若干重大问题的决定》明确要求："把法治教育纳入国民教育体系，从青少年抓起，在中小学设立法治知识课程"。中央宣传部、司法部发布的《关于在公民中开展法治宣传教育的第七个五年规划（2016—2020 年)》，也将青少年作为法治宣传教育的重点对象。在此背景下，教育部办公厅发布《关于 2016 年中小学教学用书有关事项的通知》，要求自 2016 年起，义务教育阶段小学和初中起始年级的"品德与生活""思想品德"教材名称统一改为"道德与法治"。这是新中国建立以来"法治"二字首次出现在义务教育的政治课程名称中。自此"法制副校长"的称谓也改成了"法治副校长"，体现了法治教育同中国整个法治化进程的共同发展。

按照党中央确定的全面深化改革和全面依法治国的总目标，最高人民检察院为全面落实十八大、十九大部署的司法体制改革任务，在其制定、下发的《2018—2022 年检察改革工作规划》中，检察机关将完善未成年人检察工作机制，促进"法治进校园"活动制度化，进一步推进检察官担任法治副校长、未成年人法治教育基地建设等工作。开展未成年人检察社会支持体系建设试点工作，推动专业化和社会化的有效衔接。将法治副校长制度纳入未成年人检察社会支持体系建设，给法治副校长制度注入新的生机和活力。

二、法治副校长存在的价值

（一）保护青少年及老师的合法权益

以法治副校长为载体开展多种形式的"送法进校园"活动，提高青少年法治观念和法律素养，增强未成年人的自我保护能力和全社会的未成年人保护意识，预防和减少青少年违法犯罪情况。发挥职业特长参与学校周围的环境整治，对一些影响青少年身心健康的网吧、游戏室、书报摊等业主加大法制宣传教育力度，及时制止他们的违法经营行为，为在校学生的健康成长营造良好的治安环境。同时，法治副校长可以把从学生法制教育向教师法制教育延伸。由于老师们整天忙于教学，对国家的法律、法规知之甚少，法制副校长在与教师接触中对其进行普法教育，帮助解决涉及法律方面的问题，维护合法权益。

（二）促进法治资源有效利用，节约公众财政成本

对学生进行法治教育的意义毋庸置疑，然而在落实上，学校缺少专业法治教育力量。兼职法治副校长的制度设计，通过动员政法干警支持学校的法治教育，以实现学校的法治副校长功能的任务，不仅节约了专门聘请的财政成本，而且有效整合社会政法资源参与到未成年人法治教育公益事业中去，提升法治教育成效，同时，整合社会资源参与法治教育，缓解法治教育资源短缺现状。

（三）促进政法工作发展

政法干警担任学校法治副校长工作是落实习近平总书记"宪法和法治教育要从娃娃抓起"和《关于以习近平新时代中国特色社会主义思想统领教育工作的指导意见》中"建立健全各地党政领导干部联系学校制度，推进领导干部到学校调查研究、上讲台作报告"要求的重要举措，也是落实全面依法治国基本方略和《未成年人保护法》有关规定要求，关心关爱未成年人健康成长的具体行动。同时，政法干警兼职法治副校长既可以了解青少年学习生活以促进未成年人刑事工作发展，又可以锻炼业务能力、提高自身素质。

三、目前法治副校长制度存在的不足及原因

（一）配备数量不均衡，未达到全覆盖

配备数量不均衡，有的重点学校配备了多个兼职法制副校长，有少数地处边远山区的学校却没有聘请到一位法制副校长。

（二）聘任程序不规范，素质参次不齐

尽管《关于规范兼职法制副校长职责和选聘管理工作的意见》明确规定了法制副校长的任职条件和选聘程序，但在实际工作中，很多地区并没有严格按照该《意见》的要求聘任法制副校长。有的对法制副校长的学历、工作时间没有明确要求。很多学校法制副校长的选聘缺乏严格的程序，有的由学校自己聘任，有的则由上级任命。由于未严格按照任职资格和聘任程序进行选聘，导致部分法制副校长与实际要求相差太远，在农村地区突出表现为普通话不标准、语言表达能力欠佳、专业素养欠缺等。

（三）工作开展差异较大，效果未得到保障

法制副校长为推动中小学法制教育工作发挥了一定的作用，但远没有达到预期结果。一些人以"鸡肋"来形容兼职法制副校长的尴尬处境。根据2003年《关于规范兼职法制副校长职责和选聘管理工作的意见》，法制副校长主要参与制订学校法制教育规划、协助学校开设法制教育课程、协助学校加强内部

安全防范工作、落实帮教措施、积极参与组织开展学校周边治安秩序整治等六项职责，但从实际执行来看，到学校上法制课的次数非常有限，究其原因主要有：一是没有规定明确的工作目标和责任。《关于规范兼职法制副校长职责和选聘管理工作的意见》虽然规定了法制副校长的职责，但这些规定还比较宽泛。二是缺乏相应的激励和制约机制，无法调动法制副校长的工作积极性。三是被聘人员受兼职身份限制，工作时间难以保障。按照《关于规范兼职法制副校长职责和选聘管理工作的意见》规定，兼职法制副校长主要从法院、检察院、公安、司法等政法部门选聘。他们的本职工作已经令他们分身乏术，再分出时间去学校开展法制教育，时间难以保障也是情理之中的事。同时，很多法制副校长身兼多所学校的法制教育任务，到学校工作的时间就更少了。四是多头管理。根据《关于规范兼职法制副校长职责和选聘管理工作的意见》规定，由政法部门、教育行政部门、学校和乡镇（街道）综治委（办）共同管理兼职法制副校长，这种多头管理的结果是谁也不管。对政法部门而言，法制副校长的工作与其本职工作相比，所占的比重较小，很难对其进行评价；对学校和教育行政部门而言，法制副校长不占学校编制、没有报酬，身份还是兼职，没有明确的工作数量和目标，因此也很难对其进行管理；乡镇（街道）综治委（办）既不如学校那样了解法制副校长的实际工作情况，又没有政法部门那种直接的奖惩权力，因此对其管理也是无从谈起。

四、完善法治副校长制度的建议

（一）完善立法

抓紧制订保护青少年的有关法律，切实保障青少年的合法权益。《宪法》第 46 条明确规定："中华人民共和国公民有受教育的权利和义务。国家培养青年、少年、儿童在品德、智力、体质等方面全面发展。"目前，保护青少年义务教育的有关法律还不完备。建议立法机关会同有关部门，根据宪法的精神，加紧修订保护青少年义务教育的有关法律，用法律手段以确立法治副校长制度，明确法治副校长的法律地位，推动法治副校长工作健康发展。

（二）规范选任程序，严格法治副校长的准入

1. 严格选聘条件

在《关于规范兼职法制副校长职责和选聘管理工作的意见》中规定的法制副校长任职条件和选聘程序的基础上，在法治副校长的选聘工作中还应注意以下几点：

（1）在任职条件上，除了要求具备法律专业知识外，还应该具有较强的

语言表达能力和热忱的工作态度。法治副校长的工作对象主要是中小学生，这决定了法治副校长必须具备教师的一些素质，如普通话要标准、善于与学生沟通、工作要耐心细致等。

（2）由教育行政部门统一聘任。按照《关于规范兼职法制副校长职责和选聘管理工作的意见》规定，法制副校长既可以由教育行政部门聘任，也可以由学校自己聘任。教育行政部门为学校聘任法治副校长，其实质是一种政府行为，与学校自己聘任相比，更具权威性和公信力，有利于对法治副校长工作的统一管理，同时可以增强受聘者的责任感，增加其对工作的投入。

（3）规定一定期限的试用期。按照规定，兼职法治副校长的任期为3年，如不适合可进行调整。但是，有的学校即便对法治副校长的工作不满意，通常碍于情面也不会进行调整，只能等聘期结束再解除聘任合同。笔者建议设定一定期限的试用期，试用期结束前组成一个有学生参加的考评小组，对待聘人员进行考核，通过者再正式聘任，否则不予聘任。

2. 加强岗前培训

法治副校长通常都是本单位的业务骨干，但缺乏教育工作经验，而学校教育又是一项对专业技能要求较高的工作，为了更好地发挥法治副校长的作用，在上岗前应该对他们进行教学技能、教育法律法规、教育心理学知识等方面的培训，以保证其工作的顺利开展。

3. 进一步明确法治副校长的工作目标和任务

根据《关于规范兼职法制副校长职责和选聘管理工作的意见》对法治副校长职责的规定，由教育行政部门结合辖区内学校的特点，统一制定法治副校长的工作目标和要求，不仅要有任期内的总体目标和要求，还要有每个学期的具体目标和要求，如每学期最低课时数、开展社会实践活动的次数等。这些要求应形成规范性文件，下发辖区内的学校和法治副校长，同时报送政法委和相关司法部门。在此基础上，学校可以根据实际情况对具体的工作内容、工作方式、工作时间以及要达到的目标等进行细化。

4. 加强组织管理，完善考核制度

（1）延伸工作内容。法治副校长的工作不应仅限于对学生进行法治教育，还应有所延伸：一是从学生法治教育向教师法治教育延伸，教师懂法会更好地促进对学生的法治教育。二是从学校法治教育向家庭法治教育延伸，通过开办家长、学校等方式对家长进行法治宣传，为学生创造良好的生活环境。三是从学校法治教育向社区法治教育延伸，积极参与到学校周边的社会治安环境整治中。如果真正做好以上三个延伸，把学校、家庭、社会的法治工作结合起来，那么"三位一体"的法治教育体系将会逐步形成。

（2）创新工作方式。一是丰富教学方式，除了采用讲座、报告、观看录像等传统方式外，还可以开展模拟法庭、模拟交通指挥等活动，围绕"远离毒品，关爱生命"等主题开班会或举行辩论会。还可以开展一些社会实践活动，如有的学校将少管所作为法治教育基地，通过参观服刑人员的生活生产情况、听取违法犯罪人员的现身说法等方式对学生进行教育，取得了良好的教育效果。二是在进行一般性法治教育的基础上，针对学生的不同特点开展差别化教育。例如：对小学生进行交通安全教育，对中学生进行网络安全教育；对男学生进行远离暴力教育，对女学生进行防治性侵害教育等。设立法治副校长的"阳光信箱"或"法治热线"，为学生提供单独的教育和辅导。三是激发学生积极性，使学生从被动参与转向主动参与，如培养"小小法治辅导员"，指导和培训学生出墙报、办校园法治期刊等。

（3）归口管理。法治副校长的工作在一些地区没有深入开展下去，一方面是因为法治教育工作没有得到足够的重视，尚未纳入学校统一的教学计划和安排中；另一方面是因为缺乏有效的运行、管理和监督机制。要想解决这个问题，关键是要明确法治副校长的归口管理部门。笔者认为，法治副校长的管理应该由教育行政部门负责。教育行政部门熟悉本辖区内学校的具体情况，有能力组织力量进行法治副校长的选聘、培训、考核、表彰等各项工作，可以结合本地区的实际情况制定具体的考核办法并组织统一实施（允许各学校结合本校实际适当变通），逐步实现管理的制度化、规范化。教育行政部门负责与政法委、司法部门之间的沟通。教育行政机关作为管理部门，更多地是从规章和制度层面对法治副校长进行管理，学校才是具体落实和实施的单位，因此在实际工作中遇到的一些问题还需要学校自己去解决。比如：为了解决工作时间上的矛盾，学校应加强和法治副校长派出单位的沟通，双方合作，共同为法治副校长的工作创造良好的条件。另外，有条件的学校，可酌情实行有偿服务，给予法治副校长一定的报酬，提高其工作的积极性。

（4）建立一支稳定的法治教育工作队伍。法治副校长毕竟是兼职，仅仅依靠法治副校长一人是难以完成学校法治教育工作的。因此，应该按照法治教育工作计划、教材、课时、师资"四落实"的要求，逐步建立一支稳定的法治教育工作队伍，配合法治副校长共同做好法治教育工作。建议从以下几个方面入手：一是从司法系统中选聘退休人员担任法治副校长或法治辅导员。退休人员经验丰富、工作热情高，而且工作时间能够得到保障，这可以解决现行法治副校长工时矛盾的问题。二是借助法治副校长的力量逐步培养学校的法治工作队伍，如对学校德育教师进行法律知识培训，提高他们的法律素养。三是有条件的地方可以直接接收法学专业毕业生来担任法治教师或辅导员。

西方犯罪发展理论对我国
青少年再犯研究的借鉴

张　婧*

[**内容摘要**] 作为当前西方犯罪学界最具影响力的理论，犯罪发展理论为青少年再犯问题的研究提供了全新的研究视角和研究方法。本文在梳理犯罪发展理论的起源、相关命题和主要理论主张的基础上，着重对犯罪发展理论对我国青少年再犯研究的启示和借鉴进行了分析，进而指出青少年犯罪发展具有延续性、关联性、稳定性、可变性等方面的特征。预防青少年再犯应以人身危险性评估为基准，建构少年矫正制度，并在现行刑事政策基础上进一步推行社会化的治理策略。

[**关键词**] 犯罪发展理论；青少年；再犯

在我国，服刑出狱的青少年罪犯是累犯的高发群体，在重新犯罪人中，第一次犯罪时的年龄多数是在未成年时期，占半数左右。① 国外研究也证明，青少年重新犯罪率远高于其他年龄层的犯罪率。因此，有研究指出预防再犯主要就是预防青少年再犯。开展青少年再犯研究对于预防和控制青少年犯罪乃至重新犯罪均具有重要意义。犯罪发展理论是近年来兴盛于西方的犯罪学理论，主要研究个体生理、心理和社会行为的发展和变迁对犯罪行为的影响。犯罪发展理论对青少年再犯研究有着重要的理论参考和社会实践价值。

---

* 张婧，司法部预防犯罪研究所犯罪学室副研究员。

① 戴艳玲：《对社会转型期重犯罪特点及防控策略的思考》，载《中国司法》2013年第6期。

一、生命历程：犯罪发展理论的视角与方法

犯罪发展理论是以人的生命历程研究为背景来解释犯罪行为的理论。生命历程研究是对社会学研究中生活史、生命周期和毕生发展知识的借鉴和传承，通过考察重大社会事件对个体生命历程的影响，已成为当前社会科学研究的主流典范之一。生命历程理论自 19 世纪三四十年代开始应用到犯罪学领域当中。Sheldon Glueck 和 ELeanor GLueck 被认为是此类研究的奠基人。1930 年，他们在哈佛大学做了一项有关犯罪者的生命周期研究（life cycle of delinquent careers），采用纵向研究的方式，连续追踪了部分已知的犯罪人，探究社会和心理特征对预测他们持续犯罪的影响。研究发现：行为的持续性与否和犯罪行为出现初期的严重程度和年龄密切相关，儿童时期的行为失调越严重，成人后适应社会的可能性就越弱；在儿童早期发生偏差行为的，很可能延续这种行为，一直持续到成人以后。[①] 这项研究开启了以发展的视角看待犯罪问题的进程，并成为日后研究生命历程理论学者参考的典范。之后，越来越多的犯罪学家开始关注儿童期、青春期与成人犯罪的关系，形成并验证了一系列有关犯罪及其他反社会行为的理论，被称为犯罪发展理论（Developmental theories），也称生命历程理论（Life - course criminology）。

与传统犯罪学理论主要探讨犯罪与生物、心理和社会之间的关系不同，犯罪发展理论是以一种动态、发展的视角来探讨犯罪现象。在研究方法上，它采取了生命历程中纵贯研究的方法。所谓纵贯研究，就是对所研究的对象进行较长时间的、前后一贯的、系统的考察研究，进而动态地把握事物的变化发展特点及其规律性。Loeber 和 Le Blanc（1990）总结了发展犯罪学的三个目标：犯罪与反社会行为的发展、各年龄段犯罪的风险和保护因素以及生活事件对犯罪发展过程的影响。根据 Farrington（2002）的论述，犯罪发展理论是建立在以下研究命题的基础上：（1）为什么从青春期到成年期犯罪有连续性？（2）为什么犯罪率在青少年时期达到顶峰？（3）为什么早期犯罪预示着漫长的犯罪生涯？（4）为什么犯罪和反社会行为具有多样性？（5）连续性犯罪者在程度或分类上与其他犯罪者是否不同？（6）影响犯罪实施和停止犯罪的主要风险因素有哪些？（7）为什么从青春期到成年期，共同犯罪逐渐减少？（8）犯罪的主要动机和原因是什么？它们在不同年龄段如何变化？（9）人生重要过渡

---

① Sheldon Gleek, Eleanor GLueck, Unraveling Juvenile Delinquency and crime (1950), Cambridge, MA: Harvard Uniwersity Press. 233 - 279.

阶段和重大事件对发展过程的影响。①

发展犯罪学在青少年犯罪研究领域尤为重要。通过生命历程的方法来审视青少年犯罪，可以跳出青春期阶段性的局限，拓展人们对青少年违法犯罪原因及对策的研究。特别是其对于青少年犯罪与成人犯罪关系的关注是犯罪生涯研究的重要视角，对于深化青少年再犯问题研究具有重要意义。

二、犯罪发展理论的理论主张

(一) 年龄—犯罪倾向理论 (Age - Explanation of Crime)

美国犯罪学家 Gottfredson 和 Travis Hirschi 是犯罪倾向理论的典型代表。他们在 1990 年发表的《犯罪的一般理论》中首次区分了犯罪 (crime) 与犯罪性 (criminality)，其中犯罪性是指人们在实施犯罪行为方面的稳定差异。② 他们认为以往的犯罪学理论，关注了青少年时期的违法犯罪，却忽视了童年时期的个性以及童年时期行为与成年时期行为之间的联系。他们提出预测个体犯罪的最直接和最有力的变量是个体的犯罪历史，尤其是儿童时期的问题行为。而孩童时期的不当行为和青少年及成年犯罪的这种联系是由一个因素决定的，即"自我控制"。③

Gottfredson 和 Hirschi 认为，自我控制形成并发展于幼儿时期，并在 8—10 岁之前基本定型。因此，个人之间在犯罪倾向上的差异终身保持着相当的稳定性。同时他们指出犯罪人一般在 13—19 岁晚期参与犯罪的可能性最大，之后犯罪的可能性会降低。④ 将年龄—犯罪曲线和犯罪倾向变动结合起来，如下图所示：

---

① Farrington, David (2006.). Building Developmental and Life - Course Theories of Offending. In Taking Stock: The Statusof CriminologicalTheory, edited by Francis T. Cullen, John PaulWright, and Kristie R. Blevins. NewBrunswick, NJ: Transaction Publishers. 345 - 398.

② 迈克尔·戈特弗里德森、特拉维斯·赫希：《犯罪的一般理论》，吴宗宪译，中国人民公安大学出版社 2009 年版，第 10 ~ 20 页。

③ 陈晓进：《生命历程理论：个体犯罪行为的持续和变迁》，载曹立群、任昕：《犯罪学》，中国人民大学出版社 2008 年版，第 129 页。

④ 乔治·B. 沃尔德等：《理论犯罪学》，方鹏译，中国政法大学出版社 2005 年版，第 368 页。

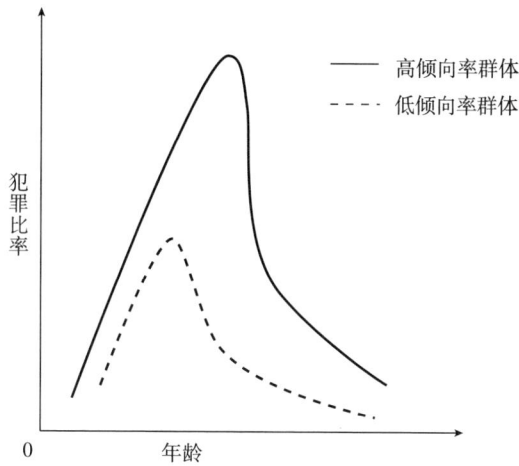

年龄、犯罪倾向和犯罪之间的假定关系

（二）发展犯罪学的两分法理论（Developmental Taxonomy）

不同于一般认为犯罪行为具有稳定性的理论学者，Terrie. Moffitt（1993）认为个体反社会行为的稳定性存在明显差异。依据反社会行为持续期的长短，她将犯罪类型归纳为青春期犯罪（AL）和终身持续犯罪（LCP）两种。青春期犯罪（AL）是因为青春期的一些特有现象暂时加入犯罪群体当中。当青少年期结束后，这种发展上的原因消失，则犯罪也随即停止。终身持续犯罪（LCP）则是从未成年人早期直至中老年，这个群体在不同时期，都表现出较高的反社会行为。例如，4 岁时追打其他小孩，10 随时逃学和偷窃商店物品，16 岁时偷车和贩卖毒品，20 岁强奸和抢劫，30 岁从事欺诈和虐待。[1] 这一类型的犯罪人的不良行为呈现出跨年龄与跨情境一致性，虽然在发展的不同阶段其行为表现有所不同，但潜在的本质却是相同的，他们的一生都会实施多种多样的攻击和犯罪行为。

持续终身犯罪人和青春期犯罪人的主要区别

持续终身型（LCP）	限于青春期型（PCL）
犯罪行为开始于早期（儿童时期）	犯罪行为开始于青春期
犯罪行为持续终身	成年后终止

---

[1]　Moffitt, T. E. Adolescence – limited and life – course – persistent antisocial behavior: A developmental taxonomy. Psychological Review, 1993, 100: 674 – 701.

续表

持续终身型（LCP）	限于青春期型（PCL）
犯罪行为具有稳定性	犯罪行为具有阶段性
经常表现出神经心理问题、注意缺陷多动障碍、品行障碍	正常表现，无神经病学的问题
不受同辈的影响	易于受犯罪同辈的影响
占犯罪人口较小比例	绝大多数

Moffitt 提出了终身持续型犯罪成为发展犯罪学研究的主要兴趣点，许多学者对此进行了研究。例如，终身持续型的轨迹（或相当于最高频率或持续组）也许呈现高峰在 13 岁（Fergusson et al.，2000），在 15 岁（Bushway et al.，2003），在 18 岁（Nagin & Land，1993），在 22 岁（Piquero，2007），在 21 岁或 29 岁（Ezell & Cohen，2005），或者甚至在 37 岁（Lau & Sampson，2003）。在多数研究中，终身持续型轨迹是钟形的，其高峰是在青春期后期或成年早期（Bushway et al.，2003），但是它也会在 20 岁出头急剧上升并随之变得平坦（Blokland et al.，2005）。[1] 并且其他研究也证实了 Moffitt 犯罪发展路径的观点。例如 Gerland. R，Patteron（1996），提出的反社会行为的两种发展阶段，并指出早期开始偏差行为的未成年人相比中期或晚期开始犯罪的更有可能持续型犯罪。[2] Woodward，Fergusson 和 Horwood（2002）的克莱斯特彻奇研究还进一步证明，童年期早发严重行为问题的犯罪人在 25 岁时比那些没有行为问题的人犯下多于 10 倍的暴力罪行。[3]

（三）非社会控制年龄分层理论（Age – Graded Theory of Informal social control）

Robert J. Sampson 和 John H. Laub 的逐级年龄非正式社会控制理论（Age –

---

[1] Piquero, A. R., & Brezina, T. (2001). Testing Moffitt's account of adolescence – limited delinquency. Criminology, 39（2），pp 353 – 370. Nagin, D. S., & Nieuwbeerta, P. (2005). Life span offending trajectories of a Dutch conviction cohort. Criminology, 43, pp. 919 – 954.

[2] Curt R. Bartol, AnneM. Bar tol：《犯罪心理学》（第 11 版），李玫瑾译，中国轻工业出版社 2019 年版，第 68 页。

[3] Woodward, L. J., Fergusson, D. M., & Horwood, L. J. (2002). Romantic relationship of young people with early and late onset antisocial behavior problems. Journal of Abnormal Child Psychology, p. 30.

graded Theory）被认为是获得了较多实证支持的犯罪发展理论。该理论以年龄分层为基础，用非正式社会控制因素来解释童年期、青春期以及成人期的越轨和犯罪行为改变，认为非正式控制因素，特别是与家庭、朋友、学校、社会联系的弱化以及个体与社会机构之间社会关系的破坏，对于犯罪行为的发生具有重要性。

非正式社会控制理论旨在强调在生命历程中扮演转折点的关键事件有助于个体远离犯罪。Sampson 和 Laub（2005）认为，早期犯罪行为至少可以通过两种途径对成年时期产生影响：第一种途径是个体会把早期形成的犯罪性倾向（如低自控力）带至成年时期；第二种途径是状态依赖性，即过去和将来犯罪行为间的联系是一种自然的因果关系。[1] Sampson 和 Laub 将这种因果关系称为累积的不利因素。他们认为儿童时期开始的犯罪行为会带来一系列的负面影响，例如过早辍学、参与越轨或犯罪团伙活动、被拘捕、判刑等，这些活动强化了他们和犯罪团体伙伴之间的联系，减少了他们从事亲社会化的概率，最终造成了个体犯罪行为的反复和持续。但是，积极的生活经历可以作为一种保护性机制阻止越轨行为的出现，如获得工作、结婚或者入伍都是建立非正式社会控制的有效机制，从而改变犯罪者的生命轨迹。

（四）综合认知反社会倾向理论（Integrated Cognitive Antisocial Potential Theory）

DavidP. Farrington（2005）在整合了紧张理论、控制理论、学习理论、标签理论和合理选择理论的基础上，提出了综合认知反社会倾向理论（ICAP）。该理论认为犯罪行为主要是因为风险因素的累积和缺乏保护性因素所致，这些因素包括个人层面、家庭层面、社区层面和学校层面的各种因素。但这种理论认为，长期风险因素能够增加个人反社会倾向，但不能解释为什么个人会在具体情境下实施犯罪。从这一视角出发，该理论指出，除了长期风险因素的差异，重罪人的犯罪环境与轻罪人的犯罪环境也存在差异。直接的犯罪情境，例如缺乏有效监管、共同犯罪人的出现、受到酒精和毒品短期风险因素等也会对青少年严重犯罪行为产生影响。在此基础上，David P. Farrington 提出长期风险因素和短期风险因素相互作用导致严重犯罪行为上升的结论。[2] 综合认知反社

---

① ［美］罗伯特·J. 桑普森、约翰·H. 布劳：《犯罪之形成——人生道路与转折点》，汪明亮等译，北京大学出版社 2006 年版，第 23～78 页。

② Farrington，D. P. The integrated cognitive antisocial potential theory. In D. P. Rutterr，M，Giller，H. and Hagell，Antisocial behavior by yong pepole. Cambridge University Press，pp. 23 – 90.

会倾向理论引入犯罪情境因素和保护性因素，可以更加全面地解释青少年严重犯罪行为。

除了上述四种经典理论，另外还有其他一些犯罪发展理论也有重要影响，如 Tornberry 和 Terence P 的交互理论（Interactional Theory），R. F. Catalano 和 J. D. Hawkins 的社会发展模式理论（Social Developmental Model），Rolf Lober 的发展路径理论（Developmental Pathway Theory）等，限于篇幅，此处不再讨论。

三、犯罪发展理论对预防青少年再犯的借鉴意义

（一）对青少年再犯原因的启示

1. 关注青少年犯罪发展的延续性和关联性

发展的视角认为，人的一生是一条伴随着各种风险因素的路径。从犯罪发展理论的共识看，严重犯罪行为的根源出现在童年或青春期早期，更多的风险是早期经历影响的结果。例如有学者指出，家庭环境不良以及早期的心理创伤得不到改善，这些因素会成为一种长期状态，对后续行为的影响会远远超过短期心理负担和伤害。[①] 累积风险模型也认为，在儿童期或青春期经历的风险因素越多，其心理健康问题、认知缺陷和行为问题发生的可能性就越大。[②]

犯罪发展理论虽然证实了早期经历与成年犯罪之间的关系，但同时也特别强调，并非所有的犯罪行为都有童年的起源，一些人成年之后开始犯罪并不一定与童年经历有关。再如有些研究者还证明存在始于成年的犯罪路径（Barbara Lay，2005，Farrington，2009）。[③] 尽管如此，重新犯罪风险因素还是更多地出现在违法犯罪未成年人童年时期，因此提醒我们重视少年犯罪的早期预防。

2. 关注青少年犯罪发展的稳定性和可变性

犯罪发展理论的主要研究目的之一是揭示犯罪人早期犯罪和成年后犯罪之间是否存在特殊关系。从上文可以看出，绝大多数研究认为早期犯罪行为在生命进程中具有稳定性，例如，犯罪倾向理论（Hirschi，1990）认为"儿童阶

---

① Rutter, M, Giller, H and Hagell, A. (1998). Antisocial behavior by young pepole Cambridge Univerrsity Press, pp. 24 – 98.

② Whitson, M. L, Bernard, s, Kaufman, J, S (2013), The effects of cumulative risk and protection on problem behaviors for youth in an urban schoolbased system of care. Community Mental Heaith, 2013, p. 145.

③ 例如，Barbara Lay 将青少年违法犯罪发展过程分为三种类型：间歇性青少年违法、成年前持续性青少年违法和成年初期才开始的违法。

段的反社会行为是成年时期反社会行为的最好预测。"早期的攻击行为预示着后期的攻击与犯罪暴力行为，犯罪与攻击行为具有较高程度的稳定性。① 但近期的研究提出犯罪人的犯罪生涯存在一定的稳定性也存在一定的变数，行为人过去的犯罪历史并不能精准预测其将来再犯的可能性。稳定性只是一种存在于相对少的被称之为终身持续犯罪人中的一种特性（Moffitt，1993）；大多数反社会的孩子成年后都不再实施反社会行为（Sampson & Laub，2003）。②

该观点说明，青春期既是人生违法犯罪的危险期，同时又是其中断犯罪生涯、实现人生转折的关键期。一方面，少年犯罪人处在儿童向成人过渡的特殊时期，身心发育的特殊过程决定了青春期必然存在的高风险性，另一方面相对于成年人，少年犯罪人又具有被动性和易矫治、易康复的特点，如果能够给予积极的教育引导并在其出狱后辅之以良好的社会支持，绝大多数少年会告别犯罪生涯，走上良性的生活轨道。相反，如果从未得到及时制止和矫治，则有可能因为再次犯罪而失去正常社会化的机会，犯罪轨道继续延伸，沦落成为终身犯罪人。

3. 关注青少年发展的微系统——家庭、同伴对于青少年再犯的作用

家庭和同伴是个体发展的微系统，是青少年发展直接且重要背景因素。发展犯罪学研究者对于家庭和同伴在青少年犯罪中的作用进行了长期和广泛的探讨，研究证实对青少年违法犯罪产生最强、最连贯的影响来自于家庭、学校和伙伴的作用。其中，在家庭系统中，父母管教不够、体罚和过于苛刻以及情感依恋不强是形成青少年反社会行为的重要因素，并构成累积风险对后期持续性违法犯罪产生影响。③ 同时，研究发现，跟不良同伴之间的亲密关系有明显的促进违法犯罪的作用。因为进入青春期后，个体对同伴的敏感性增强。④ 团伙中同伴的交流和影响会使违法犯罪人形成某种犯罪行为的偏好（如吸毒、攻

① Capsiand Berm. Personality Continuity and change across the life Course, Handbook of Personality: Theory and Research, New York: Guilford, 1990, pp. 35 – 50.
② ［美］罗伯特·J. 桑普森、约翰·H. 布劳：《犯罪之形成——人生道路与转折点》，汪明亮等译，北京大学出版社 2006 年版，第 2~9 页。
③ Curt R. Bartol, AnneM. Bar tol：《犯罪心理学》（第 11 版），李玫瑾译，中国轻工业出版社 2019 年版，第 12 页。
④ Steinberg, L. & Monahan, K. C. Age difference in resistance to peer influence. Developmental Psychology, 2007, 43（6）：1531 – 1543.

击性的暴力行为、盗窃等），使其难以融入其他群体中去①。此外，关于犯罪的保护性因素的研究也揭示，家庭和同伴是减轻犯罪青少年消极社会适应的关键因素，青少年重返社会后良好的父母监督和同伴背景，可以作为保护性因素，使个体不再违法犯罪。②

这些研究进一步证实，青少年犯罪的根源是早期家庭和社会支持系统的断裂导致的，要防止重新犯罪的发生，就要强化家庭和社会控制，重新恢复和发展个体与家庭、社会组织之间的密切关系。该理论为当前正在进行的恢复性司法工作提供了理论支持。

（二）对少年刑事政策的启示

1. 以人身危险性评估为基准建构少年矫正制度

根据犯罪发展理论，少年并不是一个高度同质的群体，犯罪群体中存在截然不同的两类人："青春型"和"终身型"。前者是基于青春期的探索性和不稳定而表现出的阶段性偏离；后者是反社会倾向的表达。为此，在司法实践中不能简单地根据青少年的犯罪行为无区别地对待，而是应该在科学评估基础上的分类管理。对于青春型群体，要根据他们犯罪原因予以针对性的矫正，并给予改正的机会，避免采取极端措施；对于终身型个体，他们是预防和控制犯罪的重点，要对其进行长期的矫治和干预，防止采取过于宽缓化的措施或将其置于社区，以减少他们再犯罪的情境和机会。对少年犯罪人人身危险性评估是少年矫正制度得以独立存在并有效实现的重要前提。只有认识到青少年犯罪群体中存在着两种不同性质的人群，并且能够有效地将两者科学区分，实行分类处置，才能促使刑罚执行工作步入科学轨道。

2. 对以刑事司法为主导的刑事政策予以反思

当前我国现行的刑事政策对少年犯罪人违法犯罪的反应仍是以国家司法权力特别是刑罚权的运用为核心，主张通过刑罚控制来遏制犯罪。犯罪发展理论则认为"刑事司法体制的经历会增加少年成年后再犯罪的可能性。因为刑罚

① Gorden Rachel A. Benjamin B. Lahey Eriko Kawai, Rolf Loeber, Magda Stouthamer Loeber, and David P. Farrington. 2004. "Antisocial Behavior and Youth Gang Membership: Selection and Socialization Criminology, pp. 153 – 198.

② 所谓"保护性因素"，是指存在于个人、家庭、学校和社会环境中可以抵消危险性因素不良影响，或即使在危机状态下也可以抑制犯罪行为发生的各种生理、心理及社会因素。Farrington, D. P. 2000. Explaining and preventing Crime: The globalization of knowledge the American Society of Criminology 1999 presidential address [J]. Criminology, 38（1），p. 126.

和监禁消极影响了青少年获取成人社会资本的能力，危害了青少年将来成年后工作和婚姻的发展，所有这些都是抑制重新犯罪的重要因素。并且，对青年男性科以徒刑还会导致缺失父亲家庭中孩子较高的青少年犯罪率。"① 监禁刑在封闭的场所里执行，由此带来的罪犯交叉感染和出狱后再社会化困难的弊端已是众所周知。犯罪发展理论从监禁刑对青少年出狱后的职业和工作稳定可能产生不利影响，即不利于停止犯罪功能的社会控制的角度来反思刑罚的作用，为我们更深入反思刑罚在少年行为纠治中的地位，推行非犯罪化、非监禁化和轻刑化的少年刑事政策提供了理论依据。

3. 倡导社会防治的刑事策略

发展犯罪学整合了心理学、社会学的观点，使得人们认识到青少年与成年人具有生理和心理的不同，青少年比成年人更容易受到不良环境的影响，家庭和社会对预防少年犯罪和重塑少年健全人格起着更加重要作用。因此，犯罪发展理论更加重视社会防治的刑事政策，尤其重视家庭、学校、同伴和社会组织对犯罪预防与控制的意义。"刑事政策的基础并不能完全依靠刑事司法体系所提供的正式社会控制。我们要用一种更加综合而长远的观点来建立新的刑事政策，应该认识到职业、家庭凝聚力以及城市社区内的社会组织和刑事政策之间的紧密关系"。②

从刑事政策的立场出发，刑罚作为遏制犯罪的因素本身是单一的，而社会上促成犯罪的因素是多样的。这种原因和手段的不对称性决定了以国家刑罚为本位治理犯罪模式的失效。青少年犯罪必然要由国家本位转向"国家—社会本位"的治理模式。再者，青少年犯罪本是其在社会化过程中的副产品，是社会怠于履行职责而未能使其完全社会化所导致，理应由社会共同行使预防和控制青少年犯罪之责任。因此要想治理青少年犯罪，一方面需要充分发挥国家刑罚制度应有的功能，发挥其教育矫治实效，另一方面需要在刑罚制度之外下工夫，制定和推行良好的社会政策来配合刑罚制度。如改善犯罪少年的社会化支持系统、完善未成年人出狱保护、加强父母亲职教育的力度等，帮助其度过人生的狂风暴雨，进而获得重生的机会，远离犯罪的人生轨迹。

---

① Sampon, Laub and Allen,, Crime in making: Pathways and Turning points Through life, Cambridge: Harvard University Press, 1993, pp. 107 - 109.

② [美] 罗伯特·J. 桑普森、约翰·H. 布劳：《犯罪之形成——人生道路与转折点》，汪明亮等译，北京大学出版社 2006 年版，第 265 页。

法治副校长制度的理论探析与实践完善

赵 伟[*]

[内容摘要] 设立法治副校长是司法机关积极参与学校治理、加强学生法治教育、预防未成年人违法犯罪的一种有效途径。法治副校长制度经过 20 余年的发展，在深化校园治理、提高学生法治意识、预防未成年人犯罪等方面发挥了积极作用。同时，该制度在推行过程中也存在理论上重视不够、研究不足，实践中法治副校长职责不清、虚名化问题严重、规定缺位、操作混乱等问题。为促进法治副校长制度良性发展，有必要从理论和实践两方面对该制度进行厘清与完善。

[关键词] 法治副校长；中小学生；法治教育；校园治理

近年来，一组组关于司法人员担任法治副校长的消息接连见诸报端，比如最高人民检察院党组书记、检察长担任北京二中法治副校长，浙江省人民检察院党组书记、检察长贾宇担任浙江大学附属中学法治副校长。据统计，截至 2018 年 12 月，省级以下检察院约有 6000 名领导班子成员受聘为法治副校长，其中检察长约 1800 名。[①]《中共中央关于全面推进依法治国若干重大问题的决定》提出要求，强调把法治教育纳入国民教育体系，从青少年抓起。在中小学设立法治知识课程，并由检察官担任中学法治副校长，正是对这一要求的积极响应。

一、法治副校长制度的发展历程及其内涵和本质

（一）法治副校长制度的发展

1998 年，广东省阳江市在中小学校探索设立法制副校长制度。2007 年，

---

* 赵伟，天津市宝坻区人民检察院第二刑事检察部未成年人检察工作室四级检察官助理。
① 载《检察日报》2019 年 2 月 21 日第 3 版。

《广东省法制宣传工作条例》使这一做法以立法的形式固定下来。据统计，目前广东全省共有法治副校长 11887 人，中小学均配备至少一名由公、检、法、司工作人员兼职的法治副校长，每名法治副校长每年为学校上法治课两次以上。[①] 此后，法治副校长制度迅速风靡全国，很多省市结合自身实际积极开展尝试、探索。

2000 年，中央综治委出台《关于进一步加强预防青少年违法犯罪工作的意见》，要求中小学配齐配强兼职法制副校长。同年，又印发《关于深化预防青少年违法犯罪工作的意见》明确指出，鼓励、完善和推广中小学兼职法制副校长制度。要求各地方改进学校法治教育工作，配齐配强中小学兼职法制副校长，并就法制副校长的定位、意义作出规定。这两个文件是国家层面首次对法制副校长制度进行的规定，是对各地探索的积极回应。此后，2002 年教育部、司法部、中央综治办、共青团中央《关于加强青少年法治教育工作的若干意见》，2003 年中央综治委、最高人民法院、最高人民检察院、公安部、教育部、司法部联合发布《关于规范兼职法制副校长职责和选聘管理工作的意见》等文件就法制副校长制度进行了进一步规范。这些制度为具有中国特色的法制副校长制度逐步建立、完善提供了基本遵循。

（二）法治副校长制度的内涵

关于法治副校长的概念，理论研究较少。一种观点认为，法治副校长制度是指地方主管部门从地方政法机关及其他社会组织中选派法官、检察官、公安干警、律师等法治工作者到中小学校兼职法治副校长，并接受学校所在地教育、司法部门的指导，参与中小学法治教育工作、为学校提供法律援助和校园及周边综合治理工作的一项制度。[②] 实践中，法治副校长的选择、聘任大都由学校负责，职责安排和教育授课内容也由学校和法治副校长协商决定，是一种双方协商互动的过程，而非由地方主管部门进行"选派"。另外，法治副校长的职责主要是参与学校法治教育、教授学生法律知识、提高学生法治意识、预防和减少学生犯罪，一般情况下，其职责并不包括"法律援助"。因为法律援助是一个专业的法律术语，其所针对的对象是特定的，指由政府设立的法律援助机构组织法律援助律师，为经济困难或特殊案件相关人，给予无偿法律服务的一项法律保障制度。综上所述，结合下文将要谈论的法治副校长的工作职

---

① 李张光：《"法制副校长"的地方实践》，载《民主与法制时报》2016 年 8 月 14 日第 7 版。

② 黄祥瑞、管其位：《法制副校长制度的理论初探》，载《法制与社会》2017 年第 30 期。

责，笔者认为，法治副校长制度是指由司法人员或者有专业法律知识的人员担任学校法治副校长工作职务，并在选聘期限内履行法治宣讲、统筹开展学校法治教育工作的一项制度。

（三）法治副校长制度的本质

关于法治副校长制度的本质，相关理论研究更是少之又少。笔者认为，法治副校长并不是一种行政职务或者职级，司法机关领导干部在担任法治副校长时，不能强求行政职级的相互对应。因此，法治副校长虽谓校长，但并没有校长职务，也不从学校领取薪酬。其工作义务来源于学校的聘任，并依职责开展工作。综上，法治副校长作为司法制度与中小学教育管理体制融合的产物，是一种具有中国特色的法治教育制度，其本质是司法机关积极参与社会治理的一种形式，是司法机关履行法治宣传工作的一种创新。

（四）从法制副校长到法治副校长

党的十八届三中全会将"法制宣传教育"改为"法治宣传教育"，对应此变化，"法制副校长"称谓也逐渐变为"法治副校长"。因为"法制"是制度、是规则，强调的法律制度规则本身，是"挂在墙上的蓝图"，而"法治"关注的则是法律制度的动态实施过程，要求将社会生活的方方面面纳入法治轨道。从法制到法治，一字之差，实则彰显了中国法治进程的巨大进步，也从侧面反映出在社会各界的持续关注、努力下，中国未成年人保护事业的巨大发展。

但在实践中，法治副校长概念使用较为混乱，有些是"制""治"不分，有些称之为"兼职法治副校长"，有些在选聘过程中一味对应行政级别，被称为"法治校长"，实践操作中的混乱，反映出理论研究的不足，同时也说明法治副校长制度相关规定缺位、职责不清等问题。鉴于目前国家层面文件已作出规定，可统一称谓为"法制副校长"或者"法治副校长"。

二、法治副校长制度推行中出现的问题

法治副校长制度经过20余年的发展，取得了一定成绩，但也出现了一些不容忽视的问题，有些问题还比较尖锐，严重影响了该制度的进一步发展。

（一）虚名化问题

1. 由司法机关领导担任法治副校长。实践中，担任法治副校长的大多都是公、检、法、司机关的领导，但由于其主管事务较多、精力有限，每学期为学校上一定数量法治课的规定很难落实，大多是由领导担任法治副校长，实际授课则由一般干警负责。总体来说，作为位阶最高的"法治副校长"，其承担

的法治教育工作可能反而更少。据《检察日报》报道，一份针对20多个省份的调查报告显示，87.5%的学校配备了法治副校长，但对于法治副校长所发挥的作用，22.8%的调查者认为"发挥了积极作用"，72.8%认为"发挥了一定作用但没达到预期效果"，另外还有4.4%的调查者认为"没有发挥作用"。①

2. "聚集"挂名的问题。有些学校，尤其是一些名校都会有人抢着担任法治副校长，致使法治副校长比全职副校长人数都多，看似人员配置齐整，但在开展实际工作时却是"三个和尚没水吃"，人员数量与教学效果不成正比。与此形成鲜明对比的是，很多学校，尤其是一些偏远学校，没有聘请到司法人员担任法治副校长，校园普法宣传工作基本没有开展。

3. 案多人少的制约。由于案多人少，司法机关工作人员工作压力普遍较大，他们在自身工作都已分身乏术的情况下，很难再抽出时间去学校开展法治教育，即使去了，很多时候也没有时间和精力认真准备授课内容，更不能精准对接学校的法治需求，更有甚者，用"一个课件打天下"，用万年不变的讲课稿应付不断发展变化的学生法治需求，已很难引起学校和学生的热情，法治宣讲效果一般。

（二）法律规定缺位、重视不够的问题

1. 法律规定缺位。法治副校长制度发轫于地方实践，待制度运用较为成熟后，国家以文件形式进行了确认，是一种典型的"自下而上"的改革。在各种媒体上，更容易见到的大多是新闻采访或者经验介绍之类的信息，很少有关于该制度的理论研究文章。截至目前，法治副校长制度仅停留在国家相关文件的规定中，在法律法规之中尚无具体体现，这是导致法治副校长职能不清、操作混乱、实施效果不理想的直接原因，也是下一步法律法规修改和改革过程中最需要解决的问题。

2. 对法治教育重视不够。近年来，中小学学生法治教育发展较快，但整体水平不高。很多省市没有编印统一的法治教材，没有设置专门的法治教育课程。"专业课程优先，法治教育其次"的格局并没有得到根本改变。学生法治教育是"提的时候重要，讲的时候次要，忙的时候不要"。法治宣讲大多是在学生文化课程学有余力、学有闲时的情况下，由法治宣讲人员"见缝插针"式地进行"走穴"宣讲，缺乏统一安排，随意性较大，授课质量参差不齐，很难吸引学生的学习兴趣。

_____

① 王成艳：《别不把法制副校长当校长看待》，载《检察日报》2017年3月15日第6版。

（三）缺乏考核和退出机制

1. 缺乏考核机制。2017 年中组部、教育部联合印发《中小学校领导人员管理暂行办法》，规定对中小学领导班子和领导人员实行年度考核和任期考核，按照该规定精神，法治副校长也应纳入考核机制。但是，目前普法工作的一大弊病就是缺乏考核机制，讲与不讲一个样，多讲少讲一个样，讲好讲坏一个样，该工作开展的效果对宣讲者几乎没有任何影响。长此以往，宣讲工作流于形式，提高学生法治意识变成了一句口号。这一问题在法治副校长制度上体现得尤为明显，很多法治副校长没有按照规定进行授课，甚至根本没有上过法治教育课，仅仅是在具有宣示意义的成立大会或者启动仪式上露个脸、挂个名，学校或者教育主管部门由于各种原因也没有对法治副校长的工作进行考核和反馈。

2. 缺乏退出机制。目前，法治副校长普遍存在"宽进不出"的问题，不仅选聘缺乏相关规定，人员选择随意性较大，而且几乎没有建立退出机制，既没有任期的规定，更没有建立动态调整机制。实践中就曾出现过，一个学校到底有多少法治副校长，学校自己也说不清楚。一些司法人员辞去公职之后仍担任着学校法治副校长，甚至一些司法人员在去世、违法犯罪之后，其相应的法治副校长职务也没有被撤销，不仅严重影响了法治副校长制度的严肃性、权威性，而且暴露出这一制度在实践操作中的混乱。

三、法治副校长制度的完善

（一）法治副校长制度的存废之争

理论中，一直有关于法治副校长制度的存废之争。认为应当废除者，其主要理由是该制度在运行过程中出现以上所列诸多问题，并进而认为学校聘请的法治宣传员、法治辅导员完全有能力胜任普法职责，法治副校长制度完全可以废除。其实，相对于法治宣传员、法治辅导员，法治副校长制度有其自身不可替代的优势，例如，其可以更深层次地参与学校法治工作规划、协调推进相关普法事宜。至于在推行过程中出现的问题，并不能说明制度本身有问题，且完全可以通过严格操作、规范执行予以改良和解决。综上，法治副校长制度不仅不应该废除，反而应该以更大决心、更大力度继续推行下去。

（二）在法律法规中应予体现

《未成年人保护法》第 4 条规定，国家、社会、学校和家庭对未成年人进行理想教育、道德教育、文化教育、纪律和法制教育。第 25 条规定，专门学校应当对就读的未成年学生进行思想教育、文化教育、纪律和法制教育、劳动技术教育和职业教育。为进一步明确未成年人及其所在学校法治教育工作职责，应将法治副校长制度纳入《未成年人保护法》之中，进行系统规定，将该制度以法律形式确定下来，从根本上保证法治副校长制度规范、有序开展。

（三）完善法治副校长的职责

关于法治副校长的职责，各地规定不一，但基本都包括以下四点：（1）宣传、贯彻、执行国家法律、法规，参与研究制定学校法治教育规划，协助学校组织开展法治宣传教育，每学期或学年进行一定数量的法治宣讲。（2）积极参与学校治理，协助学校负责开展特定学生的教育、感化、挽救工作。（3）协助司法部门处理学生违法犯罪案件，维护在校师生的合法权益。（4）对学校内外出现的涉嫌犯罪情况和不安定因素，进行调查研究，提出解决对策，及时妥善化解。以上工作职责，建议在法律法规修订时，应进行直接规定，从而进一步明确法治副校长的工作职责，彻底扭转法治副校长履职不力、怠于服务、消极应付的现象，真正发挥法治副校长在普法宣传工作的中坚作用。

（四）建立普法宣传工作主管组织

建议由司法局牵头，协调司法机关、教育部门、团委、预青办负责协调开展普法工作，形成统一领导、各司其职、协调有序的普法工作格局。应结合各单位、部门工作特点，进一步明确其普法宣传工作职责，改变目前"九龙治水"的普法宣传混乱局面。要将法治副校长制度纳入普法工作整体规划中进行谋划，其职能、选聘、任期、考核、退出由司法局统一负责，并进一步明确选聘条件，制定退出机制，加强考核管理，畅通意见反馈，领导、督促法治副校长认真履责，为法治副校长制度健康发展提供坚实的组织保障。另外，牵头单位应积极创新普法宣传工作形式，例如，可以进一步扩大法治副校长制度的适用范围，在大学试点建立法治副校长制度，为同样有旺盛法治需要的大学生进行法治宣传，提升其法律意识，降低大学生违法犯罪率。

（五）建立和完善法治副校长考核和退出机制

未成年人法治教育是一件极其重要的工作，法治宣讲不能"出工不出力"，应由统一部门尽快制定科学完善的考核机制和量化管理办法，逐步建立法治副校长名单库，法治副校长实行差额化选聘，每学期末或者年末依据考核绩效对名单实行动态调整，宣讲效果及时向法治副校长本人进行反馈，宣讲成效与法治副校长考核直接挂钩，对只挂名不普法的人员及时进行调整。同时，应尽快改变目前法治副校长大部分由司法机关领导担任的现象，树立"法治副校长"不是"官职"而是"责任"的理念，真正将年富力强、经验丰富、乐于奉献、热爱普法宣传工作的司法工作人员选聘上来，使法治副校长制度充分发挥其制度价值。

　　对于司法机关参与社会治理，法治副校长制度无疑提供了一个不可多得的研究范本。总体来看，该制度实施中取得的主要经验是：应主动接近服务对象，与服务对象打成一片，变被动"要我干"为主动"我要干"。应吸取的教训是：应重视实际工作的开展，一步一个脚印，脚踏实地、久久为功，而不是急于树立一些名头，却怠于开展实际工作，这样不仅会导致工作成效大打折扣，而且容易招致服务对象的反感与不满。

新时代检察建议在未成年人保护中的功能价值

——从最高人民检察院"一号检察建议"谈起

张　垚*

[内容摘要] "一号检察建议"诞生于检察建议相关配套制度的修改完善时期。"一号检察建议建议"的制发落实,已充分折射出职权法定性、组织一体化、方式柔和性、权力制约性四大新时代特征。由此,也体现出检察建议在未成年人保护领域中的宣示引导、纠正错误、推动整改、督促履职、补足监督五项基本功能价值。凸显"刚性"的检察建议建设路径将成为实现上述五项基本功能价值的重要保障。

[关键词] 检察建议;未成年人保护;特征;功能价值

2018 年 10 月,最高人民检察院向教育部发出《中华人民共和国最高人民检察院检察建议书》(高检建〔2018〕1 号,以下简称"一号检察建议")。在新修订的《人民检察院组织法》以及跟进修订的《人民检察院检察建议工作规定》颁布实施之际,高检院首次发出的关于社会治理的检察建议就聚焦未成年人保护领域,这不仅为各级检察机关开展检察建议工作起到重要的示范作用,更凸显出检察机关对未成年人保护工作的重视程度,激活了检察建议在该领域中的潜藏功能价值。①

---

* 张垚,浙江省杭州经济技术开发区人民检察院公诉部检察官助理,浙江省检察理论研究人才。

① 本文援引"一号检察建议"的相关内容来源于自身工作了解以及蒋安杰:《最高检一号检察建议发往教育部》,载《法制日报》2019 年 3 月 13 日第 2 版;蒋安杰:《探寻一号检察建议落实之路》,载《法制日报》2019 年 3 月 13 日第 4 版。

一、"一号检察建议"折射出的新时代特征

检察建议，是指检察机关立足国家法律监督机关的宪法定位，在履行法律监督职权过程中，依照宪法法律的规定，通过运用说服、劝导等提示性建议方式，与被建议方形成良性的法律监督关系，并产生相应的制约效力，推动被建议方自我矫正、完善，促进宪法法律正确实施，预防和减少违法犯罪行为的再次发生。随着配套制度的更新完善，传统的检察建议也在悄然发生着变化。从"一号检察建议"的制发落实中，检察建议呈现出四大新时代特征：

（一）职权法定性

检察机关依据法定职能和权限行使的法律监督行为是一种公权力行为。以是否有法律明确规范和调整为划分标准，可细分为检察职权行为与检察事实行为。长期以来，检察建议虽然在法律上略有涉及，也辅以系统内工作试行规定，但仍缺乏立法上的制度支撑，所产生的法律效果有限，因而被定性为检察事实行为。如今，随着立法上的明确，制发检察建议已成为检察机关法定的职权行为。

1. 立法授权确认。《人民检察院组织法》首次在第 21 条第 1 款中明确，检察建议系检察机关行使法律监督职权的法定方式。一是赋予法律地位，扭转了检察建议原先为检察工作附属产物的陈旧观念，为后续工作开展提供坚实法律依据。二是完善顶层设计，实现了对三大诉讼法中有关检察建议零星条文规定的统筹串联，标志着以检察建议为核心的柔性法律监督制度性框架已基本形成。三是转化检察实践，及时将检察机关长期探索得出的符合国情且充满自信活力的实践成果立法化，丰富中国特色社会主义检察制度内容。

2. 职权履行法定。检察建议的履行要遵循法律监督的法定性、程序性和有限性。一方面，柔性法律监督须受限并依附于法定职权。《人民检察院组织法》第 21 条第 1 款规定，检察建议须在检察机关行使该法第 20 条所规定的法律监督职权，即法定的检察职权的情况下方可提出。因此，检察建议受限于法定的职权范围，其职能属性、启动事由、实施目的均与检察权密不可分。如"一号检察建议"的动因便来源于最高检抗诉的齐某强奸、猥亵儿童案。另一方面，柔性法律监督的履行程序法定。"一号检察建议"的制发经过多道调查研究流程，这说明检察建议有其法定的履行程序。《人民检察院组织法》虽未直接规定具体的操作流程，但其表述"依照法律有关规定"，意味着将会有专门的立法予以规范。实际上，《人民检察院组织法》已有一定的隐性规定，比如从监督对等的角度，既规定了有关单位需书面回复采纳建议，那么检察建议的制发也应采用书面形式等。

（二）组织一体化

"检察一体"是检察机关的一项重要组织原则，即对外检察权独立，不受行政机关、社会团体和个人的干涉；对内业务一体，上下级之间为领导关系，作为法律监督共同体统一行使检察权。检察建议的法律监督活动同样也要遵循该项原则。虽然检察建议不受级别限制①，但考虑到调查协商便易程度、建议内容准确有效性等因素，同级监督、对应监督的建议往往实现效果更佳。此次"一号检察建议"的制发，注重上下级联动，切实解决了"监督孤岛""重复性监督""碎片化监督"等问题。而在随后修订的《人民检察院检察建议工作规定》中，检察建议的监督组织一体化也得到了充分反映。

1. 监督案（事）件的提请、指令。"一号检察建议"发出后，高检院要求省级检察机关及时将"一号检察建议"连同本地相关情况抄报省级政府主管领导和教育行政部门。这是典型的自上而下的指令型模式。上级检察机关基于推动检察建议地方化监督落实或敦促下级检察机关积极、有效监督等目的，要求下级检察机关向同级或属地内被监督单位发送检察建议。而另一种则是由下至上的提请型模式。下级检察机关在执法办案中发现问题具有普遍性、监督对象为上级对应的机关单位或上级监督更为适宜的，可逐级报请上级检察机关启动监督程序。

2. 监督行为的指导、纠正。"一号检察建议"系经检委会研究后发出，这说明对于重大案件的法律监督应当由检委会决定，并经检察长指派或组建专门的办案组负责开展调查、制发、跟进反馈等工作。上级检察机关负责对下级检察建议工作进行业务指导审查，并有权要求下级检察机关调整或自行更正。同时，为贯彻司法责任制，还应会同检察官惩戒委员会定期开展评查工作，定期通报监督过程中的不规范现象，严肃处理怠于监督、违规违法监督等行为。

3. 监督线索的移转、联动。"一号检察建议"激发了检察机关上下级联动监督的潜在制度优势。上级检察机关通过整合统筹监督线索，制定出最优监督实施方案。而异地监督线索也可通过这一法律监督的一体化平台实现移转，解决"监督盲区"。还能设置异地查看端口，通过了解异地检察建议实践情况，发挥重要的参考性价值。

（三）方式柔和性

法律监督主要是程序意义上的监督而非终局意义的监督，不具有实体性的

---

① 陈国庆：《发检察建议不受级别限制》，载《人民日报》2009 年 11 月 19 日第 2 版。

行政处分权或司法裁决权。法律监督效果依赖于监督对象的自身矫正或行政处分权、司法裁决权终局决定，法律监督的作用就是启动相应的法律程序或作出程序性的决定，提出意见建议，并不具有终局或实体处理的效力。① 因而，检察建议不具备刚性的效力和可预期的在先效力，属于一种相对"柔和"的监督方式。

1. 协商性的法律监督关系。"一号检察建议"除了经过内部审慎而又充分的调查论证之外，还正式发函征求教育部意见，并根据其意见作进一步修改。其中，张军检察长亲自与教育部部长陈宝生通电话，在获得感谢重视的同时，还收获"督促地方政府落实"的宝贵意见。这体现出协商在检察建议制发过程中的重要性，可取得监督对象的支持理解，提升法律监督的专业性、精准度，从而达到理想的法律监督效果。一是阐释监督缘由依据，确认监督对象。二是"校准"建议内容，达成履行方案。三是微调执行行为，评估监督成效。

2. 不确定性的法律监督形态。审视法律监督的整个过程，柔性法律监督具有不确定性，主要表现为一种动态的监督形态。具体体现在三个方面：一是立法上的概括性规制。检察建议在立法上仅作一般性授权、规范性程序规定，不会受到抗诉等刚性监督方式的严格限制。加之建议内容需协商确认并在送达后还有异议调整空间，因而在监督初期就具备了不确定性。二是监督内容的行进中调整。执行内容多元化、条件复杂性导致可能发生法律、事实、时间上的不能履行或存在更优履行方式等正常情况，随之而来的调整又使制定内容发生变化。三是监督结果的前后端差异。检察建议本身没有实体上的强制效力，监督对象理解接受建议内容的程度也会有所不同，因而最终结果深受监督对象履行的自主性影响。

3. 必然性的预留"弹性空间"。一方面，设置科学灵活的履行期限。② 以收到书面检察建议之日起 30 日内为基准，充分考虑建议内容客观履行难易、危险紧迫程度和实际阻碍监督对象依法履责纠正的障碍，科学调整制定现实合理的履行期限。如"一号检察建议"要求的回复时间为两个月。同时，还应明确监督对象有权在执行期内书面申请履行期限的延长、中止、终止。另一方面，赋予监督对象异议救济权利。监督对象可在限定期限内向制发检察建议的检察机关书面提出异议。异议的内容包括适用法律法规是否正确、检察机关是否具有管辖权、监督建议内容是否可行、限定期限是否合理等。

---

① 参见吕涛：《检察建议的法理分析》，载《法学论坛》2010 年第 2 期。

② 参见刘超：《环境行政公益诉讼诉前程序省思》，载《法学》2018 年第 1 期。

（四）权力制约性

"一号检察建议"发出后，教育部及时研究下发有关通知文件，全国有25个省级党委和政府对落实该份建议作出批示，26个省级教育行政部门采取积极举措。这说明了检察建议并非系脱离职权外的一种善意"建议提示"，这种柔性的法律监督职权行为也有着内在的权力制约性。

1. 柔性法律监督的制约效力。权力的运作基础丰富多样，强制性的权力关系仅为其中一种表达形式。当积极的引导、规劝辅之相应的规范性的强制力，从而实现预期的目标时，这已经不是强制性的权力关系，但无疑仍在权力关系的范畴内。① 有权力，必然就有制约力。立法上已明确以检察建议为代表的柔性法律监督是检察机关的职权行为。那么，在检察机关司法性突出的"四大检察"领域内，所行使的柔性法律监督必将会对侦查、审判、执行等活动以及部分行政执法活动产生制约效力。在社会治理领域，监督对象同样也有相应的履行义务。一方面，社会治理类的检察建议系检察机关的正常履职方式，监督对象应当积极配合。另一方面，国家协商治理需要社会个体的广泛有效参与。当代中国协商治理的客体是多层次、多样化的存在，当然也包括了国家机关与社会个体。② 社会个体有权参与到社会治理之中，并负有社会责任，而检察建议则是国家机关与社会个体共同参与国家治理的一种重要途径。

2. "刚性"保障的应然配置。把检察建议做成刚性、做到刚性是当今检察工作改革发展的时代命题，也是基于合理的制度考量以及广泛的司法实践所得出的应然定论。一是树立法律监督活动的威严性。检察建议的检察职能属性需要让监督对象获知其系公权力履职行为，加深对监督活动的重视程度。二是巩固监督效果的现实需求。实践中，存在监督对象重视程度不高，建议处理随意性较大，存在敷衍了事、置若罔闻的情况。③ 因而需要引入刚性元素，强化保障力度，规范内部操作流程，巩固柔性法律监督的成效。三是确保权力高效运行的必要设置。新修订的《人民检察院组织法》增设了"一项权力""两项义务"。"一项权力"指的是调查核实权。该项权力的赋予提升了检察建议的内容质量，便于检察机关挖掘、核实深层次问题，保证监督事项的科学性、合理性，做到监督"有理有据，切中要害"，为"两项义务"打下坚实的履行前

① 参见卢护锋：《检察建议的柔性效力及其保障》，载《甘肃社会科学》2017年第5期。

② 王岩、魏崇辉：《协商治理中的中国逻辑》，载《中国社会科学》2016年第7期。

③ 参见吴孟栓、米蓓：《检察建议：履行法律监督职责的重要方式》，载《检察日报》2019年1月24日第4版。

提条件。"两项义务"是指监督对象应当配合法律监督工作，应当及时书面回复采纳情况。前者是对柔性法律监督职权行为的呼应，包括了调查核实、协商、送达等监督环节。而后者则是通过限定回复时间及方式，实现对监督对象反馈行为的形式上的规制。

二、检察建议在未成年人保护中的功能价值

"一号检察建议"就校园教职工性侵未成年人学生、幼儿园儿童问题，向教育部送达该问题的调研分析情况，提出健全完善预防性侵害制度机制、加强相关制度落实检查、严肃处理有关违法违纪人员三点意见。建议制发后，各地积极响应，社会广泛关注。两会期间，全国人大代表、政协委员均对此表示高度肯定，对建议的落实充满期待、提出要求。这体现出检察建议在未成年人保护中的独特魅力。结合检察建议在检察机关法定履职方式定位，以及据《人民检察院检察建议工作规定》分类所延申出的三项基本功能①，以履行法律监督职能、保护未成年人合法权益为双引擎的功能框架已初步形成。

（一）宣示引导功能

检察建议在未成年人保护领域的充分运用，除发挥其具体功能外，首要体现国家机关保护未成年人的象征意义以及调动激发各方力量后所产生的潜在效能。

1. 彰显检察机关使命责任。检察机关是未成年人保护事业的积极参与者、推动者，更是中国特色未成年人司法保护制度的重要建设者。在未成年人检察机构变革性进展的历史节点，检察建议作为保护未成年人的重要履职方式，能够及时有效发出检察声音、提供检察智慧，采取检察行动，彰显检察机关打击侵害未成年人犯罪、铲除涉未成年人侵害或犯罪风险的决心，担负起党中央赋予的重大职责使命。

2. 广泛凝聚社会保护力量。在检察建议号召、影响下，独立散落的保护力量实现互联互动，向心发展的聚集效应凸显，持续营造全社会保护未成年人的良好氛围，推动全方位、系统性、多层次的国家保护体系建设。如"一号检察建议"发出后，浙江、上海、河南等地检察机关推动建立被害人需求转介机制，根据被害人需要，通过工作平台及时连接社工、医疗、心理干预、教育、就业等有关社会资源介入等。②

---

① 参见张智辉：《论检察机关的建议权》，载《西南政法大学学报》2007 年第 2 期。
② 《"一号检察建议"发出后》，载《人民日报》2019 年 5 月 23 日第 19 版。

3. 深化未检业务体系建设。检察机关不仅是建议的发出方，更是建议落实的推动方。检察建议可将专业化的未检业务与综合性的社会治理对接融合。一方面，通过了解社会问题、需求导向，紧跟未成年人司法保护发展大势，立足检察职能，推动未检业务的升级再造。另一方面，以推动建议落实为契机，不断强化自身现有的业务平台建设，如"一号检察建议"的落实中，"法治进校园"、未成年人司法救助、强制入职审查、侵害未成年人强制报告制度等一大批未检特色平台制度纷纷落地、持续深化。

（二）纠正错误功能

在司法领域，针对侵害未成年人合法权益的轻微违法或不符合法律规定的错误行为，检察机关有权通过检察建议的形式纠正监督对象错误。错误行为应当具有纠错价值，有监督的必要，因而应限定为"正在发生"或"存在再次发生的可能性"。当然，不同领域之间的监督范围和事项也各有侧重[①]：

1. 未成年人刑事领域。检察建议的纠错点应侧重于类案的监督，问题需具有普遍性，个案的偶发性问题应当发送纠正违法通知书，而非检察建议。其作用主要体现在，一是监督司法机关严格执行刑事诉讼制度中有关未成年人的特别规定，如法定代理人到场制度、强制辩护制度等。二是纠正有损未成年犯罪嫌疑人或被害人合法权益的司法违规不当行为，如具备"一站式"询问条件，且证据取得充分，但仍多次询问的情况。三是规范对未成年人强制措施适用以及刑罚执行活动，重点监督专门羁押是否保障在押未成年人文化学习、生活保障、医疗卫生、劳动休息等，羁押必要性审查是否及时，刑罚执行是否符合未成年人身心特点，是否有利于教育和改造的再社会化等。

2. 未成年人民事行政领域。检察建议全面覆盖相关违法违规行为，以未成年人权益保障为中心，围绕未成年人人身权、财产权、人格权、受教育权等司法处置领域，主要包括涉及未成年人监护、亲权、婚姻纠纷抚养、继承、普通民事侵权、刑事附带民事诉讼等案件，重点强化诉前涉案未成年人的保护、诉中法律引导、诉后判决结果审查的监督工作。

3. 未成年人司法社会辅助领域。专业化的社会辅助支持体系是未成年人司法的重要组成部分，分担着社会调查、观护教育、心理矫护、法治宣传、培育指导、复归救助等重要职责。由于其系司法环节与社会环节的连接口，绝大多数工作由司法机关委托授权，属于司法环节的衍生环节，故而仍具有司法

[①] 参见樊荣庆：《改革视野下未成年人检察工作一体化构建研究》，载《预防未成年人犯罪研究》2018 年第 6 期。

性。该领域检察建议主要是发挥督促正确履行委托协议内容、保障涉案未成年人隐私等作用。

（三）推动整改功能

在未成年人保护社会治理方面，检察建议拥有最为广阔的检察职能施展空间。检察机关在办案过程中，不仅可对诱使未成年人犯罪的社会隐患进行监督，还能全面覆盖侵害未成年人合法权益的各个社会"角落漏洞"。

1. 参与保护未成年人社会治理的有效路径。在该领域，监督对象多为社会团体、企事业单位、其他组织或个人。检察机关对该类主体提出相应整改意见，目的在于积极参与社会治理，督促各类主体承担起保护未成年人的社会责任，依法执行涉及未成年人的相关法律规定，敦促自我整改，就地化解风险。为提升制约效力，可考虑探索会同相关主管部门、组织等开展联合监督建议、会签落实承诺、委托相关方监督等机制措施。

2. 建设职业化、专业化、复合型未检队伍的必然要求。与以往的法律监督相比，检察建议的范围可能触及生产经营、制度管理等法律外延问题，促使检察机关在监督前要做好充分而准确的调查核实工作，对培养职业化、专业化、复合型的未检队伍提出了更高要求与挑战。一方面，充实业务培训内容，探索与教育、市场监管等部门人员互派互挂等提升"内力"。另一方面，建立未检专家库、未成年人保护合作机制等巧借"外力"。

（四）督促履职功能

督促履职的监督对象主要是行政机关及相关公益性的单位或组织。在未成年人检察公益诉讼制度中的诉前程序，针对消极履职、违规履职等情形，检察建议的送达可督促监督对象及其相关工作人员积极依法履职，真正维护未成年人的合法权益。这是立足我国国情，顺应国际未成年人保护新趋势，贯彻国家监护理念在司法层面的充分体现，也是检察机关保障维护《未成年人保护法》《预防未成年人犯罪法》等相关未成年人法律统一有效实施的重要方式路径。

1. 督促履职的监督范围。基于儿童利益最大化原则，作为代表国家公权力或者公共服务的主要承担者，应当被赋予更为严苛的义务责任。因此，这种侵害性不以实际结果发生或不特定群体为标准，只要具备侵害的可能性即可。一是督促行政依法审批，如解决违规审批开办各类尚无资质的学校、培训机构等。二是督促行政积极监管，如加大涉未成年人生产、销售食品药品环节的监查力度，重点监管非法向未成年人传播淫秽物品、暴力音像制品、销售烟酒行为等。三是督促公共高效服务，如贯彻未成年人票价减免，打破未成年人公共服务业务办理的玻璃门、旋转门等。四是督促社会综合治理，如推动未成年人犯罪预防体系建设，解决"单兵作战"或相互推诿等履职不当问题。

2. 诉前程序的前置设定。当涉及侵害众多未成年人权益时，检察建议则成为检察机关提起行政公益诉讼之前必经的诉前程序。检察机关应当先行向相关行政机关提出检察建议，督促其纠正违法行为或者依法履行职责。如行政机关拒不纠正违法行为或者不履行法定职责，未成年人权益仍处于受侵害状态的，检察机关可以提起行政公益诉讼，向审判机关提出撤销或者部分撤销违法行政行为、在一定期限内履行法定职责、确认行政行为违法或无效等诉讼请求。

（五）补足监督功能

在监察体制改革前，职务犯罪侦查权实则拥有着潜在的威慑力，检察机关往往聚焦于刑事领域，更倾向于采用刚性的监督方式解决、纠正问题。随着相关职能的转隶，刚性监督手段单一，民事、行政、公益诉讼等领域法律监督存在巨大缺口，监督事项日益多元复杂化，难以构建并维系健康、可持续的法律监督关系等传统监督的弊端凸显。由此，检察建议监督补足功能逐渐展现：其一，检察职权领域全覆盖。检察建议涵盖刑事、民事、行政、公益诉讼等领域，是平衡推动未成年人保护"四大检察"全面协调充分发展的重要力量。微观上，检察建议应用于具体检察工作的整个流程，履职空间巨大。其二，监督线索来源适当延展。检察建议有控制风险的作用，可渗透到案前阶段，典型事件、民众举报等均为线索来源，为法律监督注入一定的主动性，解决线索禁锢而带来的监督"死角"问题。其三，监督对象多样。检察建议的对象既包括国家权力机关、社会团体、企事业单位或其他组织，也包括个人，既可以是案件中的当事人，也可以是与监督事项相关的案外第三人。

检察建议虽然运用广泛、灵活，但始终不能"一招包打天下"。要充分正视检察建议在法律监督体系中的补充性作用，防止监督越位，杜绝滥用、弃用等行为。一是"金字塔"型权力架构。以权力范围为底面，以权力本身或保障的刚性效力为高度，形成了"金字塔"形的立体法律监督权力架构。检察建议位于整个法律监督体系的底部，起到巩固整体、支撑上层刚性法律监督的"底座"作用。二是递进式的单向线性模式。在"先礼后兵"的法律监督模式中，检察建议系刚性法律监督程序启动的前置性条件，例如提起行政公益诉讼的诉前程序。三是兜底性的监督保留手段。面对新问题，检察机关盲目动用刚性法律监督受制于法律规定，且操作不当还会降低司法公信力、削弱监督效力。而检察建议可作为探索性履职方式，通过对监督效果的评估，进而再决定是否需要调整匹配监督范围及强度。

三、凸显"刚性"的未成年人保护功能路径初探

检察建议未成年人保护功能的价值实现依赖于监督对象的认同落实。而检察建议的落实效果又建立在两个基本点之上：一是检察建议制发依法进行，内容科学、合理，具备可履行条件。二是监督效果背后有其他力量的支撑，具备一定的威慑督促力。前者属于未成年人检察工作的制度运行、监督质量等内部因素。后者则属于构建刚性保障的外部着力点。由于未成年人保护范围广、问题综合复杂等现实监督困境，检察机关势必将凸显检察建议"刚性"作为未成年人司法保护制度"精装修"路径的施工方向。

（一）倡导建立党和国家支持监督机制

《人民检察院检察建议工作规定》第 25 条规定，被建议单位在规定期限内经督促无正当理由不予整改或者整改不到位时，经检察长决定，可以将相关情况报告上级检察机关，并通报被建议单位的上级机关、行政主管部门或者行业自律组织等，在必要时报告同级党委、人大，通报同级政府、纪检监察机关。作为党和国家监督体系的重要组成部分，检察机关应当倡导建立党和国家支持法律监督机制，加强与党委、国家权力机关、纪检监察机关、行政机关、审判机关及其他社会团体的沟通配合，通过情况通报、线索移送、服务协作等形式进一步巩固未成年人保护领域法律监督效果。一是坚持党对政法工作的绝对领导，定期向党委汇报检察机关法律监督工作开展情况，并单设涉及未成年人检察建议工作开展部分。二是坚持国家法律监督机关的宪法定位，定期汇总检察建议并上报人大备案审查，及时通报检察建议实施情况，问题突出或有着重要影响的，可向人大申请作专题报告。三是严肃打击公职人员渎职等违法违纪行为，与纪委、监察委建立线索移送平台，严肃问责，可通报一批妨害未成年人检察建议监督实施，抗拒、消极履行的典型违法违纪案例，发挥法纪的震慑作用，营造良好的法治氛围。四是推进国家治理体系和治理能力现代化，与行政机关建立会商机制，通报普遍性的执法问题以及职能部门的整改落实情况，促进依法行政。五是营造共建共治共享社会治理格局，与政协、共青团、关工委、人民团体等组织建立协作平台，定期通报检察建议实施过程中的典型性问题及检察治理方案，借助相关组织力量加强检察建议的督促落实，为未成年人健康成长提供优质的法治产品、检察产品。

（二）不断完善检察建议宣告送达制度

《人民检察院检察建议工作规定》第 18 条规定，检察建议书应当以人民检察院的名义送达有关单位，并可以采取现场宣告送达，必要时，还可邀请人

大代表、政协委员或者特约检察员、人民监督员等第三方参加。检察机关通过完善检察建议宣告送达机制，自觉接受公众监督，同时也向监督对象施加舆论压力，着力提升法律监督规范化水平，巩固深化监督质效。宣告送达以公开为原则、不公开为例外，公开形式由检察机关与监督对象协商确定，可采用现场举行宣告送达仪式、主流媒体刊登等形式。但涉及公共利益、社会广泛关注以及检察机关认为应当公开的情形，检察机关可以自行决定向公众公开监督内容及进展情况。监督对象明确表示不参加或在公开宣告时未参加公开宣告活动的，检察机关可以通过媒体等渠道进行缺席公开宣告，履行期限自缺席宣告之日起算。① 如发现监督对象无履行采纳的可能，检察机关可直接进入评估环节，并视其情节移送相关部门处理。此外，检察机关可对监督对象的履行情况进行通报，定期公布"红黑名单"。在此过程中，应当充分注重保障未成年人的隐私，避免"二次伤害"。如相关未成年人参加宣告会能够起到消除案（事）件负面影响等积极作用时，也可邀请涉案未成年人及其同学、老师等人员参加，但应要求法定代理人到场。

（三）探索引入第三方相关评估督促力量

检察机关基于专业性、规范性以及执行落实等有利于法律监督有效运行的目的，可邀请相关第三方人员组成工作组，对检察建议中涉及的疑难、复杂和专业性较强的问题展开专业论证，为制定法律监督实施方案提供智力支持、协调检察机关与监督对象之间的联系、督促监督对象积极落实整改、反馈落实情况、评估完成效果等工作。其中，涉及前期问题论证、制定计划以及最终的效果评估，应当由具备相应资质的专业人员参与，并且不得参与执行过程中的协调督促工作，确保专业评估的中立性。② 特别是在法律监督前期，相应的线索论证工作应当保密，避免对监督对象产生不良影响。协调督促工作可由监督对象的上级主管单位、志愿团体或个人参与，检察机关原则上可与监督对象商定协调督促工作的人选和工作方式。检察机关与监督对象应当为上述人员的工作提供必要的便利条件和保障。第三方结果评估后，检察机关可及时搜集整理，并通过相应渠道公布示范性，全面落实检察建议的典型事例及做法，或者总结执行落实不到位的普遍性问题，为其他监督对象的执行落实活动提供有益借鉴。

① 参见杨棕贤：《被建议单位不参加检方可缺席宣告》，载《四川法治报》2018年11月1日第9版。
② 参见林德楷、丁陈伟：《检察建议中引入第三方回访评估机制的探究》，载《中国检察官》2016年第23期。